2021 年 MBA、MPA、MPAcc 等管理类专业学位联考考前点睛

综合能力历年真题精解及全真预测试卷

第 10 版

全国管理类研究生入学考试专用教材编写组　编写

中国人民大学出版社

· 北京 ·

图书在版编目（CIP）数据

2021 年 MBA/MPA/MPAcc 等管理类专业学位联考考前点睛．综合能力历年真题精解及全真预测试卷/全国管理类研究生入学考试专用教材编写组编写．—10 版．—北京：中国人民大学出版社，2020.5
ISBN 978-7-300-28101-8

Ⅰ.①2… Ⅱ.①全… Ⅲ.①管理学-研究生-入学考试-题解 Ⅳ.①G643

中国版本图书馆 CIP 数据核字（2020）第 071336 号

2021 年 MBA、MPA、MPAcc 等管理类专业学位联考考前点睛 综合能力历年真题精解及全真预测试卷 第 10 版

全国管理类研究生入学考试专用教材编写组 编写
2021 Nian MBA、MPA、MPAcc Deng Guanlilei Zhuanye Xuewei Liankao Kaoqian Dianjing
Zonghe Nengli Linian Zhenti Jingjie ji Quanzhen Yuce Shijuan Di-shi Ban

出版发行	中国人民大学出版社				
社 址	北京中关村大街 31 号		**邮政编码**	100080	
电 话	010 - 62511242（总编室）		010 - 62511770（质管部）		
	010 - 82501766（邮购部）		010 - 62514148（门市部）		
	010 - 62515195（发行公司）		010 - 62515275（盗版举报）		
网 址	http://www.crup.com.cn				
	http://www.1kao.com.cn（中国 1 考网）				
经 销	新华书店				
印 刷	北京七色印务有限公司		**版 次**	2011 年 3 月第 1 版	
规 格	185 mm×260 mm 16 开本			2020 年 5 月第 10 版	
印 张	21		**印 次**	2020 年 5 月第 1 次印刷	
字 数	498 000		**定 价**	49.00 元	

本套书有如下几个特点：

一、名校、名师倾情联手，专业、权威、实用

本套书由全国知名培训机构——环球卓越策划并联手资深辅导名师执笔，将环球卓越多年教学精华浓缩在本套书中。环球卓越立足北京，分校遍布上海、广州、南京、郑州、济南等全国70多个城市，多年来将考试培训和图书出版相结合，赢得了市场广泛的赞誉。

二、紧扣大纲，直击考试真题

自2009年以来，管理类专业学位联考考试大纲一直在变革中，需要考生充分认识并把握考纲要点。本套书在研究历年真题和大纲的基础上，将考点、要点及考试趋势进行了充分详尽的展示。"考前点睛"则直击最新考试真题，达到仿真实战的目的。

三、独一无二的"英语词汇"周计划，助你高效攻克词汇难关

英语是很多在职考生的痛，词汇更是背了忘忘了又背，翻来翻去还是那几页。《英语词汇一本通关》将考纲规定的5 500个词汇严格分配到5周时间里，由基础词汇到高频核心词汇，由浅入深，天天有任务，周周有规划，学习和记忆单词不再是难事！

四、畅销多年的"考前点睛"，真题解析详尽，模拟演练仿真，真材实料好伴侣

本套书的两本"考前点睛"自2011年第一版上市以来便畅销不衰，其制胜法宝便是全方位详尽的真题解析以及高度专业和仿真的模拟试题！对考生而言，真题和模拟题无疑是熟悉和掌握考试形式、考试题型、考点和要求的最佳选择，且提供了考生必须大量实操和练习的必备资料，而人性周到的真题解析和全真的模拟试题，更是大家的贴心伴侣！

我们一直在用心地做着这套书，希望考生使用本套书取得成功！

编者

"考前点睛"由环球卓越于 2005 年在培训业界率先开创,并以其"考点精准、剖析得当"而广受赞誉。2011 年,环球卓越第一次将该培训理论与图书相结合,为广大管理类专业学位联考考生推出本书,如今已是它的第 10 版,真诚期望能为大家的备考助一臂之力!

真题实战和标准演练是所有考生,尤其是在职考生成功备考的必经之路。本书包含 5 套真题及解析+5 套全真预测及解析,是市面上少有的一本集真题、预测于一体的图书!本书特点如下:

一、辅导名师联手打造,专业权威

本书试卷由环球卓越携手诸多辅导名师编写而成。编者多年工作在考前辅导第一线,丰富的教学经验和对命题规律的钻研确保了试卷的标准性、专业性和权威性。

二、历年真题选择得当,剖析精准

本书选择了最近并最具代表性的 5 套真题:2016—2020 年全国硕士研究生入学统一考试管理类专业学位联考综合能力试题。由于 MBA、MPA、MPAcc 等专业学位联考于 2009 年方统一为"管理类专业学位联考",而此考试形式主要在以考生最多的MBA 联考的基础上不断变革并发展至今,因此,本书所选的 5套真题最具代表性,且解析得当,剖析精准。

三、全真预测,标准演练,直击考点

5 套全真预测试卷严格依据新大纲,在综合能力考试所包含的三门学科(数学、逻辑、写作)的题型设计、内容选材、文章篇幅、难度系数等方面均与最新大纲要求完全一致,标准的演练和剖析让考生能准确把握考试趋势,直击考点。

四、从考生备考需求出发,全面剖析解析过程,市面独一无二

考生需要的,不是你随便给个答案、来个简析,而是要设身处地地考虑考生的需求。对于很多无法亲自去上辅导班、纯粹靠自学的考生来说,尤其需要详尽的解析思路和步骤,本书力争做到满足考生的需求。书中尽可能地将解题思路阐明,尤其是针对众多考生很容易轻视但却又最容易丢分的写作部分,进行了详细的点拨和示范,让考生对实际考试需求有了更切实的把握。

本书在编写过程中,参考了众多名师论坛及相关网站上的内容,无法一一注明,在此表示感谢!本书如有疏漏之处,还望广大读者随时提出,我们诚挚欢迎!

最后,环球卓越和全体编者祝广大考生披荆斩棘,成功跨越考试大关!

目录 Contents

2020 年全国硕士研究生入学统一考试

管理类专业学位联考综合能力试题

一、问题求解：第 1～15 小题，每小题 3 分，共 45 分。下列每题给出的 A、B、C、D、E 五个选项中，只有一个选项符合试题要求。请在答题卡上将所选项的字母涂黑。

1. 某产品去年涨价 10％，今年涨价 20％，则该产品这两年涨价（　　）。

(A) 15％　　　　　　(B) 16％　　　　　　(C) 30％

(D) 32％　　　　　　(E) 36％

2. 设 $A=\{x\,|\,|x-a|<1,x\in \mathbf{R}\}$，$B=\{x\,|\,|x-b|<2,x\in \mathbf{R}\}$，则 $A\subset B$ 的充分必要条件是（　　）。

(A) $|a-b|\leqslant 1$　　　　(B) $|a-b|\geqslant 1$　　　　(C) $|a-b|<1$

(D) $|a-b|>1$　　　　(E) $|a-b|=1$

3. 总成绩＝甲成绩×30％＋乙成绩×20％＋丙成绩×50％，考试通过标准是：每部分成绩≥50 分，且总成绩≥60 分，已知某人甲成绩 70 分，乙成绩 75 分，且通过了这项考试，则此人丙成绩的分数至少是（　　）。

(A) 48　　　　　　(B) 50　　　　　　(C) 55

(D) 60　　　　　　(E) 62

4. 从 1 至 10 这 10 个整数中任取 3 个数，恰有 1 个质数的概率是（　　）。

(A) $\dfrac{2}{3}$　　　　　　(B) $\dfrac{1}{2}$　　　　　　(C) $\dfrac{5}{12}$

(D) $\dfrac{2}{5}$　　　　　　(E) $\dfrac{1}{120}$

5. 若等差数列 $\{a_n\}$ 满足 $a_1=8$，且 $a_2+a_4=a_1$，则 $\{a_n\}$ 前 n 项和的最大值为（　　）。

(A) 16　　　　　　(B) 17　　　　　　(C) 18

(D) 19　　　　　　(E) 20

6. 已知实数 $x \neq 0$，且 $x^2 + \dfrac{1}{x^2} = 3x + \dfrac{3}{x} - 2$，则 $x^3 + \dfrac{1}{x^3} = ($ $)$。

  （A）12   （B）15   （C）18

  （D）24   （E）17

7. 设实数 x，y 满足 $|x-2| + |y-2| \leqslant 2$，则 $x^2 + y^2$ 的取值范围是（   ）。

  （A）$[2, 18]$ （B）$[2, 20]$ （C）$[2, 36]$

  （D）$[4, 18]$ （E）$[4, 20]$

8. 某网店对单价为 55 元、75 元、80 元的 3 种商品进行促销，促销策略是每单满 200 元减 m 元，如果每单减 m 元后实际售价均不低于原价的 8 折，那么 m 的最大值为（   ）。

  （A）40   （B）41   （C）43

  （D）44   （E）48

9. 某人在同一观众群体中调查了对五部电影的看法，得到如下数据（表 1-1）。

表 1-1

好	0.25	0.5	0.3	0.8	0.4
差	0.75	0.5	0.7	0.2	0.6

  则观众意见分歧最大的是（   ）。

  （A）一三   （B）二三   （C）二五

  （D）四一   （E）四二

10. 如图 1-1，在 $\triangle ABC$ 中，$\angle ABC = 30°$，将线段 AB 绕点 B 旋转至 DB，使 $\angle DBC = 60°$，则 $\triangle DBC$ 与 $\triangle ABC$ 的面积之比为（   ）。

  （A）1   （B）$\sqrt{2}$

  （C）2   （D）$\dfrac{\sqrt{3}}{2}$

  （E）$\sqrt{3}$

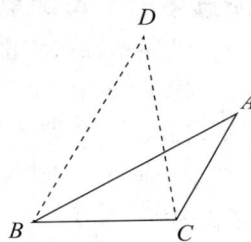

图 1-1

11. 已知数列 $\{a_n\}$ 满足 $a_1 = 1$，$a_2 = 2$，且 $a_{n+2} = a_{n+1} - a_n$（$n = 1, 2, 3, \cdots$），则 $a_{100} = ($ $)$。

  （A）1   （B）-1 （C）2

  （D）-2 （E）0

12. 如图 1-2，圆 O 的内接 $\triangle ABC$ 是等腰三角形，底边 $BC = 6$，顶角为 $\dfrac{\pi}{4}$，则圆 O 的面积为（   ）。

  （A）12π （B）16π

  （C）18π （D）32π

  （E）36π

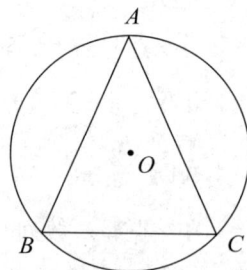

13. 两地相距 1 800m，甲的速度是 100m/min，乙的速度是 80m/min，相向而行，则两人第三次相遇时，甲距其出发点（   ）m。

  （A）600   （B）900

图 1-2

(C) 1 000　　　　　　　　　　(D) 1 400

(E) 1 600

14. 节点 A，B，C，D 两两相连，从一个节点沿线段到另一个节点当做一步，若机器人从节点 A 出发，随机走了三步（图 1-3），则机器人未到节点 C 的概率为（　　）。

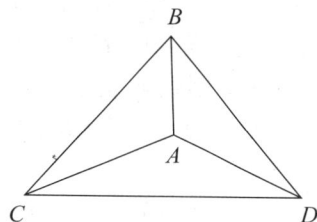

图 1-3

(A) $\dfrac{4}{9}$　　　　　　　　　(B) $\dfrac{11}{27}$

(C) $\dfrac{10}{27}$　　　　　　　　(D) $\dfrac{19}{27}$

(E) $\dfrac{8}{27}$

15. 某科室有 4 名男职员、2 名女职员，若将这 6 名职员分成 3 组，每组 2 人，且女职员在不同的组，则不同的安排方式有（　　）种。

(A) 4　　　　　　　　(B) 6　　　　　　　　(C) 9

(D) 12　　　　　　　(E) 15

二、条件充分性判断：第 16～25 小题，每小题 3 分，共 30 分。要求判断每题给出的条件（1）和条件（2）能否充分支持题干所陈述的结论。A、B、C、D、E 五个选项为判断结果，请选择一项符合试题要求的判断，在答题卡上将所选项的字母涂黑。

(A) 条件（1）充分，但条件（2）不充分。

(B) 条件（2）充分，但条件（1）不充分。

(C) 条件（1）和条件（2）单独都不充分，但条件（1）和条件（2）联合起来充分。

(D) 条件（1）充分，条件（2）也充分。

(E) 条件（1）和（2）单独都不充分，条件（1）和条件（2）联合起来也不充分。

16. 在三角形 ABC 中，$\angle B = 60°$，则 $\dfrac{c}{a} > 2$。

(1) $\angle C < 90°$。

(2) $\angle C > 90°$。

17. $x^2 + y^2 = 2x + 2y$ 上的点到 $ax + by + \sqrt{2} = 0$ 的距离最小值大于 1。

(1) $a^2 + b^2 = 1$。

(2) $a > 0$，$b > 0$。

18. 若 a，b，c 是实数，则能确定 a，b，c 的最大值。

(1) 已知 a，b，c 的平均值。

(2) 已知 a，b，c 的最小值。

19. 某商场有 20 部手机，从中任选 2 部，则恰有 1 部甲手机的概率为 $p > \dfrac{1}{2}$。

(1) 甲手机不少于 8 部。

(2) 乙手机大于 7 部。

20. 共有 n 辆车, 则能确定人数。
(1) 若每辆 20 座, 1 车未满。
(2) 若每辆 12 座, 则少 10 个座。

21. 则能确定长方体的体对角线。
(1) 已知长方体一个顶点的三个面的面积。
(2) 已知长方体一个顶点的三个面的面对角线。

22. 已知甲、乙、丙三人共捐款 3 500 元, 则能确定每人的捐款金额。
(1) 三人的捐款金额各不相同。
(2) 三人的捐款金额都是 500 的倍数。

23. 设函数 $f(x)=(ax-1)(x-4)$, 则在 $x=4$ 左侧附近有 $f(x)<0$。
(1) $a>\dfrac{1}{4}$。
(2) $a<4$。

24. 设 a, b 是正实数, 则 $\dfrac{1}{a}+\dfrac{1}{b}$ 存在最小值。
(1) 已知 ab 的值。
(2) 已知 a, b 是方程 $x^2-(a+b)x+2=0$ 的不同实根。

25. 设 a, b, c, d 是正实数, 则 $\sqrt{a}+\sqrt{d}\leqslant\sqrt{2(b+c)}$。
(1) $a+d=b+c$。
(2) $ad=bc$。

三、逻辑推理: 第 26~55 小题, 每小题 2 分, 共 60 分。下列每题给出的 A、B、C、D、E 五个选项中, 只有一项是符合试题要求的。请在答题卡上将所选项的字母涂黑。

26. 领导干部对于各种批评意见应采取有则改之, 无则加勉的态度, 营造言者无罪、闻者足戒的氛围, 只有这样, 人们才能知无不言, 言无不尽。领导干部只有从谏如流并为说真话者撑腰, 才能做到 "兼听则明" 或做出科学的决策; 只有乐于和善于听取各种不同意见, 才能营造风清气正的政治生态。

根据以上信息, 可以得出以下哪项?
(A) 领导干部必须善待批评、从谏如流, 为说真话者撑腰
(B) 大多数领导干部对于批评意见能够采取有则改之, 无则加勉的态度
(C) 领导干部如果不能从谏如流, 就不能做出科学决策
(D) 只有营造言者无罪、闻者足戒的氛围, 才能形成风清气正的政治生态
(E) 领导干部只有乐于和善于听取各种不同的意见, 人们才能知不无言, 言无不尽

27. 某教授组织了 120 名年轻的参试者, 先让他们熟悉电脑上的一个虚拟城市, 然后让他们以最快速度寻找由指定地点到达关键地标的最短路线, 最后再让他们识别茴香、花椒等 40 种芳香植物的气味。结果发现, 寻路任务中得分较高者其嗅觉也比较灵敏。该教授由此推测, 一个人空间记忆力好, 方向感强, 就会使其嗅觉更为灵敏。

以下哪项如果为真, 最能质疑该教授的上述推断?

（A）大多数动物主要靠嗅觉寻找食物、躲避天敌，其嗅觉进化有助于"导航"

（B）有些参试者是美食家，经常被邀请到城市各处特色餐馆品尝美食

（C）部分参试者是马拉松运动员，他们经常参加一些城市举办的马拉松比赛

（D）在同样的检试中，该教授本人在嗅觉灵敏度和空间方向感方面都不如年轻人

（E）有的年轻人喜欢玩方向感要求较高的电脑游戏，因过分投入而食不知味

28. 有学校提出，将效仿免费师范生制度，提供减免学费等优惠条件以吸引成绩优秀的调剂生，提高医学人才培养质量。有专家对此提出反对意见：医生是既崇高又辛苦的职业，要有足够的爱心和兴趣才能做好。因此，宁可招不满，也不要招收调剂生。

以下哪项最可能是上述专家论断的假设？

（A）没有奉献精神，就无法学好医学

（B）如果缺乏爱心，就不能从事医学这一崇高的职业

（C）调剂生往往对医学缺乏兴趣

（D）因优惠条件而报考医学的学生往往缺乏奉献精神

（E）有爱心并对医学有兴趣的学生不会在意是否收费

29. 某公司为员工免费提供菊花、绿茶、红茶、咖啡和大麦茶 5 种饮品。现有甲、乙、丙、丁、戊 5 位员工，他们每人都只喜欢其中的 2 种饮品，且每种饮品都只有 2 人喜欢。已知：

（1）甲和乙喜欢菊花，且分别喜欢绿茶和红茶中的一种。

（2）丙和戊分别喜欢咖啡和大麦茶中的一种。

根据上述信息，可以得出以下哪项？

（A）甲喜欢菊花和绿茶

（B）乙喜欢菊花和红茶

（C）丙喜欢红茶和咖啡

（D）丁喜欢咖啡和大麦茶

（E）戊喜欢绿茶和大麦茶

30. 考生若考试通过并且体验合格，则将被录取。因此，如果李铭考试通过，但未被录取，那么他一定体检不合格。

以下哪项论证方式与上述论证方式最为相似？

（A）若明天是节假日并且天气晴朗，则小吴将去爬山。因此，如果小吴未去爬山，那么第二天一定不是节假日或者天气不好

（B）一个数若能被 3 整除且能被 5 整除，则这个数能被 15 整除。因此，一个数若能被 3 整除但不能被 5 整除，则这个数一定不能被 15 整除

（C）甲单位员工若去广州出差并且是单人前往，则均乘坐高铁。因此，甲单位小吴如果去广州出差，但未乘坐高铁，那么他一定不是单人前往

（D）若现在是春天并且雨水充沛，则这里野草丰美。因此，如果这里野草丰美，但雨水不充沛，那么现在一定不是春天

（E）一壶茶水若水质良好且温度适中，则一定茶香四溢。因此，如果这壶茶水质良好且茶香四溢，那么一定温度适中

31～32题基于以下题干：

"立春""春分""立夏""夏至""立秋""秋分""立冬""冬至"是我国二十四中的八个节气，"凉风""广莫风""明庶风""条风""清明风""景风""阊阖风""不周风"是八种节风。上述八个节气与八种节风之间一一对应。已知：

（1）"立秋"对应"凉风"；

（2）"冬至"对应"不周风""广莫风"之一；

（3）若"立夏"对应"清明风"，则"夏至"对应"条风"或者"立冬"对应"不周风"；

（4）若"立夏"不对应"清明风"或者"立春"不对应"条风"，则"冬至"对应"明庶风"。

31. 根据上述信息，可以得出以下哪项？

（A）"秋分"不对应"明庶风"

（B）"立冬"不对应"广莫风"

（C）"夏至"不对应"景风"

（D）"立夏"不对应"清明风"

（E）"春分"不对应"阊阖风"

32. 若"春分"和"秋分"两节气对应的节风在"明庶风"和"阊阖风"之中，则可以得出以下哪项？

（A）"春分"对应"阊阖风"

（B）"秋分"对应"明庶风"

（C）"立春"对应"清明风"

（D）"冬至"对应"不周风"

（E）"夏至"对应"景风"

33. 小王：在这次年终考评中，女员工的绩效都比男员工高。

小李：这么说，新入职员工中绩效最好的还不如绩效最差的女员工。

以下哪项如果为真，最能支持小李的上述论断？

（A）男员工都是新入职的

（B）新入职的员工有些是女性

（C）新入职的员工都是男性

（D）部分新入职的女员工没有参与绩效考评

（E）女员工更乐意加班，而加班绩效翻倍计算

34. 某市2018年的人口发展报告显示，该市常住人口1 170万，其中常住外来人口440万，户籍人口730万，从区级人口分布情况来看，该市G区常住人口240万，居各区之首；H区常住人口200万，位居第二；同时，这两个区也是吸纳外来人口较多的区域，两个区常住外来人口200万，占全市常住外来人口的45％以上。

根据以上陈述，可以得出以下哪项？

（A）该市G区的户籍人口比H区的常住外来人口多

（B）该市H区的户籍人口比G区的常住外来人口多

（C）该市H区的户籍人口比H区的常住外来人口多

(D) 该市 G 区的户籍人口比 G 区的常住外来人口多

(E) 该市其他各区的常住外来人口都没有 G 区或 H 区的多

35. 移动支付如今正在北京、上海等大中城市迅速普及，但是，并非所有中国人都熟悉这种新的支付方式，很多老年人仍然习惯传统的现金交易。有专家因此断言，移动支付的迅速普及会将老年人阻挡在消费经济之外，从而影响他们晚年的生活质量。

以下哪项如果为真，最能质疑上述专家的论断？

(A) 到 2030 年，中国 60 岁以上人口将增至 3.2 亿，老年人的生活质量将进一步引起社会关注

(B) 有许多老年人因年事已高，基本不直接进行购物消费，所需物品一般由儿女或社会提供，他们的晚年生活很幸福

(C) 国家有关部门近年来出台多项政策指出，消费者在使用现金支付被拒时可以投诉，但仍有不少商家我行我素

(D) 许多老年人已在家中或社区活动中心学会移动支付的方法以及防范网络诈骗的技巧

(E) 有些老年人视力不好，看不清手机屏幕；有些老年人记忆力不好，记不住手机支付密码

36. 表 1－2 显示了某城市过去一周的天气情况：

表 1－2

星期一	星期二	星期三	星期四	星期五	星期六	星期日
东南风 1～2 级 小雨	南风 4～5 级 晴	无风 小雪	北风 1～2 级 阵雨	无风 晴	西风 3～4 级 阴	东风 2～3 级 中雨

以下哪项对该城市这一周天气情况的概括最为准确？

(A) 每日或者刮风，或者下雨

(B) 每日或者刮风，或者晴天

(C) 每日或者无风，或者无雨

(D) 若有风且风力超过 3 级，则该日是晴天

(E) 若有风且风力不超过 3 级，则该日不是晴天

37～38 题基于以下题干：

放假 3 天，小李夫妇除安排 1 天休息之外，其他 2 天准备做 6 件事：①购物（这件事编号为①，其他依次类推）；②看望双方父母；③郊游；④带孩子去游乐场；⑤去市内公园；⑥去电影院看电影。他们商定：

(1) 每件事均做一次，且在 1 天内做完，每天至少做 2 件事；

(2) ④和⑤安排在同一天完成；

(3) ②在③之前 1 天完成。

37. 如果③和④安排在假期的第 2 天，则以下哪项是可能的？

(A) ①安排在第 2 天

(B) ②安排在第 2 天

  (C) 休息安排在第 1 天

  (D) ⑥安排在最后 1 天

  (E) ⑤安排在第 1 天

38. 如果假期第 2 天只做⑥等 3 件事，则可以得出以下哪项？

  (A) ②安排在①的前 1 天

  (B) ①安排在休息一天之后

  (C) ①和⑥安排在同一天

  (D) ②和④安排在同一天

  (E) ③和④安排在同一天

39. 因业务需要，某公司欲将甲、乙、丙、丁、戊、己、庚 7 个部门合并到丑、寅、卯 3 个子公司。已知：

  (1) 一个部门只能合并到一个子公司。

  (2) 若丁和丙中至少有一个未合并到丑公司，则戊和甲均合并到丑公司。

  (3) 若甲、乙、庚中至少有一个未合并到卯公司，则戊合并到寅公司且丙合并到卯公司。

  根据上述信息，可以得出以下哪项？

  (A) 甲、丁均合并到丑公司

  (B) 乙、戊均合并到寅公司

  (C) 乙、丙均合并到寅公司

  (D) 丁、丙均合并到丑公司

  (E) 庚、戊均合并到卯公司

40. 王研究员：吃早餐对身体有害。因为吃早餐会导致皮质醇峰值更高，进而导致体内胰岛素异常，这可能引发Ⅱ型糖尿病。

  李教授：事实并非如此。因为上午皮质醇水平高只是人体生理节律的表现，而不吃早餐不仅会增加患Ⅱ型糖尿病的风险，还会增加患其他疾病的风险。

  以下哪项如果为真，最能支持李教授的观点？

  (A) 一日之计在于晨，吃早餐可以补充人体消耗，同时为一天的工作准备能量

  (B) 糖尿病患者若在 9 点至 15 点之间摄入一天所需的卡路里，血糖水平就能保持基本稳定

  (C) 经常不吃早餐，上午工作处于饥饿状态，不利于血糖调节，容易患上胃溃疡、胆结石等疾病

  (D) 如今，人们工作繁忙，晚睡晚起现象非常普遍，很难按时吃早餐，身体常常处于亚健康状态

  (E) 不吃早餐的人通常缺乏营养和健康方面的知识，容易形成不良生活习惯

41. 某语言学爱好者欲基于无涵义语词、有涵义语词构造合法的语句。已知：

  (1) 无涵义语词有 a、b、c、d、e、f，有涵义语词有 W、Z、X；

  (2) 如果两个无涵义语词通过一个有涵义语词连接，则它们构成一个有涵义语词；

  (3) 如果两个有涵义语词直接连接，则它们构成一个有涵义语词；

  (4) 如果两个有涵义语词通过一个无涵义语词连接，则它们构成一个合法的语句。

根据上述信息，以下哪项是合法的语句？

（A）eWscdXeZ

（B）aWbcdaZe

（C）fXaZbZWb

（D）aZdacdfX

（E）XWbaZdWc

42．某单位拟在椿树、枣树、楝树、雪松、银杏、桃树中选择 4 种栽种在庭院中。已知：

（1）椿树、枣树至少种植一种；

（2）如果种植椿树，则种植楝树但不种植雪松；

（3）如果种植枣树，则种植雪松但不种植银杏。

如果庭院中种植银杏，则以下哪项是不可能的？

（A）种植椿树

（B）种植楝树

（C）不种植枣树

（D）不种植雪松

（E）不种植桃树

43．披毛犀化石多分布在欧亚大陆北部，我国东北平原、华北平原、西藏等地也偶有发现。披毛犀有一个独特的构造——鼻中隔，简单地说就是鼻子中间的骨头。研究发现，西藏披毛犀化石的鼻中隔只是一块不完整的硬骨，早先在亚洲北部、西伯利亚等地发现的披毛犀化石的鼻中隔要比西藏披毛犀的"完全"，这说明西藏披毛犀具有更原始的形态。

以下哪项若为真，最能支持以上论述？

（A）一个物种不可能有两个起源地

（B）西藏披毛犀化石是目前已知最早的披毛犀化石

（C）为了在冰雪环境中生存，披毛犀的鼻中隔经历了由软到硬的进化过程，并最终形成一块完整的骨头

（D）冬季的青藏高原犹如冰期动物的"训练基地"，披毛犀在这里受到耐寒训练

（E）随着冰期的到来，有了适应寒冷能力的西藏披毛犀走出西藏，往北迁徙

44．黄土高原以前植被丰富，长满大树，而现在千沟万壑，不见树木，这是植被遭破坏后水流冲刷大地造成的惨痛结果。有专家进一步分析认为，现在黄土高原不长植物，是因为这里的黄土其实都是生土。

以下哪项最可能是上述专家推断的假设？

（A）生土不长庄稼，只有通过土壤改造等手段才适宜种植粮食作物

（B）因缺少应有的投入，生土无人愿意耕种，无人耕种的土地贫瘠

（C）生土是水土流失造成的恶果，缺乏植物生长所需要的营养成分

（D）东北的黑土地中含有较厚的腐殖层，这种腐殖层适合植物的生长

（E）植物的生长依赖熟土，而熟土的存续依赖人类对植被的保护

45．日前，科学家发明了一项技术，可以把二氧化碳等物质"电成"有营养价值的蛋白粉，这项技术不像种庄稼那样需要具备合适的气候、温度和土壤等条件。他们由此认

为，这项技术开创了未来新型食物生产的新路，有助于解决全球饥饿问题。

以下各项如果为真，则除了哪项均能支持上述科学家的观点？

（A）让二氧化碳、水和微生物一起接受电流电击，可以产生出有营养价值的食物

（B）粮食问题是全球性重大难题，联合国估计到 2050 年将有 20 亿人缺乏基本营养

（C）把二氧化碳等物质"电成"蛋白粉将有助于改变农业，还能避免对环境造成不利影响

（D）由二氧化碳物质"电成"的蛋白粉，约含 50％的蛋白质、25％的碳水化合物、核酸及脂肪

（E）未来这项技术将被引入沙漠或其他面临饥荒的地区，为解决那里的饥饿问题提供重要帮助

46～47 题基于以下题干：

某公司甲、乙、丙、丁、戊 5 人爱好出国旅游，去年，在日本、韩国、英国和法国 4 国中，他们每人都去了其中的 2 个国家旅游，且每个国家中有他们中的 2～3 人去旅游。已知：

（1）如果甲去韩国，则丁不去英国；

（2）丙与戊去年总是结伴出国旅游；

（3）丁和乙只去欧洲国家旅游。

46. 根据以上信息，可以得出以下哪项？

（A）甲去了韩国和日本

（B）乙去了英国和日本

（C）丙去了韩国和英国

（D）丁去了日本和法国

（E）戊去了韩国和日本

47. 如果 5 人去欧洲国家旅游的总人次与去亚洲国家的一样多，则可以得出以下哪项？

（A）甲去了日本

（B）甲去了英国

（C）甲去了法国

（D）戊去了英国

（E）戊去了法国

48. 1818 年前纽约市规定，所有买卖的鱼油都需要经过检查同时缴纳每桶 25 美元的检查费。一天，鱼油商人买了三桶鲸鱼油，打算把鲸鱼油制成蜡烛出售，鱼油检查员发现这些鲸鱼油根本没经过检查，根据鱼油法案，该商人需要接受检查并缴费，但该商人声称鲸鱼不是鱼，拒绝缴费，遂被告上法庭，陪审员最后支持了原告，判决该商人支付 75 美元检查费。

以下哪项如果为真，最能支持陪审员所作的判决？

（A）纽约市相关法律已经明确规定"鱼油"包括鲸鱼油和其他鱼类油

（B）"鲸鱼不是鱼"和中国古代公孙龙的"白马非马"类似，都是违反常识的诡辩

（C）19 世纪的美国虽有许多人认为鲸鱼不是鱼，但是也有许多人认为鲸鱼是鱼

（D）当时多数从事科学研究的人都肯定鲸鱼不是鱼，而律师和政客持反对意见

（E）古希腊有先哲早就把鲸鱼归类到胎生四足动物和卵生四足动物之下，比鱼类更高一级

49. 尽管近年来我国引进不少人才，但真正顶尖的领军人才还是凤毛麟角。就全球而言，人才特别是高层次人才紧缺已呈常态化、长期化趋势。某专家由此认为，未来10年，美国、加拿大、德国等国对高层次人才的争夺将进一步加剧，发展中国家的高层次人才紧缺状况更甚于发达国家。因此我国高层次人才引进工作急需进一步加强。

以下哪项如果为真，最能加强上述专家论证？

（A）我国理工科高层次人才紧缺程度更甚于文科

（B）发展中国家的一般性人才不比发达国家多

（C）我国仍然是发展中国家

（D）人才是衡量一个国家综合国力的重要指标

（E）我国近年来引进的领军人才数量不及美国等发达国家

50. 移动互联网时代，人们随时都可进行数字阅读，浏览网页、读电子书是数字阅读，刷微博、朋友圈也是数字阅读，长期以来，一直有人担忧数字阅读的碎片化、表面化，但近来有专家表示，数字阅读具有重要价值，是阅读的未来发展趋势。

以下哪项如果为真，最能支持上述专家的观点？

（A）长有长的用处，短有短的好处，不求甚解的数字阅读，也未尝不可，说不定在未来某一时刻，当初阅读的信息就会浮现出来，对自己的生活产生影响

（B）当前人们越来越多地通过数字阅读了解热点信息，通过网络进行相互交流，但网络交流者常常伪装或者匿名，可能会提供虚假信息

（C）有些网络读书平台能够提供精致的读书服务，不仅帮你选书，而且帮你读书，你需"听"即可，但用"听"的方式去读书，效率较低

（D）数字阅读容易挤占纸质阅读的时间，毕竟纸质阅读具有系统、全面、健康、不依赖电子设备等优点，仍将是阅读的主要方式

（E）数字阅读便于信息筛选，阅读者能在短时间内对相关信息进行初步了解，也可以此为基础作深入了解，相关网络阅读服务平台近几年已越来越多

51. 某街道的综合部、建设部、平安部和民生部四个部门，需要负责街道的秩序、安全、环境、协调等四项工作。每个部门只负责其中的一项工作，且各部门负责的工作各不相同。已知：

（1）如果建设部负责环境或秩序，则综合部负责协调或秩序；

（2）如果平安部负责环境或协调，则民生部负责协调或秩序。

根据以上信息，以下哪项工作安排是可能的？

（A）建设部负责环境，平安部负责协调

（B）建设部负责秩序，民生部负责协调

（C）综合部负责安全，民生部负责协调

（D）民生部负责安全，综合部负责秩序

（E）平安部负责安全，建设部负责秩序

52. 人非生而知之者，孰能无惑？惑而不从师，其为惑也，终不解矣。生乎吾前，其闻道也固先乎吾，吾从而师之；生乎吾后，其闻道也亦先乎吾，吾从而师之。吾师道也，

夫庸知其年之先后生于吾乎？是故无贵无贱，无长无少，道之所存，师之所存也。

根据以上信息，可以得出以下哪项？

(A) 与吾生乎同时，其闻道也必先乎吾
(B) 师之所存，道之所存也
(C) 无贵无贱，无长无少，皆为吾师
(D) 与吾生乎同时，其闻道不必先乎吾
(E) 若解惑，必从师

53. 学问的本来意义与人的生命、生活有关，但是如果学问成为口号或者教条，就会失去其本来的意义，因此，任何学问都不应该成为口号或教条。

以下哪项与上述论证方式最为相似？

(A) 椎间盘是没有血液循环的组织，但是如果要确保其功能正常运转，就需依靠其周围流过的血液提供养分，因此，培养功能正常运转的人工椎间盘应该很困难
(B) 大脑会改编现实经历，但是如果大脑只是存储现实经历的文件柜，就不会对其进行改编，因此大脑不应该只是存储现实经历的文件柜
(C) 人工智能应该可以判断黑猫和白猫都是猫。但是，如果人工智能不预先"消化"大量照片，就无从判断黑猫和白猫都是猫。因此，人工智能必须预先"消化"大量照片
(D) 机器人没有人类的弱点和偏见。但是，只有数据得到正确采集和分析，机器人才不会"主观臆断"。因此，机器人应该也有类似的弱点和偏见
(E) 历史包含必然性。但是，如果坚信历史只包含必然性，就会阻止我们用不断积累的历史数据去证实或证伪它。因此，历史不应该只包含必然性

54～55 题基于以下题干。

某项测试共有 4 道题，每道题给出 A、B、C、D 四个选项，其中只有一项是正确答案。现有张、王、赵、李 4 人参加了测试，他们的答案情况和测试结果如下（表1-3）：

表1-3

答题者	第一题	第二题	第三题	第四题	测试结果
张	A	B	A	B	均不正确
王	B	D	B	C	只答对1题
赵	D	A	A	B	均不正确
李	C	C	B	D	只答对1题

54. 根据以上信息，可以得出以下哪项？
(A) 第二题的正确答案是 C
(B) 第二题的正确答案是 D
(C) 第三题的正确答案是 D
(D) 第四题的正确答案是 A
(E) 第四题的正确答案是 D

55. 如果每道题的正确答案各不相同，则可以得出以下哪项？
(A) 第一题的正确答案是 B
(B) 第一题的正确答案是 C

(C) 第二题的正确答案是 D

(D) 第二题的正确答案是 A

(E) 第三题的正确答案是 C

四、写作：第 56～57 小题，共 65 分。其中论证有效性分析 30 分，论说文 35 分。

56. 论证有效性分析：分析下述论证中存在的缺陷和漏洞，选择若干要点，写一篇 600 字左右的文章，对该论证的有效性进行分析和评论。

（论证有效性分析的一般要点是：概念特别是核心概念的界定和使用是否准确并前后一致，有无各种明显的逻辑错误，论证的证据是否成立并支持结论，结论成立的条件是否充分等。）

北京联手张家口共同举办 2022 年冬季奥运会，中国南方的一家公司决定在本地投资设立一家商业性的冰雪运动中心。这家公司认为，该中心一旦投入运营，将获得可观的经济效益，这是因为：

北京与张家口共同举办冬奥会必然会在中国掀起一股冰雪运动的热潮。中国南方许多人从未有过冰雪运动的经历，会出于好奇而投身于冰雪运动。这正是一个千载难逢的绝好商机，不能轻易错过。

而且，冰雪运动与广场舞、跑步等不一样，需要一定的运动用品，例如冰鞋、滑雪板、运动服等等，这些运动用品价格不菲而且有较高的商业利润。如果在开展商业性冰雪运动的同时也经营冬季运动用品，则公司可以获得更多的利润。

另外，目前中国网络购物已经成为人们的生活习惯，但相对于网络商业，人们更青睐直接体验式的商业模态，而商业性冰雪运动正是直接体验式的商业模态，无疑具有光明的前景。

57. 论说文：根据下述材料，写一篇 700 字左右的论说文，题目自拟。

据报道，美国航天飞机"挑战者号"采用了斯沃克公司的零配件，该公司的密封圈技术专家博易斯乔利多次向公司高层提醒：低温会导致橡皮密封圈脆裂而引发重大事故，但是这一建议一直没有受到重视。1986 年 1 月 27 日，佛罗里达州卡纳维拉尔角发射场的气温降到零度以下，美国宇航局再次打电话给斯沃克公司，询问其对航天飞机的发射还有没有疑虑之处。为此斯沃克公司召开会议，博易斯乔利坚持认为不能发射，但公司高层认为他所持理由还不够充分，于是同意宇航局发射。1 月 28 日上午，航天飞机离开发射平台，仅过了 73 秒，悲剧就发生了。

2019 年全国硕士研究生入学统一考试
管理类专业学位联考综合能力试题

一、问题求解：第 1～15 小题，每小题 3 分，共 45 分。下列每题给出的 A、B、C、D、E 五个选项中，只有一个选项符合试题要求。请在答题卡上将所选项的字母涂黑。

1. 某车间计划 10 天完成一项任务，工作 3 天后因故停工 2 天。若要按原计划完成任务，则需要工作效率提高（　　）。

(A) 20%　　　　　　　　(B) 30%　　　　　　　　(C) 40%

(D) 50%　　　　　　　　(E) 60%

2. 设函数 $f(x) = 2x + \dfrac{a}{x^2}$ $(a > 0)$ 在 $(0, +\infty)$ 内的最小值为 $f(x_0) = 12$，则 $x_0 =$（　　）。

(A) 5　　　　　　　　　(B) 4　　　　　　　　　(C) 3

(D) 2　　　　　　　　　(E) 1

3. 某影城统计了一季度的观众人数，如图 2-1，则一季度男女观众人数之比为（　　）。

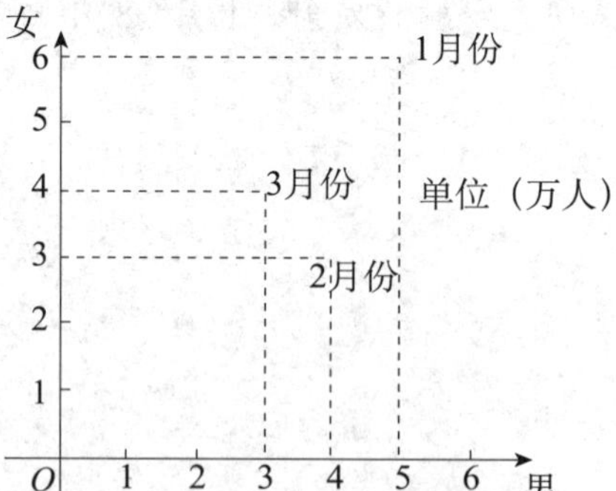

图 2-1

14

(A) 3：4   (B) 5：6

(C) 12：13   (D) 13：12

(E) 4：3

4. 设实数 a，b 满足 $ab=6$，$|a+b|+|a-b|=6$，则 $a^2+b^2=$（　　　）。

(A) 10   (B) 11

(C) 12   (D) 13

(E) 14

5. 设圆 C 与圆 $(x-5)^2+y^2=2$ 关于 $y=2x$ 对称，则圆 C 的方程为（　　　）。

(A) $(x-3)^2+(y-4)^2=2$ (B) $(x+4)^2+(y-3)^2=2$

(C) $(x-3)^2+(y+4)^2=2$ (D) $(x+3)^2+(y+4)^2=2$

(E) $(x+3)^2+(y-4)^2=2$

6. 将一批树苗种在一个正方形花园边上，四角都种。如果每隔 3 米种一棵，那么剩下 10 棵树苗；如果每隔 2 米种一棵，那么恰好种满正方形的 3 条边，则这批树苗有（　　　）棵。

(A) 54   (B) 60   (C) 70

(D) 82   (E) 94

7. 有分别标记 1，2，3，4，5，6 的 6 张卡片，甲抽取 1 张，乙从余下的卡片中再抽取 2 张，乙的卡片数字之和大于甲的卡片数字的概率为（　　　）。

(A) $\dfrac{11}{60}$ (B) $\dfrac{13}{60}$ (C) $\dfrac{43}{60}$

(D) $\dfrac{47}{60}$ (E) $\dfrac{49}{60}$

8. 10 名同学的语文和数学成绩如表 2-1：

表 2-1

语文成绩	90	92	94	88	86	95	87	89	91	93
数学成绩	94	88	96	93	90	85	84	80	82	98

语文和数学成绩的均值分别是 E_1 和 E_2，标准差分别为 σ_1 和 σ_2，则（　　　）。

(A) $E_1>E_2$，$\sigma_1>\sigma_2$ (B) $E_1>E_2$，$\sigma_1<\sigma_2$

(C) $E_1>E_2$，$\sigma_1=\sigma_2$ (D) $E_1<E_2$，$\sigma_1>\sigma_2$

(E) $E_1<E_2$，$\sigma_1<\sigma_2$

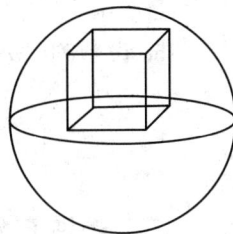

9. 如图 2-2，正方体位于半径为 3 的球内，且一面位于球的大圆上，则正方体表面积最大为（　　　）。

(A) 12   (B) 18

(C) 24   (D) 30

(E) 36

图 2-2

10. 在三角形 ABC 中，$AB=4$，$AC=6$，$BC=8$，D 为 BC 中点，则 $AD=$（　　　）。

(A) $\sqrt{11}$ (B) $\sqrt{10}$ (C) 3

(D) $2\sqrt{2}$ (E) $\sqrt{7}$

11. 某单位要铺设草坪，若甲、乙两公司合作需 6 天完成，工时费共 2.4 万元。若甲公司单独做 4 天后乙公司接着做 9 天完成，工时费共计 2.35 万元。若由甲公司单独完成该项目，则工时费共计（   ）万元。

(A) 2.25 　　　　　　　(B) 2.35
(C) 2.4 　　　　　　　(D) 2.45
(E) 2.5

12. 如图 2-3，正六边形 $ABCDEF$ 是平面与棱长为 2 的正方体所截得到的，若 A、B、D、E 分别为相应棱的中点，则正六边形 $ABCDEF$ 的面积为（   ）。

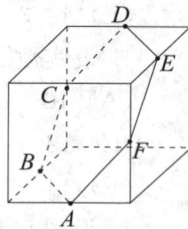
图 2-3

(A) $\frac{\sqrt{3}}{2}$ 　　　　　(B) $\sqrt{3}$ 　　　　　(C) $2\sqrt{3}$
(D) $3\sqrt{3}$ 　　　　　(E) $4\sqrt{3}$

13. 货车行驶 72 公里用时 1 小时，速度 v 与时间 t 的关系如图 2-4 所示，则 $v_0=$（   ）。

(A) 72 　　　　　　　(B) 80 　　　　　　　(C) 90
(D) 85 　　　　　　　(E) 100

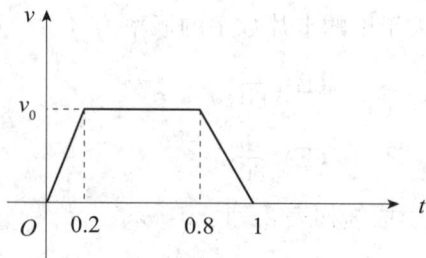
图 2-4

14. 某中学的 5 个学科各推荐 2 名教师作为支教候选人，若从中选出来自不同学科的 2 人参加支教工作，则不同的选派方式有（   ）种。

(A) 20 　　　　　　　(B) 24 　　　　　　　(C) 30
(D) 40 　　　　　　　(E) 45

15. 设数列 $\{a_n\}$ 满足 $a_1=0$，$a_{n+1}-2a_n=1$，则 $a_{100}=$（   ）。

(A) $2^{99}-1$ 　　　　(B) 2^{99} 　　　　(C) $2^{99}+1$
(D) $2^{100}-1$ 　　　　(E) $2^{100}+1$

二、条件充分性判断：第 16～25 小题，每小题 3 分，共 30 分。要求判断每题给出的条件（1）和条件（2）能否充分支持题干所陈述的结论。A、B、C、D、E 五个选项为判断结果，请选择一项符合试题要求的判断，在答题卡上将所选项的字母涂黑。

(A) 条件（1）充分，但条件（2）不充分。
(B) 条件（2）充分，但条件（1）不充分。

(C) 条件（1）和条件（2）单独都不充分，但条件（1）和条件（2）联合起来充分。

(D) 条件（1）充分，条件（2）也充分。

(E) 条件（1）和（2）单独都不充分，条件（1）和条件（2）联合起来也不充分。

16. 甲、乙、丙三人各自拥有不超过 10 本图书，甲再购入 2 本图书后，他们拥有的图书数量构成等比数列，则能确定甲拥有的图书数量。

（1）已知乙拥有的图书数量。

（2）已知丙拥有的图书数量。

17. 有甲、乙两袋奖券，获奖率分别为 p 和 q，某人从两袋中各随机抽取 1 张奖券，则此人获奖的概率不小于 $\frac{3}{4}$。

（1）已知 $p+q=1$。

（2）已知 $pq=\frac{1}{4}$。

18. 直线 $y=kx$ 与圆 $x^2+y^2-4x+3=0$ 有两个交点。

（1）$-\frac{\sqrt{3}}{3}<k<0$。

（2）$0<k<\frac{\sqrt{2}}{2}$。

19. 能确定小明的年龄。

（1）小明年龄是完全平方数。

（2）20 年后小明年龄是完全平方数。

20. 关于 x 的方程 $x^2+ax+b=1$ 有实根。

（1）$a+b=0$。

（2）$a-b=0$。

21. 如图 2-5，已知正方形 $ABCD$ 的面积，P 为 AO 的中点，Q 为 DO 上一点，则能确定三角形 PQD 的面积。

（1）O 为 BC 的三等分点。

（2）Q 为 DO 的三等分点。

22. 设 n 为正整数，则能确定 n 除以 5 的余数。

（1）已知 n 除以 2 的余数。

（2）已知 n 除以 3 的余数。

23. 某校理学院五个系每年录取人数如表 2-2：

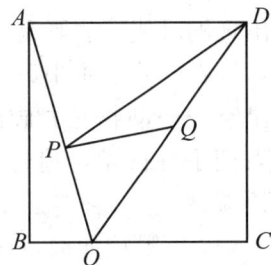

图 2-5

表 2-2

系列	数学系	物理系	化学系	生物系	地学系
录取人数	60	120	90	60	30

今年与去年相比，物理系平均分没变，则理学院录取平均分升高了。

（1）数学系录取平均分升高了 3 分，生物系录取平均分降低了 2 分。

（2）化学系录取平均分升高了 1 分，地学系录取平均分降低了 4 分。

24. 设三角区域 D 由直线 $x+8y-56=0$，$x-6y+42=0$ 与 $kx-y+8-6k=0$（$k<0$）围成，则对任意的 $(x，y)$，有 $\lg(x^2+y^2)\leqslant2$。

(1) $k\in(-\infty，-1]$。

(2) $k\in[-1，-\dfrac{1}{8})$。

25. 设数列 $\{a_n\}$ 的前 n 项和为 S_n，则 $\{a_n\}$ 为等差数列。

(1) $S_n=n^2+2n$，$n=1，2，3$。

(2) $S_n=n^2+2n+1$，$n=1，2，3$。

三、逻辑推理：第 26～55 小题，每小题 2 分，共 60 分。下列每题给出的 A、B、C、D、E 五个选项中，只有一项是符合试题要求的。请在答题卡上将所选项的字母涂黑。

26. 新常态下，消费需求发生深刻变化，消费拉开档次，个性化、多样化消费渐成主流。在相当一部分消费者那里，对产品质量的追求压倒了对价格的考虑。供给侧结构性改革，说到底是满足需求。低质量的产能必然会过剩，而顺应市场需求不断更新换代的产能不会过剩。

根据以上陈述，可以得出以下哪项？

(A) 只有质优价高的产品才能满足需求

(B) 顺应市场需求不断更新换代的产能不是低质量的产能

(C) 低质量的产能不能满足个性化需求

(D) 只有不断更新换代的产品才能满足个性化、多样化消费的需求

(E) 新常态下，必须进行供给侧结构性改革

27. 据碳14检测，卡皮瓦拉山岩画的创作时间最早可追溯到3万年前。在文字尚未出现的时代，岩画是人类沟通交流、传递信息、记录日常生活的方式。于是今天的我们可以在这些岩画中看到：一位母亲将孩子举起嬉戏，一家人在仰望并试图碰触头上的星空……动物是岩画的另一个主角，比如巨型犰狳、马鹿、螃蟹等。在许多画面中，人们手持长矛，追逐着前方的猎物。由此可以推断，此时的人类已经居于食物链的顶端。

以下哪项如果为真，最能支持上述推断？

(A) 岩画中出现的动物一般是当时人类捕猎的对象

(B) 3万年前，人类需要避免自己被虎豹等大型食肉动物猎杀

(C) 能够使用工具使得人类可以猎杀其他动物，而不是相反

(D) 有了岩画，人类可以将生活经验保留下来供后代学习，这极大地提高了人类的生存能力

(E) 对星空的敬畏是人类脱离动物、产生宗教的动因之一

28. 李诗、王悦、杜舒、刘默是唐诗宋词的爱好者，在唐朝诗人李白、杜甫、王维、刘禹锡中4人各喜爱其中一位，且每人喜爱的唐诗作者不与自己同姓。关于他们4人，已知：

(1) 如果爱好王维的诗，那么也爱好辛弃疾的词；
(2) 如果爱好刘禹锡的诗，那么也爱好岳飞的词；
(3) 如果爱好杜甫的诗，那么也爱好苏轼的词。

如果李诗不爱好苏轼和辛弃疾的词，则可以得出以下哪项？

(A) 杜舒爱好辛弃疾的词
(B) 王悦爱好苏轼的词
(C) 刘默爱好苏轼的词
(D) 李诗爱好岳飞的词
(E) 杜舒爱好岳飞的词

29. 人们一直在争论猫与狗谁更聪明。最近，有些科学家不仅研究了动物脑容量的大小，还研究了大脑皮层神经细胞的数量，发现猫平常似乎总摆出一副智力占优的神态，但猫的大脑皮层神经细胞的数量只有普通金毛犬的一半。由此，他们得出结论：狗比猫更聪明。

以下哪项最可能是上述科学家得出结论的假设？

(A) 狗善于与人类合作，可以充当导盲犬、陪护犬、搜救犬、警犬等，就对人类的贡献而言，狗能做的似乎比猫多
(B) 狗可能继承了狼结群捕猎的特点，为了互相配合，它们需要做出一些复杂行为
(C) 动物大脑皮层神经细胞的数量与动物的聪明程度呈正相关
(D) 猫的神经细胞数量比狗少，是因为猫不像狗那样"爱交际"
(E) 棕熊的脑容量是金毛犬的 3 倍，但其脑神经细胞的数量却少于金毛犬，与猫很接近，而棕熊的脑容量却是猫的 10 倍

30～31题基于以下题干：

某单位拟派遣 3 名德才兼备的干部到西部山区进行精准扶贫。报名者踊跃，经过考察，最终确定了陈甲、博乙、赵丙、邓丁、刘戊、张己 6 名候选人。根据工作需要，派遣还需要满足以下条件：

(1) 若派遣陈甲，则派遣邓丁但不派遣张己；
(2) 若博乙、赵丙至少派遣 1 人，则不派遣刘戊。

30. 以下哪项的派遣人选和上述条件不矛盾？

(A) 赵丙、邓丁、刘戊　　　　　(B) 陈甲、博乙、赵丙
(C) 博乙、邓丁、刘戊　　　　　(D) 邓丁、刘戊、张己
(E) 陈甲、赵丙、刘戊

31. 如果陈甲、刘戊至少派遣 1 人，则可以得出以下哪项？

(A) 派遣刘戊　　　　　　　　　(B) 派遣赵丙
(C) 派遣陈甲　　　　　　　　　(D) 派遣博乙
(E) 派遣邓丁

32. 近年来，手机、电脑的使用导致工作与生活界限日益模糊，人们的平均睡眠时间一直在减少，熬夜已成为现代人生活的常态。科学研究表明，熬夜有损身体健康，睡眠不足不仅仅是多打几个哈欠那么简单。有科学家据此建议，人们应该遵守作息规律。

以下哪项如果为真，最能支持上述科学家所作的建议？

(A) 长期睡眠不足会导致高血压、糖尿病、肥胖症、抑郁症等多种疾病，严重时还会造成意外伤害或死亡

(B) 缺乏睡眠会降低体内脂肪调解瘦素激素的水平，同时增加饥饿激素，容易导致暴饮暴食、体重增加

(C) 熬夜会让人的反应变慢、认知退步、思维能力下降，还会引发情绪失控，影响与他人的交流

(D) 所有的生命形式都需要休息与睡眠，在人类进化过程中，睡眠这个让人短暂失去自我意识、变得极其脆弱的过程并未被大自然淘汰

(E) 睡眠是身体的自然美容师，与那些睡眠充足的人相比，睡眠不足的人看上去面容憔悴，缺乏魅力

33. 有一论证（相关语句用序号表示）如下：

①今天，我们仍然要提倡勤俭节约。②节约可以增加社会保障资源。③我国尚有不少地区的人民生活贫困，亟需要更多社会保障资源，但也有一些人浪费严重。④节约可以减少资源消耗。⑤因为被浪费的任何粮食或者物品都是消耗一定的资源得来的。

如果用"甲→乙"表示甲支持（或证明）乙，则以下哪项对上述论证基本结构的表示最为准确？

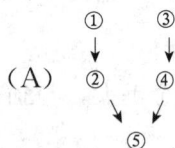

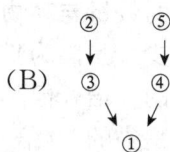

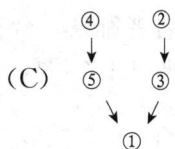

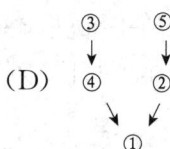

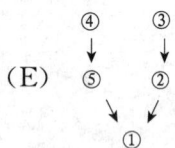

34. 研究人员使用电脑图技术研究了母亲给婴儿唱童谣时两人的大脑活动，发现当母亲与婴儿对视时，双方的脑电波趋于同步，此时婴儿也会发出更多的声音尝试与母亲沟通。他们据此以为，母亲与婴儿对视有助于婴儿的学习和交流。

以下哪项为真，最能支持上述研究人员的观点？

(A) 在两个成年人交流时，如果他们的脑电波同步，交流就会更流畅

(B) 当父母与孩子互动时，双方的情绪与心率可能也会同步

(C) 当部分学生对某学科感兴趣时，他们的脑电波会渐趋同步，学习效果也随之提升

（D）当母亲和婴儿对视时，她们都在发出信号，表明自己可以且愿意与对方交流

（E）脑电波趋于同步可优化双方对话状态，使交流更加默契，增进彼此了解

35．本保险柜所有密码都是 4 个阿拉伯数字和 4 个英文字母的组合。已知：

（1）若 4 个英文字母不连续排列，则密码组合中的数字之和大于 15；

（2）若 4 个英文字母连续排列，则密码组合中的数字之和等于 15；

（3）密码组合中的数字之和或者等于 18，或者小于 15。

根据上述信息，以下哪项是可能的密码组合？

（A）1adbe356　　　　　　　（B）37ab26dc

（C）2acgf716　　　　　　　（D）58bcde32

（E）18ac42de

36．有一 6×6 的方阵，它所含的每个小方格中可填入一个汉字，已有部分汉字填入，现要求该方阵中的每行每列均含有礼、乐、射、御、书、数 6 个汉字，不能重复也不能遗漏。

根据上述要求，以下哪项是方阵（表 2-3）底行 5 个空格中从左至右依次应填入的汉字？

表 2-3

	乐		御	书	
				乐	
射	御	书		礼	
	射			数	礼
御		数			射
					书

（A）数、礼、乐、射、御　　　（B）乐、数、御、射、礼

（C）数、礼、乐、御、射　　　（D）乐、礼、射、数、御

（E）数、御、乐、射、礼

37．某市音乐节设立了流行、民谣、摇滚、民族、电音、说唱、爵士这 7 大类的奖项评选。在入围提名中，已知：

（1）至少有 6 类入围；

（2）流行、民谣、摇滚中至多有 2 类入围；

（3）如果摇滚和民族类都入围，则电音和说唱中至少有一类没有入围。

根据上述信息，可以得出以下哪项？

（A）流行类没有入围　　　　　（B）民谣类没有入围

（C）摇滚类没有入围　　　　　（D）爵士类没有入围

（E）电音类没有入围

38．某大学有位女教师默默资助一位偏远山区的贫困家庭长达 15 年。记者多方打听，发现做好事者是该大学传媒学院甲、乙、丙、丁、戊 5 位教师中的一位。在接受采访时，5 位老师都很谦虚，他们是这么跟记者说的：

甲：这件事是乙做的。

乙：我没有做，是丙做了这件事。

丙：我并没有做这件事。

丁：我也没有做这件事，是甲做的。

戊：如果甲没有做，则丁也不会做。

记者后来得知，上述 5 位老师中只有一人说的话符合真实情况。

根据以上信息，可以得出做这件好事的人是：

(A) 甲   (B) 乙   (C) 丙

(D) 丁   (E) 戊

39. 作为一名环保爱好者，赵博士提倡低碳生活，积极宣传节能减排。但我不赞同他的做法，因为作为一名大学老师，他这样做，占用了大量的科研时间，到现在连副教授都没评上，他的观点怎么能令人信服呢？

以下哪项论证中的错误和上述最为相似？

(A) 张某提出要同工同酬，主张在质量相同的情况下，不分年龄、级别，一律按件计酬。她这样说不就是因为她年轻、级别低吗？其实她是在为自己谋利益

(B) 公司的绩效奖励制度是为了充分调动广大员工的积极性，它对所有员工都是公平的。如果有人对此有不同意见，则说明他反对公平

(C) 最近听说你对单位的管理制度提了不少意见，这真令人难以置信！单位领导对你差吗？你这样做，分明是和单位领导过不去

(D) 单位任命李某担任信息科科长，听说你对此有意见。大家都没有提意见，只有你一个人有意见，看来你的意见是有问题的

(E) 有一种观点认为，只有直接看到的事物才能确信其存在。但是没有人可以看到质子、电子，而这些都被科学证明是客观存在的。所以，该观点是错误的

40. 下面（图 2-6）6 张卡片，一面印的是汉字（动物或者花卉），一面印的是数字（奇数或者偶数）。

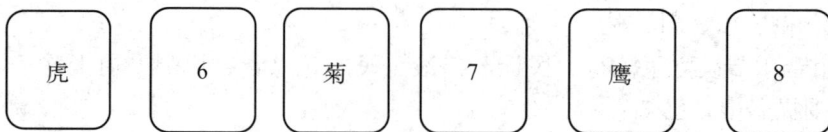

图 2-6

对于上述 6 张卡片，如果要验证"每张至少有一面印的是偶数或者花卉"。至少需要翻看几张卡片？

(A) 2   (B) 3   (C) 4

(D) 5   (E) 6

41. 某地人才市场招聘保洁、物业、网管、销售等 4 种岗位的从业者，有甲、乙、丙、丁 4 位年轻人前来应聘。事后得知，每人只能选择一种岗位应聘，且每种岗位都有其中一人应聘。另外，还知道：

(1) 如果丁应聘网管，那么甲应聘物业；

（2）如果乙不应聘保洁，那么甲应聘保洁且丙应聘销售；

（3）如果乙应聘保洁，那么丙应聘销售，丁也应聘保洁。

根据以上陈述，可以得出以下哪项？

（A）甲应聘网管岗位   （B）丙应聘保洁岗位

（C）甲应聘物业岗位   （D）乙应聘网管岗位

（E）丁应聘销售岗位

42.旅游是一种独特的文化体验。游客可以跟团游，也可以自由行。自由行游客虽避免了跟团游的集体束缚，但也放弃了人工导游的全程讲解，而近年来他们了解旅游景点的文化需求却有增无减。为适应这一市场需求，基于手机平台的多款智能导游APP被开发出来。它们可定位用户位置、自动提供景点讲解和游览问答等功能。有专家就此指出，未来智能导游必然会取代人工导游，传统的导游职业行将消亡。

以下哪项如果为真，最能质疑上述专家的论断？

（A）至少有95%的国外景点所配备的导游讲解器没有中文语音，中国出境游客因为语言和文化上的差异，对智能导游APP的需求比较强烈

（B）旅行中才会使用的智能导游APP，如何保持用户黏性、未来又如何取得商业价值等都是待解问题

（C）好的人工导游可以根据游客需求进行不同类型的讲解，不仅关注景点，还可表达观点，个性化很强，这是智能导游APP难以企及的

（D）目前发展较好的智能导游APP用户量在百万级左右，这与当前中国旅游人数总量相比还只是一个很小的比例，市场还没有培养出用户的普遍消费习惯

（E）国内景区配备的人工导游需要收费，大部分导游讲解的内容都是事先背好的标准化内容。但是，即便人工导游没有特色，其退出市场也需要一定的时间

43.甲：上周去医院，给我看病的医生竟然还在抽烟。

    乙：所有抽烟的医生都不关心自己的健康，而不关心自己健康的人也不会关心他人的健康。

    甲：是的，不关心他人健康的医生没有医德。我今后再也不会让没有医德的医生给我看病了。

根据上述信息，以下除了哪项，其余各项均可得出？

（A）甲认为他不会再找抽烟的医生看病

（B）乙认为上周给甲看病的医生不会关心乙的健康

（C）甲认为上周给他看病的医生不会关心医生自己的健康

（D）甲认为上周给他看病的医生不关心甲的健康

（E）乙认为上周给甲看病的医生没有医德

44.得道者多助，失道者寡助。寡助之至，亲戚畔之；多助之至，天下顺之。以天下之所顺，攻亲戚之所畔，故君子有所不战，战必胜矣。

以下哪项是上述论证所隐含的前提？

（A）得道者多，则天下太平

（B）君子是得道者

（C）得道者必胜失道者

（D）失道者必定得不到帮助

（E）失道者亲戚畔之

45. 如今，孩子写作业不仅仅是他们自己的事，大多数中小学生的家长都要面临陪孩子写作业的任务，包括给孩子听写、检查作业、签字等。据一项针对3 000余名家长进行的调查显示，84％的受访家长每天都会陪孩子写作业，而67％的受访家长会因陪孩子写作业而烦恼。有专家对此指出，家长陪孩子写作业，相当于充当学校老师的助理，让家庭成为课堂的延伸，会对孩子的成长产生不利影响

以下哪项如果为真，最能支持上述专家的论断？

（A）家长是最好的老师，家长辅导孩子获得各种知识本来就是家庭教育的应有之义，对于中低年级的孩子，学习过程中的父母陪伴尤为重要

（B）家长通常有自己的本职工作，有的晚上要加班，有的即使晚上回家也需要研究工作、操持家务，一般难有精力认真完成学校老师布置的"家长作业"

（C）家长陪孩子写作业，会使得孩子在学习中缺乏独立性和主动性，整天处于老师和家长的双重压力下，既难产生学习兴趣，更难养成独立人格

（D）大多数家长在孩子教育上并不是行家，他们或者早已遗忘了自己曾学习过的知识，或者根本不知道如何将自己拥有的知识传授给孩子

（E）家长辅导孩子，不应围绕老师布置的作业，而应着重激发孩子的学习兴趣，培养孩子良好的学习习惯，让孩子在成长中感到新奇、快乐

46. 我国天山是垂直地带性的典范。已知天山的植被形态分布具有如下特点：

（1）从低到高有荒漠、森林带、冰雪带等；

（2）只有经过山地草原，荒漠才能演变成森林带；

（3）如果不经过森林带，山地草原就不会过渡到山地草甸；

（4）山地草甸的海拔不比山地草甸草原的低，也不比高寒草甸高。

根据以上信息，关于天山植被形态，按照由低到高排列，以下哪项是不可能的？

（A）荒漠、山地草原、山地草甸草原、森林带、山地草甸、高寒草甸、冰雪带

（B）荒漠、山地草原、山地草甸草原、高寒草甸、森林带、山地草甸、冰雪带

（C）荒漠、山地草甸草原、山地草原、森林带、山地草甸、高寒草甸、冰雪带

（D）荒漠、山地草原、山地草甸草原、森林带、山地草甸、冰雪带、高寒草甸

（E）荒漠、山地草原、森林带、山地草甸草原、山地草甸、高寒草甸、冰雪带

47. 某大学读书会开展"一月一书"活动。读书会成员甲、乙、丙、丁、戊5人在《论语》《史记》《唐诗三百首》《奥德赛》《资本论》中各选一种阅读，互不重复。已知：

（1）甲爱读历史，会在《史记》和《奥德赛》中选一本。

（2）乙和丁只爱中国古代经典，但现在都没有读诗的心情。

（3）如果乙选《论语》，则戊选《史记》。

事实上，每个人读选了自己喜爱的书目。

根据以上信息，可以得出哪项？

（A）甲选《史记》

（B）乙选《奥德赛》

（C）丙选《唐诗三百首》

（D）丁选《论语》

（E）戊选《资本论》

48. 如果一个人只为自己劳动，他也许能成为著名学者、大哲人、卓越诗人，然而他永远不能成为完美无瑕的伟大人物。如果我们选择了最能为人类福利而劳动的职位，那么，重担就不能把我们压倒，因为这是为大家而献身：那时我们所感到的就不是可怜的、有限的、自私的乐趣，我们的幸福将属于千百万人，我们的事业将默默地、但是永恒发挥作用地存在下去，而面对我们的骨灰，高尚的人们将洒下热泪。

根据以上陈述，可以得出以下哪项？

（A）如果一个人只为自己劳动，不是为大家而献身，那么重担就能将他压倒

（B）如果我们为大家而献身，我们的幸福将属于千百万人，面对我们的骨灰，高尚的人们将洒下热泪

（C）如果我们没有选择最能为人类福利而劳动的职业，我们所感到的就是可怜的、有限的、自私的乐趣

（D）如果选择了最能为人类福利而劳动的职业，我们就不但能够成为著名学者、大哲人、卓越诗人，而且还能够成为完美无瑕的伟大人物

（E）如果我们只为自己劳动，我们的事业就不会默默地、但是永恒发挥作用地存在下去

49～50 题基于以下题干：

某食堂采购 4 类（各种蔬菜名称的后一个字相同，即为一类）共 12 种蔬菜：芹菜、菠菜、韭菜、青椒、红椒、黄椒、黄瓜、冬瓜、丝瓜、扁豆、毛豆、豇豆，并根据若干条件将其分成 3 组，准备在早、中、晚三餐中分别使用。已知条件如下：

（1）同一类别的蔬菜不在一组；

（2）芹菜不能在黄椒那一组，冬瓜不能在扁豆那一组；

（3）毛豆必须与红椒或韭菜同一组；

（4）黄椒必须与豇豆同一组。

49. 根据以上信息，可以得出以下哪项？

（A）芹菜与豇豆不在同一组

（B）芹菜与毛豆不在同一组

（C）菠菜与扁豆不在同一组

（D）冬瓜与青椒不在同一组

（E）丝瓜与韭菜不在同一组

50. 如果韭菜、青椒与黄瓜在同一组，则可得出以下哪项？

（A）芹菜、红椒与扁豆在同一组

（B）菠菜、黄椒与豇豆在同一组

　　(C) 韭菜、黄瓜与毛豆在同一组

　　(D) 菠菜、冬瓜与豇豆在同一组

　　(E) 芹菜、冬瓜与豇豆在同一组

51.《淮南子·齐俗训》中有曰："今屠牛而烹其肉，或以为酸，或以为甘，煎熬燔炙，齐味万方，其本一牛之体。"其中的"熬"便是熬牛肉制汤的意思。这是考证牛肉汤做法的最早文献资料。某民俗专家由此推测，牛肉汤的起源不会晚于春秋战国时期。

　　以下哪项如果为真，最能支持上述推测？

　　(A)《淮南子·齐俗训》完成于西汉时期

　　(B) 早在春秋战国时期，我国已经开始使用耕牛

　　(C)《淮南子·齐俗训》的作者中有来自齐国故地的人

　　(D) 春秋战国时期我国已经有熬汤的鼎器

　　(E)《淮南子·齐俗训》记述的是春秋战国时期齐国的风俗习惯

52. 某研究机构以约2万名65岁以上的老人为对象，调查了笑的频率与健康状态的关系，结果显示，在不苟言笑的老人中，认为自身现在的健康状态"不怎么好"和"不好"的比例分别是几乎每天都笑的老人的1.5倍和1.8倍，爱笑的老人对自我健康状态的评价往往较高。他们由此认为，爱笑的老人更健康。

　　以下哪项如果为真，最能质疑上述调查者的观点？

　　(A) 乐观的老年人比悲观的老年人更长寿

　　(B) 病痛的折磨使得部分老人对自我健康状态的评价不高

　　(C) 身体健康的老年人中，女性爱笑的比例比男性高10个百分点

　　(D) 良好的家庭氛围使得老年人生活更乐观，身体更健康

　　(E) 老年人的自我健康评价往往和他们实际的健康状况之间存在一定的差距

53. 阔叶树的降尘优势明显，吸附PM2.5的效果最好，一棵阔叶树一年的平均滞尘量达3.16公斤。针叶树叶面积小，吸附PM2.5的功效较弱。全年平均下来，阔叶林的吸尘效果要比针叶林强不少。阔叶树也比灌木和草的吸尘效果好得多。以北京常见的阔叶树国槐为例，成片的国槐林吸尘效果比同等面积的普通草地约高30%。有些人据此认为，为了降尘北京应大力推广阔叶树，并尽量减少针叶林面积。

　　以下哪项如果为真，最能削弱上述有关人员的观点？

　　(A) 阔叶树与针叶树比例失调，不仅极易暴发病虫害、火灾等，还会影响林木的生长和健康

　　(B) 针叶树冬天虽然不落叶，但基本处于"休眠"状态，生物活性差

　　(C) 植树造林既要治理PM2.5，也要治理其他污染物，需要合理布局

　　(D) 阔叶树冬天落叶，在寒冷的冬季，其养护成本远高于针叶树

　　(E) 建造通风走廊，能把城市和郊区的森林连接起来，让清新的空气吹入，降低城区的PM2.5

54～55题基于以下题干：

某园艺公司打算在如下形状的花圃中栽种玫瑰、兰花、菊花三个品种的花卉，该花圃的形状如图2-7。拟栽种的玫瑰有紫、红、白三种颜色，兰花，有红、白、黄三种颜色，

菊花有白、黄、蓝三种颜色，栽种需满足如下要求：

（1）每个六边形格子中仅栽种一个品种、一个颜色的花；

（2）每个品种只栽种两种颜色的花；

（3）相邻格子的花，其品种与颜色均不相同。

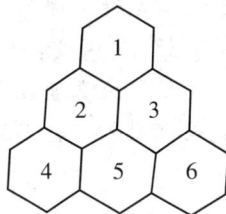

图2-7

54. 若格子5中是红色的花，则以下哪项是不可能的？

（A）格子1中是白色的兰花

（B）格子4中是白色的兰花

（C）格子6中是蓝色的菊花

（D）格子2中是紫色的玫瑰

（E）格了1中是白色的菊花

55. 若格子5中是红色的玫瑰，且格子3中是黄色的花，则可以得出以下哪项？

（A）格子4中是白色的菊花

（B）格子2中的白色的菊花

（C）格子6中是蓝色的菊花

（D）格子4中是白色的兰花

（E）格子1中是紫色的玫瑰

四、写作：第56～57小题，共65分。其中论证有效性分析30分，论说文35分。

56. 论证有效性分析：分析下述论证中存在的缺陷和漏洞，选择若干要点，写一篇600字左右的文章，对该论证的有效性进行分析和评论。

（论证有效性分析的一般要点是：概念特别是核心概念的界定和使用是否准确并前后一致，有无各种明显的逻辑错误，论证的证据是否成立并支持结论，结论成立的条件是否充分等。）

有的人认为选择越多越快乐，其理由是：人的选择越多就越自由，其自主性就越高，就越感到幸福和满足，所以就越快乐。其实选择越多，可能会越痛苦。

常言道："知足常乐"，一个人知足了才会感到快乐，世界上的事物是无穷的，所以选择也是无穷的，所谓："选择越多越快乐"，意味着只有无穷的选择，才能使人感到最快乐，而追求无穷的选择就是不知足，不知足者就不会感到快乐，那就只会感到痛苦。

再说，在做出每一项选择时，首先需要我们对各个选项进行考察分析，然后再进行判断决策。选择越多，我们在考察分析选项时势必付出更多的精力，也就势必带来更多的烦恼和痛苦。事实也正是如此，我们在做考卷中的选择题时，选项越多，选择起来就越麻烦，也就越感到痛苦。

还有，选择越多，选择时产生失误的概率就越高，由于选择失误而产生的后悔就越多，因而产生的痛苦也就越多，有人因为飞机晚点而后悔没选择坐高铁，就是因为可选交通工具多样造成的，如果没有高铁可选，就不会有这种后悔和痛苦。

退一步说，即使其选择没有绝对的对错之分，也肯定有优劣之分，人们做出某些选择后可能会觉得自己的选择并非最优而产生懊悔。从这种意义上说，选择越多，后悔的概率就越大，也就越痛苦，很多股民懊悔自己没有选择好股票，而未赚到更多的钱，从而痛苦不已。无疑是因为可选股票太多而造成的。

57. 论说文：根据下述材料，写一篇700字左右的论说文，题目自拟。

知识的真理性只有经过实践才能得到证明。论辩是纠正错误的重要途径之一，冲突的观点可以暴露错误从而发现真理。

2018 年全国硕士研究生入学统一考试
管理类专业学位联考综合能力试题

一、问题求解：第 1～15 小题，每小题 3 分，共 45 分。下列每题给出的 A、B、C、D、E 五个选项中，只有一个选项符合试题要求。

1. 学科竞赛设一等奖、二等奖和三等奖，比例为 1：3：8，获奖率为 30%，已知 10 人获得一等奖，则参加竞赛的人数为（ ）。

（A）300 　　　　　　　　（B）400 　　　　　　　　（C）500

（D）550 　　　　　　　　（E）600

2. 为了解某公司员工的年龄结构，按男、女人数的比例进行了随机抽样，结果如下（表 3-1）：

表 3-1

男员工年龄（岁）	23	26	28	30	32	34	36	38	41
女员工年龄（岁）	23	25	27	27	29	31			

根据表中数据估计，该公司男员工的平均年龄与全体员工的平均年龄分别是（单位：岁）（ ）。

（A）32，30 　　　　　　　（B）32，29.5 　　　　　　（C）32，27

（D）30，27 　　　　　　　（E）29.5，27

3. 某单位采取分段收费的方式收取网络流量（单位：GB）费用：每月流量 20（含）以内免费，流量 20 到 30（含）的每 GB 收费 1 元，流量 30 到 40（含）的每 GB 收费 3 元，流量 40 以上的每 GB 收费 5 元，小王这个月用了 45GB 的流量，则他应该交费（ ）。

（A）45 　　　　　　　　　（B）65 元 　　　　　　　　（C）75 元

（D）85 元 　　　　　　　　（E）135 元

4. 如图 3-1，圆 O 是三角形 ABC 的内切圆，若三角形 ABC 的面积与周长的大小之比为 $1:2$，则圆 O 的面积为（　　）。

(A) π　　　　　　　　　　(B) 2π

(C) 3π　　　　　　　　　　(D) 4π

(E) 5π

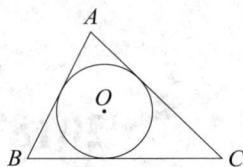

图 3-1

5. 设实数 a，b 满足 $|a-b|=2$，$|a^3-b^3|=26$，则 $a^2+b^2=$（　　）。

(A) 30　　　　　　　(B) 22　　　　　　　(C) 15

(D) 13　　　　　　　(E) 10

6. 甲、乙两人进行围棋比赛，约定先胜 2 盘者赢得比赛。已知每盘棋甲获胜的概率是 0.6，乙获胜的概率是 0.4，若乙在第一盘获胜，则甲赢得比赛的概率为（　　）。

(A) 0.144　　　　　　(B) 0.288　　　　　　(C) 0.36

(D) 0.4　　　　　　　(E) 0.6

7. 如图 3-2，四边形 $A_1B_1C_1D_1$ 是平行四边形，A_2，B_2，C_2，D_2 分别是 $A_1B_1C_1D_1$ 四边的中点，A_3，B_3，C_3，D_3 分别是 $A_2B_2C_2D_2$ 四边的中点，依次下去，得到四边形序列 $A_mB_mC_mD_m$（$m=1$，2，3，…），设 $A_nB_nC_nD_n$ 的面积为 S_n，且 $S_1=12$，则 $S_1+S_2+S_3+\cdots+S_n=$（　　）。

(A) 16　　　　　　　(B) 20　　　　　　　(C) 24

(D) 28　　　　　　　(E) 30

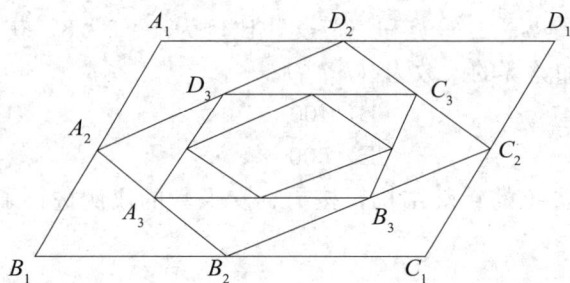

图 3-2

8. 已知圆 C：$x^2+(y-a)^2=b$，若圆 C 在点（1，2）处的切线与 y 轴的交点为（0，3），则 $ab=$（　　）。

(A) -2　　　　　　(B) -1　　　　　　(C) 0

(D) 1　　　　　　　(E) 2

9. 有 96 位顾客至少购买了甲、乙、丙三种商品中的一种，经调查：同时购买甲、乙两种商品的有 8 位，同时购买甲、丙两种商品的有 12 位，同时购买乙、丙两种商品的有 6 位，三种同时购买的有 2 位，则仅购买一种商品的顾客有（　　）。

(A) 70 位　　　　　　(B) 72 位　　　　　　(C) 74 位

(D) 76 位　　　　　　(E) 82 位

10. 将 6 张不同的卡片 2 张一组分别装入甲、乙、丙 3 个袋子中，若指定的 2 张卡片要在同一组，则不同的装法有（　　）。

(A) 12 种　　　　　　(B) 18 种　　　　　　(C) 24 种

    (D) 30 种   (E) 36 种

11. 某单位为检查 3 个部门的工作，由这 3 个部门的主任和外聘的 3 名人员组成检查组，2 人联合检查工作，每组由 1 名主任和 1 名外聘成员组成。规定本部门主任不能检查本部门，则不同的安排方式有（   ）。

    (A) 6 种   (B) 8 种   (C) 12 种

    (D) 18 种   (E) 36 种

12. 函数 $f(x) = \max\{x^2, -x^2 + 8\}$ 的最小值为（   ）。

    (A) 8   (B) 7   (C) 6

    (D) 5   (E) 4

13. 羽毛球队有 4 名男运动员和 3 名女运动员，从中选出 2 对参加混双比赛，则不同的选派方式有（   ）。

    (A) 9 种   (B) 18 种   (C) 24 种

    (D) 36 种   (E) 72 种

14. 如图 3-3，圆柱体的底面半径为 2，高为 3，垂直于底面的平面截圆柱体所得截面为矩形 $ABCD$，若弦 AB 所对的圆心角是 $\dfrac{\pi}{3}$，则截掉部分（较小部分）的体积为（   ）。

    (A) $\pi - 3$ (B) $2\pi - 6$ (C) $\pi - \dfrac{3\sqrt{3}}{2}$

    (D) $2\pi - 3\sqrt{3}$ (E) $\pi - \sqrt{3}$

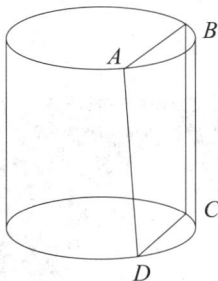

图 3-3

15. 从标号为 1 到 10 的 10 张卡片中随机抽取 2 张，它们的标号之和能被 5 整除的概率为（   ）。

    (A) $\dfrac{1}{5}$ (B) $\dfrac{1}{9}$ (C) $\dfrac{2}{9}$

    (D) $\dfrac{2}{15}$ (E) $\dfrac{7}{45}$

二、条件充分性判断：第 16~25 小题，每小题 3 分，共 30 分。要求判断每题给出的条件（1）和（2）能否充分支持题干所陈述的结论。A、B、C、D、E 五个选项为判断结果，请选择一项符合试题要求的判断。

    (A) 条件（1）充分，但条件（2）不充分。

    (B) 条件（2）充分，但条件（1）不充分。

(C) 条件（1）和条件（2）单独都不充分，但条件（1）和条件（2）联合起来充分。

(D) 条件（1）充分，条件（2）也充分。

(E) 条件（1）和（2）单独都不充分，条件（1）和条件（2）联合起来也不充分。

16. 甲、乙、丙三人的年收入成等比数列，则能确定乙的年收入的最大值。

（1）已知甲、丙两人的年收入之和。

（2）已知甲、丙两人的年收入之积。

17. 设 x，y 为实数，则 $|x+y| \leqslant 2$。

（1）$x^2 + y^2 \leqslant 2$。

（2）$xy \leqslant 1$。

18. 设 $\{a_n\}$ 为等差数列，则能确定 $a_1 + a_2 + \cdots + a_9$ 的值。

（1）已知 a_1 的值。

（2）已知 a_5 的值。

19. 设 m、n 是正整数，则能确定 $m+n$ 的值。

（1）$\dfrac{1}{m} + \dfrac{3}{n} = 1$。

（2）$\dfrac{1}{m} + \dfrac{2}{n} = 1$。

20. 如图 3-4，在矩形 $ABCD$ 中，$AE = FC$，则三角形 AED 与四边形 $BCFE$ 能拼接成一个直角三角形。

（1）$EB = 2FC$。

（2）$ED = EF$。

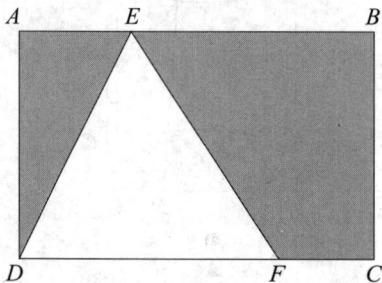

图 3-4

21. 甲购买了若干件 A 玩具，乙购买了若干件 B 玩具送给幼儿园，甲比乙少花了 100 元，则能确定甲购买的玩具件数。

（1）甲与乙共购买了 50 件玩具。

（2）A 玩具的价格是 B 玩具的 2 倍。

22. 已知点 P（m，0），A（1，3），B（2，1），点（x，y）在三角形 PAB 上，则 $x-y$ 的最小值与最大值分别为 -2 和 1。

（1）$m \leqslant 1$。

（2）$m \geqslant -2$。

23. 如果甲公司的年终奖总额增加 25%，乙公司的年终奖总额减少 10%，两者相等，则能确定两公司的员工人数之比。

(1) 甲公司的人均年终奖与乙公司的相同。

(2) 两公司的员工人数之比与两公司的年终奖总额之比相等。

24. 设 a，b 为实数，则圆 $x^2+y^2=2y$ 与直线 $x+ay=b$ 不相交。

(1) $|a-b|>\sqrt{1+a^2}$。

(2) $|a+b|>\sqrt{1+a^2}$。

25. 设函数 $f(x)=x^2+ax$，则 $f(x)$ 的最小值与 $f(f(x))$ 的最小值相等。

(1) $a\geqslant 2$。

(2) $a\leqslant 0$。

三、逻辑推理：第 26～55 小题，每小题 2 分，共 60 分。下列每题给出的 A、B、C、D、E 五个选项中，只有一项是符合试题要求的。请在答题卡上将所选项的字母涂黑。

26. 人民既是历史的创造者，也是历史的见证者；既是历史的"剧中人"，也是历史的"剧作者"。离开人民，文艺就会变成无根的浮萍、无病的呻吟、无魂的躯壳。关注人民的生活、命运、情感，表达人民的心愿、心情、心声，我们的作品才会在人民中传之久远。

根据以上陈述，可以得出以下哪项？

（A）只有不离开人民，文艺才不会变成无根的浮萍、无病的呻吟、无魂的躯壳

（B）历史的创造者都不是历史的"剧中人"

（C）历史的创造者都是历史的见证者

（D）历史的"剧中人"都是历史的"剧作者"

（E）我们的作品只要表达人民的心愿、心情、心声，就会在人民中传之久远

27. 盛夏时节的某一天，某市早报刊载了由该市专业气象台提供的全国部分城市当天天气预报，择其内容列表如下（表 3-2）：

表 3-2

天津	阴	上海	雷阵雨	昆明	小雨
呼和浩特	阵雨	哈尔滨	少云	乌鲁木齐	晴
西安	中雨	南昌	大雨	香港	多云
南京	雷阵雨	拉萨	阵雨	福州	阴

根据上述信息，以下哪项作出的论断最为准确？

（A）由于所列城市盛夏天气变化频繁，所以上面所列的 9 类天气类型一定就是所有的天气类型

（B）由于所列城市并非我国的所有城市，所以上面所列的 9 类天气类型一定不是所有的天气类型

（C）由于所列城市在同一天不一定展示所有的天气类型，所以上面所列的 9 类天气类型可能不是所有的天气类型

（D）由于所列城市在同一天可能展示所有的天气类型，所以上面所列的 9 类天气类型一定是所有的天气类型

（E）由于所列城市分处我国的东南西北中，所以上面所列的9类天气类型一定就是所有的天气类型

28. 现在许多人很少在深夜11点以前安然入睡，他们未必都在熬夜用功，大多是在玩手机或看电视，其结果就是晚睡，第二天就会头晕脑胀、哈欠连天。不少人常常对此感到后悔，但一到晚上他们多半还会这么做。有专家就此指出，人们似乎从晚睡中得到了快乐，但这种快乐其实隐藏着某种烦恼。

以下哪项如果为真，最能支持上述专家的结论？

（A）晨昏交替，生活周而复始，安然入睡是对当天生活的满足和对明天生活的期待。而晚睡者只想活在当下，活出精彩

（B）晚睡者具有积极的人生态度。他们认为，当天的事须当天完成，哪怕晚睡也在所不惜

（C）大多数习惯晚睡的人白天无精打采，但一到深夜就感觉自己精力充沛，不做点有意义的事情就觉得十分可惜

（D）晚睡其实是一种表面难以察觉的、对"正常生活"的抵抗，它提醒人们现在的"正常生活"存在着某种令人不满的问题

（E）晚睡者内心并不愿意睡得晚，也不觉得手机或电视有趣，甚至都不记得玩过或看过什么，但他们总是要在睡觉前花较长时间磨蹭

29. 分心驾驶是指驾驶人为满足自己的身体舒适、心情愉悦等需求而没有将注意力全部集中于驾驶过程的驾驶行为，常见的分心行为有抽烟、饮水、进食、聊天、刮胡子、使用手机、照顾小孩等。某专家指出，分心驾驶已成为我国道路交通事故的罪魁祸首。

以下哪项如果为真，最能支持上述专家的观点？

（A）一项统计研究表明，相对于酒驾、药驾、超速驾驶、疲劳驾驶等情形，我国由分心驾驶导致的交通事故占比最高

（B）驾驶人正常驾驶时反应时间为0.3秒～1.0秒，使用手机时反应时间则延迟3倍左右

（C）开车使用手机会导致驾驶人注意力下降20％；如果驾驶人边开车边发短信，则发生车祸的概率是其正常驾驶时的23倍

（D）近来使用手机已成为我国驾驶人分心驾驶的主要表现形式，59％的人开车过程中看微信，31％的人玩自拍，36％的人刷微博、微信朋友圈

（E）一项研究显示，在美国超过1/4的车祸是由驾驶人使用手机引起的

30～31题基于以下题干：

某工厂有一员工宿舍住了甲、乙、丙、丁、戊、己、庚7人，每人每周需轮流值日一天，且每天仅安排一人值日。他们值日的安排还需满足以下条件：

（1）乙周二或周六值日；

（2）如果甲周一值日，那么丙周三值日且戊周五值日；

（3）如果甲周一不值日，那么己周四值日且庚周五值日；

（4）如果乙周二值日，那么己周六值日。

30. 根据以上条件，如果丙周日值班，则可以得出以下哪项？

（A）甲周日值班 　　　　（B）乙周六值班 　　　　（C）丁周二值班

  （D）戊周二值班   （E）己周五值班

31．如果庚周四值日，那么以下哪项一定为假
  （A）甲周一值日   （B）乙周六值日   （C）丙周三值日
  （D）戊周日值日   （E）己周日值日

32．唐代韩愈在《师说》中指出："孔子曰：三人行，则必有我师。是故弟子不必不如师，师不必贤于弟子，闻道有先后，术业有专攻，如是而已。"

  根据上述韩愈的观点，可以得出以下哪项？
  （A）有的弟子必然不如师
  （B）有的弟子可能不如师
  （C）有的师不可能贤于弟子
  （D）有的弟子可能不贤于师
  （E）有的师可能不贤于弟子

33．"二十四节气"是我国在农耕社会生产生活的时间活动指南，反映了从春到冬一年四季的气温、降水、物候的周期性变化规律。已知各节气的名称具有如下特点：
  （1）凡含"春""夏""秋""冬"字的节气各属春、夏、秋、冬季；
  （2）凡含"雨""露""雪"字的节气各属春、秋、冬季；
  （3）如果"清明"不在春季，则"霜降"不在秋季；
  （4）如果"雨水"在春季，则"霜降"在秋季。

  根据以上信息，如果从春至冬每季仅列两个节气，则以下哪项是不可能的？
  （A）雨水、惊蛰、夏至、小暑、白露、霜降、大雪、冬至
  （B）惊蛰、春分、立夏、小满、白露、寒露、立冬、小雪
  （C）清明、谷雨、芒种、夏至、秋分、寒露、小雪、大寒
  （D）立春、清明、立夏、夏至、立秋、寒露、小雪、大寒
  （E）立春、谷雨、清明、夏至、处暑、白露、立冬、小雪

34．刀不磨要生锈，人不学要落后。所以，如果你不想落后，就应该多磨刀。

  以下哪项与上述论证方式最为相似？
  （A）妆未梳成不见客，不到火候不揭锅。所以，如果揭了锅，就应该是到了火候
  （B）兵在精而不在多，将在谋而不在勇。所以，如果想获胜，就应该兵精将勇
  （C）马无夜草不肥，人无横财不富。所以，如果你想富，就应该让马多吃夜草
  （D）金无足赤，人无完人。所以，如果你想做完人，就应该有真金
  （E）有志不在年高，无志空活百岁。所以，如果你不想空活百岁，就应该立志

35．某市已开通运营一、二、三、四号地铁线路，各条地铁线每一站运行加停靠所需时间均彼此相同。小张、小王、小李三人是同一单位的职工，单位附近有北口地铁站。某天早晨，3 人同时都在常青站乘一号线上班，但 3 人关于乘车路线的想法不尽相同。已知：
  （1）如果一号线拥挤，小张就坐 2 站后转三号线，再坐 3 站到北口站；如果一号线不拥挤，小张就坐 3 站后转二号线，再坐 4 站到北口站
  （2）只有一号线拥挤，小王才坐 2 站后转三号线，再坐 3 站到北口站
  （3）如果一号线不拥挤，小李就坐 4 站后转四号线，坐 3 站后再转三号线，坐 1 站到达北口站

(4) 该天早晨地铁一号线不拥挤

假定三人换乘及步行总时间相同，则以下哪项最可能与上述信息不一致？

(A) 小王和小李同时到达单位

(B) 小张和小王同时到达单位

(C) 小王比小李先到达单位

(D) 小李比小张先到达单位

(E) 小张比小王先到达单位

36. 最近一项调研发现，某国 30 岁至 45 岁人群中，去医院治疗冠心病、骨质疏松等病症的人越来越多，而原来患有这些病症的大多是老年人。调研者由此认为，该国年轻人中"老年病"发病率有不断增加的趋势。

以下哪项如果为真，最能质疑上述调研结论？

(A) 由于国家医疗保障水平的提高，相比以往，该国民众更有条件关注自己的身体健康

(B) "老年人"的最低年龄比以前提高了，"老年病"的患者范围也有所变化

(C) 近年来，由于大量移民涌入，该国 45 岁以下年轻人的数量急剧增加

(D) 尽管冠心病、骨质疏松等病症是常见的"老年病"，老年人患的病未必都是"老年病"

(E) 近几十年来，该国人口老龄化严重，但健康老龄人口的比重在不断增大

37. 张教授：利益并非只是物质利益，应该把信用、声誉、情感甚至某种喜好等都归入利益的范畴。根据这种"利益"的广义理解，如果每一个个体在不损害他人利益的前提下，尽可能满足其自身的利益需求，那么由这些个体组成的社会就是一个良善的社会。

根据张教授的观点，可以得出以下哪项？

(A) 如果一个社会不是良善的，那么其中肯定存在个体损害他人利益或自身利益需求没有尽可能得到满足的情况

(B) 尽可能满足每一个体的利益需求，就会损害社会的整体利益

(C) 只有尽可能满足每一个体的利益需求，社会才可能是良善的

(D) 如果有些个体通过损害他人利益来满足自身的利益需求，那么社会就不是良善的

(E) 如果某些个体的利益需求没有尽可能得到满足，那么社会就不是良善的

38. 某学期学校新开设 4 门课程："《诗经》鉴赏""老子研究""唐诗鉴赏""宋词选读"。

李晓明、陈文静、赵珊珊和庄志达 4 人各选修了其中一门课程。已知：

(1) 他们 4 人选修的课程各不相同；

(2) 喜爱诗词的赵珊珊选修的是诗词类课程；

(3) 李晓明选修的不是"《诗经》鉴赏"就是"唐诗鉴赏"。

以下哪项如果为真，就能确定赵珊珊选修的是"宋词选读"？

(A) 庄志达选修的不是"宋词选读"

(B) 庄志达选修的是"老子研究"

(C) 庄志达选修的不是"老子研究"

(D) 庄志达选修的是"《诗经》鉴赏"

(E) 庄志达选修的不是"《诗经》鉴赏"

39. 我国中原地区如果降水量比往年偏低，该地区河流水位会下降，流速会减缓。这有利于河流中的水草生长，河流中的水草总量通常也会随之增加。不过，去年该地区在经历了一次极端干旱之后，尽管该地区某河流的流速十分缓慢，但其中的水草总量并未随之而增加，只是处于一个很低的水平。

以下哪项如果为真，最能解释上述看似矛盾的现象？

(A) 经过极端干旱之后，该河流中以水草为食物的水生动物数量大量减少

(B) 我国中原地区多平原，海拔差异小，其地表河水流速比较缓慢

(C) 该河流在经历了去年极端干旱之后干涸了一段时间，导致大量水生物死亡

(D) 河水流速越慢，其水温变化就越小，这有利于水草的生长和繁殖

(E) 如果河中水草数量达到一定的程度，就会对周边其他物种的生存产生危害

40~41题基于以下题干：

某海军部队有甲、乙、丙、丁、戊、己、庚7艘舰艇，拟组成两个编队出航，第一编队编列3艘舰艇，第二编队编列4艘舰艇，编列需满足以下条件：

(1) 航母己必须编列在第二编队；

(2) 戊和丙至多有一艘编列在第一编队；

(3) 甲和丙不在同一编队；

(4) 如果乙编列在第一编队，则丁也必须编列在第一编队。

40. 如果甲在第二编队，则下列哪项中的舰艇一定也在第二编队？

(A) 乙 　　　　　　　(B) 丙 　　　　　　　(C) 丁

(D) 戊 　　　　　　　(E) 庚

41. 如果丁和庚在同一编队，则可以得出以下哪项？

(A) 甲在第一编队 　　(B) 乙在第一编队 　　(C) 丙在第一编队

(D) 戊在第二编队 　　(E) 庚在第二编队

42. 甲：读书最重要的目的是增长知识、开拓视野。

乙：你只见其一，不见其二。读书最重要的是陶冶性情、提升境界。没有陶冶性情、提升境界，就不能达到读书的真正目的。

以下哪项与上述反驳方式最为相似？

(A) 甲：文学创作最重要的是阅读优秀文学作品

乙：你只见现象，不见本质。文学创作最重要的是观察生活、体验生活。任何优秀的文学作品都来源于火热的社会生活

(B) 甲：做人最重要的是要讲信用

乙：你说得不全面。做人最重要的是要遵纪守法。如果不遵纪守法，就没法讲信用

(C) 甲：作为一部优秀的电视剧，最重要的是能得到广大观众的喜爱

乙：你只见其表，不见其里。作为一部优秀的电视剧最重要的是具有深刻寓意与艺术魅力。没有深刻寓意与艺术魅力，就不能成为优秀的电视剧

(D) 甲：科学研究最重要的是研究内容的创新

乙：你只见内容，不见方法。科学研究最重要的是研究方法的创新。只有实现研

究方法的创新，才能真正实现研究内容的创新

（E）甲：一年中最重要的季节是收获的秋天

乙：你只看结果，不问原因。一年中最重要的季节是播种的春天，没有春天的播种，哪来秋天的收获

43. 若要人不知，除非己莫为；若要人不闻，除非己莫言。为之而欲人不知，言之而欲人不闻，此犹捕雀而掩目，盗钟而掩耳者。

根据以上陈述，可以得出以下哪项？

（A）若己不言，则人不闻

（B）若己为，则人会知；若己言，则人会闻

（C）若能做到盗钟而掩耳，则可言之而人不闻

（D）若己不为，则人不知

（E）若能做到捕雀而掩目，则可为之而人不知

44. 中国是全球最大的卷烟生产国和消费国，但近年来政府通过出台禁烟令，提高卷烟消费税等一系列公共政策努力改变这一形象。一项权威调查数据显示，在 2014 年同比上升 2.4％之后，中国卷烟消费量在 2015 年同比下降了 2.4％，这是 1995 年来首次下降。尽管如此，2015 年中国卷烟消费量仍占全球的 45％，但这一下降对全球卷烟总消费量产生巨大影响，使其同比下降了 2.1％。

根据以上信息，可以得出以下哪项？

（A）2015 年发达国家卷烟消费量同比下降比率高于发展中国家

（B）2015 年世界其他国家卷烟消费量同比下降比率低于中国

（C）2015 年世界其他国家卷烟消费量同比下降比率高于中国

（D）2015 年中国卷烟消费量大于 2013 年

（E）2015 年中国卷烟消费量恰好等于 2013 年

45. 某校图书馆新购一批文科图书。为方便读者查阅，管理人员对这批图书在文科新书阅览室中的摆放位置作出如下提示：

（1）前 3 排书橱均放有哲学类新书；

（2）法学类新书都放在第 5 排书橱，这排书橱的左侧也放有经济类新书；

（3）管理类新书放在最后一排书橱。

事实上，所有的图书都按照上述提示放置。根据提示，徐莉顺利找到了她想查阅的新书。

根据上述信息，以下哪项是不可能的？

（A）徐莉在第 2 排书橱中找到哲学类新书

（B）徐莉在第 3 排书橱中找到经济类新书

（C）徐莉在第 4 排书橱中找到哲学类新书

（D）徐莉在第 6 排书橱中找到法学类新书

（E）徐莉在第 7 排书橱中找到管理类新书

46. 某次学术会议的主办方发出会议通知：只有论文通过审核才能收到会议主办方发出的邀请函，本次学术会议只欢迎持有主办方邀请函的科研院所的学者参加。

根据以上通知，可以得出以下哪项？

　（A）本次学术会议不欢迎论文没有通过审核的学者参加

　（B）论文通过审核的学者都可以参加本次学术会议

　（C）论文通过审核并持有主办方邀请函的学者，本次学术会议都欢迎其参加

　（D）有些论文通过审核但未持有主办方邀请函的学者，本次学术会议欢迎其参加

　（E）论文通过审核的学者有些不能参加本次学术会议

47～48 题基于以下题干：

一江南园林拟建松、竹、梅、兰、菊 5 个园子。该园林拟设东、南、北 3 个门，分别位于其中 3 个园子。这 5 个园子的布局满足如下条件：

（1）如果东门位于松园或菊园，那么南门不位于竹园；

（2）如果南门不位于竹园，那么北门不位于兰园；

（3）如果菊园在园林的中心，那么它与兰园不相邻；

（4）兰园与菊园相邻，中间连着一座美丽的廊桥。

47. 根据以上信息，可以得出以下哪项？

　（A）兰园不在园林的中心　　　（B）菊园不在园林的中心　　　（C）兰园在园林的中心

　（D）菊园在园林的中心　　　（E）梅园不在园林的中心

48. 如果北门位于兰园，则可以得出以下哪项？

　（A）南门位于菊园　　　（B）东门位于竹园　　　（C）东门位于梅园

　（D）东门位于松园　　　（E）南门位于梅园

49. 有研究发现，冬季在公路上撒盐除冰，会让本来要成为雌性的青蛙变成雄性，这是因为这些路盐中的钠元素会影响青蛙的受体细胞并改变原本可能成为雌性青蛙的性别。有专家据此认为，这会导致相关区域青蛙数量的下降。

　以下哪项如果为真，最能支持上述专家的观点？

　（A）大量的路盐流入池塘可能会给其他水生物造成危害，破坏青蛙的食物链

　（B）如果一个物种以雄性为主，该物种的个体数量就可能受到影响

　（C）在多个盐含量不同的水池中饲养青蛙，随着水池中盐含量的增加，雌性青蛙的数量不断减少

　（D）如果每年冬季在公路上撒很多盐，盐水流入池塘，就会影响青蛙的生长发育过程

　（E）雌雄比例会影响一个动物种群的规模，雌性数量的充足对物种的繁衍生息至关重要

50. 最终审定的项目或者意义重大或者关注度高，凡意义重大的项目均涉及民生问题。但是有些最终审定的项目并不涉及民生问题。

　根据以上陈述，可以得出以下哪项？

　（A）意义重大的项目比较容易引起关注

　（B）有些项目意义重大但是关注度不高

　（C）涉及民生问题的项目有些没有引起关注

　（D）有些项目尽管关注度高但并非意义重大

　（E）有些不涉及民生问题的项目意义也非常重大

51. 甲：知难行易，知然后行。

　　乙：不对。知易行难，行然后知。

以下哪项与上述对话方式最为相似？

（A）甲：知人者愚，自知者明

乙：不对。知人不易，知己更难

（B）甲：不破不立，先破后立

乙：不对。不立不破，先立后破

（C）甲：想想容易做起来难，做比想更重要

乙：不对。想到就能做到，想比做更重要

（D）甲：批评他人易，批评自己难；先批评他人后批评自己

乙：不对。批评自己易，批评他人难；先批评自己后批评他人

（E）甲：做人难做事易，先做人再做事

乙：不对。做人易做事难，先做事再做人

52. 所有值得拥有专利的产品或设计方案都是创新，但并不是每一项创新都值得拥有专利；所有的模仿都不是创新，但并非每一个模仿者都应该受到惩罚。

根据以上陈述，以下哪项是不可能的？

（A）有些创新者可能受到惩罚

（B）有些值得拥有专利的产品是模仿

（C）所有的模仿者都受到了惩罚

（D）没有模仿值得拥有专利

（E）有些值得拥有专利的创新产品并没有申请专利

53. 某国拟在甲、乙、丙、丁、戊、己6种农作物中进口几种，用于该国庞大的动物饲料产业，考虑到一些农作物可能含有违禁成分以及它们之间存在的互补或可替代因素，该国对这些农作物有如下要求：

（1）它们当中不含违禁成分的都进口。

（2）如果甲或乙含有违禁成分，就进口戊和己。

（3）如果丙含有违禁成分，那么丁就不进口了。

（4）如果进口戊，就进口乙和丁。

（5）如果不进口丁，就进口丙；如果进口丙，就不进口丁。

根据上述要求，以下哪项所列的农作物是该国可以进口的？

（A）丙、戊、己　　　（B）乙、丙、丁　　　（C）甲、乙、丙

（D）甲、丁、己　　　（E）甲、戊、己

54～55 题基于以下题干：

某校四位女生施琳、张芳、王玉、杨虹与四位男生范勇、吕伟、赵虎、李龙进行中国象棋比赛。他们被安排在四张桌上，每桌一男一女对弈，四张桌从左到右分别记为1、2、3、4号，每对选手需要进行四局比赛，比赛规定：选手每胜一局得2分，和一局得1分，负一局得0分。前三局结束时，按分差大小排列，四对选手的总积分分别是6：0、5：1、4：2、3：3。

已知：

（1）张芳跟吕伟对弈，杨虹在4号桌比赛，王玉的比赛桌在李龙比赛桌的右边；

（2）1号桌的比赛至少有一局是和局，4号桌双方的总积分不是4：2；

（3）赵虎前三局总积分并不领先他的对手，他们也没有下成过和局；

（4）李龙已连输三局，范勇在前三局总积分上领先他的对手。

54. 根据上述信息，前三局比赛结束时谁的总积分最高？

（A）杨虹 　　　　　（B）施琳 　　　　　（C）范勇

（D）王玉 　　　　　（E）张芳

55. 如果下列有位选手前三局均与对手下成和局。那么他（她）是谁？

（A）施琳 　　　　　（B）杨虹 　　　　　（C）张芳

（D）范勇 　　　　　（E）王玉

四、写作：第 56～57 小题，共 65 分。其中论证有效性分析 30 分，论说文 35 分。

56. 论证有效性分析：分析下述论证中存在的缺陷和漏洞，选择若干要点，写一篇 600 字左右的文章，对该论证的有效性进行分析和评论。

（论证有效性分析的一般要点是：概念特别是核心概念的界定和使用是否准确并前后一致，有无各种明显的逻辑错误，论证的证据是否成立并支持结论，结论成立的条件是否充分等。）

哈佛大学教授本杰明·史华慈（Benjamin L Schwartz）在二十世纪末指出，开始席卷一切的物质主义潮流将极大地冲击人类社会固有的价值观念，造成人类精神世界的空虚，这一论点值得商榷。

首先，按照唯物主义物质决定精神的基本原理，精神是物质在人类头脑中的反映。因此，物质丰富只会充实精神世界，物质主义潮流不可能造成人类精神世界的空虚。

其次，后物质主义理论认为：个人基本的物质生活条件一旦得到满足，就会把注意点转移到非物质方面。物质生活丰裕的人，往往会更注重精神生活，追求社会公平，个人尊严等等。

还有，最近一项对某高校大学生的抽样调查表明，有 69% 的人认为物质生活丰富可以丰富人的精神生活，有 22% 的人认为物质生活和精神生活没有什么关系，只有 9% 的人认为物质生活丰富反而会降低人的精神追求。

总之，物质决定精神，社会物质生活水平的提高会促进人类精神世界的发展，担心物质生活的丰富会冲击人类的精神世界，这是杞人忧天罢了。

57. 论说文：根据下述材料，写一篇 700 字左右的论说文，题目自拟。

有人说，机器人的使命，应该是帮助人类做那些人类做不了的事，而不是代替人类。技术变革会夺去一些人低端繁琐的工作岗位，最终也会创造更高端更人性化的就业机会。例如，历史上铁路的出现抢去了很多挑夫的工作，但又增加了千百万的铁路工人。人工智能也是一种技术变革，人工智能也将促进未来人类社会的发展，有人则不以为然。

2017 年全国硕士研究生入学统一考试
管理类专业学位联考综合能力试题

一、问题求解：第 1～15 小题，每小题 3 分，共 45 分。下列每题给出的 A、B、C、D、E 五个选项中，只有一个选项符合试题要求。

1. 甲从 1、2、3 中抽取一个数，记为 a；乙从 1、2、3、4 中抽取一数，记为 b，规定当 $a > b$ 或者 $a + 1 < b$ 时甲获胜，则甲取胜的概率为（　　）。

(A) $\dfrac{1}{6}$　　　　　　(B) $\dfrac{1}{4}$　　　　　　(C) $\dfrac{1}{3}$

(D) $\dfrac{5}{12}$　　　　　(E) $\dfrac{1}{2}$

2. 已知 $\triangle ABC$ 和 $\triangle A'B'C'$ 满足 $AB : A'B' = AC : A'C' = 2 : 3$，$\angle A + \angle A' = \pi$，则 $\triangle ABC$ 和 $\triangle A'B'C'$ 的面积之比为（　　）。

(A) $\sqrt{2} : \sqrt{3}$　　　　(B) $\sqrt{3} : \sqrt{5}$　　　　(C) $2 : 3$

(D) $2 : 5$　　　　　　(E) $4 : 9$

3. 将 6 人分成 3 组，每组 2 人，则不同的分组方式共有（　　）种。

(A) 12　　　　　　　(B) 15　　　　　　　(C) 30

(D) 45　　　　　　　(E) 90

4. 甲、乙、丙三人每轮各投篮 10 次，投了三轮，投中数如表 4-1：

表 4-1

	第一轮	第二轮	第三轮
甲	2	5	8
乙	5	2	5
丙	8	4	9

记 σ_1，σ_2，σ_3 分别为甲、乙、丙投中数的方差，则（　　）。

(A) $\sigma_1 > \sigma_2 > \sigma_3$ (B) $\sigma_1 > \sigma_3 > \sigma_2$ (C) $\sigma_2 > \sigma_1 > \sigma_3$

(D) $\sigma_2 > \sigma_3 > \sigma_1$ (E) $\sigma_3 > \sigma_2 > \sigma_1$

5. 将长、宽、高分别为 12、9、6 的长方体切割成正方体，且切割后无剩余，则能切割成相同正方体的最少个数为（　　　）。

(A) 3   (B) 6   (C) 24

(D) 96   (E) 64

6. 某品牌电冰箱连续两次降价 10% 后的售价是降价前的（　　　）。

(A) 80%   (B) 81%   (C) 82%

(D) 83%   (E) 85%

7. 甲、乙、丙三种货车载重量成等差数列，2 辆甲种车和 1 辆乙种车的载重量为 95 吨，1 辆甲种车和 3 辆丙种车的载重量为 150 吨，则甲、乙、丙分别各一辆车一次最多运送货物为（　　　）。

(A) 125   (B) 120   (C) 115

(D) 110   (E) 105

8. 张老师到一所中学进行招生咨询，上午接到了 45 名同学的咨询，其中的 9 位同学下午又咨询了张老师，占张老师下午咨询学生的 10%，一天中向张老师咨询的学生人数为（　　　）。

(A) 81   (B) 90   (C) 115

(D) 126   (E) 135

9. 某种机器人可搜索到的区域是半径为 1 米的圆，若该机器人沿直线行走 10 米，则其搜索出的区域的面积（单位：平方米）为（　　　）。

(A) 10   (B) $10 + \pi$ (C) $20 + \dfrac{\pi}{2}$

(D) $20 + \pi$ (E) 10π

10. 不等式 $|x-1| + x \leq 2$ 的解集为（　　　）。

(A) $(-\infty, 1]$ (B) $\left(-\infty, \dfrac{3}{2}\right]$ (C) $\left[1, \dfrac{3}{2}\right]$

(D) $[1, +\infty)$ (E) $\left[\dfrac{3}{2}, +\infty\right)$

11. 在 1 到 100 之间，能被 9 整除的整数的平均值是（　　　）。

(A) 27   (B) 36   (C) 45

(D) 54   (E) 63

12. 某试卷由 15 道选择题组成，每道题有 4 个选项，只有一项是符合试题要求的，甲有 6 道题是能确定正确选项，有 5 道题能排除 2 个错误选项，有 4 道题能排除 1 个错误选项，若从每题排除后剩余的选项中选一个作为答案，则甲得满分的概率为（　　　）。

(A) $\dfrac{1}{2^4} \cdot \dfrac{1}{3^5}$ (B) $\dfrac{1}{2^5} \cdot \dfrac{1}{3^4}$ (C) $\dfrac{1}{2^5} + \dfrac{1}{3^4}$

(D) $\dfrac{1}{2^4} \cdot \left(\dfrac{3}{4}\right)^5$ (E) $\dfrac{1}{2^4} + \left(\dfrac{3}{4}\right)^5$

13. 某公司用 1 万元购买了价格分别为 1 750 元和 950 元的甲、乙两种办公设备，则购买的甲、乙办公设备的件数分别为（　　）。

(A) 3，5 (B) 5，3 (C) 4，4

(D) 2，6 (E) 6，2

14. 如图 4-1，在扇形 AOB 中，$\angle AOB=\dfrac{\pi}{4}$，$OA=1$，$AC\perp OB$，则阴影部分的面积为（　　）。

(A) $\dfrac{\pi}{8}-\dfrac{1}{4}$ (B) $\dfrac{\pi}{8}-\dfrac{1}{8}$

(C) $\dfrac{\pi}{4}-\dfrac{1}{2}$ (D) $\dfrac{\pi}{4}-\dfrac{1}{4}$

(E) $\dfrac{\pi}{4}-\dfrac{1}{8}$

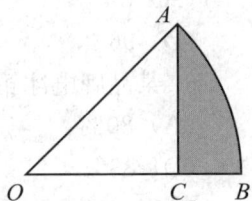

图 4-1

15. 老师问班上 50 名同学周末复习情况，结果有 20 人复习过数学，30 人复习过语文，6 人复习过英语，且同时复习过数学和语文的有 10 人，同时复习过语文和英语的有 2 人，同时复习过英语和数学的有 3 人。若同时复习过这三门课的人为 0，则没有复习过这三门课程的学生人数为（　　）。

(1) 7 (B) 8 (C) 9

(D) 10 (E) 11

二、条件充分性判断：第 16～25 小题，每小题 3 分，共 30 分。要求判断每题给出的条件（1）和（2）能否充分支持题干所陈述的结论。A、B、C、D、E 五个选项为判断结果，请选择一项符合试题要求的判断。

(A) 条件（1）充分，但条件（2）不充分。

(B) 条件（2）充分，但条件（1）不充分。

(C) 条件（1）和条件（2）单独都不充分，但条件（1）和条件（2）联合起来充分。

(D) 条件（1）充分，条件（2）也充分。

(E) 条件（1）和条件（2）单独都不充分，条件（1）和条件（2）联合起来也不充分。

16. 某人需要处理若干份文件，第一小时处理了全部文件的 $\dfrac{1}{5}$，第二小时处理了剩余文件的 $\dfrac{1}{4}$，则此人需要处理的文件数为 25 份。

(1) 前两小时处理了 10 份文件。

(2) 第二小时处理了 5 份文件。

17. 能确定某企业产值的月平均增长率。

(1) 已知一月份的产值。

(2) 已知全年的总产值。

18. $x^2+y^2-ax-by+c=0$ 与 x 轴相切，则能确定 c 的值。

(1) 已知 a 的值。

(2) 已知 b 的值。

19. 某人从 A 地出发，先乘时速为 220km 的动车，后转乘时速为 100km 的汽车到达 B 地，则 A，B 两地的距离为 960km。

(1) 乘动车的时间与乘汽车的时间相等。

(2) 乘动车的时间与乘汽车的时间之和为 6 小时。

20. 直线 $y＝ax＋b$ 与抛物线 $y＝x^2$ 有两个交点。

(1) $a^2＞4b$。

(2) $b＞0$。

21. 如图 4－2，一个铁球沉入水池中，则能确定铁球的体积。

(1) 已知铁球露出水面的高度。

(2) 已知水深及铁球与水面交线的周长。

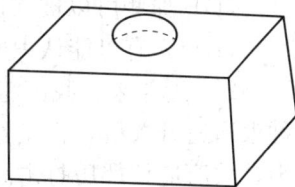
图 4－2

22. 已知 a，b，c 为三个实数，则 $\min\{|a-b|,|b-c|,|a-c|\}\leqslant5$。

(1) $|a|\leqslant5$，$|b|\leqslant5$，$|c|\leqslant5$。

(2) $a+b+c=15$。

23. 某机构向 12 位教师征题，共征集到 5 种题型的试题 52 道，则能确定供题教师的人数。

(1) 每位供题教师提供的试题数目相同。

(2) 每位供题教师提供的题型不超过 2 种。

24. 某人参加资格考试，有 A 类和 B 类选择，A 类的合格标准是抽 3 道题至少会做 2 道，B 类的合格标准是抽 2 道题都会做，则此人参加 A 类合格的几率大。

(1) 此人 A 类题中有 60% 会做。

(2) 此人 B 类题中有 80% 会做。

25. 设 a，b 是两个不相等的实数，则函数 $f(x)＝x^2+2ax+b$ 的最小值小于零。

(1) 1，a，b 成等差数列。

(2) 1，a，b 成等比数列。

三、逻辑推理：第 26～55 小题，每小题 2 分，共 60 分。下列每题给出的 A、B、C、D、E 五个选项中，只有一项是符合试题要求的。请在答题卡上将所选项的字母涂黑。

26. 倪教授认为，我国工程技术领域可以考虑与国外先进技术合作，但任何涉及核心技术的项目就不能受制于人，我国许多网络安全建设项目涉及信息核心技术。如果全盘引进国外先进技术而不努力自主创新，我国的网络安全将会受到严重威胁。

根据倪教授的描述，可以得出以下哪项？

(A) 我国有些网络安全建设项目不能受制于人

(B) 我国工程技术领域的所有项目都不能受制于人

(C) 如果能做到自主创新，我国的网络安全就不会受到严重威胁

(D) 我国许多网络安全建设项目不能与国外先进技术合作

(E) 只要不是全盘引进国外先进技术，我国的网络安全就不会受到严重威胁

27. 任何结果都不可能凭空出现，它们的背后都是有原因的；任何背后有原因的事物可以被人认识，而可以被人认识的事物都必然不是毫无规律的。

根据以上陈述，以下哪项为假？

（A）任何结果都可以被人认识

（B）任何结果出现的背后都是有原因的

（C）有些结果的出现可能毫无规律

（D）那些可以被人认识的事物必然有规律

（E）人有可能认识所有事物

28. 近年来，我国海外代购业务量快速增长，代购者们通常从海外购买产品，通过各种渠道避开关税，再卖给内地顾客从中牟利，却让政府损失了税收收入。某专家由此指出，政府应该严厉打击海外代购的行为。

以下哪项如果为真，最能支持上述论证？

（A）近期，有位空乘服务员因在网上开设海外代购店而被我国地方法院判定有走私罪

（B）国内一些企业生产的同类产品与海外代购产品相比，无论质量还是价格都缺乏竞争优势

（C）海外代购提升了人民的生活水平，满足了国内部分民众对于高品质生活的需求

（D）去年，我国奢侈品海外代购规模几乎占全球奢侈品在国内门店销售额的一半，这些交易大多避开关税

（E）国内民众的消费需求提升是伴随着我国经济发展而产生的经济现象，应以此为契机促进国内同类消费品产业的升级

29. 为了配合剧情，招4类角色，国外游客1～2名，购物者2～3名，商贩2名，路人若干。甲、乙、丙、丁、戊、己6人出演，且在同一场景中，只能出演一个角色。已知：

（1）只有甲和乙才能出演国外游客；

（2）每个场景中至少有3类同时出现；

（3）每个场景中，乙或丁出演商贩，则甲和丙出演购物者；

（4）购物者、路人之和在每个场景中不超过2人。

根据上述信息，可以得出以下哪项？

（A）同一场景中，戊和己出演路人，则甲只能演国外游客

（B）同一场景中，由己出演国外游客，则甲出演商贩

（C）至少有2人在不同场景出演不同角色

（D）甲、乙、丙、丁不会出现在同一场景

（E）在同一场景中，若丁和戊出演购物者，则乙只能出演国外游客

30. 离家300米的学校不能上，却被安排到2公里以外的学校就读，某市一位适龄儿童在上小学时就遇到了所在区教育局这样的安排，而这一安排是区教育局根据儿童户籍所在施教区做出的，根据该市教育局规定的"就近入学原则"儿童家长将区教育局告上法院，要求撤销原来安排，让其孩子就近入学，法院对此做出一审判决，驳回原告请求。

下列哪项最可能是法院的合理依据？

（A）"就近入学"不是"最近入学"，不能将入学儿童户籍地和学校直线距离作为划分施教区的唯一依据

   (B) 按照特定的地理要素划分，施教区中的每所小学不一定位于该施教区的中心位置

   (C) 儿童入学应上哪一所学校不是让适龄儿童或其家长自主选择，而是要听从政府主
管部门的行政安排

   (D) "就近入学"仅仅是一个需要遵循的总体原则，儿童具体入学安排还要根据特定
的情况加以变通

   (E) 该区教育局划分施教区的行政行为符合法律规定，而原告孩子户籍所在施教区的
确需要去离家 2 公里外的学校就读

31. 张立是一位单身白领，工作 5 年积累了一笔存款，由于该笔存款金额尚不足以购
房，他考虑将其暂时分散投资到股票、黄金、基金、国债和外汇等 5 个方面。该笔存款的
投资需要满足如下条件：

   (1) 如果黄金投资比例高于 1/2，则剩余部分投入国债和股票；

   (2) 如果股票投资比例低于 1/3，则剩余部分不能投入外汇或国债；

   (3) 如果外汇投资比例低于 1/4，则剩余部分投入基金或黄金；

   (4) 国债投资比例不能低于 1/6。

根据上述信息，可以得出以下哪项？

   (A) 国债投资比例高于 1/2

   (B) 外汇投资比例不低于 1/3

   (C) 股票投资比例不低于 1/4

   (D) 黄金投资比例不低于 1/5

   (E) 基金投资比例不低于 1/6

32. 通识教育重在帮助学生掌握尽可能全面的基础知识，即帮助学生了解各个学科领
域的基本常识；而人文教育则重在培育学生了解生活世界的意义，并对自己及他人行为的
价值和意义做出合理的判断，形成"智识"。因此有专家指出，相比较而言，人文教育对
个人未来生活的影响会更大一些。

以下哪项如果为真，最能支持上述专家的断言？

   (A) 当今我国有些大学开设的通识教育课程要远远多于人文教育课程

   (B) "知识"是事实判断，"智识"是价值判断，两者不能相互替代

   (C) 没有知识就会失去应对未来生活挑战的勇气，而错误的价值可能会误导人的生活

   (D) 关于价值和意义的判断事关个人的幸福和尊严，值得探究和思考

   (E) 没有知识，人依然可以活下去；但如果没有人生价值和意义的追求，人只能成为
没有灵魂的躯壳

33～34 题基于以下题干：

丰收公司邢经理需要在下个月赴湖北、湖南、安徽、江西、浙江、江苏、福建 7 省进
行市场需求调研，各省均调研一次，他的行程需满足如下条件：

   (1) 第一个或最后一个调研江西省；

   (2) 调研安徽省的时间早于浙江省，在这两省的调研之间调研除了福建省的另外
两省；

   (3) 调研福建省的时间安排在刚好调研完浙江省之后；

   (4) 第三个调研江苏省。

33. 如果邢经理首先赴安徽省调研，则关于他的行程，可以确定以下哪项？
（A）第二个调研湖北省 （B）第二个调研湖南省
（C）第五个调研福建省 （D）第五个调研湖北省
（E）第五个调研浙江省

34. 如果安徽省是邢经理第二个调研的省份，则关于他的行程，可以确定以下哪项？
（A）第一个调研江西省 （B）第四个调研湖北省
（C）第五个调研浙江省 （D）第五个调研湖南省
（E）第六个调研福建省

35. 王研究员：我国政府提出的"大众创业、万众创新"激励着每一个创业者。对于创业者来说，最重要的是需要一种坚持精神。不管在创业中遇到什么困难，都要坚持下去。

李教授：对于创业者来说，最重要的是要敢于尝试新技术。因为有些新技术是一些大公司不敢轻易尝试的新技术，这就为创业者带来了成功的契机。

根据以上信息，以下哪项最准确地指出了王研究员与李教授的分歧所在？
（A）最重要的是敢于迎接各种创业难题的挑战，还是敢于尝试那些大公司不敢轻易尝试的新技术
（B）最重要的是坚持创业，有毅力有恒心把事业一直做下去，还是坚持创新，做出更多的科学发现和技术发明
（C）最重要的是坚持把创业这件事做好，成为创业大众的一员，还是努力发明新技术，成为万众创新的一员
（D）最重要的是需要一种坚持精神，不畏艰难，还是要敢于尝试新技术，把握事业成功的契机
（E）最重要的是坚持创业，敢于成立小公司，还是尝试新技术，敢于挑战大公司

36. 进入冬季以来，内含大量有毒颗粒物的雾霾频繁袭击我国部分地区，有关调查显示，持续接触高浓度污染物会直接导致10%至15%的人患有眼睛慢性炎症或干眼症。有专家由此认为，如果不采取紧急措施改善空气质量，这些疾病的发病率和相关的并发症将会增加。

以下哪个选项如果为真，最能支持上述专家的观点？
（A）有毒颗粒物会刺激并损害人的眼睛，长期接触会影响泪腺细胞
（B）空气质量的改善不是短时间内能做到的，许多人不得不在污染的环境中工作
（C）眼睛慢性炎症或干眼症等病例通常集中出现于花粉季
（D）上述被调查的眼疾患者中有65%是年龄在20～40之间的男性
（E）在重污染环境中采取带护目镜，定期洗眼等措施有助于防御干眼症等眼疾

37. 很多成年人对于儿时熟悉的《唐诗三百首》中的许多名诗，常常仅记得几句名句，而不知诗作者或诗名。甲校中文系硕士生只有三个年级，每个年级人数相等。统计发现，一年级学生都能把该书中的名句与诗名及其作者对应起来；二年级2/3的学生能把该书中的名句与作者对应起来；三年级1/3的学生不能把该书中的名句与诗名对应起来。

根据上述信息，关于该校中文系硕士生，可以得出以下哪项？
（A）1/3以上的一、二年级学生不能把该书中的名句与作者对应起来

（B）1/3 以上的硕士生不能将该书中的名句与诗名或作者对应起来

（C）大部分硕士生能将该书中的名句与作者对应起来

（D）2/3 以上的一、三年级学生能把该书中的名句与诗名对应起来

（E）2/3 以上的一、二年级学生不能把该书中的名句与诗名对应起来。

38. 婴儿通过触碰物体、四处玩耍和观察成人的行为等方式来学习，但机器人通常只能按照编定的程序进行学习。于是，有些科学家试图研制学习方式更接近于婴儿的机器人。他们认为，既然婴儿是地球上最有效率的学习者，为什么不设计出能像婴儿那样不费力气就能学习的机器人呢？

以下哪项最可能是上述科学家观点的假设？

（A）婴儿的学习能力是天生的，它们的大脑与其他动物幼仔不同

（B）通过碰触、玩耍和观察等方式来学习是地球上最有效率的学习方式

（C）即使是最好的机器人，它们的学习能力也无法超过最差的婴儿学习者

（D）如果机器人能像婴儿那样学习，它们的智能就有可能超过人类

（E）成年人和现有的机器人都不能像婴儿那样毫不费力地学习

39. 针对癌症患者，医生常采用化疗手段将药物直接注入人体杀伤癌细胞，但这也可能将正常细胞和免疫细胞一同杀灭，产生较强的副作用。近来，有科学家发现，黄金纳米粒子很容易被人体癌细胞吸收，如果将其包上一层化疗药物，就可作为"运输工具"，将化疗药物准确地投放到癌细胞中。他们由此断言，微小的黄金纳米粒子能提升癌症化疗的效果，并能降低化疗的副作用。

以下哪项如果为真，最能支持上述科学家所做出的论断？

（A）黄金纳米粒子用于癌症化疗有待大量临床检验

（B）在体外用红外线加热已进入癌细胞的黄金纳米粒子，可以从内部杀灭癌细胞

（C）因为黄金所具有的特殊化学物质，黄金纳米粒子不会与人体细胞发生反应

（D）现代医学手段已经能实现黄金纳米粒子的精准投送，让其所携带的化疗药物只作用于癌细胞，并不伤及其他细胞

（E）利用常规计算机断层扫描，医生容易判定黄金纳米粒子是否已经投放到癌细胞中

40. 甲：己所不欲，勿施于人。

乙：我反对。己所欲，则施于人。

以下哪项与上述对话方式最为相似？

（A）甲：人非草木，孰能无情

乙：我反对。草木无情，但人有情

（B）甲：人无远虑，必有近忧

乙：我反对。人有远虑，亦有近忧

（C）甲：不入虎穴，焉得虎子

乙：我反对。如得虎子，必入虎穴

（D）甲：人不犯我，我不犯人

乙：我反对。人若犯我，我就犯人

（E）甲：不在其位，不谋其政

乙：我反对，在其位，则行其政

41. 颜子、曾寅、孟申、荀辰申请一个中国传统文化建设项目。根据规定，该项目的主持人只能有一名，且在上述4位申请者中产生，包括主持人在内，项目组成员不能超过两位。另外，各位申请者在申请答辩时做出如下陈述：

(1) 颜子：如果我成为主持人，将邀请曾寅或荀辰作为项目组成员；

(2) 曾寅：如果我成为主持人，将邀请颜子或孟申作为项目组成员；

(3) 荀辰：只有颜子成为项目组成员，我才能成为主持人；

(4) 孟申：只有荀辰或颜子成为项目组成员，我才能成为主持人。

假定4人陈述都为真，关于项目组成员的组合，以下哪项是不可能的？

(A) 孟申、曾寅   (B) 荀辰、孟申

(C) 曾寅、荀辰   (D) 颜子、孟申

(E) 颜子、荀辰

42. 研究者调查了一组大学毕业就从事有规律的工作正好满8年的白领，发现他们的体重比刚毕业时平均增加了8公斤。

研究者由此得出结论，有规律的工作会增加人们的体重。

关于上述结论的正确性，需要询问的关键问题是以下哪项？

(A) 和该组调查对象其他情况相仿且经常进行体育锻炼的人，在同样的8年中体重有怎样的变化

(B) 该组调查对象的体重在8年后是否会继续增加

(C) 为什么调查关注的时间段是对象在毕业工作8年，而不是7年或者9年

(D) 该组调查对象中的男性和女性的体重增加是否有较大差异

(E) 和该组调查对象其他情况相仿但没有从事有规律工作的人，在同样的8年中体重有怎样的变化

43. 赵默是一位优秀的企业家。因为一个人既拥有国内外知名学府和研究机构的工作经历，又有担任项目负责人的管理经验，那么他就能成为一位优秀的企业家。

以下哪项与上述论证最为相似？

(A) 李然是信息技术领域的杰出人才。因为一个人不具有前瞻性目光、国际化视野和创新思维，就不能成为信息技术领域的杰出人才

(B) 袁青是一位好作家。因为好作家都具有较强的观察能力、想象能力及表达能力

(C) 青年是企业发展的未来，因此，企业只有激发青年的青春力量，才能促其早日成才

(D) 人力资源是企业的核心资源，因为如果不开展各类文化活动，就不能提升员工的岗位技能，也不能增强团队的凝聚力和战斗力

(E) 风云企业具有凝聚力。因为一个企业能引导和帮助员工树立目标，提升能力，就能使企业具有凝聚力

44. 爱书成痴注定会藏书。大多数藏书家也会读一些自己收藏的书；但有些藏书家却因喜爱书的价值和精致装帧而购书收藏，至于阅读则放到了自己以后闲暇的时间，而一旦他们这样想，这些新购的书就很可能不被阅读了。但是，这些受到"冷遇"的书只要被友人借去一本，藏书家就会失魂落魄，整日心神不安。

根据上述信息，可以得出以下哪项？

（A）有些藏书家将自己的藏书当作友人

（B）有些藏书家喜欢闲暇时读自己的藏书

（C）有些藏书家会读遍自己收藏的书

（D）有些藏书家不会立即读自己新购的书

（E）有些藏书家从不会读自己收藏的书

45．人们通常认为，幸福能够增进健康、有利于长寿，而不幸福则是健康状况不佳的直接原因。但最近研究人员对 3 000 多人的生活状态调查后发现，幸福或不幸福并不意味着死亡的风险会相应地变得更低或更高，他们由此指出，疾病可能会导致不幸福，但不幸福本身并不会对健康状况造成损害。

以下哪项如果为真，最能质疑上述研究人员的论证？

（A）幸福是个体的一种心理体验，要求被调查对象准确断定其幸福程度有一定的难度

（B）有些高寿老人的人生经历较为坎坷，他们有时过得并不幸福

（C）有些患有重大疾病的人乐观向上，积极与疾病抗争，他们的幸福感比较高

（D）人的死亡风险低并不意味着健康状况好，死亡风险高也不意味着健康状况差

（E）对少数个体死亡风险的高低难以进行准确评估

46．甲：只有加强知识产权保护，才能推动科技创新。

　　乙：我不同意。过分加强知识产权保护，肯定不能推动科技创新。

以下哪项与上述反驳方式最为类似？

（A）妻子：孩子只有刻苦学习，才能取得好成绩

　　　丈夫：也不尽然。学习光知道刻苦而不能思考，也不一定会取得好成绩

（B）母亲：只有从小事做起，将来才有可能做成大事

　　　孩子：老妈你错了。如果我们每天只是做小事，将来肯定做不成大事

（C）老板：只有给公司带来回报，公司才能给他带来回报

　　　员工：不对呀。我上月帮公司谈成一笔大业务，可是只得到1％的奖励

（D）老师：只有读书，才能改变命运

　　　学生：我觉得不是这样。不读书，命运会有更大的改变

（E）顾客：这件商品只有价格再便宜一些，才会有人来买

　　　商人：不可能。这件商品如果价格再便宜一些，我就要去喝西北风了

47．某著名风景区有"妙笔生花""猴子观海""仙人晒靴""美人梳妆""阳关三叠""禅心向天"等6个景点。为方便游人，景区提示如下：

（1）只有先游"猴子观海"，才能游"妙笔生花"；

（2）只有先游"阳关三叠"，才能游"仙人晒靴"；

（3）如果游"美人梳妆"就要先游"妙笔生花"；

（4）"禅心向天"应第4个游览，之后才可游览"仙人晒靴"。

张先生按照上述提示，顺利游览了上述6个景点。

根据上述信息，关于张先生的游览顺序，以下哪项不可能为真？

（A）第一个游览"猴子观海"

（B）第二个游览"阳关三叠"

(C) 第三个游览"美人梳妆"

(D) 第五个游览"妙笔生花"

(E) 第六个游览"仙人晒靴"

48. "自我陶醉人格"是以过分重视自己为主要特点的人格障碍。它有多种具体特征：过高评价自己的重要性，夸大自己的成就；对批评反应强烈，希望他人注意自己和羡慕自己；经常沉湎于幻想中，把自己看成是特殊的人；人际关系不稳定；嫉妒他人，损人利己。

以下各项陈述中，除了哪项均能体现上述"自我陶醉人格"的特征？

(A) 我是这个团队的灵魂，一旦我离开了这个团队，那么团队将一事无成

(B) 他有什么资格批评我？大家看看，他的能力连我一半都不到

(C) 我的家庭条件不好，但不愿意被别人看不起，所以我借钱买了一部智能手机

(D) 这么重要的活动竟然没有邀请我参加，组织者的人品肯定有问题，不值得跟这样的人交往

(E) 我刚接手别人很多年没有做成的事情，我跟他们完全不在一个层次，相信很快就会将事情搞定

49. 通常情况下，长期在寒冷环境中生活的居民可以有更强的抗寒能力。相比于我国的南方地区，我国北方地区冬天的平均气温要低很多。然而有趣的是，现在许多北方地区的居民并不具有我们所认为的抗寒能力，相当多的北方人到南方来过冬，竟然难以忍受南方的寒冷天气，怕冷程度甚至远超过当地人。

以下哪项如果为真，最能解释上述现象？

(A) 一些北方人认为南方温暖，他们去南方过冬时往往对保暖工作做得不够充分

(B) 南方地区冬天虽然平均气温比北方高，但也存在极端低温的天气

(C) 北方地区在冬天通常启用供暖设备，其室内温度往往比南方高出许多

(D) 有些北方人是从南方迁过去的，他们没有完全适应北方的气候

(E) 南方地区湿度较大，冬天感受到的寒冷程度超出气象意义上的温度指标

50. 译制片配音，作为一种特有的艺术形式，曾在我国广受欢迎。然而时过境迁，现在许多人已不喜欢看配过音的外国影视剧。他们觉得还是原汁原味的声音才感觉到位。有专家由此断言，配音已失去观众，必将退出历史舞台。

以下哪项如果为真，最能削弱上述论证？

(A) 很多上了年纪的国人仍习惯看配过音的外国影视剧，而在国内放映的外国大片有的仍然是配过音的

(B) 配音是一种艺术再创作，倾注了配音艺术家的心血，但有的人对此并不领情，反而觉得配音妨碍了他们对原创的欣赏

(C) 许多中国人通晓外文，观赏外国原版影视剧并不存在语言的困难，即使不懂外文，边看中文字幕边听原声也不影响理解剧情

(D) 随着对外交流的加强，现在外国影视剧大量涌入国内，有的国人已经等不及慢条斯理、精工细作的配音了

(E) 现在外国影视剧配音难以模仿剧中演员的出色嗓音，有时也与剧情不符，对此观众并不接受

51~52题基于以下题干：

六一节快到了，幼儿园老师为班上的小明、小雷、小刚、小芳、小花等5位小朋友准备了红、橙、黄、绿、青、蓝、紫等7份礼物。已知所有礼物都送了出去，每份礼物只能由一人获得，每人最多获得两份礼物。另外，礼物派送还需要满足如下要求：

（1）如果小明收到橙色礼物，则小芳会收到蓝色礼物；

（2）如果小雷没有收到红色礼物，则小芳不会收到蓝色礼物；

（3）如果小刚没有收到黄色礼物，则小花不会收到紫色礼物；

（4）没有人既能收到黄色礼物，又能收到绿色礼物；

（5）小明只收到橙色礼物，而小花只收到紫色礼物。

51. 根据上述信息，以下哪项为真？

（A）小明和小芳都收到两份礼物

（B）小雷和小刚都收到两份礼物

（C）小刚和小花都收到两份礼物

（D）小芳和小花都收到两份礼物

（E）小明和小雷都收到两份礼物

52. 根据上述信息，如果小刚收到两份礼物，则可以得出以下哪项？

（A）小雷收到红色和绿色两份礼物

（B）小刚收到黄色和蓝色两份礼物

（C）小芳收到绿色和蓝色两份礼物

（D）小刚收到黄色和青色两份礼物

（E）小芳收到青色和蓝色两份礼物

53. 某民乐小组拟购买几种乐器，购买要求如下：

（1）二胡、箫至多购买一种；

（2）笛子、二胡和古筝至少购买一种；

（3）箫、古筝、唢呐至少购买两种；

（4）如果购买箫，则不购买笛子。

根据以上要求，可以得出以下哪项？

（A）至少购买了三种乐器

（B）箫、笛子至少购买了一种

（C）至少要购买三种乐器

（D）古筝、二胡至少购买一种

（E）一定要购买唢呐

54~55题基于以下题干：

某影城将在"十一"黄金周7天（周一至周日）放映14部电影，其中有5部科幻片，3部警匪片，3部武侠片，2部战争片，1部爱情片。限于条件，影城每天放映两部电影，已知：

（1）除科幻片安排在周四外，其余6天每天放映的两部电影属于不同的类型；

（2）爱情片安排在周日；

（3）科幻片或武侠片没有安排在同一天；

（4）警匪片和战争片没有安排在同一天。

54. 根据以上信息，以下哪项两部电影不可能安排在同一天放映？

（A）爱情片和警匪片 　　　　（B）科幻片和警匪片

（C）武侠片和战争片 　　　　（D）武侠片和警匪片

（E）科幻片和战争片

55. 根据以上信息，如果同类型影片放映日期连续，则周六可以放映的电影是哪项？

（A）科幻片和警匪片 　　　　（B）武侠片和警匪片

（C）科幻片和战争片 　　　　（D）科幻片和武侠片

（E）警匪片和战争片

四、写作：第 56～57 小题，共 65 分。其中论证有效性分析 30 分，论说文 35 分。

56. 论证有效性分析：分析下述论证中存在的缺陷和漏洞，选择若干要点，写一篇 600 字左右的文章，对该论证的有效性进行分析和评论。

（论证有效性分析的一般要点是：概念特别是核心概念的界定和使用是否准确并前后一致，有无各种明显的逻辑错误，论证的证据是否成立并支持结论，结论成立的条件是否充分等。）

如果我们把古代荀子、商鞅、韩飞等人的一些主张归纳起来，可以得出如下一套理论：

人的本性是"好荣恶辱，好利恶害"的，所以人们都会追求奖赏，逃避惩罚。因此拥有足够权力的国君只要利用赏罚就可以把臣民治理好了。

既然人的本性是好利恶害的，那么在选拔官员时，既没有可能也没有必要去寻求那些不求私利的廉洁之士，因为世界上根本不存在这样的人。廉政建设的关键其实只在于任用官员之后有效地防止他们以权谋私。

怎样防止官员以权谋私呢？国君通常依靠设置监察官的方法，这种方法其实是不合理的。因为监察官也是人，也是好利恶害的。所以依靠监察官去制止其他官员以权谋私就是让一部分以权谋私者去制止另一部分人以权谋私。结果只能使他们共谋私利。

既然依靠设置监察官的方法不合理，那么依靠什么呢？可以利用赏罚的方法促使臣民去监督。谁揭发官员的以权谋私，就奖赏谁，谁不揭发官员的以权谋私就惩罚谁，臣民出于好利恶害的本性就会揭发官员的以权谋私。

57. 论说文：根据下述材料，写一篇 700 字左右的论说文，题目自拟。

一家企业遇到了这样一个问题：究竟是把有限的资金用于扩大生产呢，还是用于研发新产品？有人主张投资扩大生产，因为根据市场调查，原产品还可以畅销三到五年，由此可以获得丰厚的利润。有人主张投资研发新产品，因为这样做，虽然有很大的风险，但风险背后有数倍甚至数十倍于前者的利润。

2016 年全国硕士研究生入学统一考试
管理类专业学位联考综合能力试题

一、问题求解：第 1～15 小题，每小题 3 分，共 45 分。下列每题给出的 A、B、C、D、E 五个选项中，只有一个选项符合试题要求。

1. 某家庭在一年总支出中，子女教育支出与生活资料支出的比为 3：8，文化娱乐支出与子女教育支出的比为 1：2。已知文化娱乐支出占家庭总支出的 10.5%，则生活资料支出占家庭总支出的（　　）。

(A) 40%　　　　　　　(B) 42%　　　　　　　(C) 48%

(D) 56%　　　　　　　(E) 64%

2. 有一批同规格的正方形瓷砖，用它们铺满整个正方形区域时剩余 180 块，将此正方形区域的边长增加一块瓷砖的长度时，还需要增加 21 块瓷砖才能铺满，该批瓷砖共有（　　）。

(A) 9 981 块　　　　　(B) 10 000 块　　　　　(C) 10 180 块

(D) 10 201 块　　　　 (E) 10 222 块

3. 上午 9 时一辆货车从甲地出发前往乙地，同时一辆客车从乙地出发前往甲地，中午 12 时两车相遇，已知货车和客车的时速分别是 90 千米和 100 千米，则当客车到达甲地时，货车距离乙地的距离是（　　）。

(A) 30 千米　　　　　 (B) 43 千米　　　　　 (C) 45 千米

(D) 50 千米　　　　　 (E) 57 千米

4. 在分别标记了数字 1，2，3，4，5，6 的 6 张卡片中随机选取 3 张，其上数字和等于 10 的概率为（　　）。

(A) 0.05　　　　　　　(B) 0.1　　　　　　　(C) 0.15

(D) 0.2　　　　　　　 (E) 0.25

5. 某商场将每台进价为 2 000 元的冰箱以 2 400 元销售时，每天销售 8 台，调研表明这种冰箱的售价每降低 50 元，每天就能多销售 4 台。若要每天销售利润最大，则该冰箱的定价应为（　　）。

    （A）2 200　　　　　　　　（B）2 250　　　　　　　　（C）2 300

    （D）2 350　　　　　　　　（E）2 400

6. 某委员会由三个不同专业的人员组成，三个专业的人数分别是 2，3，4，从中选派 2 位不同专业的委员外出调研，则不同的选派方式有（　　）。

    （A）36 种　　　　　　　　（B）26 种　　　　　　　　（C）12 种

    （D）8 种　　　　　　　　（E）6 种

7. 从 1 到 100 的整数中任取一个数，则该数能被 5 或 7 整除的概率为（　　）。

    （A）0.02　　　　　　　　（B）0.14　　　　　　　　（C）0.2

    （D）0.32　　　　　　　　（E）0.34

8. 如图 5-1，在四边形 ABCD 中，AB∥CD，AB 与 CD 的边长分别为 4 和 8，若 △ABE 的面积为 4，则四边形 ABCD 的面积为（　　）。

    （A）24　　　　　　　　（B）30

    （C）32　　　　　　　　（D）36

    （E）40

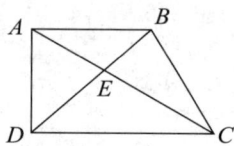

图 5-1

9. 现有长方形木板 340 张，正方形木板 160 张（图 5-2），这些木板正好可以装配若干竖式和横式的无盖箱子（图 5-3），则装配成的竖式和横式箱子的个数分别为（　　）。

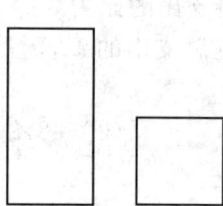
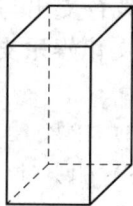
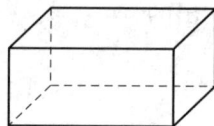

图 5-2　　　　　　　　　　图 5-3

    （A）25，80　　　　　　　　（B）60，50　　　　　　　　（C）20，70

    （D）60，40　　　　　　　　（E）40，60

10. 圆 $x^2+y^2-6x+4y=0$ 上到原点距离最近的点是（　　）。

    （A）$(-3, 2)$　　　　　　　　（B）$(3, -2)$　　　　　　　　（C）$(6, 4)$

    （D）$(-6, 4)$　　　　　　　　（E）$(6, -4)$

11. 如图 5-4，点 A，B，O 的坐标分别为 $(4, 0)$，$(0, 3)$，$(0, 0)$，若 (x, y) 是 △ABO 中的点，则 $2x+3y$ 的最大值为（　　）。

    （A）6　　　　　　　　（B）7

    （C）8　　　　　　　　（D）9

    （E）12

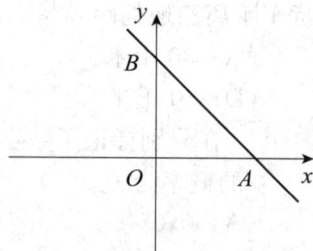

12. 设抛物线 $y=x^2+2ax+b$ 与 x 轴相交于 A，B 两点，点 C 的坐标为 $(0, 2)$，若 △ABC 的面积等于 6，则（　　）。

图 5-4

    （A）$a^2-b=9$　　　　　　　　（B）$a^2+b=9$　　　　　　　　（C）$a^2-b=36$

    (D) $a^2+b=36$ (E) $a^2-4b=9$

13. 某公司以分期付款的方式购买一套定价为 1 100 万元的设备,首期付款为 100 万元,之后每月付款为 50 万元,并支付上期余款的利息,月利率为 1‰,则该公司共为此设备支付了( )。

    (A) 1 195 万元   (B) 1 200 万元   (C) 1 205 万元

    (D) 1 215 万元   (E) 1 300 万元

14. 某学生要在 4 门不同课程中选修 2 门课程,这 4 门课程中的 2 门各开设 1 个班,另外 2 门各开设 2 个班,该学生不同的选课方式共有( )。

    (A) 6 种   (B) 8 种   (C) 10 种

    (D) 13 种   (E) 15 种

15. 如图 5-5,在半径为 10 厘米的球体上开一个底面半径是 6 厘米的圆柱形洞,则洞的内壁面积为 (单位:平方厘米)( )。

    (A) 48π (B) 288π

    (C) 96π (D) 576π

    (E) 192π

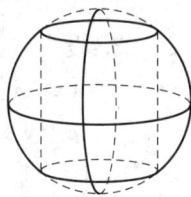

图 5-5

二、条件充分性判断:第 16~25 小题,每小题 3 分,共 30 分。要求判断每题给出的条件 (1) 和 (2) 能否充分支持题干所陈述的结论。A、B、C、D、E 五个选项为判断结果,请选择一项符合试题要求的判断。

    (A) 条件 (1) 充分,但条件 (2) 不充分。

    (B) 条件 (2) 充分,但条件 (1) 不充分。

    (C) 条件 (1) 和条件 (2) 单独都不充分,但条件 (1) 和条件 (2) 联合起来充分。

    (D) 条件 (1) 充分,条件 (2) 也充分。

    (E) 条件 (1) 和条件 (2) 单独都不充分,条件 (1) 和条件 (2) 联合起来也不充分。

16. 已知某公司男员工的平均年龄和女员工的平均年龄,则能确定该公司员工的平均年龄。

    (1) 已知该公司员工的人数。

    (2) 已知该公司男女员工的人数之比。

17. 如图 5-6,正方形 $ABCD$ 由四个相同的长方形和一个小正方形拼成,则能确定小正方形的面积。

    (1) 已知正方形 $ABCD$ 的面积。

    (2) 已知长方形的长宽之比。

18. 利用长度为 a 和 b 的两种管材能连接成长度为 37 的管道(单位:米)。

    (1) $a=3$,$b=5$。   (2) $a=4$,$b=6$。

19. 设 x,y 是实数,则 $x\leqslant 6$,$y\leqslant 4$。

    (1) $x\leqslant y+2$

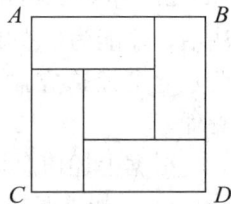

图 5-6

(2) $2y \leqslant x+2$。

20. 将2升甲酒精和1升乙酒精混合得到丙酒精，则能确定甲、乙两种酒精的浓度。

(1) 1升甲酒精和5升乙酒精混合后的浓度是丙酒浓度的1/2。

(2) 1升甲酒精和2升乙酒精混合后的浓度是丙酒浓度的2/3。

21. 设两组数据 s_1：3，4，5，6，7和 s_2：4，5，6，7，a，则能确定 a 的值。

(1) s_1 与 s_2 的均值相等。

(2) s_1 与 s_2 的方差相等。

22. 已知 M 的一个平面有限点集，则平面上存在到 M 中各点距离相等的点。

(1) M 中只有三个点。

(1) M 中的任意三点都不共线。

23. 设 x，y 是实数，则可以确定 x^3+y^3 的最小值。

(1) $xy=1$。

(2) $x+y=2$。

24. 已知数列 a_1，a_2，$a_3 \cdots$，a_{10}，则 $a_1-a_2+a_3-\cdots+a_9-a_{10} \geqslant 0$。

(1) $a_n \geqslant a_{n+1}$，$n=1$，2，3，$\cdots$，9。

(2) $a_n^2 \geqslant a_{n+1}^2$，$n=1$，2，3，$\cdots$，9。

25. 已知 $f(x)=x^2+ax+b$，则 $0 \leqslant f(1) \leqslant 1$。

(1) $f(x)$ 在区间 $[0，1]$ 中有两个零点。

(2) $f(x)$ 在区间 $[1，2]$ 中有两个零点。

三、逻辑推理：第 26～55 小题，每小题 2 分，共 60 分。下列每题给出的 A、B、C、D、E 五个选项中，只有一项是符合试题要求的。

26. 企业要建设科技创新中心，就要推进与高校、科研院所的合作，这样才能激发自主创新的活力。一个企业只有搭建服务科技创新发展战略的平台、科技创新与经济发展对接的平台以及聚集创新人才的平台，才能催生重大科技成果。

根据上述信息，可以得出以下哪项？

(A) 如果企业没有搭建聚集创新人才的平台，就无法催生重大科技成果

(B) 如果企业搭建了服务科技创新发展战略的平台，就能催生重大科技成果

(C) 如果企业推进与高校、科研院所的合作，就能激发其自主创新的活力

(D) 如果企业搭建科技创新与经济发展对接的平台，就能激发其自主创新的活力

(E) 能否推进与高校、科研院所的合作决定企业是否具有自主创新的活力

27. 生态文明建设事关社会发展方式和人民福祉。只有实行最严格的制度、最严密的法治，才能为生态文明建设提供可靠保障；如果要实行最严格的制度、最严密的法治，就要建立责任追究制度，对那些不顾生态环境盲目决策并造成严重后果者，追究其相应责任。

根据上述信息，可以得出以下哪项？

(A) 如果要建立责任追究制度，就要实行最严格的制度、最严密的法治

(B) 只有筑牢生态环境的制度防护墙，才能造福于民

(C) 如果对那些不顾生态环境盲目决策并造成严重后果者追究相应责任，就能为生态

文明建设提供可靠保障

（D）实行最严格的制度和最严密的法治是生态文明建设的重要目标

（E）如果不建立责任追究制度，就不能为生态文明建设提供可靠保障

28. 注重对孩子的自然教育，让孩子亲身感受大自然的神奇与美妙，可促进孩子释放天性，激发自身潜能；而缺乏这方面教育的孩子容易变得孤独，道德、情感与认知能力的发展都会受到一定的影响。

以下哪项与以上陈述方式最为类似？

（A）老百姓过去"盼温饱"，现在"盼环保"；过去"求生存"，现在"求生态"

（B）脱离环境保护搞经济发展是"竭泽而渔"；离开经济发展抓环境保护是"缘木求鱼"

（C）注重调查研究，可以让我们掌握第一手资料；闭门造车，只能让我们脱离实际

（D）只说一种语言的人，首次被诊断出患阿尔茨海默症的平均年龄约为71岁；说双语的人首次被诊断出患阿尔茨海默症的平均年龄约为76岁；说三种语言的人，首次被诊断出患阿尔茨海默症的平均年龄约为78岁

（E）如果孩子完全依赖电子设备来进行学习和生活，将会对环境越来越漠视

29. 古人以干支纪年。甲乙丙丁戊己庚辛壬癸为十干，也称天干。子丑寅卯辰巳午未申酉戌亥为十二支，也称地支。顺次以天干配地支，如甲子、乙丑、丙寅……癸酉、甲戌、乙亥、丙子等，六十年重复一次，俗称六十花甲子。根据干支纪年，公元2014年为甲午年，公元2015年为乙未年。

根据以上陈述，可以得出以下哪项？

（A）21世纪会有甲丑年

（B）现代人已不用干支纪年

（C）干支纪年有利于农事

（D）根据干支纪年，公元2087年为丁未年

（E）根据干支纪年，公元2024年为甲寅年

30. 赵明与王洪都是某高校辩论协会的成员，在为今年华语辩论赛招募新队员问题上，两人发生了争执。

赵明：我们一定要选拔喜爱辩论的人。因为一个人只有喜爱辩论，才能投入精力和时间研究辩论并参加辩论赛。

王洪：我们招募的不是辩论爱好者，而是能打硬仗的辩手。无论是谁，只要能在辩论赛中发挥应有的作用，他就是我们理想的人选。

以下哪项最可能是两人争论的焦点？

（A）招募的标准是对辩论的爱好还是辩论的能力

（B）招募的标准是从现实出发还是从理想出发

（C）招募的目的是为了集体荣誉还是满足个人爱好

（D）招募的目的是为了培养新人还是赢得比赛

（E）招募的目的是研究辩论规律还是培养实战能力

31. 在某届洲际杯足球大赛中，第一阶段某小组单循环赛共有4支队伍参加，每支队伍需要在这一阶段比赛三场。甲国足球队在该小组的前两轮比赛中一平一负。在第三轮比

赛之前，甲国足球队教练在新闻发布会上表示："只有我们在下一场比赛中获得胜利并且本组的另外一场比赛打成平局，我们才有可能从这个小组出线。"

如果甲国足球队教练的陈述为真，以下哪项是不可能的？

（A）甲国队第三轮比赛取得了胜利，但他们未能从小组出线

（B）第三轮比赛该小组另外一场比赛打成了平局，甲国队从小组出线

（C）第三轮比赛该小组两场比赛都分出了胜负，甲国队从小组出线

（D）第三轮比赛甲国队取得了胜利，该小组另一场比赛打成平局，甲国队未能从小组出线

（E）第三轮比赛该小组两场比赛都打成了平局，甲国队未能从小组出线

32. 考古学家发现，那件仰韶文化晚期的土坯砖边缘整齐，并且没有切割痕迹，由此他们推测，这件土坯砖应当是使用木质模具压制成的，而其他5件由土坯砖经过烧制而成的烧结砖，经检测其当时的烧制温度为850℃～900℃。由此考古学家进一步推测，当时的砖是先使用模具将黏土做成土坯，然后再经过高温烧制而成的。

以下哪项如果正确，最能支持以上考古学家的推测？

（A）仰韶文化晚期，人们已经掌握了高温冶炼技术

（B）仰韶文化晚期的年代约为公元前3500年—公元前3000年

（C）早在西周时期，中原地区的人们就可以烧制铺地砖和空心砖

（D）没有采用模具而成的土坯砖，其边缘或者不整齐，或者有切割痕迹

（E）出土的5件烧结砖距今已有5000年，确实属于仰韶文化晚期的物品

33. 研究人员发现，人类存在3种核苷酸基因类型：AA型、AG型以及GG型。一个人有36%的几率是AA型，有48%的几率是AG型，有16%的几率是GG型。在1200名参与实验的老年人中，拥有AA型和AG型基因类型的人都在上午11时之前去世，而拥有GG型基因类型的人几乎都在下午6时左右去世。研究人员据此认为：GG型基因类型的人会比其他人平均晚死7个小时。

以下哪项如果为真，最能质疑上述研究人员的观点？

（A）拥有GG型基因类型的实验对象容易患上心血管疾病

（B）有些人是因为疾病或者意外事故等其他因素而死亡的

（C）对人死亡时间的比较，比一天中的哪一时刻更重要的是哪一年、哪一天

（D）平均寿命的计算依据应是实验对象的生命存续长度，而不是实验对象的死亡时间

（E）当死亡临近的时候，人体会还原到一种更加自然的生理节奏感应阶段

34. 某市消费者权益保护条例明确规定，消费者对其所购买的商品可以"7天内无理由退货"，但这项规定出台后并未得到顺利执行，众多消费者在7天内"无理由"退货时，常常遭遇商家的阻挠，他们以商品已作特价处理、商品已经开封或使用等理由拒绝退货。

以下哪项如果为真，最能质疑商家阻挠退货的理由？

（A）那些特价处理的商品，本来质量就没有保证

（B）如果不开封验货，就不能知道商品是否存在质量问题

（C）商品一旦开封或使用了，即使不存在问题，消费者也可以选择退货

（D）政府总偏向消费者，这对于商家来说是不公平的

（E）开封验货后，如果商品规格、质量等问题来自消费者本人，他们应为此承担责任

35. 某县县委关于下周一几位领导的工作安排如下：

(1) 如果李副书记在县城值班，那么他就要参加宣传工作例会；

(2) 如果张副书记在县城值班，那么他就要做信访接待工作；

(3) 如果王书记下乡调研，那么张副书记或李副书记就需在县城值班；

(4) 只有参加宣传工作例会或做信访接待工作，王书记才不下乡调研；

(5) 宣传工作例会只需分管宣传的副书记参加，信记接待工作也只需一名副书记参加。

根据上述工作安排，可以得出以下哪项？

(A) 王书记下乡调研　　　　　(B) 张副书记做信访接待工作

(C) 李副书记做信访接待工作　(D) 张副书记参加宣传工作例会

(E) 李副书记参加宣传工作例会

36. 近年来，越来越多的机器人被用于在战场上执行侦察、运输、拆弹等任务，甚至将来冲锋陷阵的都不再是人，而是形形色色的机器人。人类战争正在经历自核武器诞生以来最深刻的革命。有专家据此分析指出，机器人战争技术的出现可以使人类远离危险，更安全、更有效地实现战争目标。

以下哪项如果为真，最能质疑上述专家的观点？

(A) 现代人类掌控机器人，但未来机器人可能会掌控人类

(B) 机器人战争技术有助于摆脱以往大规模杀戮的血腥模式，从而让现代战争变得更为人道

(C) 掌握机器人战争技术的国家为数不多，将来战争的发生更为频繁也更为血腥

(D) 因不同国家之间军事科技实力的差距，机器人战争技术只会让部分国家远离危险

(E) 全球化时代的机器人战争技术要消耗更多资源，破坏生态环境

37. 郝大爷过马路时不幸摔倒昏迷，所幸有小伙子及时将他送往医院救治。郝大爷病情稳定后，有 4 位陌生的小伙陈安、李康、张幸、汪福来医院看望他。郝大爷问他们究竟是谁送他来医院的，他们的回答如下：

陈安：我们 4 人都没有送您来医院。

李康：我们 4 人中有人送您来医院。

张幸：李康和汪福至少有一人没有送您来医院。

汪福：送您来医院的人不是我。

后来证实上述 4 人中有两人说真话，有两人说假话。

根据以上信息，可以得出哪项？

(A) 说真话的是陈安和张幸　　(B) 说真话的是陈安和汪福

(C) 说真话的是李康和张幸　　(D) 说真话的是李康和汪福

(E) 说真话的是张幸和汪福

38. 开车上路，一个人不仅需要有良好的守法意识，也需要有特别的"理性计算"，在拥堵的车流中，只要有"加塞"的，你开的车就一定要让着它；你开着车在路上正常直行，有车不打方向灯在你近旁突然横过来要撞上你，原来它想要变道，这时你也得让着它。

以下除哪项外，均能质疑上述"理性计算"的观点？

(A) 有理的让着没理的，只会助长歪风邪气，有悖于社会的法律与道德

61

(B) 如果不让，就会碰上；碰上之后，即使自己有理，也会有许多麻烦

(C) "理性计算"其实就是胆小怕事，总觉得凡事能躲则躲，但有的事很难躲过

(D) 一味退让也会给行车带来极大的危险，不但可能伤及自己，而且也可能伤及无辜

(E) 即使碰上也不可怕，碰上之后如果立即报警，警方一般会有公正的裁决

39. 有专家指出，我国城市规划缺少必要的气象论证，城市的高楼建得高耸而密集，阻碍了城市的通风循环。有关资料显示，近几年国内许多城市的平均风速已下降10%。风速下降，意味着大气扩散能力减弱，导致大气污染物滞留时间延长，易形成雾霾天气和热岛效应。为此，有专家提出建立"城市风道"的设想，即在城市里建造几条畅通的通风走廊，让风在城市中更加自由地进出，促进城市空气的更新循环。

以下哪项如果为真，最能支持上述建立"城市风道"的设想？

(A) 有风道但没有风，就会让城市风道成为无用的摆设

(B) 有些城市已拥有建立"城市风道"的天然基础

(C) 风从八方来，"城市风道"的设想过于主观和随意

(D) 城市风道不仅有利于"驱霾"，还有利于散热

(E) 城市风道形成的"穿街风"，对建筑物的安全影响不大

40. 2014年，为迎接APEC会议的召开，北京、天津、河北等地实施"APEC治理模式"，采取了有史以来最严格的减排措施。果然，令人心醉的"APEC蓝"出现了。然而，随着会议的结束，"APEC蓝"也渐渐消失了。对此，有些人士表示困惑，既然政府能在短期内实施"APEC治理模式"取得良好效果，为什么不将这一模式长期坚持下去呢？

以下除哪项外，均能解释人们的困惑？

(A) 如果APEC会议期间北京雾霾频发，就会影响我们国家的形象

(B) 如果近期将"APEC治理模式"常态化，将会严重影响地方经济和社会发展

(C) 任何环境治理都需要付出代价，关键在于付出的代价是否超出收益

(D) 最严格的减排措施在落实过程中已产生很多难以解决的实际困难

(E) 短期严格的减排措施只能是权宜之计，大气污染治理仍需从长计议

41. 根据现有物理学定律，任何物质的运动速度都不可能超过光速，但最近一次天文观测结果向这条定律发起了挑战。距离地球遥远的IC310星系拥有一个活跃的黑洞，掉入黑洞的物质产生了伽马射线冲击波。有些天文学家发现，这束伽马射线的速度超过了光速，因为它只用了4.8分钟就穿越了黑洞边界，而光需要25分钟才能走完这段距离。由此，这些天文学家提出，光速不变定律需要修改了。

以下哪项如果为真，最能质疑上述天文学家所做的结论？

(A) 光速不变定律已经历过多次实践检验，没有出现反例

(B) 天文观测数据可能存在偏差，毕竟IC310星系离地球很远

(C) 要么天文学家的观测有误，要么有人篡改了天文观测数据

(D) 或者光速不变定律已经过时，或者天文学家的观测有误

(E) 如果天文学家的观测没有问题，光速不变定律就需要修改

42. 某公司办公室茶水间提供自助式收费饮料，职员拿完饮料后，自己把钱放到特设的收款箱中，研究者为了判断职员在无人监督时，其自律水平会受哪些因素的影响，特地在收款箱上方贴了一张装饰图片，每周一换。装饰图片有时是一些花朵，有时是一双眼

睛。一个有趣的现象出现了：贴着"眼睛"的那一周，收款箱里的钱远远超过贴其他图片的情形。

以下哪项如果为真，最能解释上述实验现象？

(A) 该公司职员看到"眼睛"图片时，就能联想到背后可能有人看着他们

(B) 在该公司工作的职员，其自律能力超过社会中的其他人

(C) 该公司职员看着"花朵"图片时，心情容易变得愉快

(D) 眼睛是心灵的窗口，该公司职员看到"眼睛"图片时会有一种莫名的感动

(E) 在无人监督的情况下，大部分人缺乏自律能力

43～44题基于以下题干：

某皇家园林依中轴线布局，从前到后依次排列着七个庭院。这七个庭院分别以汉字"日""月""金""木""水""火""土"来命名。已知：

(1) "日"字庭院不是最前面的那个庭院；

(2) "火"字庭院和"土"字庭院相邻；

(3) "金""月"两庭院间隔的庭院数与"木""水"两庭院间隔的庭院数相同。

43. 根据上述信息，下列哪个庭院可能是"日"字庭院？

(A) 第一个庭院　　　　　　　(B) 第二个庭院

(C) 第四个庭院　　　　　　　(D) 第五个庭院

(E) 第六个庭院

44. 如果第二个庭院是"土"字庭院，可以得出以下哪项？

(A) 第七个庭院是"水"字庭院　(B) 第五个庭院是"木"字庭院

(C) 第四个庭院是"金"字庭院　(D) 第三个庭院是"月"字庭院

(E) 第一个庭院是"火"字庭院

45. 在一项关于"社会关系如何影响人的死亡率"的课题研究中，研究人员惊奇地发现：不论种族、收入、体育锻炼等因素，一个乐于助人、和他人相处融洽的人，其平均寿命长于一般人，在男性中尤其如此；相反，心怀恶意、损人利己、和他人相处不融洽的人70岁之前的死亡率比正常人高出1.5至2倍。

以下哪项如果为真，最能解释上述发现？

(A) 身心健康的人容易和他人相处融洽，而心理有问题的人与他人很难相处

(B) 男性通常比同年龄段的女性对他人有更强的"敌视情绪"，多数国家男性的平均寿命也因此低于女性

(C) 与人为善带来轻松愉悦的情绪，有益身体健康；损人利己则带来紧张的情绪，有损身体健康

(D) 心存善念、思想豁达的人大多精神愉悦、身体健康

(E) 那些自我优越感比较强的人通常"敌视情绪"也比较强，他们长时间处于紧张状态

46. 超市中销售的苹果常常留有一定的油脂痕迹，表面显得油光滑亮。牛师傅认为，这是残留在苹果上的农药所致，水果在收摘之前都喷洒了农药，因此，消费者在超市购买水果后，一定要清洗干净方能食用。

以下哪项最可能是牛师傅看法所依赖的假设？

(A) 除了苹果，其他许多水果运至超市时也留有一定的油脂痕迹

(B) 超市里销售的水果并未得到彻底清洗

(C) 只有那些在水果上能留下油脂痕迹的农药才可能被清洗掉

(D) 许多消费者并不在意超市销售的水果是否清洗过

(E) 在水果收摘之前喷洒的农药大多数会在水果上留下油脂痕迹

47. 许多人不仅不理解别人，而且也不理解自己，尽管他们可能曾经试图理解别人，但这样的努力注定会失败，因为不理解自己的人是不可能理解别人的。可见，那些缺乏自我理解的人是不会理解别人的。

以下哪项最能说明上述论证的缺陷？

(A) 使用了"自我理解"概念，但并未给出定义

(B) 没有考虑"有些人不愿意理解自己"这样的可能性

(C) 没有正确把握理解别人和理解自己之间的关系

(D) 结论仅仅是对其论证前提的简单重复

(E) 间接指责人们不能换位思考，不能相互理解

48. 在编号1，2，3，4的4个盒子中装有绿茶、红茶、花茶和白茶4种茶，每只盒子只装1种茶，每种茶只装1个盒子。已知：

(1) 装绿茶和红茶的盒子在1，2，3号范围之内；

(2) 装红茶和花茶的盒子在2，3，4号范围之内；

(3) 装白茶的盒子在1，2，3号范围之内。

根据以上描述，可以得出以下哪项？

(A) 绿茶在3号   (B) 花茶在4号

(C) 白茶在3号   (D) 红茶在2号

(E) 绿茶在1号

49. 在某项目招标过程中，赵嘉、钱宜、孙斌、李汀、周武、吴纪6人作为各自公司代表参与投标，有且只有一人中标，关于究竟谁是中标者，招标小组中有3位成员各自谈了自己的看法：

(1) 中标者不是赵嘉就是钱宜；

(2) 中标者不是孙斌；

(3) 周武和吴纪都没有中标。

经过深入调查，发现上述3人中只有一人的看法是正确的。

根据以上信息，以下哪项中的3人都可以确定没有中标？

(A) 赵嘉、孙斌、李汀   (B) 赵嘉、钱宜、李汀

(C) 孙斌、周武、吴纪   (D) 赵嘉、周武、吴纪

(E) 钱宜、孙斌、周武

50. 如今，电子学习机已全面进入儿童的生活。电子学习机将文字与图像、声音结合起来，既生动形象，又富有趣味性，使儿童独立阅读成为可能。但是，一些儿童教育专家却对此发出警告，电子学习机可能不利于儿童成长。他们认为，父母应该抽时间陪孩子一起阅读纸质图书。陪孩子一起阅读纸质图书，并不是简单地让孩子读书识字，而是在交流中促进其心灵的成长。

以下哪项如果为真，最能支持上述专家的观点？

（A）电子学习机最大的问题是让父母从孩子的阅读行为中走开，减少父母与孩子的日常交流

（B）接触电子产品越早，就越容易上瘾，长期使用电子学习机会形成"电子瘾"

（C）在使用电子学习机时，孩子往往更关注其使用功能而非学习内容

（D）纸质图书有利于保护儿童视力，有利于父母引导儿童形成良好的阅读习惯

（E）现代生活中年轻父母工作压力较大，很少有时间能与孩子一起共同阅读

51. 田先生认为，绝大部分笔记本电脑运行速度慢的原因不是CPU性能太差，也不是内存容量太小，而是硬盘速度太慢，给老旧的笔记本电脑换装固态硬盘可以大幅提升使用者的游戏体验。

以下哪项如果为真，最能质疑田先生的观点？

（A）一些笔记本电脑使用者的使用习惯不好，使得许多运行程序占据大量内存，导致电脑运行速度缓慢

（B）销售固态硬盘的利润远高于销售传统的笔记本电脑硬盘

（C）固态硬盘很贵，给老旧笔记本换装硬盘费用不低

（D）使用者的游戏体验很大程度上取决于笔记本电脑的显卡，而老旧笔记本电脑显卡较差

（E）少部分老旧笔记本电脑的CPU性能很差，内存也小

52～53题基于以下题干：

钟医生："通常，医学研究的重要成果在杂志发表之前需要经过匿名评审，这需要耗费不少时间。如果研究者能放弃这段等待时间而事先公开其成果，我们的公共卫生水平就可以伴随着医学发现更快地获得提高。因为新医学信息的及时公布将允许人们利用这些信息提高他们的健康水平。"

52. 以下哪项最可能是钟医生论证所依赖的假设？

（A）即使医学论文还没有在杂志发表，人们还是会使用已公开的相关新信息

（B）因为工作繁忙，许多医学研究者不愿成为论文评审者

（C）首次发表于匿名评审杂志的新医学信息一般无法引起公众的注意

（D）许多医学杂志的论文评审者本身并不是医学研究专家

（E）部分医学研究者愿意放弃在杂志上发表，而选择事先公开其成果

53. 以下哪项如果为真，最能削弱钟医生的论证？

（A）大部分医学杂志不愿意放弃匿名评审制度

（B）社会公共卫生水平的提高还取决于其他因素，并不完全依赖于医学新发现

（C）匿名评审常常能阻止那些含有错误结论的文章发表

（D）有些媒体常常会提前报道那些匿名评审杂志发表的医学研究成果

（E）人们常常根据新发表的医学信息来调整他们的生活方式

54～55题基于以下题干：

江海大学的校园美食节开幕了，某女生宿舍有5人积极报名参加此次活动，她们的姓名分别为金綮、木心、水仙、火珊、土润。举办方要求，每位报名者只做一道菜品参加评比，但需自备食材。限于条件，该宿舍所备食材仅有5种：金针菇、木耳、水蜜桃、火腿

和土豆。要求每种食材只能有2人选用，每人又只能选用2种食材，并且每人所选食材名称的第一个字与自己的姓氏均不相同。已知：

（1）如果金粲选水蜜桃，则水仙不选金针菇；

（2）如果木心选金针菇或土豆，则她也须选木耳；

（3）如果火珊选水蜜桃，则她也须选木耳和土豆；

（4）如果木心选火腿，则火珊不选金针菇。

54. 根据上述信息，可以得出以下哪项？

（A）木心选用水蜜桃、土豆 （B）水仙选用金针菇、火腿

（C）土润选用金针菇、水蜜桃 （D）火珊选用木耳、水蜜桃

（E）金粲选用木耳、土豆

55. 如果水仙选用土豆，则可以得出以下哪项？

（A）木心选用金针菇、水蜜桃 （B）金粲选用木耳、火腿

（C）火珊选用金针菇、土豆 （D）水仙选用木耳、土豆

（E）土润选用水蜜桃、火腿

四、写作：第56～57小题，共65分。其中论证有效性分析30分，论说文35分。

56. 论证有效性分析：分析下述论证中存在的缺陷和漏洞，选择若干要点，写一篇600字左右的文章，对该论证的有效性进行分析和评论。

（论证有效性分析的一般要点是：概念特别是核心概念的界定和使用是否准确并前后一致，有无各种明显的逻辑错误，论证的证据是否成立并支持结论，结论成立的条件是否充分等。）

现在人们常在谈论大学毕业生就业难的问题，其实大学生的就业并不难，据国家统计局数据，2012年我国劳动年龄人口比2011年减少了345万，这说明我国劳动力的供应从过剩变成了短缺。据报道，近年长三角等地区频频出现"用工荒"现象，2015年第二季度我国岗位空缺与求职人数的比率均为1.06，表明劳动力市场需求大于供给。因此，我国的大学生其实是供不应求的。

还有，一个人受教育程度越高，他的整体素质也就越高，适应能力就越强，当然也就越容易就业，大学生显然比其他社会群体更容易就业，再说大学生就业难就没有道理了。

实际上，一部分大学生就业难，是因为其所学专业与市场需求不相适应或对就业岗位的要求过高。因此，只要根据市场需求调整高校专业设置，对大学生进行就业教育以改变他们的就业观念，鼓励大学生自主创业，那么大学生就业难问题将不复存在。

总之，大学生的就业并不是什么问题，我们大可不必为此顾虑重重。

57. 论说文：根据下述材料，写一篇700字左右的论说文，题目自拟。

亚里士多德说："城邦的本质在于多样性，而不在于一致性……无论是家庭还是城邦，他们的内部都有着一定的一致性。不然的话，它们是不可能组建起来的。但这种一致性是有一定限度的……同一种声音无法实现和谐，同一个音阶也无法组成旋律。城邦也是如此，它是一个多面体。人们只能通过教育使存在着各种差异的公民，统一起来组成一个共同体。"

全国硕士研究生入学统一考试

管理类专业学位联考综合能力
全真预测试卷（一）

一、问题求解：第 1～15 小题，每小题 3 分，共 45 分。下列每题给出的 A、B、C、D、E 五个选项中，只有一个选项符合试题要求。

1. 若 $x+\dfrac{1}{x}=3$，则 $\dfrac{x^2}{x^4+x^2+1}=$（　　）。

(A) $-\dfrac{1}{8}$ 　　　　(B) $\dfrac{1}{6}$ 　　　　(C) $\dfrac{1}{4}$

(D) $-\dfrac{1}{4}$ 　　　　(E) $\dfrac{1}{8}$

2. 若实数 a、b、c 满足：$a^2+b^2+c^2=9$，则代数式 $(a-b)^2+(b-c)^2+(c-a)^2$ 的最大值是（　　）。

(A) 21 　　　　(B) 27 　　　　(C) 29

(D) 32 　　　　(E) 39

3. 某地震灾区现居民住房的总面积为 a 平方米，当地政府计划每年以 10％的住房增长率建设新房，并决定每年拆除固定数量的危旧房。如果 10 年后该地的住房总面积正好比现有住房面积增加一倍，那么，每年应该拆除危旧房的面积是（　　）平方米。

（注：$1.1^9\approx2.4$，$1.1^{10}\approx2.6$，$1.1^{11}\approx2.9$，精确到小数点后一位。）

(A) $\dfrac{1}{80}a$ 　　　　(B) $\dfrac{1}{40}a$

(C) $\dfrac{3}{80}a$ 　　　　(D) $\dfrac{1}{20}a$

(E) 以上结论都不正确

4. 某学生在军训时进行打靶测试，共射击 10 次。他的第 6，7，8，9 次射击分别射中 9.0 环、8.4 环、8.1 环、9.3 环，他的前 9 次射击的平均环数高于前 5 次的平均环数。若要使 10 次射击的平均环数超过 8.8 环，则他第 10 次射击至少应该射中（　　）环。（报靶成绩精确到 0.1 环）

(A) 9.0   (B) 9.2   (C) 9.4
(D) 9.5   (E) 9.9

5. 某种同样的商品装成一箱，每个商品的重量都超过 1 千克，并且是 1 千克的整数倍，去掉箱子重量后净重 210 千克，拿出若干个商品后，净重 183 千克，则每个商品的重量为（　　）千克。

(A) 1   (B) 2   (C) 3
(D) 4   (E) 5

6. 在一条与铁路平行的公路上有一行人与一骑车人同向行进，行人速度为 3.6 千米/小时，骑车人速度为 10.8 千米/小时。如果一列火车从他们的后面同向匀速驶来，它通过行人的时间是 22 秒，通过骑车人的时间是 26 秒，则这列火车的车身长为（　　）米。

(A) 186   (B) 268   (C) 168
(D) 286   (E) 188

7. 一项工程要在规定时间内完成。若甲单独做要比规定的时间推迟 4 天；若乙单独做要比规定的时间提前 2 天完成；若甲、乙合作了 3 天，剩下的部分由甲单独做，恰好在规定时间内完成，则规定时间为（　　）天。

(A) 19   (B) 20   (C) 21
(D) 22   (E) 24

8. 一次考试有 20 道题，做对一题得 8 分，做错一题扣 5 分，不做不计分。某同学共得 13 分，则该同学没做的题数是（　　）。

(A) 4   (B) 6   (C) 7
(D) 8   (E) 9

9. 如图 6-1 所示，小正方形的 $\frac{3}{4}$ 被阴影所覆盖，大正方形的 $\frac{6}{7}$ 被阴影所覆盖，则小、大正方形阴影部分面积之比为（　　）。

(A) $\frac{7}{8}$ (B) $\frac{6}{7}$
(C) $\frac{3}{4}$ (D) $\frac{4}{7}$
(E) $\frac{1}{2}$

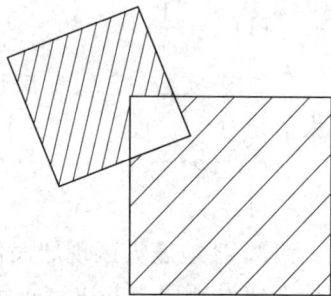
图 6-1

10. 直线 L 与圆 $x^2+y^2=4$ 相交于 A、B 两点，且线段 AB 中点的坐标为 $(1,1)$，则直线 L 的方程为（　　）。

(A) $y-x=1$ (B) $y-x=2$
(C) $y+x=1$ (D) $y+x=2$
(E) $2y-3x=1$

11. 图 6-2 中，阴影甲的面积比阴影乙的面积多 28cm²，$AB=40$cm，$CB\perp AB$，则 BC 为（　　）cm。（π 取到小数点后两位）

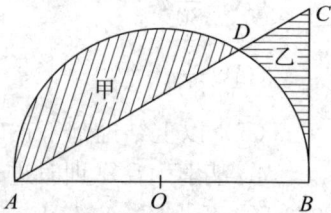
图 6-2

(A) 30　　　　　　　　(B) 32　　　　　　　　(C) 34

(D) 36　　　　　　　　(E) 40

12. 若圆的方程是 $x^2+y^2=1$，则它的右半圆（在第一象限和第四象限内的部分）的方程是（　　）。

(A) $y-\sqrt{1-x^2}=0$　　　(B) $x-\sqrt{1-y^2}=0$　　　(C) $y+\sqrt{1-x^2}=0$

(D) $x+\sqrt{1-y^2}=0$　　　(E) $x^2+y^2=\dfrac{1}{2}$

13. 等比数列 $\{a_n\}$ 中，a_3、a_8 是方程 $3x^2+2x-18=0$ 的两个根，则 $a_4a_7=$（　　）。

(A) -9　　　　　　　(B) -8　　　　　　　(C) -6

(D) 6　　　　　　　　(E) 8

14. 某公司有 9 名工程师，张三是其中之一。从中任意抽调 4 人组成攻关小组，包括张三的概率是（　　）。

(A) $\dfrac{2}{9}$　　　　　　　(B) $\dfrac{2}{5}$　　　　　　　(C) $\dfrac{1}{3}$

(D) $\dfrac{4}{9}$　　　　　　　(E) $\dfrac{5}{9}$

15. 在 10 道备选试题中，甲能答对 8 题，乙能答对 6 题。若某次考试从这 10 道备选题中随机抽出 3 道作为考题，至少答对 2 题才算合格，则甲、乙两人考试都合格的概率是（　　）。

(A) $\dfrac{28}{45}$　　　　　　　(B) $\dfrac{2}{3}$　　　　　　　(C) $\dfrac{14}{15}$

(D) $\dfrac{26}{45}$　　　　　　　(E) $\dfrac{8}{15}$

二、条件充分性判断：第 16～25 小题，每小题 3 分，共 30 分。要求判断每题给出的条件（1）和（2）能否充分支持题干所陈述的结论。A、B、C、D、E 五个选项为判断结果，请选择一项符合试题要求的判断。

(A) 条件（1）充分，但条件（2）不充分。

(B) 条件（2）充分，但条件（1）不充分。

(C) 条件（1）和（2）单独都不充分，但条件（1）和条件（2）联合起来充分。

(D) 条件（1）充分，条件（2）也充分。

(E) 条件（1）和（2）单独都不充分，条件（1）和条件（2）联合起来也不充分。

16. 12 支篮球队进行单循环比赛，完成全部比赛共需 11 天。

(1) 每天每队只比赛 1 场。　　　(2) 每天每队比赛 2 场。

17. $x_n=1-\dfrac{1}{2^n}$（$n=1,2,\cdots$）。

(1) $x_1=\dfrac{1}{2}$，$x_{n+1}=\dfrac{1}{2}(1-x_n)$（$n=1,2,\cdots$）。

(2) $x_1=\dfrac{1}{2}$，$x_{n+1}=\dfrac{1}{2}(1+x_n)$（$n=1,2,\cdots$）。

18. 直线 $y=ax+b$ 经过第一、二、四象限。

(1) $a<0$。　　　　　　　(2) $b>0$。

19. 不等式 $3ax-\dfrac{5}{2}\leq 2a$ 的解集是 $x\leq\dfrac{3}{2}$。

(1) 直线 $\dfrac{x}{a}+\dfrac{y}{b}=1$ 与 x 轴的交点是（1，0）。

(2) 方程 $\dfrac{3x-1}{2}-a=\dfrac{1-a}{3}$ 的根为 $x=1$。

20. $ax^3-bx^2+23x-6$ 能被 $(x-2)(x-3)$ 整除。

(1) $a=3$，$b=-16$。　　　　(2) $a=3$，$b=16$。

21. 一元二次方程 $ax^2+bx+c=0$ 无实根。

(1) a、b、c 成等比数列，且 $b\neq 0$。

(2) a、b、c 成等差数列。

22. 圆 C_1 是圆 C_2：$x^2+y^2+2x-6y-14=0$ 关于直线 $y=x$ 的对称圆。

(1) 圆 C_1：$x^2+y^2-2x-6y-14=0$。

(2) 圆 C_1：$x^2+y^2+2y-6x-14=0$。

23. 直线 $y=k(x+2)$ 是圆 $x^2+y^2=1$ 的一条切线。

(1) $k=-\dfrac{\sqrt{3}}{3}$。　　　　(2) $k=\dfrac{\sqrt{3}}{3}$。

24. $C_{31}^{4n-1}=C_{31}^{n+7}$。

(1) $n^2-7n+12=0$。　　　　(2) $n^2-10n+24=0$。

25. $(\alpha+\beta)^{2009}=1$。

(1) $\begin{cases}x+3y=7\\ \beta x+\alpha y=1\end{cases}$ 与 $\begin{cases}3x-y=1\\ \alpha x+\beta y=2\end{cases}$ 有相同的解。

(2) α 与 β 是方程 $x^2+x-2=0$ 的两个根。

三、逻辑推理：第 26～55 小题，每小题 2 分，共 60 分。下列每题给出的 A、B、C、D、E 五个选项中，只有一项是符合试题要求的。

26. 大袋鼠是一种奇特的动物。它们平时在原野、灌木丛和森林地带活动，靠吃草为生。它们过群居生活，但没有固定的集群，常因寻找水源和食物而汇集成一个较大的群体。老鹰、蟒蛇和人们都要捕捉袋鼠，然而对袋鼠来说最大的危害莫过于干旱，幼小的袋鼠会死亡，母大袋鼠会停止孕育。

如果上面的论述正确，则以下各项说法中正确的是：

(A) 有的大袋鼠单独行动
(B) 大袋鼠常聚集在一起寻找水和食物
(C) 威胁大袋鼠最严重的是人们的捕捉
(D) 遇到干旱，袋鼠都会死亡
(E) 老鹰、蟒蛇和人们对袋鼠来说是个最大的危害

27. 北美建筑历史学家对 19 世纪早期有木地板的房子进行了研究，结果发现较大的房间使用的木板一般都比较小的房间使用的木板窄得多。这些历史学家认为，既然拥有大房子的人一般都比拥有较小房子的人富有，那么用窄木板铺地板可能一度是地位的象征，是

为表明房屋主人的财富而设计的。

下面哪一点如果正确，最有助于加强历史学家的论述？

（A）从19世纪早期的大房子里残存下来的原始地板木料要比从19世纪早期的小房子里残存下来的多

（B）在19世纪早期，一块窄的地板木料并不比相同长度的宽的地板木料明显地便宜

（C）在19世纪早期，窄的地板木料比相同长度的宽的木料要更容易制作

（D）在19世纪早期，小房子一般比大房子的房间数目少

（E）有些19世纪早期的房子，在靠近墙的地方铺有较宽的木板，而在房间中间常铺地毯的地方铺的木板较窄

28. 在1988年，波罗的海有很大比例的海豹死于病毒性疾病。然而在苏格兰沿海一带，海豹由于病毒性疾病而死亡的比率是波罗的海的一半。波罗的海海豹血液内的污染性物质水平比苏格兰海豹的高得多。因为人们知道污染性物质能削弱海洋生哺乳动物对病毒的抵抗力，所以波罗的海内海豹的死亡率较高很可能是由于它们的血液中污染性物质含量较高所致。

下面哪一点如果正确，能给上述论述提供最多的附加支持？

（A）绝大多数死亡的苏格兰海豹都是老的或不健康的海豹

（B）杀死苏格兰海豹的那种病毒击垮受损害的免疫系统的速度要比击垮健康的免疫系统的速度快得多

（C）在波罗的海海豹的血液中发现的污染性物质的水平略有波动

（D）1988年，在波罗的海内除了海豹之外的海洋生哺乳动物死于病毒性疾病的死亡率要比苏格兰海岸沿海水域的多得多

（E）污染性物质能削弱海洋生哺乳动物对病毒的抵抗力是毋庸置疑的

29. 一块石头被石匠修整后，曝露于自然环境中时，一层泥土和其他矿物质便逐渐开始在刚修整过的石头表面聚集。这层泥土和矿物质被称作岩石覆盖层。在一块安迪斯纪念碑的石头的覆盖层下面，发现了被埋藏1 000多年的有机物质。因为那些有机物质肯定是在石头被修理后不久就生长到它上面的，也就是说，那个纪念碑是在1492年欧洲人到达美洲之前很早就建造的。

下面哪一点如果正确，能够最严重地削弱上面的论述？

（A）岩石覆盖层自身就含有有机物质

（B）在安迪斯，1492年前后重新使用古人修理过的石头的现象非常普遍

（C）安迪斯纪念碑与在西亚古代遗址上发现的纪念碑极为相似

（D）最早的关于安迪斯纪念碑的书面资料始于1778年

（E）石匠往往具有巧夺天工之本领

30. 某机关精简机构，计划减员25%，撤销三个机构。这三个机构的人数正好占全机关的25%。计划实施后，上述三个机构被撤销，全机关实际减员15%。此过程中，机关内部人员有所调动，但全机关只有减员，没有增员。

如果上述断定为真，以下哪些项一定为真？

Ⅰ. 上述计划实施后，有的机构调入新成员。

Ⅱ. 上述计划实施后，没有一个机构，调入的新成员的总数，超出机关原总人数

的10％。

Ⅲ．上述计划实施后，被撤销机构中的留任人员，不超过机关原总人数的10％。

(A) 只有Ⅰ   (B) 只有Ⅱ   (C) 只有Ⅲ

(D) Ⅰ和Ⅱ   (E) Ⅱ和Ⅲ

31. 当政治家们为了赢得竞选，对竞争对手进行人身攻击时，许多报纸和电视记者都对这种做法提出批评，但是绝大多数选民对此却不很在意。人人都知道，一旦竞选结束，这种攻击就会停止。人们可以谴责这些政治家在竞选中诽谤竞争对手，但是政治评论家却不能这样做，因为政治评论家的职责是对政治家们的政治主张和政策进行一贯而严肃的辩论。基于这种认识，政治评论家若是也谴责政治家对于竞争对手的人身攻击，则其结果非但不一定能终止人身攻击，反倒是终止了对于政治家们的政治主张和政策的辩论。

下列哪一项最准确地陈述了上文的主要观点？

(A) 对于政治家来说，在竞选中对竞争对手进行人身攻击对自己是有利的

(B) 政治评论家对自己的反对者不应当进行人身攻击

(C) 对政治家们的政治主张和政策进行一贯而严肃的辩论的目的是为了消除政治家们对于竞争对手进行人身攻击而产生的效果

(D) 报纸和电视记者对于那些在竞选中对竞争对手进行人身攻击的政治家们的批评是正确的

(E) 政治家有权利对竞争对手进行人身攻击

32. 如果象牙贸易继续进行下去，专家们相信，非洲大象很快就会灭绝。因为偷猎大象的活动在许多地区都很盛行。全部禁止象牙贸易将有可能防止大象灭绝。然而，津巴布韦这个国家却反对这个禁令。该国实际上已经消除了本国境内的偷猎活动，它依赖于谨慎地杀掉那些有可能变得太大的象群中的大象所得的收入。津巴布韦认为，问题不在于象牙贸易，而在于其他国家的保护政策。

下面哪一项构成了津巴布韦反对禁令的逻辑基础？

(A) 解决这个问题的国际方案不应当对那些不应对该问题负责任的国家造成负面影响

(B) 自由贸易不是一项权利，而是国家之间协议的结果

(C) 尊重一个国家的主权比保护物种灭绝更重要

(D) 不消除偷猎活动，就不可能达到有效的保护

(E) 我们必须制定严格的保护政策来保护非洲大象

33. 不像其他樱草，自花授粉的樱草无需依赖昆虫来给它们授粉。在很多年里，昆虫授粉者很缺乏，并且在这些年里，典型的非自花授粉的樱草结的种子比典型的自花授粉的樱草的少。在其他年份里，两种樱草的种子产量几乎相等。因此，自花授粉的樱草具有平均种子产量高的优点。除了种子产量不同之外，这些自花授粉的樱草和非自花授粉的樱草没有什么差别。虽然如此，在樱草中自花授粉的樱草仍然比较罕见。

下面哪一项如果正确，最有助于解决上面论述中的明显矛盾？

(A) 那些收集樱草花粉的昆虫并不区分一棵樱草是自花授粉的樱草还是非自花授粉的樱草

(B) 当昆虫授粉者稀少时，非自花授粉的樱草会结出较大的种子。这些种子发芽的可

能性比自花授粉的樱草结出的种子的可能性大

(C) 那些位于昆虫稀少地区的自花授粉樱草结出的种子不比那些位于昆虫多的地区的自花授粉的樱草结出的种子少

(D) 许多樱草位于土壤状况不适宜它们种子发芽的地区

(E) 自花授粉的樱草和非自花授粉的樱草在生长期方面不存在差异

34. 鸟类需要大量摄入食物以获得保持其体温的能量。有些鸟类将它们大多数的时间都用在摄取食物上。但是，一项对食种子的鸟类和食蜜的鸟类的比较研究表明，相同的能量需要肯定会使食种子的鸟类比食蜜的鸟类在摄取食物上花费更多的时间。因为相同量的蜜所含的能量大于种子所含的能量。

以下哪项是上述论证所依赖的假设？

(A) 不同种类的鸟对能量的需要通常是不一样的

(B) 食蜜的鸟类并不会有时也吃种子

(C) 食蜜的鸟类吃一定量的蜜所需要的时间不长于食种子的鸟类吃同样量的种子所需要的时间

(D) 食蜜的鸟类的体温不低于食种子的鸟类的体温

(E) 食蜜的鸟类所需能量不低于食种子的鸟类的能量

35. 在几个大国中，讲卡伦南语言的人占人口的少数。一个国际团体建议以一个独立国家的方式给予讲卡伦南语的人居住的地区的自主权。在那里讲卡伦南语的人可以占人口的大多数。但是，讲卡伦南语的人居住在几个广为分散的地区。这些地区不能以单一连续的边界相连结，同时也就不允许讲卡伦南语的人占人口的大多数。因此，那个建议不能得到满足。

上述论述依赖于下面哪条假设？

(A) 曾经存在一个讲卡伦南语的人占人口大多数的国家

(B) 讲卡伦南语的人倾向于认为他们自己构成一个单独的社区

(C) 那个建议不能以创建一个互不相连的地区构成的国家的方式得到满足

(D) 新建立的卡伦南国的公民不包括任何不说卡伦南语的人

(E) 要想保持讲某种语言的人口的独立，就需要考虑给这些人设置一个独立的国家

36. 尽管象牙交易已经被国际协议宣布为非法行为，一些钢琴制造者仍使用象牙来覆盖钢琴键。这些象牙通常通过非法手段获得。最近，专家们发明了一种合成象牙。不像早期的象牙替代物，这种合成象牙受到了全世界范围内音乐会钢琴家的好评。但是因为钢琴制造者从来不是象牙的主要消费者，所以合成象牙的发展可能会对抑制为获得自然象牙而捕杀大象的活动没有什么帮助。

下面哪一项如果正确，最有助于加强上述论述？

(A) 大多数弹钢琴但不是音乐家的人也可以轻易地区分新的合成象牙和较次的象牙的替代物

(B) 新型的合成象牙可以被生产出来，这种象牙的颜色、表面质地可以与任何一种具有商业用途的自然象牙的质地相似

(C) 其他自然产物，如骨头和乌龟壳，证明不是自然象牙在钢琴键上的替代物

(D) 自然象牙最普遍的应用是在装饰性雕刻方面。这些雕刻品不但因为它们的雕刻的

工艺质量，而且因为它们的材料的真实性而被珍藏

（E）尽管合成象牙受到了全世界范围内音乐会钢琴家的好评，还是有些钢琴消费者喜欢自然象牙的钢琴

37. 阿普兰蒂最高法院的作用是保障所有人的权利不受政府滥用权力的侵犯。因为阿普兰蒂宪法没有明确所有人的权利，所以最高法院有时就必须借助于明确的宪法条款之外的原则来使它的判决具有公正性。然而，除非最高法院坚持单一的客观标准，即宪法，否则人们的权利就会为那些具有审判权的人的兴致所摆布。因此，只有明确的宪法条款才能使法院的判决公正合理。既然这些结论相互之间并不一致，那么阿普兰蒂最高法院的作用是保障所有人的权利不受政府滥用权力的侵犯的说法就是不正确的。

得出短文中第一句话是错误的这个结论的推理是有缺陷的，因为该论述：

（A）企图为某一观点辩护，因为该观点被广泛地支持，并且基于那个观点的判断常常被认为是正确的

（B）否决一个被认为是谬误的声明，认为如果该声明被人接受的话，那么作出该声明的人就会受益

（C）做了一个没有根据的假设，认为对一群人中每一个单独成员是正确的，则对那个作为整体的人群是正确的

（D）当某一特殊前提是正确的可能性与其是错误的可能性是一样时就判定那个特殊前提是错误的

（E）断定一个观点的正确，因为这个观点貌似很合情理，并且该观点得到了支持

38. 一个研究人员发现免疫系统活性水平较低的人在心理健康测试中得到的分数比免疫系统活性水平正常或较高的人低。该研究人员从这个实验中得出结论，免疫系统既能抵御肉体上的疾病，也能抵御心理疾病。

以下哪个如果正确，将最有力地削弱研究人员的结论？

（A）在针对试验的实验性研究的完成与开始试验本身之间有一年的间隔时间

（B）高度压力首先导致心理疾病，然后导致正常人的免疫系统活性水平的降低

（C）免疫系统活性水平高的一些人在心理测试方面的得分与免疫系统活性水平正常的人的得分一样

（D）与免疫系统活性水平正常或高的人相比，免疫系统活性水平低的人更易得过滤性病毒引起的感染

（E）在试验的过程中，所有试验的对象年岁相仿

39. 美国大众文化的欧洲化已经达到了25年前无法想象的程度。那时没有多少人在用餐的时候喝葡萄酒，也没有人喝进口矿泉水。最令人诧异的是，美国人竟然会花钱去看英式足球比赛！这种观点的提出源于一份报告，该报告指出美国州际高速公路与运输官员协会刚刚采纳了一项提议，准备开发美国的第一条州际自行车道路系统。

该段文字最好地支持了下面哪一项推论？

（A）欧洲使用长距离自行车道路

（B）喝进口矿泉水比喝进口葡萄酒更加奢侈

（C）美国文化对外国观念的开放性使之受益匪浅

（D）大多数的欧洲人经常使用自行车

（E）美国人民喜欢欧洲化的文化

40."总体而言，"丹尼斯女士说，"工程学的学生比以往更懒惰了。我知道这一点是因为我的学生中能定期完成布置的作业的人越来越少了。"

以上得出的结论依据下面哪个假设？

（A）在繁荣的市场条件下，工程学的学生做的作业少了。因为他们把越来越多的时间花在调查不同的工作机会上面

（B）学生做不做布置的作业很好地显示出了他们的勤奋程度

（C）丹尼斯女士的学生做的布置的作业比以往少了，这是因为她作为老师做的工作不像以前那样有效了

（D）工程学的学生应该比其他要求稍低的专业的学生更努力学习

（E）跟以往同期相比，丹尼斯布置给工程学的学生的作业量基本是一致的

41.篮球队教练规定，如果1号队员上场，而且3号队员不上场，那么，5号与7号队员中至少要有一人上场。

如果教练的规定被贯彻执行了，那么1号队员不上场的充分条件是：

（A）3号队员上场，5号和7号队员不上场

（B）3号队员不上场，5号和7号队员上场

（C）3号、5号和7号队员都不上场

（D）3号和5号队员上场，7号队员不上场

（E）3号和7号队员上场，5号队员不上场

42.传统上，人们认为由经理们一步一步理性地分析做出的决策要优于直觉做出的决策。然而，最近的一项研究发现，高级经理使用直觉比大多数中级或低级经理多得多。这确证了一项替代观点，即直觉实际上比仔细的、有条不紊的理性更有效。

以上结论基于以下哪一条假设？

（A）高级经理既有能力使用直觉判断，也有能力使用有条不紊的、一步一步的理性分析来做决策

（B）使用有计划的分析和使用直觉判断一样，可以轻松地做出中级和低级经理做出的决策

（C）高级经理使用直觉判断做出他们大多数决策

（D）高级经理比中级和低级经理在做决策方面更有效

（E）高级经理喜欢用直觉的判断来显示自己与中级和低级经理的区别

43.在一次体育课上，20名学生进行了箭靶射击测试。随后这些学生上了两天的射箭技能培训课后，又重新进行了测试，结果他们的准确率提高了30%。该结果表明，培训课对于提高人们的射靶准确率是十分有效的。

下列哪个选项如果正确，最能支持以上结论？

（A）这些学生都是出色的田径运动员，出色的田径运动员都会射箭

（B）第一次测试是作为第二次测试的演习阶段

（C）另一组学生，也进行了箭靶射击测试，但是没有进行培训，他们的准确度没有提高

（D）人们射箭的准确性和他们的视觉敏锐度有很大关系

（E）这 20 名学生有着良好的体育素质，培训课的测试结果更是说明了这点

44．设想一下三条鱼成群而游。一条鱼可能被捕食者 Y 看到的空间是以该鱼为圆心、Y 能看见的最远距离为半径的圆。当 Y 处在这三个圆中的一个时，该鱼群可能受到攻击。由于三条鱼的鱼群之间的距离很近，这三个圆在很大程度上重叠在一起。

下面哪一项是从上面一段话中得出的最可靠推断？

（A）整个鱼群的易受攻击性比鱼群中的每一条鱼的易受攻击性大不了多少

（B）捕食者 Y 攻击四条鱼的鱼群的可能性比攻击三条鱼的鱼群的可能性小

（C）成群而游的鱼比单独的鱼更不易被捕食者吞噬

（D）一条鱼能被看见的最大距离不取决于鱼的大小，而更多地取决于该鱼是否与其他鱼一起成群地游动

（E）一条鱼要想降低被受攻击的可能性，就一定要结伴同行，形成鱼群

45．一项时间跨度为半个世纪的专项调查研究得出肯定结论：饮用常规量的咖啡对人的心脏无害。因此，咖啡的饮用者完全可以放心地享用，只要不过量。

以下哪项最为恰当地指出了上述论证的漏洞？

（A）咖啡的常规饮用量可能因人而异

（B）心脏健康不等同于身体健康

（C）咖啡饮用者可能在喝咖啡时吃对心脏有害的食物

（D）喝茶，特别是喝绿茶，比喝咖啡有利于心脏的保健

（E）有的人从不喝咖啡但心脏仍然健康

46．在一个实验中，对 200 只同种类通常不患血癌的老鼠施以同等量的辐射，然后一半的老鼠可以不受限制地吃它们常吃的食物，同时另一半被给予相同食物，但是限量。结果第一组中 55 只患了血癌，第二组中患血癌的仅有 3 只。

上述实验最支持下列哪一个结论？

（A）血癌莫名其妙地使一些通常不患该病的老鼠患病

（B）控制暴露于辐射中的老鼠的血癌的发生，可以通过限制它们的进食达到目的

（C）对任何种类的老鼠来说，暴露于辐射中很少对患血癌产生影响

（D）假定无限量地给予食物，老鼠最终能找到一种对其健康最佳的饮食

（E）相对控制有时候会是件好事，不加任何限制的结果可能会害了自己

47．日本人口的平均年龄自 1960 年以来稳定增加，现在它是世界上平均年龄最高的国家。尽管日本人开始吃西方人的典型食物——高脂肪的饮食之后，日本人的心脏病已经增加。

下列哪一项假如正确，最能帮助解释上面所述的日本人口的平均年龄的稳定增加？

（A）西方人可能患心脏病的平均人数是日本人的 5 倍

（B）自 1960 年以来，使更多日本人死亡的疾病的下降比心脏病的增加要多

（C）日本的传统饮食包括许多低脂肪食物，它们被认为能降低患心脏病的危险

（D）一些日本人的生活特点包括通常的锻炼，这被认为能帮助心脏抵抗伴随着衰老造成的力量的丧失

（E）尽管日本人的心脏病已经增加，但是日本的医疗水平高，能够比较有效地降低心脏病的死亡率

48. 一种在儿童中非常流行的病毒感染导致了30％被感染的儿童患了中耳炎。对细菌感染非常有效的抗生素对这种病毒却无能为力。然而，当因病毒感染而患中耳炎的儿童接受抗生素治疗后，中耳炎却得到了治愈。

以下哪一项最好地解释了上文中明显的不一致？

（A）虽然有些抗生素不能杀死病毒，但另一些抗生素却可以杀死病毒

（B）被病毒感染的儿童极易受到导致中耳炎的细菌的侵害

（C）有许多没有感染的儿童也患了中耳炎

（D）大多数病毒感染比细菌更难治疗

（E）有些病某些时候可以通过自身免疫力逐步消除掉

49～50题基于以下题干：

如果城市中心的机场仅限于供商业航班和安装了雷达的私人飞机使用，多数私人飞机将被迫使用郊外的机场。这样，在城市中心机场，私人飞机数量将会减少，空中碰撞的风险也就降低了。

49. 第一句的结论建立在以下哪个假设基础之上？

（A）对于私人飞机来说，郊外机场同城市中心机场一样方便

（B）多数郊外机场的设施不足以供商业飞机起降

（C）多数现在使用城市中心机场的私人飞机都没有安装雷达

（D）商业航班比私人飞机更容易发生空中碰撞

（E）中心城市的机场面积有限，不能供所有飞机起降

50. 以下哪项如果为真，最有力地支持了上面的结论？

（A）城市中心机场飞机过于拥挤，主要是商业航班的激增

（B）许多私人飞机拥有者宁可安装雷达，也不愿意被赶到郊外机场

（C）在城市中心机场附近发生的空中碰撞数量在近年已经减少

（D）未安装雷达的私人飞机导致了绝大多数空中碰撞

（E）为了维护中心城市机场的安全，刚对私人飞机颁布了更严格的限制令

51. 小王参加了某公司招工面试，不久，他得知以下消息：

（1）公司已决定，他与小陈至少录用一人；

（2）公司可能不录用他；

（3）公司一定录用他；

（4）公司已录用小陈。

其中两条消息为真，两条消息为假。

如果上述断定为真，则以下哪项为真？

（A）公司已录用小王，未录用小陈

（B）公司未录用小王，已录用小陈

（C）公司既录用小王，又录用小陈

（D）公司既未录用小王，也未录用小陈

（E）不能确定录用结果

52. 魏先生：计算机对于当代人类的重要性，就如同火对于史前人类，因此，普及计算机知识当从小孩子抓起，从小学甚至幼儿园开始就应当介绍计算机知识；一进中学就应

当学习计算机语言。

贾女士：你忽视了计算机技术的一个重要特点：这是一门知识更新和技术更新最为迅速的学科。童年时代所了解的计算机知识，中学时代所学的计算机语言，到需要运用的成年时代早已陈旧过时了。

以下哪项作为魏先生对贾女士的反驳最为有力？

（A）快速发展和更新并不仅是计算机技术的特点

（B）孩子具备接受不断发展的新知识的能力

（C）在中国算盘已被计算机取代但是并不说明有关算盘的知识毫无价值

（D）学习计算机知识和熟悉某种计算机语言有利于提高理解和运用计算机的能力

（E）计算机课程并不是中小学教育中的主课

53．郑兵的孩子即将上高中，郑兵发现，在当地中学，学生与老师的比例低的学校，学生的高考成绩普遍都比较好。郑兵因此决定，让他的孩子选择学生总人数最少的学校就读。

以下哪项最为恰当指出了郑兵上述决定的漏洞？

（A）忽略了学校教学质量既和学生与老师的比例有关，也和生源质量有关

（B）仅注重高考成绩，忽略了孩子的全面发展

（C）不当地假设：学生总人数少就意味着学生与老师的比例低

（D）在考虑孩子的教育时忽略了孩子本人的愿望

（E）忽略了学校教学质量主要与教师的素质而不是数量有关

54．"男女"和"阴阳"似乎指的是同一种区分标准，但实际上，"男人和女人"区分人的性别特征，"阴柔和阳刚"区分人的行为特征。按照"男女"的性别特征，正常人分为两个不重叠的部分；按照"阴阳"的行为特征，正常人分为两个重叠部分。

以下各项都符合题干的含义，除了：

（A）人的性别特征不能决定人的行为特征

（B）女人的行为，不一定是有阴柔的特征

（C）男人的行为，不一定是有阳刚的特征

（D）同一个人的行为，可以既有阴柔又有阳刚的特征

（E）一个人的同一个行为，可以既有阴柔又有阳刚的特征

55．最近一项调查显示：某公司许多工人对他们的工作不满意。调查同时显示：大多数感到不满意的工人认为他们对自己的工作安排没有自主权。因此，为了提高工人对自己的工作的满意度，公司的管理层仅仅需要集中改变工人们对他们工作安排自主权的程度的观念。

下列哪一个假如也在调查中被显示，最能使调查所得的结论有疑问？

（A）不满意的工人感到他们的工资太低并且工作条件不令人满意

（B）公司中对工作满意的工人的数目比对工作不满意的工人的数目多

（C）该公司的工人与其他公司的工人相比，对他们的工作更不满意

（D）公司管理层中的大多数人相信工人对他们的工作已经有太多的控制权利

（E）这些不满意的工人是由于日复一日，对工作产生了厌倦

四、写作：第 56～57 小题，共 65 分。其中论证有效性分析 30 分，论说文 35 分。

56. 分析下述论证中存在的缺陷和漏洞，写一篇 600 字左右的文章，对该论证的有效性进行分析和评论。

一份统计报告显示：2013 年 2 月，中国的消费者物价指数（Consumer Price Index，简称 CPI）创造了数月来连续回升的最高纪录，达到了 2.9%，而与此同时，猪肉价格也一路飙升，同 2013 年 1 月份相比，猪肉价格环比增长了 50%。

该报告认为，是猪肉价格的一路飙升导致了 CPI 数据的出现。原因很简单，猪肉是中国所有老百姓餐桌上的必备食品，猪肉涨价直接关乎国计民生。因此，只要政府设法将猪肉价格降低了，CPI 的降低才会得到保障。其实做到这点似乎也不是很难，政府完全可以通过电视媒介等宣传并倡导消费者少食猪肉，或者以其他肉类包括仿猪肉替代猪肉，当猪肉的需求量降低时，猪肉价格必定下降。

CPI 与国民生活息息相关。只有 CPI 降低了，国民的生活才能得到改善，人民的幸福指数才会提升，老百姓才能对政府更加满意。因此，设法降低 CPI，是当今政府义不容辞的首要任务。

57. 请以"放弃也是一种美丽"为题，写一篇 700 字左右的论说文。

全国硕士研究生入学统一考试
管理类专业学位联考综合能力
全真预测试卷（二）

一、问题求解：第 1～15 小题，每小题 3 分，共 45 分。下列每题给出的 A、B、C、D、E 五个选项中，只有一个选项符合试题要求。

1. $1+\dfrac{1}{2}+\dfrac{1}{6}+\dfrac{1}{12}+\cdots+\dfrac{1}{n(n+1)}=$（　　）。

(A) $\dfrac{n}{n+1}$ 　　　(B) $\dfrac{1}{n+1}$ 　　　(C) $\dfrac{2n+1}{n+1}$

(D) $\dfrac{2n}{n+1}$ 　　　(E) $\dfrac{n+2}{n+1}$

2. 一艘小轮船上午 8:00 起航逆流而上（设船速和水流速度一定），中途船上一块木板落入水中，直到 8:50 船员才发现这块重要的木板丢失，立即调转船头去追，最终于 9:20 追上木板。由上述数据可以算出木板落水的时间是（　　）。

(A) 8:35 　　　(B) 8:30 　　　(C) 8:25

(D) 8:20 　　　(E) 8:15

3. 若 x_1、x_2 是方程 $x^2-3x+1=0$ 的两个根，则 $|x_1-x_2|=$（　　）。

(A) 1 　　　(B) $\sqrt{2}$ 　　　(C) $\sqrt{3}$

(D) 2 　　　(E) $\sqrt{5}$

4. 某人用 2 400 元买进甲、乙股票各若干组，在甲股票升值 15%、乙股票下跌 10% 时全部抛出，他共赚得 135 元，则此人购买甲股票的金额与乙股票的金额之比为（　　）。

(A) 10:7 　　　(B) 5:3 　　　(C) 5:6

(D) 5:7 　　　(E) 6:7

5. 已知 $x-y=5$，$z-y=10$，则 $x^2+y^2+z^2-xy-yz-zx$ 的值为（　　）。

(A) 75 　　　(B) 50 　　　(C) 100

(D) 105 (E) 110

6. 设等差数列 $\{a_n\}$ 和 $\{b_n\}$ 的前 n 项和分别为 S_n、T_n，且 $\dfrac{S_n}{T_n}=\dfrac{7n+2}{n+3}$，则 $\dfrac{a_8}{b_8}=($)。

(A) $\dfrac{108}{19}$ (B) $\dfrac{107}{18}$ (C) $\dfrac{131}{20}$

(D) $\dfrac{103}{10}$ (E) 无法确定

7. 如图 7-1 所示，半圆 ADB 以 C 为圆心，半径为 1，且 $CD\perp AB$，延长 BD 和 AD，分别与以 B、A 为圆心，2 为半径的圆弧交于 E、F 两点，则图中阴影部分的面积是（ ）。

(A) $\dfrac{\pi}{2}-\dfrac{1}{2}$ (B) $(1-\sqrt{2})\pi$

(C) $\dfrac{\pi}{2}-1$ (D) $(\sqrt{3}-1)\pi$

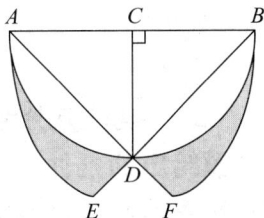
图 7-1

(E) $(2-\sqrt{3})\pi$

8. 多项式 $f(x)=x^3+a^2x^2+ax-1$ 被 $x+1$ 除余 -2，则实数 a 的值为（ ）。

(A) 1 (B) 1 或 0 (C) -1

(D) -1 或 0 (E) 1 或 -1

9. 设实数 a、b、c 是三角形的三条边长，且满足条件 $(x+a)(x+b)+(x+b)(x+c)+(x+c)(x+a)$ 是完全平方式，则这个三角形是（ ）。

(A) 等边三角形 (B) 等腰但非等边三角形 (C) 直角三角形

(D) 直角三角形或等边三角形 (E) 以上答案均不正确

10. 某种药品原价为每盒 125 元，连续两次降价后售价为每盒 80 元，则每次平均降价的百分率为（ ）。

(A) 25% (B) 22% (C) 20%

(D) 15% (E) 以上答案均不正确

11. 将 4 个不同的小球放入甲、乙、丙、丁 4 个盒子中，恰有 1 个空盒的概率为（ ）。

(A) $\dfrac{7}{16}$ (B) $\dfrac{9}{17}$ (C) $\dfrac{5}{16}$

(D) $\dfrac{9}{16}$ (E) $\dfrac{1}{6}$

12. 设计者在面盘上装有 7 个按键的"锁"内，要用其中 5 个按键组成一个开"锁"的程序装置，并且某 3 个键中至少用一个但不全部选用。若依照不同顺序按不同键的方法来设计不同程序，则可设计不同的开"锁"程序共有（ ）。

(A) 1 800 种 (B) 1 860 种 (C) 1 890 种

(D) 1 900 种 (E) 以上答案均不正确

13. 满足不等式 $(x+4)(x+6)+3>0$ 的所有实数 x 的集合是（ ）。

(A) $[4,+\infty)$ (B) $(4,+\infty)$ (C) $(-\infty,-2]$

(D) $(-\infty,-1)$ (E) $(-\infty,+\infty)$

14. 圆 $(x-3)^2+y^2=16$ 与 x 轴的交点为（ ）。

(A) (0, 7) 和 (0, −1)　　　(B) (7, 0) 和 (−1, 0)　　　(C) (0, 4) 和 (0, −4)

(D) (4, 0) 和 (−4, 0)　　　(E) 以上答案均不正确

15. 已知定点 A (2, −3)，B (−3, −2)，直线 l 过点 P (1, 1) 且与线段 AB 相交，则直线 l 的斜率的取值范围是（　　）。

(A) $k \geqslant \dfrac{3}{4}$ 或 $k \leqslant -4$　　　(B) $-4 \leqslant k \leqslant \dfrac{3}{4}$　　　(C) $k \geqslant \dfrac{3}{4}$ 或 $k \leqslant -\dfrac{1}{4}$

(D) $-\dfrac{3}{4} \leqslant k \leqslant 4$　　　(E) $k \leqslant -\dfrac{3}{4}$ 或 $k \geqslant 4$

二、条件充分性判断：第 16～25 小题，每小题 3 分，共 30 分。要求判断每题给出的条件（1）和（2）能否充分支持题干所陈述的结论。A、B、C、D、E 五个选项为判断结果，请选择一项符合试题要求的判断。

(A) 条件（1）充分，但条件（2）不充分。

(B) 条件（2）充分，但条件（1）不充分。

(C) 条件（1）和（2）单独都不充分，但条件（1）和条件（2）联合起来充分。

(D) 条件（1）充分，条件（2）也充分。

(E) 条件（1）和（2）单独都不充分，条件（1）和条件（2）联合起来也不充分。

16. $\dfrac{n}{14}$ 是一个整数。

(1) n 是一个整数，且 $\dfrac{3n}{14}$ 也是一个整数。

(2) n 是一个整数，且 $\dfrac{n}{7}$ 也是一个整数。

17. 商店换季大甩卖，某种上衣价格下降 60%。

(1) 原来买 2 件的钱，现在可以买 5 件。

(2) 原来的价格是现在价格的 2.5 倍。

18. $\sqrt{1-x^2} < x+1$。

(1) $x \in [-1, 0]$。　　　(2) $x \in \left(0, \dfrac{1}{2}\right]$。

19. $\dfrac{1}{1+a^2} + \dfrac{1}{1+b^2} = 1$。

(1) $ab = 1$。　　　(2) $ab = -1$。

20. $0 \leqslant m < \dfrac{\sqrt{3}}{2}$ 成立。

(1) 关于 x 的方程 $x^2 + 4mx + 3 = 0$ 无实根。

(2) $m - 3m^2 > 0$。

21. 在等差数列 $\{a_n\}$ 中，前 n 项和 S_n 的最大值是 S_{21}。

(1) $a_1 < 0$。　　　(2) $a_1 < 0$ 且 $3a_4 = 5a_{11}$。

22. $a_1 b_2 = 15$。

(1) -9，a_1，-1 成等差数列。

(2) -9，b_1，b_2，b_3，-1 成等比数列。

23. 甲、乙两人各抽一题，甲抽到选择题、乙抽到判断题的概率为 $\frac{4}{15}$。

(1) 共有选择题 6 道。　　　(2) 共有判断题 4 道。

24. 甲、乙两人单独破译同一个密码，至多 1 人译出的概率为 $\frac{11}{12}$。

(1) 甲译出这个密码的概率是 $\frac{1}{3}$，乙译出这个密码的概率是 $\frac{1}{4}$。

(2) 甲译出这个密码的概率是 $\frac{1}{4}$，乙译出这个密码的概率是 $\frac{1}{3}$。

25. 圆 O 内一点 M，有 $OM=5$ 厘米成立。
(1) 圆 O 的过点 M 的最长弦长为 6 厘米。
(2) 圆 O 的过点 M 的最短弦长为 4 厘米。

三、逻辑推理：第 26～55 小题，每小题 2 分，共 60 分。下列每题给出的 A、B、C、D、E 五个选项中，只有一项是符合试题要求的。

26. 在公路发展的早期，它们的走势还能顺从地貌，即沿河流或森林的边缘发展。可如今，公路已无所不在，狼、熊等原本可以自由游荡的动物种群被分割得七零八落。与大型动物的种群相比，较小动物的种群在数量上具有更大的被动性，更容易发生杂居现象。

对上面文字最恰当的概括是：
(A) 公路发展的趋势　　　(B) 公路对动物的影响
(C) 动物生存状态的变化　　　(D) 不同动物的不同命运
(E) 人类与动物的关系

27. 虽然世界市场上供应的一部分象牙来自被非法捕杀的野生大象，但还有一部分是来自几乎所有国家都认为合法的渠道，如自然死亡的大象。因此，当人们在批发市场上尽量限制自己只购买这种合法象牙时，世界上仅存的少量野生象群便不会受到威胁。

以上的论证依据这样的假设，即：
(A) 试图将购买限制于合法象牙的批发部能够可靠地区分合法与非法象牙
(B) 在不久的将来，对于合法象牙产品的需求会持续增长
(C) 目前世界上合法象牙的批发来源远远少于非法象牙的批发来源
(D) 象牙的批发商总是意识不到世界象牙减少的原因
(E) 现在，合法象牙的供应是可以满足需求的

28. 根据 1980 年的一项调查，所有超过 16 岁的美国公民中有 10% 是功能性文盲。因此，如果在 2000 年 16 岁以上的美国公民将达到 2.5 亿人的设想是正确的，我们可以预计，这些公民中有 2 500 万人会是功能性文盲。

下面哪项如果正确，将最严重地削弱上文作者得出的结论？
(A) 在过去的 20 年中，不上大学的高中毕业生的比例稳步上升
(B) 从 1975 年到 1980 年，美国 16 岁以上的公民功能性文盲的比率减少了 3%
(C) 在 1980 年接受调查的很多美国公民在 2000 年进行的一项调查中也将被包括在内
(D) 美国公民越来越多地进入高等院校了，这些会影响功能性文盲的比例

（E）设计不当的调查通常提供不准确的信息

29. 检测系统 X 和检测系统 Y 尽管依据的原理不同，但都能及时测出并报告产品缺陷，而它们也都会错误地淘汰 3% 的无瑕疵产品。由于错误淘汰的成本很高，所以通过同时安装两套系统，而不是其中的一套或另一套，并且只淘汰两套系统都认为有瑕疵的产品就可以省钱。

以上论述需要下面哪一项假设？
（A）系统 X 错误地淘汰的 3% 的无瑕疵产品与系统 Y 错误地淘汰的 3% 的无瑕疵产品不完全相同
（B）接受一个次品所造成的损失比淘汰一个无瑕疵产品所造成的损失更大
（C）在同等价格范围的产品中，X 系统和 Y 系统是市场上最少出错的检测系统
（D）不论采用哪一系统，第二次检测只需要对第一次没被淘汰的产品进行检测
（E）就市场而言，X 系统和 Y 系统的性能和售价区别不大

30. 所有种类的毛虫都产生一种同样的称为"幼年荷尔蒙"的激素。这种激素维持了进食的行为。只有当毛虫生长到可以化蛹的大小时，一种特殊的酶才会阻止幼年荷尔蒙的产生。这种酶可以被合成，一旦被未成熟的毛虫吸收，就可以通过阻止毛虫进食而杀死它们。

下面哪项如果正确，最强有力地支持了这种观点，即通过向农田喷射上文中提到的酶来消灭经历毛虫阶段的农业害虫是不可取的？
（A）大多数种类的毛虫被一些自然捕食行为吃掉了
（B）许多农业害虫不经历毛虫阶段
（C）许多对农业有益的昆虫经历毛虫阶段
（D）因为不同种类的毛虫出现在不同时期，必须进行若干次喷射
（E）有些害虫没有毛虫的阶段

31. 某研究所对该所上年度研究成果的统计显示：在该所所有的研究人员中，没有两个人发表的论文的数量完全相同；没有人恰好发表了 10 篇论文；没有人发表的论文的数量等于或超过全所研究人员的数量。

如果上述统计是真实的，则以下哪项断定也一定是真实的？
Ⅰ．该所研究人员中，有人上年度没有发表 1 篇论文。
Ⅱ．该所研究人员的数量，不少于 3 人。
Ⅲ．该所研究人员的数量，不多于 10 人。
（A）只有Ⅰ   （B）只有Ⅱ   （C）只有Ⅲ
（D）Ⅰ和Ⅲ   （E）Ⅰ、Ⅱ和Ⅲ

32. 除了企业购买外，在过去五年中，购买一辆新汽车的平均开支金额增长了 30%。在同样的时间中，购买汽车的开支占家庭平均预算的比例并未发生变化。因此，在过去的 5 年中家庭的平均预算一定也增加了 30%。

以上论述依据下面哪个假设？
（A）在过去 5 年中，平均每个家庭购买的新车的数量没有变化
（B）在过去 5 年中，企业平均在每辆新车上的花费增长了 30%
（C）在过去 5 年中，家庭平均花在和汽车有关的方面的费用没有变

（D）在过去 5 年中，家庭平均花在食物和住房上的花费没有变

（E）在过去 5 年中，每个家庭的消费结构没有发生变化

33. 对那些最先给封建主义起名字的作家来说，封建主义的存在也就预先假定了贵族主义的存在。然而正确地说来贵族阶级是不可能存在的，除非那些表明较高的贵族地位的头衔和这些头衔的继承权被法律所认可。尽管封建主义早在 8 世纪前就已经存在，但是直到 12 世纪，当许多封建机构处于衰落时，法律上承认的世袭贵族头衔才第一次出现。

上面的陈述如果正确，最强有力地支持下面的哪一个主张？

（A）认为封建主义从定义上讲要求贵族阶级的存在就是在使用一个歪曲历史的定义

（B）12 世纪之前，欧洲的封建制度机构是在没有统治阶级存在的情况下运行的

（C）某个社会团体具有与众不同的法律地位的事实本身并不足以说明这个团体可被合情合理地认为是一个社会阶层

（D）按照贵族这一词的最严格的定义来讲，先前的封建机构的存在是贵族阶级出现的先决条件

（E）12 世纪之前，贵族阶级存在与否需要科学界定

34. 在青崖山区，商品通过无线广播电台进行密集的广告宣传将会迅速获得最大程度的知名度。上述断定最可能推出以下哪项结论？

（A）在青崖山区，无线广播电台是商品打开市场的最重要的途径

（B）在青崖山区，高知名度的商品将拥有众多消费者

（C）在青崖山区，无线广播电台的广告宣传可以使商品的信息传到每户人家

（D）在青崖山区，某一商品为了迅速获得最大程度的知名度，除了通过无线广播电台进行密集的广告宣传外，不需要利用其他宣传工具做广告

（E）在青崖山区，某一商品的知名度与其性能和质量的关系很大

35. 新疆的哈萨克人用经过训练的金雕在草原上长途追击野狼。某研究小组为研究金雕的飞行方向和判断野狼群的活动范围，将无线电传导器放置在一只金雕身上进行追踪。野狼为了觅食，其活动范围通常很广，因此，金雕追击野狼的飞行范围通常也很大。然而两周以来，无线电传导器不断传回的信号显示，金雕仅在放飞地 3 公里范围内飞行。

以下哪项如果为真，最有助于解释上述金雕的行为？

（A）金雕的放飞地周边重峦叠嶂，险峻异常

（B）金雕的放飞地 2 公里范围内有一牧羊草场，成为狼群袭击的目标

（C）由于受训金雕的捕杀，放飞地广阔草原的野狼几乎灭绝了

（D）无线电传导器信号仅能在有限的范围内传导

（E）无线电传导器的安放并未削弱金雕的飞行能力

36. 除非不把理论当做教条，否则就会束缚思想。

以下各项都表达了与题干相同的含义，除了：

（A）如果不把理论当做教条，就不会束缚思想

（B）如果把理论当做教条，就会束缚思想

（C）只有束缚了思想，才可能会是把理论当做教条

（D）只有不把理论当做教条，才不会束缚思想

（E）除非束缚思想，否则不会把理论当做教条

37. 舞蹈学院的张教授批评本市芭蕾舞团最近的演出没能充分表现古典芭蕾舞的特色。他的同事林教授认为这一批评是个人偏见。作为芭蕾舞技巧专家，林教授考察过芭蕾舞团的表演者，结论是每一位表演者都拥有足够的技巧和才能来表现古典芭蕾舞的特色。

以下哪项最为恰当地概括了林教授反驳中的漏洞？

（A）他对张教授的评论风格进行攻击而不是对其观点加以批驳

（B）他无视张教授的批评意见是与实际情况相符的

（C）他仅从维护自己的权威地位的角度加以反驳

（D）他依据一个特殊的事例轻率概括出一个普遍结论

（E）他不当地假设，如果一个团体每个成员具有某种特征，那么这个团体总能体现这种特征

38. 王园获得的奖金比梁振杰的多，得知魏国庆的奖金比苗晓琴的多后，可知王园的奖金也比苗晓琴的多。

以下各项假设均能使上述推断成立，除了：

（A）魏国庆的奖金比王园的多　　（B）梁振杰的奖金比苗晓琴的多

（C）梁振杰的奖金比魏国庆的多　　（D）梁振杰的奖金和魏国庆的一样

（E）王园的奖金和魏国庆的一样

39. 面试是成功的招聘程序中必要的一部分。因为有了面试之后，性格不符合工作需要的求职者可以不予考虑。

以上论证逻辑上依据下面哪个假设？

（A）如果一项招聘程序包括面试，它就会是成功的

（B）一项成功的招聘程序中，面试比求职信的情况更重要

（C）面试可以准确识别出性格不符合工作需要的求职者

（D）面试的唯一目的是评价求职者的性格是否符合工作需要

（E）面试在招聘程序中至关重要

40. 在一个减肥计划开始前，病人被测试每天消耗的卡路里的平均数目。该计划中的医生给每个病人安排饮食，使其每日卡路里的摄入量低于正常摄入量的一定比值。医生预测遵从该饮食的每个病人可能会体重下降到预测重量。然而，病人没有减去预测中的体重。

下面哪一项如果为真，最能解释为什么病人没有减去医生所预测的体重？

（A）尽管他们遵从在讨论中的饮食计划，大多数病人没有成功地遵从其他饮食计划的经历

（B）当病人限制他们的卡路里摄入，他们每天消耗的卡路里的平均数量下降了

（C）该项目的医生成功预测过其他病人减去的体重

（D）病人的卡路里摄入的迅速下降不会对他们遵从他们的饮食计划产生问题

（E）病人体质问题，即便每天消耗的卡路里少了，但无明显的体重减轻的迹象

41. 美国纸浆的出口量会显著上升，出口量上升的原因在于美元的贬值使得日本和西欧的造纸商从美国购买纸浆比从其他渠道购买便宜。

下面哪个是为了得出以上结论所作的假设？

（A）日本和西欧的工厂产出的纸制品今年会急剧增加

（B）美国生产的纸浆量足以满足日本和西欧的造纸商的生产目的

（C）如果成本不成为影响因素，日本和西欧的造纸商倾向于使用美国生产的纸浆

（D）对日本和西欧生产的纸制品的需求今年不会急剧增加

（E）有越来越多的西欧国家准备从美国大量进口纸浆

42. 一家公司的人事主管调查了员工们对公司奖励员工绩效等级体系的满意度。调查数据显示得到较高等级的员工对该体系非常满意。这位人事主管从这些数据中得出结论认为，公司表现最好的员工喜欢这个体系。

这个人事主管的结论假定了下面的哪个说法？

（A）其他的绩效等级体系都比不上既有的体系

（B）该公司表现最好的员工得到了高的等级

（C）得到低等级的员工对该体系不满意

（D）从一种绩效等级体系中得到高等级的员工会喜欢这个体系

（E）该公司奖励员工的绩效等级体系的建立就是从高级员工利益出发的

43. 地理学家和历史学家过去一直持有的观点认为南极是在1820年左右第一次被发现的。但是有些16世纪的欧洲地图上显示着与南极相似的一片区域，虽然那时的探险家从未见到过它。因此，有些学者争论说该大陆是被古代人发现并被画到地图上的，而大家知道这些古代人的地图曾为欧洲的制图者起到了模型的作用。

下面哪个如果正确，最能削弱上面学者所得的推论？

（A）谁最先发现南极的问题在现在依然很有争议，没有人能给出结论性的论据

（B）在3 000年到9 000年以前，地球比现在更温暖，南极很可能要比现在小

（C）只有几张16世纪的世界地图显示了南极大陆

（D）古代的哲学家认为在南极应该会有一大块地域来与北极大陆相平衡并使地球对称

（E）南极被发现存在已久，只是历史的证据还在考核中

44. 目前，要求私营企业为抽烟者和不抽烟者设立不同的办公区的法规是一种对私营部门进行侵犯的不合理法规。研究指出的不抽烟者可能会由于其吸入其他抽烟者的烟味而受害的事实并不是主要的问题。相反，主要的问题是政府侵犯了私营企业决定它们自己的政策和法规的权利。

下面哪条原则如果能被接受，能合理地推出上述结论？

（A）仅当个人可能会被伤害时，政府侵犯了私营企业的政策和法规的行为才是正当的

（B）个人呼吸安全空气的权利高于企业不受政府侵犯的权利

（C）企业的独自裁决权高于政府必须保护的个人的一切权利和义务

（D）保护雇员在工作场合不受伤害是私营企业的义务

（E）尽管社会倡导禁烟，但吸烟仍然是每个公民的权利

45. 来自巴西的火蚁现在正大批出没于美国的南部地区。不像巴西的火蚁王后，在美国两个火蚁王后分享一个窝。来自这些窝的火蚁比来自单一王后的窝里的火蚁更具侵略性。通过摧毁几乎所有在它们的窝所属区域内出现的昆虫，这些具有侵略性的火蚁独自霸占了食物资源。于是这些火蚁的数量猛烈地增长。既然来自巴西的某些捕食火蚁的昆虫能限制那里的火蚁数量的增加，那么向美国进口这些不是火蚁的昆虫来抑制该地区火蚁数量的增加将从整体上对那儿的环境有益。

下面每一项如果正确都可以推出上面的结论，除了：

（A）进口的捕食火蚁的巴西昆虫对美国环境造成的危害不比火蚁自身对环境造成的危害大

（B）来自巴西的那些捕食火蚁的昆虫在美国环境中也能存活

（C）火蚁的天敌能在这些火蚁扩展到更北方的州之前控制住火蚁的增长

（D）那些来自巴西的捕食火蚁的昆虫不会被异常凶猛的双火蚁王后杀死

（E）捕食火蚁的巴西昆虫能够大量捕捉并安全运抵美国

46．戴尔制造业的工人很快就要举行罢工了，除非管理部门给他们涨工资。因为戴尔的总裁很清楚，为给工人涨工资，戴尔必须卖掉它的一些子公司。所以，戴尔的某些子公司将被出售。

假设下面哪一项，就可以推出上面的结论？

（A）戴尔制造业将会开始蒙受更多的损失

（B）戴尔的管理部门将会拒绝给它的工人涨工资

（C）在戴尔制造业工作的工人将不会举行罢工

（D）戴尔的工人不会接受以一系列改善的福利来代替他们渴望的工资增加

（E）戴尔的总裁很无奈，但一些子公司不得不出售

47．要断定一个新的概念，例如"私人化"这个概念，能多快在公众中占据一席之地的一个确信的办法是观察代表这个概念的单词或短语多快能变成一种习惯用法。关于短语是否确实已被认为变成一种习惯用法可以从字典编辑那里得到专业的意见。他们对这个问题总是非常地关心。

上面描述的断定一个新概念能多快被公众接受的办法依赖于下面哪个结论？

（A）字典编辑从职业上讲对那些很少使用的短语并不感兴趣

（B）字典编辑有确切的数量标准来断定一个单词是在什么时候转变成一种习惯用法的

（C）当一个单词转变成一个习惯用法时，它的意思在转变的过程中不会受到任何严重的歪曲

（D）一个新的概念要被接受，字典编辑就必须在他们的字典里收录相关的单词和语句

（E）单词的意思总是随着社会发展在不断变化之中的，它的新概念也不得不被公众所接受

48．在一些19世纪的绘画作品中，雅典卫城的大理石建筑物被画成红色。但这些建筑物现在并不是红色，而大理石的天然色彩从19世纪以来不可能发生变化。因此，这些画表现的色彩一定不是这些建筑物实际的色彩。

下面哪项如果正确，最严重地削弱上面的论述？

（A）雅典卫城几乎可以在雅典的任何地点被看见

（B）生长在大理石上的一种叫做地衣的小植物可使大理石呈红色

（C）19世纪许多画家在绘画时极力在细节上忠实于真实生活

（D）不是所有的19世纪的关于雅典卫城的油画都把大理石建筑物描绘成红色

（E）19世纪的很多画家喜欢用红色绘画作品

49．在20世纪80年代期间，海洛因服用者到医院急诊室就诊的次数增加比率超过了25％。因此，很明显，在那个10年中海洛因的服用在增加。

必须假设下面哪一项，则作者的结论可被合理地推出？

（A）那些因服用海洛因而寻求医学治疗的人通常在上瘾的后期阶段接受治疗

（B）那些海洛因服用者经常到医院急诊室就诊

（C）海洛因服用者到医院急诊室就诊的次数与海洛因被吸食的发生率成比例

（D）自从 1980 年以来，服用海洛因的方法已经改变，新的方法降低了服用海洛因的危害性

（E）海洛因的危害已经被社会更加重视起来，因而倡导海洛因服用者尽量能及时去医院医治

50. 一种病毒可以通过杀死吉普赛蛾的幼虫从而有助于控制该蛾的数量。这种病毒一直存于幼虫的身上，但每隔六七年才能杀死大部分幼虫，从而大大降低吉普赛蛾的数量。科学家们认为，这种通常处于潜伏状态的病毒，只有当幼虫受到生理上的压迫时才会被激活。

如果上文中科学家所说的是正确的，下面哪种情况最有可能激活这种病毒？

（A）在吉普赛蛾泛滥成灾的地区，天气由干旱转变为正常降雨

（B）连续两年被吉普赛蛾侵袭的树林，树叶脱落的情况与日加剧

（C）寄生的黄蜂和苍蝇对各类幼虫的捕食

（D）由于吉普赛蛾数量过多而导致的食物严重短缺

（E）一般情况下幼虫成长都比较正常，很少有随意的疾病发生

51. 在美国所有的捐献血液中 45% 是 O 型的。由于 O 型血液适合于任何人，所以在没有时间测定患者是何种血型的危急时刻，O 型血是不可缺少的。O 型血是唯一可以与其他血型相融的血型，所以它可以输给任何患者。然而正是由于这一用途，O 型血长期处于短缺状态。

如果上文的陈述是正确的，那么下面哪一项也一定是正确的？

（A）O 型血的特殊用途基于这样一个事实：它与大部分人的血型是相融的

（B）O 型血的供应一直很少，以至于在最能体现它有用性的危急时刻，它往往是不够用的

（C）美国 45% 的人的血型是 O 型，这使得 O 型血成为最普遍的血型

（D）要决定输送任何非 O 型血时患者的血型都必须被快速地测定出来

（E）由于 O 型血液适合于任何人，所以在输血前无须进行测试

52～53 题基于以下题干：

气象学家称，当他们设计出能够刻画大气层一切复杂细节的准确数学模型的时候，他们就能做出完全准确的天气预报。这其实是一种似是而非的夸耀。这种夸耀永远无法证明是错的。因为任意一次天气预报只要有失误，就能在相关的数学模型上找到不准确之处。因此，气象学家的这种宣称是没有意义的。

52. 以下哪项如果为真，最能作为驳斥上述观点（即气象学家的宣称没有意义）的依据？

（A）某些不同寻常的数据结构可以作为准确天气预报的基础，即使确切的原因机制尚不明了

（B）随着数学模型的准确性越来越高，天气预报的准确性也越来越高

(C) 像火山爆发这样的灾难性事件的气象后果的数学模型正在开始构建

(D) 现代天气预报已达到 85% 的准确率

(E) 要相信科学的发展，相信气象学家们的预言

53. 除上述题干提出的质疑以外，以下哪项如果为真，将对气象学家的宣称提出最严重的质疑？

(A) 像火山爆发这类矿物燃料的燃烧，以及其他一些自然过程是不能精确量化的。这些自然过程正对大气层结构产生巨大和持续的影响

(B) 随着最新的大气数学模型的不断改进，数学模型处理复杂细节的能力越来越强。但在处理复杂性细节上哪怕上一个小台阶，都意味着要增加一大群计算机

(C) 要建立大气层理想的数学模型，首先必须确保在地面和空中的巨大数量的网点上源源不断地收集准确的气象数据

(D) 依据目前的大气层数学模型，大范围的天气预报要比局部性的天气预报准确得多

(E) 由于地球遭到了人类的破坏，全球气候变化无常，再先进的大气层数学模型，有时候对天气也把握不准

54~55 题基于以下题干：

一场马术表演中共有七个障碍物：一个鸡笼、一道障碍门、两道石墙以及三道栅栏。这七个障碍物从 1 到 7 被连续编号，它们的编号和摆放依赖下列条件：

(1) 任何两道栅栏都不能连续摆放。

(2) 石墙必须连续摆放。

54. 如果有一道栅栏被摆放在 3 号位，还有一道栅栏被摆放在 6 号位，则下列哪一项必定为真？

(A) 鸡笼在 7 号位　　　　　　　　(B) 障碍门在 2 号位

(C) 有一道石墙在 1 号位　　　　　(D) 有一道石墙在 4 号位

(E) 有一道石墙在 2 号位

55. 如果有一道石墙被摆放在 7 号位，则下列哪一项必定为假？

(A) 鸡笼在 2 号位　　　　　　　　(B) 有一道栅栏在 1 号位

(C) 有一道栅栏在 2 号位　　　　　(D) 障碍门在 4 号位

(E) 有一道栅栏在 5 号位

四、写作：第 56~57 小题，共 65 分。其中论证有效性分析 30 分，论说文 35 分。

56. 以下是一位投稿者给一家出版社写的推荐信的部分内容。分析下面的论证在概念、论证方法、论据及结论等方面的有效性。600 字左右。

我是一名大学老师，多年从事《管理学》的教学工作，喜好并广泛研读世界各地名人的管理书籍，自信深谙各种管理理论和管理知识。我一直有个朴素的愿望：将我对管理的理解和感受写成一本书，一本可以让老少皆宜的管理书。我相信这样的书在国内尚属独一无二，因此，这种独特性决定了这本书的市场销量应该是非常可观的。

之所以找到贵社合作，是由于贵社是全国大型出版社之一，且年销售额数年创出版业内第一名，这样的优势自然是其他出版社无法比拟的。如果我的图书可以在贵社出版，我

相信我们将会是强强联手，珠联璧合，我的图书也自然会取得最好的预期销量，这是其他出版社难以达到的。

另外，近年来随着中国经济的迅速腾飞，管理类图书的需求量也越来越高。我相信我的图书一旦出版，无论是现在，还是未来的几年时间里，它都会有更好的预期销量，市场将会证明这点。

57. 根据下述材料，写一篇 700 字左右的论说文，题目自拟。

当年幼的藏犬长出牙齿并能撕咬时，主人就把它们放到一个没有食物和水的封闭环境里让这些幼犬自相撕咬，最后只剩下一只活着的犬。这只犬被称为獒。据说十只犬才能产生一只獒。

这就是犬獒效应。

全国硕士研究生入学统一考试
管理类专业学位联考综合能力
全真预测试卷（三）

一、问题求解：第1～15小题，每小题3分，共45分。下列每题给出的A、B、C、D、E五个选项中，只有一个选项符合试题要求。

1. 已知甲、乙两种商品的原单价之和为150元，因市场变化，甲商品降价10%，乙商品提价20%，调价后，甲、乙两种商品的单价之和比原来单价之和降低了1%，则甲、乙两种商品原单价分别为（　　）。

(A) 110，40 　　　　　(B) 105，45 　　　　　(C) 100，50

(D) 115，35 　　　　　(E) 120，30

2. 有甲、乙两只桶，甲桶盛了半桶水，乙桶盛了不到半桶纯酒精，先将甲桶的水倒入乙桶，倒入的量与乙桶的酒精量相等；再将乙桶的溶液倒入甲桶，倒入量与甲桶剩下的水相等；再将甲桶的溶液倒入乙桶，倒入量与乙桶的剩下的溶液量相等，此时恰好两桶溶液相等，则此时甲、乙两桶酒精浓度比为（　　）。

(A) 1∶2 　　　　　(B) 1∶3 　　　　　(C) 2∶3

(D) 3∶2 　　　　　(E) 3∶4

3. 从甲地到乙地，客车行驶需要12小时，货车需要15小时，如果客车和货车同时从甲地开到乙地，客车到达乙地后立即返回，与货车相遇时又经过了（　　）小时。

(A) $1\frac{1}{5}$ 　　　　　(B) $1\frac{1}{2}$ 　　　　　(C) $1\frac{1}{4}$

(D) $1\frac{1}{3}$ 　　　　　(E) $1\frac{1}{6}$

4. 设有两组数，分别为：

Ⅰ：10，10，20，30，40，50，60，70，70。

Ⅱ：10，20，30，30，40，50，50，60，70。

用 M_1、M_2 分别表示Ⅰ、Ⅱ两组数的平均值，S_1、S_2 分别表示Ⅰ、Ⅱ两组数的方差，则有（   ）。

(A) $M_1 < M_2$，$S_1 < S_2$ (B) $M_1 = M_2$，$S_1 = S_2$ (C) $M_1 > M_2$，$S_1 < S_2$

(D) $M_1 < M_2$，$S_1 = S_2$ (E) $M_1 = M_2$，$S_1 > S_2$

5. 甲、乙、丙三队要完成 A、B 两项工程，B 工程的工作量比 A 工程的工作量多 $\frac{1}{4}$，甲、乙、丙三队单独完成 A 工程所需时间分别是 20 天、24 天、30 天，为了同时完成这两项工程，先派甲队做 A 工程，乙、丙两队共同做 B 工程，经过几天后，又调丙队与甲队共同完成 A 工程，则丙队与乙队合作了（   ）天。

(A) 10   (B) 11   (C) 12

(D) 14   (E) 15

6. 设 a、b、c 为实数，且 $|a| + a = 0$，$|ab| = ab$，$|c| - c = 0$，则 $|b| - |a+b| - |c-b| + |a-c| = $（   ）。

(A) b (B) a (C) $a+b$

(D) $a-b$ (E) $b+c$

7. 方程 $|x-1| + |x+2| - |x-3| = 4$ 不同的实根个数为（   ）个。

(A) 1   (B) 2   (C) 3

(D) 4   (E) 0

8. 若 $\lg\sqrt{x}$，$\frac{1}{2}$，$\lg y$ 成等比数列，且 $x > 1$，$y > 1$，则 $\lg xy$ 的最小值为（   ）。

(A) 2   (B) 3   (C) $\sqrt{3}$

(D) $\sqrt{2}$ (E) $2\sqrt{2}$

9. 一个两头密封的圆柱形水桶，水平横放时桶内有水部分占水桶一头圆周长的 $\frac{1}{4}$，则直立时水的高度和桶的高度之比是（   ）。

(A) $\frac{1}{4}$ (B) $\frac{1}{4} - \frac{1}{\pi}$ (C) $\frac{1}{4} - \frac{1}{2\pi}$

(D) $\frac{1}{8}$ (E) $\frac{\pi}{4}$

10. 已知多项式 $3x^3 + ax^2 + bx + 1$ 能被 $x^2 + 1$ 整除，且商式是 $3x + 1$，那么 $(-a)^b = $（   ）。

(A) -1 (B) 1   (C) -2

(D) 2   (E) -3

11. 如图 8-1，扇形 AOB 的圆心角为直角，正方形 $OCDE$ 内接于扇形，点 C、E、D 分别在 OA、OB、$\overset{\frown}{AB}$ 上，过点 A 作 $AF \perp ED$ 交 ED 的延长线于 F，垂足为 F，如果正方形的边长为 1，则阴影部分的面积为（   ）。

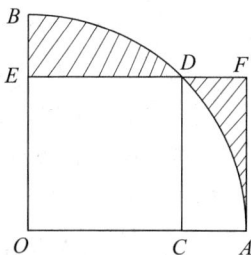

图 8-1

(A) $\sqrt{3} - 1$ (B) $\sqrt{2} - 1$

(C) $2\sqrt{3}$ (D) $3\sqrt{2}$

(E) 以上答案均不正确

12. 在坐标平面上，不等式组 $\begin{cases} y \geqslant x-1 \\ y \leqslant -3|x|+1 \end{cases}$ 所表示的平面区域的面积为（　　）。

(A) $\sqrt{3}$ (B) $\sqrt{2}$ (C) $\dfrac{3}{2}$

(D) $\dfrac{3}{4}$ (E) 2

13. 已知圆 C：$x^2+y^2-4x-6y+12=0$，则在两坐标轴上的截距相等的该圆的切线方程为（　　）。

(A) $x+y=5\pm\sqrt{3}$ (B) $x+y=5\pm\sqrt{5}$ (C) $-x+y=5\pm\sqrt{2}$

(D) $x+y=5\pm\sqrt{2}$ (E) $x-y=5\pm\sqrt{2}$

14. 如图 8-2 所示，∠A 的一边有 4 个点，另一边有 5 个点（不含 A），则这 10 个点共可构成（　　）个三角形。

(A) 90   (B) 80

(C) 60   (D) 70

(E) 120

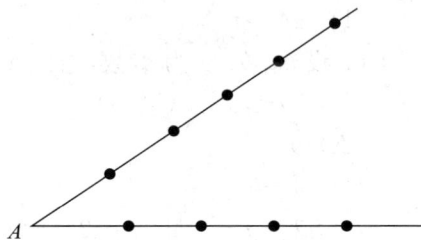

图 8-2

15. 有 10 个灯泡，其中有 3 个是坏的，现在要找到一个好灯泡，逐个试用，如果拿到坏的扔掉再拿，直至拿到好的为止，则在 3 次内就可完成的概率为（　　）。

(A) $\dfrac{59}{120}$ (B) $\dfrac{21}{40}$ (C) $\dfrac{113}{120}$

(D) $\dfrac{119}{120}$ (E) $\dfrac{11}{30}$

二、条件充分性判断：第 16～25 小题，每小题 3 分，共 30 分。要求判断每题给出的条件（1）和（2）能否充分支持题干所陈述的结论。A、B、C、D、E 五个选项为判断结果，请选择一项符合试题要求的判断。

(A) 条件（1）充分，但条件（2）不充分。

(B) 条件（2）充分，但条件（1）不充分。

(C) 条件（1）和（2）单独都不充分，但条件（1）和条件（2）联合起来充分。

(D) 条件（1）充分，条件（2）也充分。

(E) 条件（1）和（2）单独都不充分，条件（1）和条件（2）联合起来也不充分。

16. $(ac-bd)^2+(ad+bc)^2=1$。

(1) a、$b \in \mathbf{R}$，$a^2+b^2=1$。   (2) c、$d \in \mathbf{R}$，$c^2+d^2=1$。

17. 若二次函数 $f(x)=x^2+bx+c$，则 $f(1)<f(0)<f(3)$。

(1) $f(x+2)=f(2-x)$。   (2) $f(1-x)=f(1+x)$。

18. $\dfrac{(4x-y)^2}{y^2-z^2}$ 的值可求得。

(1) $x:y:z=2:3:4$。   (2) $xyz\neq0$，$\dfrac{x}{2}=\dfrac{y}{3}=\dfrac{z}{4}$。

19. $|\log_2 x| + |\log_2(2-x)| \geq 1$。

(1) $x \in (0, \frac{2}{3})$。　　　　(2) $x \in [\frac{4}{3}, 2)$。

20. $\frac{9x-5}{x^2-5x+6} \geq -2$。

(1) $x \in (2, 3)$。　　　　(2) $x \in [3, +\infty)$。

21. 以 $\frac{1}{\alpha}$、$\frac{1}{\beta}$ 为根的一元二次方程是 $40x^2+39x-1=0$。

(1) α、β 的和是等差数列 1，3，5，… 的第 20 项。

(2) α、β 的积是等比数列 2，−6，18，… 的前 4 项和。

22. a 与 b 的算术平均值为 5。

(1) a、b 是正整数，且 $a \neq b$，$\frac{1}{a}$、$\frac{1}{b}$ 的算术平均值为 4。

(2) a、b 是正整数，且 $\frac{1}{a}$、$\frac{1}{b}$ 的算术平均值为 $\frac{5}{16}$。

23. 事件 A、B、C 的发生概率均为 $\frac{1}{4}$，则 A、B、C 都不发生的概率为 $\frac{7}{12}$。

(1) $P(AC)=P(BC)=\frac{1}{6}$。　　　　(2) $P(AB)=0$。

24. 直线 $Ax+By+C=0$ 必过点 $(\frac{1}{3}, \frac{2}{3})$。

(1) $A+2B+3C=0$。　　　　(2) $A+3B+2C=0$。

25. $x^2+y^2+z^2-xy-yz-zx$ 的最小值是 75。

(1) $x-y=10$。　　　　(2) $y-z=10$。

三、逻辑推理：第 26～55 小题，每小题 2 分，共 60 分。下列每题给出的 A、B、C、D、E 五个选项中，只有一项是符合试题要求的。

26. 关于台风预报的准确率，尽管我国这几年在探测设备方面投入较大，数值预报也开始起步，但国外一些发达国家在两方面仍处于领先地位。不过，由于国外的预报员经常换岗，而我国拥有一支认真负责、具有多年实践经验的预报员队伍，弥补了探测设备和数值预报方面的不足。

如果上面的论述为真，则最能得出以下哪项结论？
（A）国外的预报员不如我国的预报员工作认真
（B）探测设备和数值预报决定了台风预报的准确率
（C）台风预报的准确率也受预报员本身情况的影响
（D）我国的台风预报准确率与发达国家相比还有很大差距
（E）台风预报的准确率和预报员无关

27. 当颁发向河道内排放化学物质的许可证时，它们是以每天可向河道内排放多少磅每种化学物质的形式来颁发的。通过对每种化学物质单独计算来颁发许可证。这些许可证所需数据是基于对流过河道的水量对排放到河道内的化学物质的稀释效果的估计。因此，河道在许可证的保护之下，可以免受排放到它里面的化学物质对它产生的不良影响。

上面论述基于的假设是：

(A) 相对无害的化学物质在水中不会相互反应形成有害的化合物

(B) 河道内的水流动得很快，能确保排放到河道内的化学物质快速地散开

(C) 没有完全禁止向河道内排放化学物质

(D) 那些持有许可证的人通常不会向河道内排放许可证所允许的最大量的化学物质

(E) 那些经过许可证允许的化学物质被排放到河道里不能排除没有任何危害

28. 猎头公司是这样一种公司，收取客户的费用，然后为客户招募那种非常需要却又很难找到的人才。反过来，客户要求自己所雇用的猎头公司将自己的公司列在"猎头"范围之外，即猎头公司不能为了其他客户的利益而去猎取雇用它的公司的员工。

如果一个公司既想利用猎头公司来为自己弥补人员空缺，当空缺弥补后又想降低这些新员工被竞争对手挖走的风险，那么，下列各项如果可行，哪一项对该公司来讲是最佳策略？

(A) 查出正在寻找那类员工的所有猎头公司，并将它们全部雇用

(B) 查出哪一家猎头公司在为其客户招募员工时成功率最高，然后雇用这家猎头公司

(C) 查出作为竞争对手的其他公司支付给所需要的那类员工的薪水数额，然后给这些未来员工更高的薪水

(D) 查出是否有作为竞争对手的其他公司正在寻找那类员工，如果有，绝对不要和这些公司雇用相同的猎头公司

(E) 打探好成功率最高的猎头公司并与之合作，同时采取高于同行的酬劳以争取猎头公司积极配合

29. 一年多以前，市政当局宣布警察将对非法停车进行严厉打击，将从写超速罚单的人员中抽出更多的资源对非法停车开单处罚。但是这一措施并没有产生任何效果。警察局局长声称，必须从写超速罚单的警察中抽出一部分人来打击本市非常严重的毒品问题。然而，警察们一如既往地写了许多超速罚单。因此，人力被困在打击与毒品有关的犯罪中的说法很显然是不正确的。

文中的结论基于下面哪个假设？

(A) 与毒品有关的犯罪并不像警察局局长声称的那样严重

(B) 对这个城市来说，写超速罚单与打击毒品犯罪一样重要

(C) 如果警察当局把人力都转移到了打击与毒品有关的犯罪上，警察将不能写那么多的超速罚单

(D) 警察可以在处罚非法停车和打击毒品犯罪的同时，并不减少超速处罚单的数量

(E) 警察写超速罚单是很容易的事情，无需花费过多人力

30. 在工作场所，流感通常由受感染的个人传给其他在他附近工作的人。因此一种新型的抑制流感症状的药实际上增加了流感的受感染人数。因为这种药使本应在家卧床休息的人在受感染时返回到工作场所。

以下哪项如果为真，将最严重地质疑这一预测？

(A) 咳嗽——这种新药抑制的流感症状是流感传染的主要渠道

(B) 一些用于抑制感冒症状的药也被人用来治由于其他病引起的症状

(C) 许多染上流感的工人得待在家中，因为流感症状妨碍他们有效地工作

（D）一种疾病症状是身体本身治疗疾病的一种方法，因此抑制症状会延长感冒的时间

（E）药物本身不能根除感冒而只能缓解感冒的症状

31. 注意到某城市 1982 年的犯罪率与 1981 年相比减少了 5.2%，该城市的警察局局长说："我们现在看到了 1982 年年初开始在该城市实施的新警察计划的结果了。"

下面哪项如果正确，最严重地削弱了警察局长得出的结论？

（A）若干最近增加用在警察计划上的开销的城市 1982 年犯罪率并不比 1981 年有所下降

（B）该城市通过报告犯罪数目估计实际犯罪数目，每年使用的估计方法是一样的

（C）城市内最容易犯罪年龄段的人数在 1982 年比 1981 年有了相当的减少，原因是出生率的降低

（D）1982 年城市的犯罪数比 1972 年高出 10%

（E）另外一个相邻的城市在 1982 年，犯罪率明显提升了很多

32. 17 世纪的物理学家伊萨克·牛顿爵士主要因他在运动和地球引力方面的论文而受到纪念。但牛顿曾基于神秘的炼丹术理论秘密地做了许多年的试验，试图使普通的金属变成金子，并制出返老还童的长生不老药。这些尝试都以失败告终。如果 17 世纪的炼丹家发表了他们的试验结果，那么 18 世纪的化学将会比它实际上更为先进。

下面哪一项假设可以合理地推出关于 18 世纪化学的结论？

（A）科学的进步因历史学家不愿承认一些伟大的科学家的失败而受阻

（B）不管试验成功与否，有关这些试验的报道若能被其他科学家所借鉴，将会促进科学的进步

（C）如果牛顿在炼丹术方面的工作结果也被公布于众的话，那么他在运动和地球引力方面的工作将不会得到普遍接受

（D）如果 17 世纪的炼丹家让他们的试验结果接受公众的审查的话，那么他们将有可能达到他们的目标

（E）很多伟大的成就都是在经历了许多的失败之后才能获得的

33. 当一群观看暴力活动内容的电视节目的孩子被送去与观看不包括暴力活动内容的电视节目的孩子一块玩耍时，那些观看暴力节目的孩子诉诸暴力行为的次数比那些观看非暴力节目的孩子要高得多。因此，不让孩子们观看暴力节目能防止他们在玩耍时表现出暴力行为。

文中的结论依赖于下面哪个假设？

（A）电视对社会有不良影响

（B）父母应对他们孩子的行为负责

（C）暴力行为与被动地观看暴力表演没有关系

（D）两群孩子之间并没有其他的不同来解释他们在暴力行为方面的差异

（E）带暴力的电视节目不宜孩子观看

34. 孩子们看的电视越多，他们的数学知识就越贫乏。美国有超过 1/3 的孩子每天看电视的时间在 5 小时以上，在韩国仅有 7% 的孩子这样做。但是鉴于在美国只有不到 15% 的孩子懂得代数与几何学的概念，而在韩国却有 40% 的孩子在这个领域有该种能力。所以，如果美国孩子要在数学上出色的话，他们就必须少看电视。

下面哪一个是上述论证所依赖的假设？

（A）美国孩子对代数和几何学的概念的兴趣比韩国的孩子小

（B）韩国的孩子在功课方面的训练比美国孩子多

（C）美国孩子在代数与几何学方面所能接受的教育并不比韩国孩子差很多

（D）想在代数和几何学上取得好的成绩的孩子会少看电视

（E）由于看电视过长，导致了美国孩子对代数和几何学的概念要比韩国孩子差

35. 在某住宅小区的居民中，大多数中老年教员都办理了人寿保险，所有买了四居室以上住房的居民都办理了财产保险，而所有办理了人寿保险的都没有办理财产保险。

如果上述断定是真的，以下哪项关于该小区居民的断定必定是真的？

Ⅰ. 有中老年教员买了四居室以上的住房。

Ⅱ. 有中老年教员没有办理财产保险。

Ⅲ. 买了四居室以上住房的居民都没有办理人寿保险。

（A）仅Ⅰ　　　　　　（B）仅Ⅱ　　　　　　（C）仅Ⅲ

（D）Ⅱ和Ⅲ　　　　　（E）Ⅰ、Ⅱ和Ⅲ

36. 保险公司X正在考虑发行一种新的保单，为那些身患困扰老年人疾病的老年人提供他们要求的服务。该保单的保险费必须足够低廉以吸引顾客。因此，X公司将为从保单中得到的收入不足以支付将要产生的索赔而忧虑。

以下哪一种策略最有可能将X公司在该保单上的损失降到最低？

（A）吸引那些将来很多年里都不可能提出要求从该保单中获益的中年顾客

（B）仅向那些在幼年时没有得过任何严重疾病的人提供保险

（C）仅向那些被其他保险公司在类似保险项目中拒绝的个人提供保险

（D）仅向那些足够富有、可以支付医疗服务费用的个人提供保险

（E）要求到了一定岁数的投保人必须通过体检，合格后方可购买该保险

37. 阿尔法公司从那些由于经常乘坐布拉沃航空公司的飞机而得到布拉沃航空公司奖励票券的人们那里买来一些免费旅行票券，将这些票券以低于布拉沃航空公司的机票价的价格向人们出售。这种票券的市场交易导致了布拉沃航空公司的收入损失。

为抑制这种免费旅行票券的买卖行为，对布拉沃航空公司来说最好是限制：

（A）某一年里的一个人被奖励的票券的数量

（B）票券的使用仅限于那些被奖励了票券的人和他们的直系家庭成员

（C）票券的使用时间为周一至周五

（D）票券发行后可以被使用的时间的长短

（E）提高免费旅行票券发放的条件，降低票券发行量

38. 最近关于电视卫星发射和运营中发生的大量事故导致相应地向承担卫星保险的公司提出索赔数额的大幅增加。结果保险费大幅上升，使得发射和运营卫星更加昂贵。反过来，这又增加了从目前仍在运行的卫星榨取更多工作负荷的压力。

以下哪一项如果是正确的，同以上信息结合在一起，能最好地支持电视卫星成本将继续增加这个结论？

（A）由于向卫星提供的保险金由为数很少的保险公司承担，保险费必须非常高

（B）若卫星达到轨道后无法工作，通常来说不可能很有把握地指出它无法工作的原因

（C）卫星的工作负荷越大，卫星就越有可能出现故障

（D）大多数卫星生产的数量很少，因此不可能实现规模经济

（E）由于卫星生产需要高科技人才和高端设备，随着物价不断上涨，这些成本只增不减

39. 埃默拉德河大坝建成 20 年后，这条河土产的 8 种鱼中没有一种仍能在大坝下游充分繁殖。由于该坝将大坝下游的河水温度每年的变化范围由 50℃ 降到 6℃，科学家们提出一个假想，认为迅速升高河水温度在提示土产鱼开始繁殖周期方面能起一定作用。

以下哪一项论述如果是正确的，将最有力地加强科学家们的假想？

（A）土产的 8 种鱼仍能但只能在大坝下游的支流中繁殖，在那里每年温度的变化范围保持在大约 50℃

（B）在大坝修建以前，埃默拉德河水每年都要漫出河岸，从而产生出土产鱼类最主要繁殖区域的回流水

（C）该坝修建以前，埃默拉德河有记录的最低温度是 34℃，而大坝建成以后的有记录的最低温度是 43℃

（D）非土产的鱼类，在大坝建成之后引入埃默拉德河，开始同日益减少的土产鱼争夺食物的空间

（E）由于化学污染等，各类鱼的生存环境日益恶劣，很难保持鱼类的稳定繁殖

40. 政治行动委员会 PAC 的主要目的是从个人那儿获得资助，为候选人的选战服务。通过增加捐助者的数目，PAC 使更多的人对政治活动感兴趣。那些怀疑这个主张的人仅仅需要下一次在赛马中赌 50 美元，他们将看到比他们什么也不赌增大多少兴趣。

上面的论述依赖下列哪一个假设？

（A）捐款给 PAC 的人在任一次政治竞选中通常不会捐款超过 50 美元

（B）捐款给 PAC 的人通常在赛马比赛中或其他运动中也赌许多钱

（C）捐款给 PAC 的人是那些假如不捐的话就对政治活动不感兴趣的人

（D）那些对政治活动感兴趣的人来自总人口中很少的一部分人

（E）捐款给 PAC 的人乐意赌钱

41. 日益苛刻的雇佣标准并不是目前公立学校师资缺乏的主要原因，教师的缺乏主要是由于最近几年教师们的工作条件没有任何改善和他们的薪水的提高跟不上其他职业薪水的提高。

以下哪一项如果是正确的，将最能支持以上所述的观点？

（A）如果按照新的雇佣标准，现在很多已经是教师的人就不会被雇用

（B）现在更多地进入这个职业的教师拥有比以前更高的教育水平

（C）一些教师认为更高的雇佣标准是当前教师缺乏的原因之一

（D）许多教师认为工资低和缺乏职业自由是他们离开这个职业的原因

（E）对于同一个人而言，他如果能够具备教师的资质，就可以轻松获取其他更能体现价值的职业

42. 如果石油供应出现波动导致国际油价的上涨，在开放市场的国家，如美国，国内油价也会上涨，不管这些国家的石油是全部进口还是完全不进口。

如果以上关于石油价格波动的论述是正确的，在开放市场的国家，下面哪一种政策最有可能减少由于未预料到的国际油价剧烈上涨而对该经济产生的长期影响？

（A）把每年进口的石油数量保持在一个恒定的水平上

（B）暂停同主要石油生产国的外交关系

（C）通过节能措施减少石油的消耗量

（D）减少国内石油的生产

（E）减少石油进口量，扩大国内石油生产量

43．雄性的园丁鸟能构筑精心装饰的鸟巢，或称为凉棚。基于它们与本地同种园丁鸟不同群落构筑凉棚的建筑和装饰风格不同这一事实的判断，研究者们得出结论：园丁鸟构筑鸟巢的风格是后天习得的，而不是基因遗传的特征。

以下哪一项如果是正确的，将最有力地加强研究者们得出的结论？

（A）经过最广泛研究的本地园丁鸟群落的凉棚构筑风格中，共同的特征多于它们之间的区别

（B）年幼的雄性园丁鸟不会构筑凉棚，在能以本地凉棚风格构筑凉棚之前很明显地花了好几年时间观看比它们年纪大的鸟构筑凉棚

（C）有一种园丁鸟的凉棚缺少大多数其他种类园丁鸟构筑凉棚的塔形和装饰特征

（D）众所周知，一些鸣禽的鸣唱方法是后天习得的，而不是基因遗传的

（E）有些鸟天生就会构筑鸟巢，这是典型的基因遗传特征

44．自1965年到1980年，印第安纳波利斯500赛车比赛中赛车手的平均年龄和赛车经历逐年增长。这一增长的原因是高速赛车手们比他们的前辈活得长了。赛车的安全性能减少了以前能夺走驾驶者生命的冲撞的严重性，他们是印第安纳波利斯500赛车比赛中车手平均年龄增长的根本原因。

下面哪个选项如果正确，最可能成为证明汽车安全性能在重大撞车中保护了赛车车手，是赛车中赛车手平均年龄增长的原因？

（A）在1965年到1980年间，快速车道上发生重大事故的年轻车手略多于年长的车手

（B）在1965年之前和之后，发生在高速赛车道上的重大事故发生频率相同

（C）在1965年到1980年间，试图取得资格参赛印第安纳波利斯500的车手的平均年龄有轻微下降

（D）在1965年之前和之后，在美国高速公路上事故发生的频率相同

（E）在1965年之后，由于加强了赛车安全意识，赛车手们减少了赛车过程中的不安全性

45．赵、钱、孙和李是同班同学。

赵说："我班同学都是南方人。"

钱说："李不是南方人。"

孙说："我班有人不是南方人。"

李说："钱也不是南方人。"

已知只有一人说假话，则可推出以下哪项断定是真的？

（A）说假话的是赵，钱不是南方人

（B）说假话的是钱，孙不是南方人

（C）说假话的是孙，李不是南方人

（D）说假话的是李，钱是南方人

（E）说假话的是赵，李不是南方人

46. 当一名司机被怀疑饮用了过多的酒精时，检验该司机走直线的能力与检验该司机血液中的酒精水平相比，是检验该司机是否适于驾车的一个更可靠的指标。

以下哪项如果正确，能最好地支持上文中的声明？

（A）观察者们对一个人是否成功地走了直线不能全部达成一致

（B）由于基因的不同和对酒精的抵抗能力的差别，一些人在高的血液酒精含量水平时所受的运动肌肉损伤比另一些人要多

（C）用于检验血液酒精含量水平的测试是准确、低成本，并且易于实施的

（D）一些人在血液酒精含量水平很高的时候，还可以走直线，但却不能完全驾车

（E）走直线的方式是检验一个司机是否饮用了酒精的最快捷的方式

47. 疟疾热寄生虫的血红细胞在120天后被排除出人体。由于这种寄生虫无法转移到新一代的血红细胞内，在一个人迁移到一个没有疟疾的地区120天后，发生在这个人身上的任何发烧情况都不是由疟疾热寄生虫引起的。

以下哪一项如果正确，将最严重地削弱以上结论？

（A）疟疾热寄生虫引起的发烧可能同流感病毒引起的发烧相似

（B）在某些情况下，引起疟疾热的寄生虫可以转移到脾细胞内，而脾细胞被清除出人体的频率比血红细胞低

（C）除发烧外的很多疟疾的其他症状，能被抗疟疾药物抑制，但停用药物之后120天后会重新出现

（D）主要的疟疾热寄生虫携带者是疟蚊，在世界上很多地区已被消灭

（E）疟疾热寄生虫的血红细胞在120天后被排出人体，基本上就无法再存活了

48. 正确地度量服务部门工人的生产率很复杂。例如，考虑邮政工人的情况：如果每个邮政工人平均投递更多的信件，就称他们有更高的生产率。但这真的正确吗？如果投递更多信件的同时每个工人平均丢失或延迟更多的信件将会是什么情况呢？

以上对度量生产率的方法暗含的反对意见是基于对以下哪一项论述的怀疑？

（A）在计算生产率时可以适当地忽略提供服务的质量

（B）投递信件是邮政服务的主要活动

（C）生产率应归于工人所在的部门，而不是单个人

（D）邮政工人总是服务部门工人的代表

（E）服务部门工人的生产率不能仅仅只是考虑达成率

49. 这里有一个控制农业杂草的新办法。它不是试图合成那种能杀死特殊野草且对谷物无害的除草剂，而是使用对所有植物都有效的除草剂，同时运用特殊的基因工程来使谷物对除草剂具有免疫力。

下面哪项如果正确，是以上提出的新办法实施的最严重障碍？

（A）对某些特定种类杂草有效的除草剂，施用后两年内会阻碍某些农作物的生长

（B）最新研究表明，进行基因重组并非想象的那样可以使农作物中的营养成分有所提高

（C）虽然基因重组已使单个谷物植株免受万能除草剂的影响，但这些农作物产出的种子却由于万能除草剂的影响而不发芽

（D）这种万能除草剂已经上市，但它的万能作用使得人们认为它不适合作为农业控制杂草的方法

（E）由于该除草剂异味很重，农民因不喜欢闻这种味道而不想使用它

50. 据人口普查司的报告，扣除通货膨胀因素后，1983年中等家庭收入增加了1.6%。通常情况下，随着家庭收入上升，贫困人数就会减少，然而1983年全国贫困率是18年来的最高水平。人口普查司提供了两种可能的原因：影响深、持续时间长的1981—1982年经济衰退的持续影响；由妇女赡养的家庭人口数量和不与亲戚们同住的成年人数量的增多。这两种人都比整体人口更加贫困。

根据这个报告能得出以下哪个结论？

（A）全国贫困率在最近的18年里一直稳步增长

（B）如果早期的经济衰退仍带来持续的影响，那么全国的贫困率会升高

（C）即使有些家庭收入下降或未增加，中等家庭收入仍然可能增加

（D）中等家庭收入受家庭形势变化的影响比受国民经济扩张或衰退程度的影响更大

（E）国家要加强扶贫政策

51. 在西方经济发展的萧条期，消费需求的萎缩导致许多企业解雇职工甚至倒闭。在萧条期，被解雇的职工很难找到新的工作，这就增加了失业人数。萧条之后的复苏，是指消费需求的增加和社会投资能力的扩张。这种扩张要求增加劳动力。但是经历了萧条之后的企业主大都丧失了经商的自信，他们尽可能地推迟雇用新的职工。

上述断定如果为真，最能支持以下哪项结论？

（A）经济复苏不一定能迅速减少失业人数

（B）萧条之后的复苏至少需要两三年

（C）萧条期的失业大军主要由倒闭企业的职工组成

（D）萧条通常是由企业主丧失经商自信引起的

（E）在西方经济发展中出现萧条是解雇职工造成的

52. 司机：有经验的司机完全有能力并习惯以每小时120公里的速度在高速公路上安全行驶。因此，高速公路上的最高时速不应由120公里改为现在的110公里，因为这既会不必要地降低高速公路的使用效率，也会使一些有经验的司机违反交规。

交警：每个司机都可以在法律规定的速度内行驶，只要他愿意。因此，把对最高时速的修改说成是某些违规行为的原因，是不能成立的。

以下哪项最为准确地概括了上述司机和交警争论的焦点？

（A）上述对高速公路最高时速的修改是否必要

（B）有经验的司机是否有能力以每小时120公里的速度在高速公路上安全行驶

（C）上述对高速公路最高时速的修改是否一定会使一些有经验的司机违反交规

（D）上述对高速公路最高时速的修改实施后，有经验的司机是否会在合法的时速内行驶

（E）上述对高速公路最高时速的修改，是否会降低高速公路的使用效率

53. 为了提高运作效率，H公司应当实行灵活工作日制度，也就是充分考虑雇员的个人意愿，来决定他们每周的工作与休息日。研究表明，这种灵活工作日制度，能使企业员工保持良好的情绪和饱满的精神。

上述论证依赖以下哪项假设？

Ⅰ．那些希望实行灵活工作日的员工，大都是 H 公司的业务骨干。

Ⅱ．员工良好的情绪和饱满的精神，能有效提高企业的运作效率。

Ⅲ．H 公司不实行周末休息制度。

（A）只有Ⅰ　　　　　　　（B）只有Ⅱ　　　　　　　（C）只有Ⅲ

（D）Ⅱ和Ⅲ　　　　　　　（E）Ⅰ、Ⅱ和Ⅲ

54～55 题基于以下题干：

一个花匠正在插花。可供配制的花共有苍兰、玫瑰、百合、牡丹、海棠和秋菊六个品种。一件合格的插花须由两种以上的花组成，同时须满足以下条件：

（1）如果有苍兰，则不能有秋菊。

（2）如果有海棠，则不能有秋菊。

（3）如果有牡丹，则必须有秋菊，并且秋菊的数量必须和牡丹一样多。

（4）如果有玫瑰，则必须有海棠，并且海棠的数量必须是玫瑰的 2 倍。

（5）如果有苍兰，则苍兰的数量必须大于所用的其他花的数量的总和。

54. 以下各项配制都不是一件合格的插花。其中哪项，只要去掉其中某种花的一部分或全部，就可以成为一件合格的配制？

（A）四枝苍兰，一枝玫瑰，一枝百合，一枝牡丹

（B）四枝苍兰，一枝玫瑰，二枝海棠，一枝秋菊

（C）四枝苍兰，二枝玫瑰，二枝海棠，一枝秋菊

（D）三枝苍兰，一枝百合，一枝牡丹，一枝秋菊

（E）三枝苍兰，一枝玫瑰，二枝海棠，一枝秋菊

55. 一件不合格的插花配制由四枝苍兰、一枝百合、一枝牡丹和两枝海棠组成。在这个配制中，以下哪项是满足上述要求的操作？

（A）增加一枝玫瑰　　　　　（B）增加一枝秋菊　　　　　（C）去掉牡丹

（D）去掉一枝海棠　　　　　（E）去掉一枝秋菊

四、写作：第 56～57 小题，共 65 分。其中论证有效性分析 30 分，论说文 35 分。

56. 分析下面的论证在概念、论证方法、论据及结论等方面的有效性。600 字左右。

一位民企老总非常赏识一位员工的能力，并视其为兄弟。正所谓要"人尽其才"，老总认为唯一的、最有效的方式就是给这位员工最广泛的空间，为此，他专门成立了一个新公司，在将平台搭建、资源积累到一定程度后，老总亲自把新公司交给了这位员工。为表示自己在遵循"疑人不用，用人不疑"的原则，老总选择了全面放权。

然而，不到一年，这位员工背地里成立了自己的公司，并将公司的一切资源进行了转移，老总交给他的公司最后不过是个空壳而已。

在血的事实面前，老总自己感叹：能力再强又有何用？视为兄弟的人都能为了利益而背叛自己！"忠诚胜于能力"，这是民企的至理名言啊，自己该吸取教训了。从此以后，要坚持和秉承"家族式"经营，用家人、用亲戚，靠这种"关系网"既节约又省心，还靠得住，再也没必要去大量雇用那种能力强的外部员工了，尤其是关键岗位更不可用外人。国

外很多企业之所以能够进入世界前500强，不正是由于它们几十年甚至长达几百年的家族经营才换来的成就么？

57. 根据下述材料，写一篇700字左右的论说文，题目自拟。

一头驴，掉进了一个很深的废弃的陷阱里。主人权衡了一下，认为救它上来不划算，便拔腿走了，只留下孤零零的驴自己。每天都有很多人往陷阱里面倒垃圾，驴很生气：真倒霉！主人都不要我了，我连死都不能死得舒服点，每天还被人扔垃圾！

可是有一天，驴突然有所醒悟，它决定改变它的生活态度。每天，它把垃圾抖落，踩到自己的脚下，同时从垃圾中找些残羹来维持自己的体能。终于有一天，垃圾成为它的垫脚石，它重新回到了地面！

全国硕士研究生入学统一考试

管理类专业学位联考综合能力
全真预测试卷（四）

一、问题求解：第1～15小题，每小题3分，共45分。下列每题给出的A、B、C、D、E五个选项中，只有一个选项符合试题要求。

1. 设 $S_n = \sum\limits_{k=0}^{n} (-1)^k (2k+1)$，则 $S_{100} + S_{101} = （\quad）$。

   (A) 1   (B) -1 (C) 2

   (D) -2 (E) 0

2. 设 n 为任意正整数，则 $n^3 - n$ 必有约数（\quad）。

   (A) 4   (B) 5   (C) 6

   (D) 7   (E) 8

3. P 是以 a 为边长的正方形，P_1 是以 P 的四边中点为顶点的正方形，P_2 是以 P_1 的四边中点为顶点的正方形，$\cdots$，P_i 是以 P_{i-1} 的四边中点为顶点的正方形，则 P_6 的面积为（\quad）。

   (A) $\dfrac{a^2}{16}$ (B) $\dfrac{a^2}{32}$ (C) $\dfrac{a^2}{40}$

   (D) $\dfrac{a^2}{48}$ (E) $\dfrac{a^2}{64}$

4. 某公司2月份产值为36万元，比1月份产值增加了11万元，比3月份的产值少了7.2万元，第二季度产值为第一季度的1.4倍。该公司上半年的月平均产值为（\quad）。

   (A) 40.51万元   (B) 41.68万元   (C) 48.25万元

   (D) 50.16万元   (E) 52.16万元

5. 某工厂生产某产品，1月份每件产品的销售利润是出厂价的25%，2月份每件产品的出厂价降低了10%，成本不变，销售件数比1月份增加80%，则销售利润比1月份的销售利润增长（　　　）。

(A) 6％　　　　　　　　(B) 8％　　　　　　　　(C) 15.5％

(D) 25.5％　　　　　　　(E) 10％

6. 一项工程由甲、乙两队合作 30 天可以完成，若甲单独做 24 天后乙队加入，两队合作 10 天后，甲队被调走，乙队继续做了 17 天才完成。则这项工程由甲、乙两队单独完成各需（　　　）天。

(A) 70，52.5　　　　　　(B) 70.5，52　　　　　　(C) 65，60

(D) 52，70.5　　　　　　(E) 52.5，70

7. 设罪犯与警察在一开阔地上相隔一条宽 0.5 公里的河，罪犯从北岸 A 点处以每分钟 1 公里的速度向正北逃窜，警察从南岸 B 点以每分钟 2 公里的速度向正东追击（如图 9-1），A、B 两点间沿河岸方向的距离为 2 公里，则警察从 B 点到达最佳射击位置（即罪犯与警察相距最近的位置）所需的时间是（　　　）。

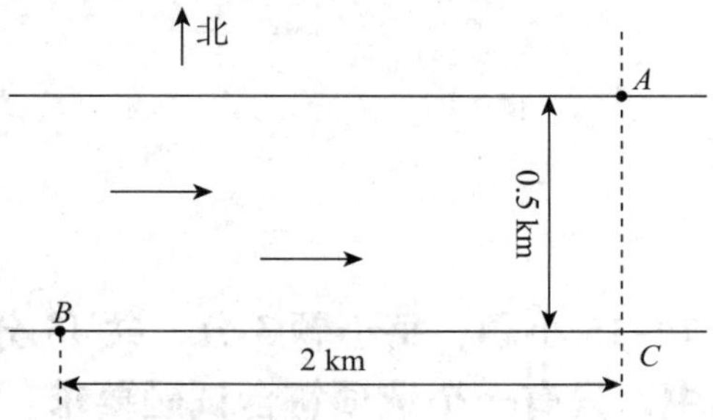

图 9-1

(A) $\dfrac{3}{5}$ 分　　　　　(B) $\dfrac{5}{3}$ 分　　　　　(C) $\dfrac{10}{7}$ 分

(D) $\dfrac{7}{10}$ 分　　　　　(E) 以上结论均不正确

8. 把三根长均为 4 米的绳子分给甲、乙、丙三人，他们各自用绳子在地上围成一个绳头和绳尾接在一起的封闭图形。现在知甲围成的是正三角形，乙围成的是正方形，丙围成的是圆。这三个图形的面积分别为 S_1、S_2、S_3，则（　　　）。

(A) $S_3 > S_2 > S_1$　　　(B) $S_3 > S_1 > S_2$　　　(C) $S_3 > S_2 = S_1$

(D) $S_2 > S_3 > S_1$　　　(E) 以上结论全不正确

9. 已知 x_1、x_2 是方程 $2x^2 - x - 2 = 0$ 的两个根，则 $1 + \dfrac{1}{x_1} + \dfrac{1}{x_2}$ 等于（　　　）。

(A) 1　　　　　　　　(B) -1　　　　　　　　(C) $\dfrac{1}{2}$

(D) $-\dfrac{1}{2}$　　　　　　(E) 2

10. $A \cdot C < 0$，$B \cdot C < 0$，则直线 $Ax + By + C = 0$ 一定不通过（　　　）。

(A) 第一象限　　　　　(B) 第二象限　　　　　(C) 第三象限

(D) 第四象限　　　　　(E) 第一象限和第三象限

11. 等差数列 $\{a_n\}$ 中，$a_1 = 1$，它的前 11 项的算术平均值是 16，去掉其中一项后余下的项的算术平均值是 14.8，那么去掉的是（　　）。

(A) a_{11} 　　　　　(B) a_{10} 　　　　　(C) a_9

(D) a_8 　　　　　(E) a_7

12. 5 位男生和 2 位女生排成一排照相，两端必须站男生且女生必须相邻的不同排法共有（　　）。

(A) 946 种 　　　　　(B) 956 种 　　　　　(C) 960 种

(D) 962 种 　　　　　(E) 968 种

13. 甲、乙两人参加投篮比赛，已知甲、乙两人投中的概率分别为 0.6 和 0.75，则甲、乙两人各投篮 1 次，恰有一个人投中的概率是（　　）。

(A) 0.4 　　　　　(B) 0.45 　　　　　(C) 0.5

(D) 0.55 　　　　　(E) 0.65

14. 直线 l 过点 P（0，2），且被圆 $x^2+y^2=4$ 截得的弦长为 2，则直线 l 的斜率是（　　）。

(A) $\pm\dfrac{\sqrt{3}}{3}$ 　　　　　(B) $\pm\dfrac{\sqrt{2}}{2}$ 　　　　　(C) $\pm\sqrt{3}$

(D) $\pm\sqrt{2}$ 　　　　　(E) 不存在

15. 方程 $x^2+y^2+4mx-2y+5m=0$ 的曲线是圆，则（　　）。

(A) $1<m<2$ 　　　　　(B) $m<\dfrac{1}{4}$ 　　　　　(C) $1<m<\dfrac{1}{4}$

(D) $m>1$ 　　　　　(E) $m<\dfrac{1}{4}$ 或 $m>1$

二、条件充分性判断：第 16～25 小题，每小题 3 分，共 30 分。要求判断每题给出的条件（1）和（2）能否充分支持题干所陈述的结论。A、B、C、D、E 五个选项为判断结果，请选择一项符合试题要求的判断。

(A) 条件（1）充分，但条件（2）不充分。

(B) 条件（2）充分，但条件（1）不充分。

(C) 条件（1）和（2）单独都不充分，但条件（1）和条件（2）联合起来充分。

(D) 条件（1）充分，条件（2）也充分。

(E) 条件（1）和（2）单独都不充分，条件（1）和条件（2）联合起来也不充分。

16. 某城区 2010 年绿地面积较上年增加了 20%，人口却负增长，结果人均绿地面积比上年增长了 21%。

(1) 2009 年人口较上年下降了 8.26‰。

(2) 2009 年人口较上年下降了 1%。

17. 两直线 $y=x+1$，$y=ax+7$ 与 x 轴所围成的面积是 $\dfrac{27}{4}$。

(1) $a=-3$。 　　　　　(2) $a=-2$。

18. $|a-b-1|=7$ 成立。

(1) $|a-1|=3$，$|b|=4$。 　　　　　(2) $b>ab$。

19. 三个连续的整数之和为42。

(1) 三个连续的整数每两个数积的和为587。

(2) 三个连续的整数的平方和为590。

20. 数列 a、b、c 是等差数列，不是等比数列。

(1) a、b、c 满足关系式 $2^a = 3$，$2^b = 6$，$2^c = 12$。

(2) $a = b = c$ 成立。

21. 数列 $\{a_n\}$ 的前8项和为255。

(1) $\{a_n\}$ 是各项为正数的等比数列。

(2) $a_6 - a_4 = 24$，$a_1 a_7 = 64$。

22. $P_1 + P_2 = 0.819\,2$。

(1) 某人射击一次，击中目标的概率是0.8，他射击4次，击中目标3次的概率为 P_1。

(2) 某人射击一次，击中目标的概率是0.8，他射击4次，全部击中目标的概率为 P_2。

23. $N = 125$。

(1) 有5本不同的书，从中选出3本送给3名同学，每人一本，共有 N 种不同的送法。

(2) 书店有5种不同的书，买3本送给3名同学，每人一本，共有 N 种不同的送法。

24. $a = 4$，$b = 2$。

(1) 点 $A(a+2, b+2)$ 与点 $B(b-4, a-6)$ 关于直线 $4x + 3y - 11 = 0$ 对称。

(2) 直线 $y = ax + b$ 垂直于直线 $x + 4y - 1 = 0$，且在 x 轴上的截距为 $-\dfrac{1}{2}$。

25. 圆 $(x-3)^2 + (y-4)^2 = 25$ 与圆 $(x-1)^2 + (y-2)^2 = r^2 (r > 0)$ 相切。

(1) $r = 5 \pm 2\sqrt{3}$。　　　　(2) $r = 5 \pm 2\sqrt{2}$。

三、逻辑推理：第26～55小题，每小题2分，共60分。下列每题给出的A、B、C、D、E五个选项中，只有一项是符合试题要求的。

26. 贾女士：你不应该喝那么多白酒。你应该知道，酒精对人的健康是非常不利的。

陈先生：你错了。我这样喝白酒足足已经有15年了，可从来没有喝醉过。

以下哪项如果为真，最能加强贾女士对陈先生的劝告？

(A) 许多经常醉酒的人的健康受到了严重的损害

(B) 喝酒能够成瘾，喝酒的时间越长，改变喝酒的习惯就越为困难

(C) 喝醉并不是酒精损害健康的唯一表现

(D) 事实上，15年中陈先生也醉过几次

(E) 尽管没喝醉，但陈先生喝酒过多时也会感觉很不舒服

27. 一项调查表明，一些新闻类期刊每一份杂志平均有4到5个读者。由此可以推断，在《诗刊》12 000订户的背后约有48 000到60 000个读者。

上述估算的前提是：

(A) 大多数《诗刊》的读者都是该刊物的订户

（B）《诗刊》的读者与订户的比例与文中提到的新闻类期刊的读者与订户的比例相同

（C）读者通常都喜欢阅读一种以上的刊物

（D）新闻类期刊的读者数与《诗刊》的读者数相近

（E）全国十多亿人口，《诗刊》的读者少不了

28. 最近由于在蜜橘成熟季节出现持续干旱，四川蜜橘的价格比平时同期上涨了三倍，这就大大提高了橘汁酿造业的成本，估计橘汁的价格将有大幅度的提高。

以下哪项如果是真的，最能削弱上述结论？

（A）去年橘汁的价格是历年最低的

（B）其他替代原料可以用来生产仿橘汁

（C）最近的干旱并不如专家们估计的那么严重

（D）除了四川外，其他省份也可以提供蜜橘

（E）生产橘汁的一些厂家转型生产其他果汁了

29. 在某次足球联赛中，如果甲队或乙队没有出线，那么丙队出线。

上述前提中再增加以下哪项，可以推出"乙队出线"的结论？

（A）丙队不出线 （B）甲队和丙队都出线

（C）甲队不出线 （D）甲队或丙队有一个不出线

（E）甲队出线

30. 某个饭店中，一桌人边用餐边谈生意。其中，一个人是哈尔滨人，两个人是北方人，一个人是广东人，两个人只做电脑生意，三个人兼做服装生意。

假设以上的介绍涉及这餐桌上所有的人，那么，这一餐桌上最少可能是几个人？最多可能是几个人？

（A）最少可能是3人，最多可能是8人

（B）最少可能是5人，最多可能是8人

（C）最少可能是5人，最多可能是9人

（D）最少可能是3人，最多可能是8人

（E）最少可能是4人，最多可能是8人

31. 在上个打猎季节，在人行道上行走时被汽车撞伤的人数是在树林中的打猎事故中受伤的人数的2倍。因此，在上个打猎季节，人们在树林里比在人行道上行走时安全。

为了评价上述论证，以下哪项是必须知道的？

（A）平均来讲，在非狩猎季节，有多少人在打猎事故中受伤

（B）如果汽车司机和开枪的猎手都小心点儿，有多少事故可以免于发生

（C）在上个打猎季节中，打猎事故中受伤的人中有多少在过去类似的事故中也受过伤

（D）上个打猎季节，马路上的行人和树林中人数的比例

（E）在上个打猎季节中，出现在人行道上的汽车的日均数量是多少

32. 市妇联对本市8 100名9到12岁的少年儿童进行了问卷调查。统计显示：75%的孩子"愿意写家庭作业"，只有12%的孩子认为"写作业挤占了玩的时间"。对于这些"乖孩子"的答卷，一位家长的看法是：要么孩子们没有说实话，要么他们爱玩的天性已经被扭曲了。

以下哪一项陈述是这位家长的推论所依赖的假设？

(A) 要是孩子们能实话实说，就不会有那么多的孩子表示"愿意写家庭作业"，而只有很少的孩子认为"写作业挤占了玩的时间"

(B) 在学校和家庭的教育下，孩子们已经认同了"好学生、乖孩子"的心理定位，他们已经不习惯于袒露自己的真实想法

(C) 过重的学习压力使孩子们整天埋头学习，逐渐习惯了缺乏娱乐的生活，从而失去了爱玩的天性

(D) 与写家庭作业相比，天性爱玩的孩子们更喜欢玩，而写家庭作业肯定会减少他们玩的时间

(E) 玩是孩子的天性，有些孩子的回答并不是真实的

33. 人类学家发现早在旧石器时代，人类就有了死后复生的信念。在发掘出的那个时代的古墓中，死者的身边有衣服、饰物和武器等陪葬物，这是最早的关于人类具有死后复生信念的证据。

以下哪项是上述论述所假定的？

(A) 死者身边的陪葬物是死者生前所使用过的

(B) 死后复生是大多数宗教信仰的核心信念

(C) 放置陪葬物是后人表示对死者的怀念与崇敬

(D) 陪葬物是为了死者在复生后使用而准备的

(E) 陪葬物都是死者生前最喜欢的

34. "常在河边走，哪能不湿鞋。"搞财会工作的，都免不了有或多或少的经济问题，特别是在当前商品经济大潮下，更是如此。

以下哪项如果是真的，最有力地削弱了上述断定？

(A) 以上断定宣扬的是一种"人不为己，天诛地灭"的剥削阶级世界观

(B) 随着法制的健全，以及打击经济犯罪的深入，经济犯罪已受到严厉的追究与打击

(C) 由于进行了两个文明建设，广大财务人员的思想觉悟与敬业精神有了明显的提高

(D) 万国投资信托公司房产经营部会计胡大全，经营财务 30 年，分文不差，一丝不苟，并勇于揭发上司的贪污受贿行为，多次受到表彰嘉奖

(E) 要倡导"出淤泥而不染"的精神，抵制低俗腐败的借口

35. 随着市场经济的发展，我国的一些城市出现了这样一种现象：许多工种由外来人口去做，而本地却有大量的待业人员。假设各城市的就业条件是一样的，则以下各项都可能是造成这种现象的原因，除了：

(A) 外来的劳动力大多数是其他城市的待业人员

(B) 本地人对工种过于挑剔

(C) 外地的劳动力的价格比较低廉

(D) 外来劳动力比较能吃苦耐劳

(E) 本地人更偏向于轻松又高薪的工作

36. 在经济全球化的今天，西方的文化经典与传统仍在生存和延续。在美国，总统手按着《圣经》宣誓就职，小学生每周都要手按胸口背诵"一个在上帝庇护下的国家"的誓言。而在中国，小学生早已不再读经，也没有人手按《论语》宣誓就职，中国已成为一个几乎将文化经典与传统丧失殆尽的国家。

以下哪项陈述是上面论证所依赖的假设？

（A）随着科学技术的突飞猛进，西方的文化经典与传统正在走向衰落

（B）中国历史上的官员从来没有手按某一部经典宣誓就职的传统

（C）小学生读经是一个国家和民族保持文化经典与传统的象征

（D）一个国家和民族的文化经典与传统具有科学难以替代的作用

（E）小学生应该读经，宣誓就职时应该手按《论语》

37．认为大学的附属医院比社区医院或私立医院要好，是一种误解。事实上，大学的附属医院抢救病人的成功率比其他医院要小。这说明大学的附属医院的医疗护理水平比其他医院要低。

以下哪项如果为真，最能驳斥上述论证？

（A）很多医生既在大学工作又在私立医院工作

（B）大学，特别是医科大学的附属医院拥有其他医院所缺少的精密设备

（C）大学附属医院的主要任务是科学研究，而不是治疗和护理病人

（D）去大学附属医院就诊的病人的病情，通常比去私立医院或社区医院的病人的病情重

（E）大学的附属医院一般收费要较其他医院收费高

38．某海滨城市的市长指着离海岸不远的岛屿，向前来投资的客商说："这座岛屿是一个风景旅游胜地，现在游客都从渡口乘船过去。如果修建一座大桥通向该岛，在桥上设一个收费站，对进入的车辆收费，可以取得可观的投资效益。"

以下哪项最不受投资者的重视？

（A）大桥建成通车后，渡口是否关闭？

（B）各种车的收费标准

（C）平均每天进入该岛的车流量

（D）进口车和国产车占车流量的比例

（E）收费站预期的收益

39．事实1：电视广告已经变得不是那么有效：在电视上推广的品牌中，观看者能够回忆起来的比重在慢慢下降。

事实2：电视的收看者对由一系列连续播出的广告组成的广告段中第一个和最后一个商业广告的回忆效果，远远比对中间广告的回忆效果好。

以下哪项如果为真，事实2最有可能解释事实1？

（A）由于因特网的迅速发展，人们每天用来看电视的平均时间减少了

（B）一般电视观众目前能够记住的电视广告的品牌名称，还不到他看过的一半

（C）在每一小时的电视节目中，广告段的数目增加了

（D）一个广告段中所包含的电视广告的平均数目增加了

（E）由于电视广告过多，观众已经习惯并麻木了

40．美国科普作家雷切尔·卡逊撰写的《寂静的春天》被誉为西方现代环保运动的开山之作。这本书以滴滴涕为主要案例，得出了化学药品对人类健康和地球环境有严重危害的结论。此书的出版引发了西方国家全民大论战。

以下各项陈述如果为真，都能削弱雷切尔·卡逊的结论，除了：

（A）滴滴涕不仅能杀灭传播疟疾的蚊子，而且对环境的危害并不是那样严重

（B）非洲一些地方停止使用滴滴涕后，疟疾病又卷土重来

（C）发达国家使用滴滴涕的替代品同样对环境有危害

（D）天津化工厂去年生产了1 000吨滴滴涕，绝大部分出口非洲，帮助当地居民对抗疟疾

（E）滴滴涕虽有一定的危害，但却可以有效防止一些对人体危害很大的疾病的发生

41. 如果戏剧团今晚来村里演出，则全村的人不会都外出。只有村长今晚去县里，才能拿到化肥供应计划。只有拿到化肥供应计划，村里庄稼的夏收才有保证。事实上，戏剧团今晚来村里演出了。

如果上述断定都是真的，则下列各项都可能是真的，除了：

（A）村长没有拿到化肥计划

（B）村长今晚去了县里

（C）拿到了化肥计划，但村里庄稼的夏收仍没保证

（D）全村人都没外出，但村里庄稼的夏收还是有了保证

（E）村长今晚没去县里

42. 偏头痛一直被认为是由食物过敏引起的。但是，我们让患者停止食用那些已经证明会不断引起过敏性偏头痛的食物，他们的偏头痛并没有停止。因此，显然存在别的某种原因引起偏头痛。

下列哪项，如果是真的，最能削弱上面的结论？

（A）许多普通食物只在食用几天后才诱发偏头痛，因此，不容易观察患者的过敏反应和他们食用的食物之间的关系

（B）许多不患偏头痛的人同样有食物过敏反应

（C）诱发许多患者偏头痛的那些食物往往是他们最喜欢吃的食物

（D）很少有食物过敏会引起像偏头痛那样严重的症状

（E）偏头痛很有可能不是由于食物过敏所致

43. 东方航空公司实行对教师机票六五折优惠，这实际上是吸引乘客的一种经营策略，该航空公司并没有实际让利，因为当某天航班的满员率超过90%时，就停售当天优惠价机票，而即使在高峰期，航班的满员率也很少超过90%。有座位空着，何不以优惠价促销它呢？

以下哪项如果为真，将最有力地削弱上述论证？

（A）绝大多数教师乘客并不是因为票价优惠才选择东方航空公司的航班的

（B）该航空公司实施优惠价的7月份的营业额比未实施优惠价的2月份增加了30%

（C）实施教师优惠票价表示对教师职业的一种尊重，不应从功利角度对此进行评价

（D）该航空公司各航班全年的平均满员率是50%

（E）关于教师享受优惠机票，东方航空公司已经最大程度上做过宣传

44. 经济学家：最近，W同志的报告建议将住房预售制度改为现房销售，这引发了激烈的争论。有人认为中国的住房预售制度早就应该废止，另一些人则说取消这项制度会推高房价。我基本赞成前者。至于后者则是一个荒谬的观点，如果废除住房预售制度会推高房价，那么这个制度不用政府来取消，房地产开发商早就会千方百计地

规避该制度了。

上述论证使用了以下哪一种论证技巧？

（A）通过表明对一个观点缺乏事实的支持，来论证这个观点不能成立

（B）通过指明一个观点违反某个一般原则，来论证这个观点是错误的

（C）通过指明一个观点与另一个已确定为真的陈述相矛盾，来论证这个观点为假

（D）通过指明接受某个观点为真会导致令人难以置信的结果，来论证这个观点为假

（E）通过质疑一个观点的真实性，来论证这个观点的错误

45. 也许令许多经常不刷牙的人感到意外的是，这种不良习惯已使他们成为易患口腔癌的高危人群。为了帮助这部分人早期发现口腔癌，市卫生部门发行了一个小册子，教人们如何使用一些简单的家用照明工具，如台灯、手电等，进行每周一次的口腔自检。

以下哪项如果为真，最能对上述小册子的效果提出质疑？

（A）有些口腔疾病的病征靠自检难以发现

（B）预防口腔癌的方案因人而异

（C）经常刷牙的人也可能患口腔癌

（D）经常不刷牙的人不大可能作每周一次的口腔自检

（E）经常不刷牙的人自身缺乏保健意识，即便发了小册子，还是会有一些人不去看它的提示

46. 户籍改革的要点是放宽对外来人口的限制。G市在对待户籍改革上面临两难。一方面，市政府懂得吸引外来人口对城市化进程的意义；另一方面又担心人口激增的压力。在决策班子里形成了"开放"和"保守"两派意见。

以下各项如果为真，都只能支持上述某一派的意见，除了：

（A）城市与农村户口分离的户籍制度，不适应目前社会主义市场经济的需要

（B）G市存在严重的交通堵塞、环境污染等问题，其城市人口的合理容量有限

（C）G市近几年的犯罪案件增加，案犯中来自农村的打工人员比例增高

（D）近年来，G市的许多工程的建设者多数是来自农村的农民工，其子女的就学成为市教育部门面临的难题

（E）G市的城建和近年来的巨大改观，离不开外来人口所做的贡献

47. 某市一项对交谊舞爱好者的调查表明，那些称自己每周固定去跳交谊舞一至二次的人近三年来由 28% 增加到 35%，而对该市大多数舞厅的调查则显示，近三年来交谊舞厅的顾客人数明显下降。

以下哪项如果为真，最无助于解释上述看来矛盾的断定？

（A）去舞厅没什么规律的人在数量上明显减少

（B）舞厅出于非正常的考虑，往往少报顾客的人数

（C）家庭交谊舞会逐渐流行

（D）迪斯科舞厅的兴起抢了交谊舞厅的生意

（E）喜欢跳交谊舞的人大多都会约好舞伴并保持规律的时间

48. 近来，信用卡公司遭到了很多顾客的指责，他们认为公司向他们的透支部分所收取的利息率太高了。事实上，公司收取的利率只比普通的银行给个人贷款的利率高两个百

分点。但是，顾客忽视了信用卡给他们带来的便利，比如，他们可以在货物削价时及时购物。

上文是以下列哪个选项为前提的？

（A）购物折扣省下来的钱至少可以弥补以信用卡付款超出普通银行个人贷款利率的那部分花费

（B）信用卡的申请人除非有长期的拖欠历史或其他信用问题，否则申请很容易批准

（C）消费者在削价时购买的货物价格并不很低，无法使消费者抵消高利率成本，并有适当盈利

（D）那些用信用卡付款买削价货物的消费者可能不具有在银行以低息获得贷款的资格

（E）使用信用卡可以免去消费者不时去银行提现的麻烦，既便捷又周到

49. 全国政协常委、著名社会学家、法律专家钟万春教授认为：我们应当制订全国性的政策，用立法的方式规定父母每日与未成年子女共处的时间下限。这样的法律能够减少子女平日的压力。因此，这样的法律也就能够使家庭幸福。

以下各项如果为真，哪项最能够加强上述的推论？

（A）父母有责任抚养好自己的孩子，这是社会对每一个公民的起码要求

（B）大部分的孩子平常都能够与父母经常地在一起

（C）这项政策的目标是降低孩子们在平日生活中的压力

（D）未成年孩子较高的压力水平是成长过程以及长大后家庭幸福很大的障碍

（E）父母如果不能保障和未成年子女共处的时间，则容易增加子女日常压力

50. 石船市的某些中学办起了"校中校"，引起人们的议论，褒贬不一。"校中校"指的是在公办学校另设的、高价接收自费择校生的学校。择校生包括学习优秀生、特长生，也包括没有特长还要择校的"特需生"。其中"特需生"每年要交纳3 000元左右的学费。学费的数量大大超过公费生交的学杂费。别看费用高，择校生的考试还是火爆得很，有的家长缠着校长，宁可花两三万元，也要把孩子送进来。

以下分析除哪项外，都对此"校中校"基本持否定的态度？

（A）现在国家对教育投入不足，应该加大投入，不要光想从家长那里收钱

（B）在现在的经济条件下，下岗职工那么多，有几家能付得起那么高的学费

（C）现在是市场经济，对特殊生的特殊需求应该采取各种措施满足

（D）有钱的孩子上好学校，没钱的孩子上差学校，这公平吗

（E）众生平等，孩子也不例外

51. 人应对自己的正常行为负责，这种负责甚至包括因行为触犯法律而承受制裁。但是，人不应该对自己不可控制的行为负责。

以下哪项结论能从上述断定推出？

Ⅰ. 人的有些正常行为会导致触犯法律。

Ⅱ. 人对自己的正常行为有控制力。

Ⅲ. 不可控制的行为不可能触犯法律。

（A）Ⅰ、Ⅱ和Ⅲ （B）只有Ⅱ （C）只有Ⅲ

（D）只有Ⅰ （E）Ⅰ和Ⅱ

52. 当有些纳税人隐瞒实际收入逃避缴纳所得税时，一个恶性循环就出现了：逃税造

成了年度总税收量的减少；总税收量的减少迫使立法者提高所得税率；所得税率的提高增加了合法纳税者的税负，这促使更多的人设法通过隐瞒实际收入逃税。

如果以下哪项为真，上述恶性循环可以打破？

（A）提高所得税率的目的之一是激励纳税人努力增加税前收入

（B）提高收入偏高人的税率

（C）年度税收总量不允许因逃税等原因而减少

（D）所得税率必须有上限

（E）能有效识别逃税行为的金税工程即将实施

53．厂长：采用新的工艺流程可以大大减少炼铜车间所产生的二氧化硫。这一新流程的要点是用封闭式熔炉替代原来的开放式熔炉。但是，不仅购置和安装新的设备是笔大的开支，而且运作新流程的成本也高于目前的流程。因此，从总体上说，采用新的工艺流程将大大增加生产成本而使本厂无利可图。

总工程师：我有不同意见。事实上，最新的封闭式熔炉的熔炼能力是现有的开放式熔炉无法相比的。

在以下哪个问题上，总工程师和厂长最可能有不同意见？

（A）采用新的工艺流程是否确实可以大大减少炼铜车间所产生的二氧化硫

（B）运作新流程的成本是否一定高于目前的流程

（C）采用新的工艺流程是否一定使本厂无利可图

（D）最新的封闭式熔炉的熔炼能力是否确实明显优于现有的开放式熔炉

（E）是否有必要采用新的工艺流程

54～55 题基于以下题干：

股票市场分析家总将股市的暴跌归咎于国内或国际的一些政治事件的影响，根据是二者显示出近似的周期性。如果这种见解能够成立的话，我们完全有理由认为，股市的起落和月球的运转周期有关，正是它同时也造成周期性的政局动乱和世界事务的紧张，如同它引起周期性的潮汐一样。

54．以下哪项最为恰当地概括了题干的作者对股票市场分析家的观点提出质疑时所使用的方法？

（A）他提出了一个反例，从而否定股票市场分析家的一般结论

（B）他从股票市场分析家的论证中引出一个荒谬的结论，从而对他的观点提出质疑

（C）他指出了另一种因果关系，通过论证这种因果关系的成立来说明股市分析家观点的不成立

（D）他援用了被普遍接受的观念来说明股市分析家观点的不成立

（E）他给出了一个不赞成的结论，来否定这个观点的成立

55．以下哪项最可能是作者事实上想说明的？

（A）股票市场分析家在两种没有关系的现象之间人为地建立因果联系

（B）股票市场分析家将股市跌落和政治事件的关系过于简单化

（C）股市的起落和月球的运转周期的关系的揭示，是科学的重大成果

（D）股票市场分析家缺乏必要的自然科学知识

（E）股票市场分析家需重视科学规律

四、写作：第 56～57 小题，共 65 分。其中论证有效性分析 30 分，论说文 35 分。

56.分析下面的论证在概念、论证方法、论据及结论等方面的有效性。600 字左右。

2011 年 6 月 7 日上午，南方科技大学首届教改实验班的 45 名学生没有一人踏进高考考场。舆论一片哗然。以下是甲、乙二人针对高考是否有必要存在而展开的辩论。

甲：中国的教育制度太落后了，高考早该取消了。这 45 名学生敢于用罢考去向传统落后的教育制度宣战，用行动向高考说再见，这可真谓是中国教学史上的一场革命啊。

乙：落后不表示就没有存在的必要。我们需要的是不断改革和完善我们的教育制度，况且高考的改革也一直在进行中，只是不尽完善而已。另外，存在即合理，这句话是真理。这 45 名学生的罢考只是个例，毕竟高考对考核和评估一个学生的文化素质与综合能力是其他任何方式都无法相比的。

甲：你这个观念不对。范进中举结果疯了，我们这些从高考制度下走过来的人，有许多人不时还做着高考的噩梦！中国的教育制度从来换汤不换药，就算一直在改革，但从来没有改变高考和旧时科举的同一性质。

乙：古有范进中举，今还有大龄考生呢，这又作何解释？倘若高考不合理，怎么还会有那么多人锲而不舍地参加高考，甚至是八旬老翁？

甲：我们应该倡导科学。你要看到一个现象：中国的应试教育下培养出来的都是书呆子，只会仰天哇哇哇，一到实践就犯傻。高考给我们带来了什么？带来的是更多戴着高度近视眼镜的书呆子！这种高考是"伪科学"，早该取消了。

乙：高考存在了这么多年，那么多国家的优秀人才，像朱镕基、柳传志、冯仑等，哪个不是通过高考筛选出来的人才？没有高考，能发现这些是人才吗？既然高考的作用无可替代，那又怎么不科学呢？

57.根据下述材料，写一篇 700 字左右的论说文，题目自拟。

末位淘汰制是绩效考核的一种制度。尽管它有着残酷淘汰的一面，但由于它能很好地调动员工的主观能动性、积极性和创造性，同时有利于用人单位精简机构和实现管理效益的最大化，因此被越来越多的企业所采用。

对上述观点进行分析，论述你同意或者不同意这一观点的理由。可根据经验、观察和阅读，用具体理由或实例佐证自己的观点。

全国硕士研究生入学统一考试
管理类专业学位联考综合能力
全真预测试卷（五）

一、问题求解： 第 1~15 小题，每小题 3 分，共 45 分。下列每题给出的 A、B、C、D、E 五个选项中，只有一个选项符合试题要求。

1. 甲、乙、丙三人分奖金，三人所得之比为 $\frac{3}{4}:\frac{14}{15}:\frac{5}{8}$，甲分得 900 元，则奖金总数为（　　）元。

(A) 2 850　　　　　　(B) 2 580　　　　　　(C) 2 770

(D) 3 050　　　　　　(E) 3 110

2. 甲从 A 地出发往 B 地方向追乙，走了 6 个小时尚未追到，路旁店主称 4 小时前乙曾在此地，甲知此时距乙从 A 地出发已有 12 小时，于是甲以 2 倍原速的速度继续追乙，到 B 地追上乙，这样甲总共走了约（　　）小时。

(A) 8　　　　　　　　(B) 8.4　　　　　　　(C) 9

(D) 9.5　　　　　　　(E) 10

3. 商店有甲、乙、丙三种商品，每件价格分别为 2 元、3 元、5 元，某人买三种商品若干件共付 20 元钱，后发现其中一种商品多买了欲退回 2 件，但付款处只有 10 元一张的人民币，无其他零钱可以找，此人只得在退掉多买的 2 件商品的同时，对另外两种商品购买的数量做了调整，使总钱数不变，则他最后购买了乙商品（　　）件。

(A) 1　　　　　　　　(B) 2　　　　　　　　(C) 3

(D) 4　　　　　　　　(E) 以上均不正确

4. 某车间接到一批任务，需要加工 6 000 个 A 型零件和 2 000 个 B 型零件。车间共有 224 名工人，每人加工 5 个 A 型零件的时间可以加工 3 个 B 型零件。将这批工人分成两组，两组同时工作，每组加工一种型号零件。为了在最短时间内完成任务，应分配（　　）人来加工 B 型零件。

(A) 90　　　　　　　　　(B) 100　　　　　　　　(C) 70

(D) 60　　　　　　　　　(E) 80

5. 一班同学围成一圈，每位同学的两侧都是异性同学，则该班的同学人数（　　　）。

(A) 一定是 2 的倍数，但不一定是 4 的倍数

(B) 一定是 4 的倍数

(C) 不一定是 2 的倍数

(D) 一定不是 4 的倍数

(E) 以上答案均不正确

6. 方程 $x^2-\sqrt{10}x+2=0$ 有两个实根 α、β，则 $\log_4\dfrac{\alpha^2+\alpha\beta+\beta^2}{\alpha-\beta}=$ （　　　）。

(A) 5/4　　　　　　　　(B) $-5/4$　　　　　　　(C) 4

(D) -4　　　　　　　　(E) 以上答案均不正确

7. 若不等式 $ax^2+bx+c<0$ 的解为 $-2<x<3$，则不等式 $cx^2+bx+a<0$ 的解为（　　　）。

(A) $x<-1$ 或 $x>\dfrac{1}{3}$　　　(B) $x<-\dfrac{1}{2}$ 或 $x>1$　　　(C) $x<-1$ 或 $x>1$

(D) $x<-\dfrac{1}{2}$ 或 $x>\dfrac{1}{3}$　　　(E) 以上答案均不正确

8. 9 121 除以某质数，余数得 13，这个质数是（　　　）。

(A) 7　　　　　　　　　(B) 11　　　　　　　　(C) 17

(D) 23　　　　　　　　(E) 29

9. $|a-b|=|a|+|b|$ 成立，a、$b\in\mathbf{R}$，则下列各式中一定成立的是（　　　）。

(A) $ab<0$　　　　　　　(B) $ab\leqslant0$　　　　　　(C) $ab>0$

(D) $ab\geqslant0$　　　　　　(E) 以上答案均不正确

10. 在等差数列 $\{a_n\}$ 中，$a_3=2$，$a_{11}=6$，数列 $\{b_n\}$ 是等比数列，若 $b_2=a_3$，$b_3=\dfrac{1}{a_2}$，则满足 $b_n>\dfrac{1}{a_{26}}$ 的最大的 n 是（　　　）。

(A) 8　　　　　　　　　(B) 7　　　　　　　　　(C) 4

(D) 5　　　　　　　　　(E) 6

11. 如图 10-1 所示，长方形 $ABCD$ 中，$AB=a$，$BC=b(b>a)$。若将长方形 $ABCD$ 绕 A 点顺时针旋转 $90°$，则线段 CD 扫过的面积（阴影部分）等于（　　　）。

(A) $\dfrac{\pi b^2}{4}$　　　　　　　(B) $\dfrac{\pi a^2}{4}$

(C) $\dfrac{\pi}{4}(b^2-a^2)$　　　　　(D) $\dfrac{\pi}{4}(b-a)^2$

(E) 以上答案均不正确

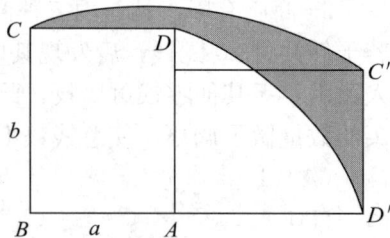

图 10-1

12. 与圆 $x^2+(y+5)^2=3$ 相切，且纵截距和横截距相等的直线共有（　　　）条。

(A) 7　　　　　　　　　(B) 6　　　　　　　　　(C) 5

(D) 4　　　　　　　　　（E) 3

13. 已知关于 t 的方程 $t^2+tx+y=0$ 有两个绝对值都不大于 1 的实数根，则点 $P(x,y)$ 在坐标平面内所对应的区域的图形大致是（　　）。

（A）

（B）

（C）

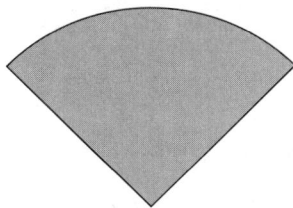
（D）

（E）以上答案均不正确

14. 乒乓球队的 10 名队员中有 3 名主力队员，派 5 名参加比赛。3 名主力队员要安排在第一、三、五位置，其余 7 名队员选 2 名安排在第二、四位置，那么不同的出场安排共有（　　）种。

(A) 256　　　　　　　（B) 252　　　　　　　（C) 118

(D) 238　　　　　　　（E) 268

15. 已知盒中装有 3 只螺口与 7 只卡口灯泡，这些灯泡的外形与功率都相同且灯口向下放着，现需要一只卡口灯泡，电工师傅每次从中任取一只并不放回，则他直到第三次才取得卡口灯泡的概率是（　　）。

(A) $\dfrac{21}{40}$　　　　　　（B) $\dfrac{17}{40}$　　　　　　（C) $\dfrac{3}{10}$

(D) $\dfrac{7}{120}$　　　　　　（E) $\dfrac{1}{5}$

二、条件充分性判断：第 16～25 小题，每小题 3 分，共 30 分。要求判断每题给出的条件（1）和（2）能否充分支持题干所陈述的结论。A、B、C、D、E 五个选项为判断结果，请选择一项符合试题要求的判断。

(A) 条件（1）充分，但条件（2）不充分。

(B) 条件（2）充分，但条件（1）不充分。

(C) 条件（1）和（2）单独都不充分，但条件（1）和条件（2）联合起来充分。

(D) 条件（1）充分，条件（2）也充分。

(E) 条件（1）和（2）单独都不充分，条件（1）和条件（2）联合起来也不充分。

16. m 为偶数。

(1) 设 n 为整数，$m=n(n+1)$。

(2) 在 1，2，3，…，1 990 这 1 990 个自然数中的相邻两个数之间任意添加一个加号或减号，设这样组成的运算式的结果是 m。

17. $\dfrac{x^4-33x^2-40x+244}{x^2-8x+15}=5$ 成立。

(1) $x=\sqrt{19-8\sqrt{3}}$。   (2) $x=\sqrt{19+8\sqrt{3}}$。

18. 三个数 16，$2n-4$，n 的算术平均数为 a，能确定 $18\leqslant a\leqslant 21$。

(1) $14\leqslant n\leqslant 18$。   (2) $13\leqslant n\leqslant 17$。

19. 王先生购买甲、乙两种股票各若干股，其中买甲股票的股数比乙股票的股数多。

(1) 甲股票每股 8 元，乙股票每股 10 元。

(2) 当甲股票上扬 10%，乙股票下跌 8% 时，王先生将这两种股票全部抛出后获利。

20. 不等式 $|1-x|+|1+x|>a$ 的解集是 **R**。

(1) $a\in(-\infty,2)$。   (2) $a=2$。

21. 满足条件的等差数列 $\{a_n\}$ 有两个。

(1) 设 S_n 是等差数列 $\{a_n\}$ 的前 n 项和，$\dfrac{1}{3}S_3$ 与 $\dfrac{1}{4}S_4$ 的等比中项为 $\dfrac{1}{5}S_5$，且 $\dfrac{1}{3}S_3$ 与 $\dfrac{1}{4}S_4$ 的等差中项为 1。

(2) 等差数列 $\{a_n\}$ 的通项 a_n 是关于 x 的方程 $x^2-(n+1)x+n=0$ 的根。

22. 甲公司 2011 年 6 月的产值是 1 月份产值的 a 倍。

(1) 在 2011 年上半年，甲公司月产值的平均增长率为 $\sqrt[5]{a}$。

(2) 在 2011 年上半年，甲公司月产值的平均增长率为 $\sqrt[6]{a}-1$。

23. x^2+y^2 的最小值为 2。

(1) x、$y\in$ **R**。

(2) x、y 是关于 t 的方程 $t^2-2at+a+2=0$ 的两个根。

24. 方程 $x^2+y^2+4mx-2y+5m=0$ 的曲线是圆。

(1) $m<0$ 或 $m>1$。   (2) $1<m<2$。

25. 甲、乙两人各自去破译一个密码，则密码能被破译的概率为 $\dfrac{3}{5}$。

(1) 甲、乙两人能译出的概率分别为 $\dfrac{1}{3}$，$\dfrac{1}{4}$。

(2) 甲、乙两人能译出的概率分别为 $\dfrac{1}{2}$，$\dfrac{1}{3}$。

三、逻辑推理：第 26～55 小题，每小题 2 分，共 60 分。下列每题给出的 A、B、C、D、E 五个选项中，只有一项是符合试题要求的。

26. 宏大公司以前规定，本公司的雇员，只要工作满 700 个小时，就能享受 2.5 个带薪休假日；最近该公司出台了一项新规定，本公司的雇员，只要工作满 1 200 个小时，就能享受 5 个带薪休假日。这项规定给该公司的雇员普遍带来了较多的收益，因为显然每个工作小时所包含的带薪休假日的量较前有了增加。

上述论证依赖于以下哪项假设？

(A) 宏大公司规定，工作不满 1 200 个小时的雇员，不得享受带薪休假日

（B）宏大公司的上述新规定受到了雇员的普遍欢迎

（C）宏大公司的大多数雇员在该公司工作的时间都不会少于1 200个小时

（D）宏大公司出台上述新规定，是为了制止雇员的跳槽

（E）宏大公司的新规定能有效激励员工士气

27. 在美国与西班牙作战期间，美国海军曾经广为散发海报，招募兵员。当时最有名的一个海军广告是这样说的：美国海军的死亡率比纽约市民还要低。海军的官员就这个广告具体解释说："根据统计，现在纽约市民的死亡率是每千人有16人，而尽管是战时，美国海军士兵的死亡率也不过每千人只有9人。"

如果以上资料为真，则以下哪项最能解释上述这种看起来很让人怀疑的结论？

（A）在战争期间，海军士兵的死亡率要低于陆军士兵

（B）在纽约市民中包括生存能力较差的婴儿和老人

（C）敌军打击美国海军的手段和途径没有打击普通市民的手段和途径来的多

（D）美国海军的这种宣传主要是为了鼓动入伍，所以，要考虑其中夸张的成分

（E）美国海军的宣传极具传奇色彩

28. 在冷战时代，有分析家认为，美苏两个超级大国的军事实力基本相当。但是，包括美国在内的北约组织的军事实力，要明显地超过包括苏联在内的华约组织。这使得在整个冷战时代，美国一直有着在军事上超过苏联的优越感。

从上述分析家的观点，能推出以下哪项结论？

Ⅰ．北约组织中美国盟国的军事实力的总和，要超过华约组织中苏联的盟国。

Ⅱ．如果发生军事对抗，美国自信能支配北约组织的军事力量。

Ⅲ．如果发生军事对抗，苏联自信能支配华约组织的军事力量。

（A）Ⅰ和Ⅱ　　　　　　（B）Ⅰ和Ⅲ　　　　　　（C）Ⅱ和Ⅲ

（D）Ⅰ、Ⅱ和Ⅲ　　　　（E）Ⅰ、Ⅱ和Ⅲ都不是

29. 刘易斯、汤丹逊、萨利三人被哈佛大学、加利福尼亚大学和麻省理工学院录取。关于他们分别被哪个学校录取的，邻居们作了如下的猜测：

邻居甲猜：刘易斯被加利福尼亚大学录取，萨利被麻省理工学院录取。

邻居乙猜：刘易斯被麻省理工学院录取，汤丹逊被加利福尼亚大学录取。

邻居丙猜：刘易斯被哈佛大学录取，萨利被加利福尼亚大学录取。

结果，邻居们的猜测各对了一半。

那么，他们的录取情况是：

（A）刘易斯、汤丹逊、萨利分别被哈佛大学、加利福尼亚大学和麻省理工学院录取。

（B）刘易斯、汤丹逊、萨利分别被加利福尼亚大学、麻省理工学院和哈佛大学录取。

（C）刘易斯、汤丹逊、萨利分别被麻省理工学院、加利福尼亚大学和哈佛大学录取。

（D）刘易斯、汤丹逊、萨利分别被哈佛大学、麻省理工学院和加利福尼亚大学录取。

（E）刘易斯、汤丹逊、萨利分别被麻省理工学院、哈佛大学和加利福尼亚大学录取。

30. 今年华业公司第五分部创造了十年来该部年销售额的最高纪录。这一纪录的最令人惊异之处在于，和该公司的其他分部比起来，第五分部的市场最小，销售额最低。

下述哪项最为确切地指出了上述议论的逻辑漏洞？

（A）因为第五分部在整个公司中的地位最微不足道，所以它的销售创纪录对整个公

司意义不大

(B) 因为第五分部的销售创纪录是和它自身的两年销售额相比的,因此,把这一纪录和其他分部的销售额相比是没有意义的

(C) 如果这是第一次第五分部的销售额在整个公司排行最末,那么,它的创纪录没什么可惊异之处

(D) 如果华业公司的总销售额比通常大幅度提高,那么,第五分部排行最末没什么可惊异之处

(E) 尽管第五分部创造了十年来该部年销售额的最高纪录,但这和整个公司的业绩相比较而言也不足挂齿

31. 张华是甲班学生,对围棋感兴趣。该班学生或者对国际象棋感兴趣,或者对军棋感兴趣;如果对围棋感兴趣,则对军棋不感兴趣。因此,张华对中国象棋感兴趣。

以下哪项可能是上述论证的假设?

(A) 如果对国际象棋感兴趣,则对中国象棋感兴趣

(B) 甲班对国际象棋感兴趣的学生都对中国象棋感兴趣

(C) 围棋和中国象棋比军棋更具挑战性

(D) 甲班学生感兴趣的棋类只限于围棋、国际象棋、军棋和中国象棋

(E) 甲班所有学生都对中国象棋感兴趣

32. 神经化学物质的失衡可以引起人的行为失常,大到严重的神经疾病,小到常见的孤僻、抑郁,甚至暴躁、嫉妒。神经化学的这些发现,使我们不但对精神疾病患者,而且对身边原本生厌的怪僻行为者,怀有同情和容忍。因为精神健康无非是指具有平衡的神经化学物质。

以下哪项最为准确地表达了上述论证所要表达的结论?

(A) 神经化学物质失衡的人在人群中占少数

(B) 神经化学的上述发现将大大丰富神经病学的理论

(C) 理解神经化学物质与行为的关系将有助于培养对他人的同情心

(D) 神经化学物质的失衡可以引起精神疾病或其他行为失常

(E) 神经化学物质是否失衡是决定精神或行为是否正常的主要因素

33. 在我国北方严寒冬季的夜晚,车辆前挡风玻璃会因低温而结冰霜。第二天对车辆发动预热后玻璃上的冰霜会很快融化。何宁对此不解,李军解释道:"因为车辆仅有除霜孔位于前挡风玻璃,而车辆预热后除霜孔完全开启,因此,是开启除霜孔使车辆玻璃冰霜融化。"

以下哪项为真,最能质疑李军对车辆玻璃冰霜迅速融化的解释?

(A) 车辆一侧玻璃窗没有出现冰霜现象

(B) 尽管车尾玻璃窗没有除霜孔,其玻璃上的冰霜融化速度与前挡风玻璃没有差别

(C) 若吹在车辆玻璃上的空气气温增加,其冰霜的融化速度也会增加

(D) 车辆前挡风玻璃除霜孔排出的暖气流排出后可能很快冷却

(E) 即使启用车内空调暖风功能,除霜孔的功能也不能被取代

34. 小荧十分渴望成为微雕艺术家,为此他去请教微雕大师孔先生:"您如果教我学习微雕,我将要多久才能成为一名微雕艺术家?"孔先生回答道:"大约十年。"小荧不满足

于此，再问："如果我不分昼夜每天苦练，能否缩短时间？"孔先生道："那需用 20 年。"

以下哪项较可能是孔先生回答所提示的微雕艺术家的重要素质？

（A）谦虚　　　　　　（B）勤奋　　　　　　（C）尊师
（D）耐心　　　　　　（E）决心

35. 莫大伟到吉安公司上班的第一天，就被公司职工自由散漫的表现所震惊，莫大伟由此得出结论：吉安公司是一个管理失效的公司，吉安公司的员工都缺乏工作积极性和责任心。

以下哪项为真，最能削弱上述结论？

（A）当领导不在时，公司的员工会表现出自由散漫
（B）吉安公司的员工超过 2 万，遍布该省十多个城市
（C）莫大伟大学刚毕业就到吉安公司，对校门外的生活不适应
（D）吉安公司的员工和领导的表现完全不一样
（E）莫大伟上班这一天刚好是节假日后的第一个工作日

36. 在美国，癌症病人的平均生存年限（即从确诊为癌症到死亡的年限）是 7 年，而在亚洲，癌症病人的平均生存年限只有 4 年。因此，美国在延长癌症病人生命方面的医疗水平要高于亚洲。

以下哪项如果为真，最能削弱上述论证？

（A）美国人的自我保健意识总体上高于亚洲人，因此，美国癌症患者的早期确诊率要高于亚洲
（B）美国人的平均寿命要高于亚洲人
（C）美国医学界也承认，中医在治疗某些癌症方面，有西医不具有的独到疗效
（D）在亚洲，日本的癌症患者的平均生存年限是 8 年
（E）亚洲人体质相对较弱一些

37. 一项产品要成功占领市场，必须既有合格的质量，又有必要的包装；一项产品不具备足够的技术投入，合格的质量和必要的包装难以两全；而只有足够的资金投入，才能保证足够的技术投入。

以下哪项结论可以从题干的断定中推出？

Ⅰ. 一项成功占领市场的产品，其中不可能不包含足够的技术投入。
Ⅱ. 一项资金投入不足但质量合格的产品，一定缺少必要的包装。
Ⅲ. 一项产品，只要既有合格的质量，又有必要的包装，就一定能成功占领市场。

（A）只有Ⅰ　　　　　　（B）只有Ⅱ　　　　　　（C）只有Ⅲ
（D）Ⅰ和Ⅱ　　　　　　（E）Ⅰ和Ⅲ

38. 一位海关检查员认为，他在特殊工作经历中培养了一种特殊的技能，即能够准确地判定一个人是否在欺骗他。他的根据是，在海关通道执行公务时，短短的几句对话就能使他确定对方是否可疑；而在他认为可疑的人身上，无一例外地都查出了违禁物品。

以下哪项如果为真，能削弱上述海关检查员的论证？

Ⅰ. 在他认为不可疑而未经检查的入关人员中，有人无意地携带了违禁物品。
Ⅱ. 在他认为不可疑而未经检查的入关人员中，有人有意地携带了违禁物品。
Ⅲ. 在他认为可疑并查出违禁物品的入关人员中，有人是无意地携带的违禁物品。

(A) Ⅰ和Ⅲ   (B) Ⅰ和Ⅱ   (C) Ⅱ和Ⅲ

(D) Ⅰ、Ⅱ和Ⅲ   (E) 只有Ⅲ

39. 某些种类的海豚利用回声定位来发现猎物：它们发射出滴答的声音，然后接收水域中远处物体反射的回音。海洋生物学家推测这些滴答声可能有另一个作用：海豚用异常高频的滴答声使猎物的感官超负荷，从而击晕近距离的猎物。

以下哪项如果为真，最能对上述推测构成质疑？

(A) 海豚用回声定位不仅能发现远距离的猎物，而且能发现中距离的猎物

(B) 作为一种发现猎物的讯号，海豚发出的滴答声，是它的猎物的感官所不能感知的，只有海豚能够感知从而定位

(C) 海豚发出的高频讯号即使能击晕它们的猎物，这种效果也是很短暂的

(D) 蝙蝠发出的声波不仅能使它发现猎物，而且这种声波能对猎物形成特殊刺激，从而有助于蝙蝠捕获它的猎物

(E) 每种动物都有自己独特的讯号，海豚也不例外

40. 清朝雍正年间，市面流通的铸币，其金属构成是铜六铅四，即六成为铜，四成为铅。不少商人为谋利，纷纷融币取铜，使得市面的铸币严重匮乏，不少地方出现以物易物。但朝廷征于市民的赋税，须以铸币缴纳，不得代以实物或银子。市民只得以银子向官吏购兑铸币用以纳税，不少官吏因此大发了一笔。这种情况，明清两朝以来从未出现过。

从以上陈述，可推出以下哪项结论？

Ⅰ. 上述铸币中所含铜的价值要高于该铸币的面值。

Ⅱ. 上述用银子购兑铸币的交易中，不少并不按朝廷规定的比价成交。

Ⅲ. 雍正以前明清诸朝，铸币的铜含量，均在六成以下。

(A) Ⅰ和Ⅲ   (B) Ⅱ和Ⅲ   (C) Ⅰ和Ⅱ

(D) Ⅰ、Ⅱ和Ⅲ   (E) 只有Ⅰ

41. 某保健医院进行了为期10周的减肥试验。结果显示，参加者平均减肥9公斤。其中，男性参加者平均减肥13公斤，女性参加者平均减肥7公斤。

如果以上陈述是真的，并且其中的统计数据是精确的，则以下哪项也一定是真的？

(A) 所有参加者体重均下降   (B) 男性参加者和女性参加者一样多

(C) 女性参加者比男性参加者多   (D) 男性参加者比女性参加者多

(E) 所有男性减肥效果比所有女性减肥效果好

42. 贾女士：马是所有动物中最高贵的。它们既忠诚又勇敢，我知道有这样一匹马，在它的主人去世后因悲伤过度而死亡。

陈先生：您错了。狗同样是既忠诚又勇敢的。我有一条狗，每天都在楼梯上等我回家，即使我过了午夜回家，它还是等在那儿。

以下各项断定都符合贾女士和陈先生的看法，除了：

(A) 两种看法都认为忠诚和勇敢是高贵的动物应具有的特点

(B) 两种看法都认为高贵的动物中包括马和狗

(C) 两种看法都认为人的品质也能为动物所具有

(D) 两种看法得出结论所使用的推理都是归纳推理，即从个别事实得出一般性的结论

(E) 两种看法都对那些忠诚和勇敢的动物给予了肯定的评价

43. 在法庭的被告中，被指控偷盗、抢劫的定罪率，要远高于被指控贪污、受贿的定罪率。其重要原因是后者能聘请收费昂贵的私人律师，而前者主要由法庭指定的律师辩护。

以下哪项如果为真，最能支持题干的叙述？

（A）被指控偷盗、抢劫的被告，远多于被指控贪污、受贿的被告

（B）一个合格的私人律师，与法庭指定的律师一样，既忠实于法律，又努力维护委托人的合法权益

（C）被指控偷盗、抢劫的被告中事实上犯罪的人的比例，不高于被指控贪污、受贿的被告

（D）一些被指控偷盗、抢劫的被告，有能力聘请私人律师

（E）法律的裁决不一定都是公正的，有钱可以聘请到更雄辩的律师

44. 在除臭剂中，只有白熊牌能提供一次性全天除臭效果，并且只有白熊牌能提供雨林檀香味。

如果上述广告是真的，那么以下哪项不可能是真的？

Ⅰ. 红旗牌除臭剂能提供一次性全天除臭效果。

Ⅱ. 北海牌除臭剂比白熊牌在市场上更受欢迎。

Ⅲ. 洪波浴液能提供雨林檀香味。

（A）只有Ⅰ　　　　　　（B）Ⅰ和Ⅱ　　　　　　（C）Ⅰ和Ⅲ

（D）Ⅰ、Ⅱ和Ⅲ　　　　（E）Ⅱ和Ⅲ

45. 为了减少天然气使用中的浪费，某区政府将出台一项天然气调价措施：对每个用户包括民用户和工业用户，分别规定月消费限额；不超过限额的，按平价收费；超过限额的，按累进高价收费。该项调价措施的论证报告估计，实施调价后，虽然不能解决浪费所造成的损失，但全区天然气的月消耗量至少可以合理节省10%。

为了使上述论证报告及其所作的估计成立，以下哪项是必须假设的？

Ⅰ. 天然气价格偏低是造成该区天然气使用中存在浪费现象的重要原因。

Ⅱ. 该区目前天然气消费量的至少10%是浪费。

Ⅲ. 该区至少有10%的天然气用户浪费使用天然气。

Ⅳ. 天然气价格上调的幅度足以对浪费使用天然气的用户产生经济压力。

（A）Ⅰ、Ⅱ、Ⅲ和Ⅳ　　　　　（B）Ⅰ、Ⅱ、Ⅲ和Ⅳ都不是必须假设的

（C）Ⅰ和Ⅳ　　　　　　　　　（D）Ⅰ、Ⅱ和Ⅳ

（E）Ⅱ和Ⅳ

46. 在印度发现了一群不平常的陨石，它们的构成元素表明，它们只可能来自水星、金星和火星。由于水星靠太阳最近，它的物质可能被太阳吸引而不可能落到地球上。这些陨石也不可能来自金星，因为金星表面的任何物质都不可能摆脱它和太阳的引力而落到地球上。因此，这些陨石很可能是某次巨大的碰撞后从火星落到地球上的。

上述论证方式和以下哪些最为类似？

（A）这起谋杀或是财杀，或是仇杀，或是情杀。但作案现场并无财物丢失；死者家属和睦，夫妻恩爱，并无情人。因此，最大的可能是仇杀

（B）如果张甲是作案者，那必有作案动机和作案时间。张甲确有作案动机，但没有作

案时间。因此，张甲不可能是作案者

(C) 此次飞机失事的原因，或是人为破坏，或是设备故障，或是操作失误。被发现的黑匣子显示，事故原因是设备故障。因此，可以排除人为破坏和操作失误

(D) 所有的自然数或是奇数，或是偶数。有的自然数不是奇数，因此，有的自然数是偶数

(E) 任一三角形或是直角三角形，或是钝角三角形，或是锐角三角形。这个三角形有两个内角之和小于90°。因此，这个三角形是钝角三角形

47. 某公司一批优秀的中层干部竞选总经理职位。所有的竞选者除了李女士外，没有人能同时具备她的所有优点。

从以上断定能合乎逻辑地得出以下哪项结论？

(A) 在所有竞选者中，李女士最具备条件当选总经理

(B) 李女士具有其他竞选者都不具备的某些优点

(C) 李女士具有其他竞选者的所有优点

(D) 李女士的任一优点都有竞选者不具备

(E) 任一其他竞选者都有不及李女士之处

48. 去年某旅游胜地游客人数与前年游客人数相比，减少约一半。当地旅游管理部门调查发现，去年与前年的最大不同是入场门票从120元升到190元。

以下哪项措施，最可能有效解决上述游客锐减问题？

(A) 利用多种媒体加强广告宣传

(B) 旅游地增加更多的游玩项目

(C) 根据实际情况，入场门票实行季节浮动价

(D) 对游客提供更周到的服务

(E) 加强该旅游地与旅游公司的联系

49. 2/3 的陪审员认为证人在被告作案时间、作案地点或作案动机上提供伪证。

以下哪项能作为结论从上述断定中推出？

(A) 2/3 的陪审员认为证人在被告作案时间上提供伪证

(B) 2/3 的陪审员认为证人在被告作案地点上提供伪证

(C) 2/3 的陪审员认为证人在被告作案动机上提供伪证

(D) 在被告作案时间、作案地点或作案动机这三个问题中，至少有一个问题，2/3 的陪审员认为证人在这个问题上提供伪证

(E) 以上各项均不能从题干的断定推出

50. 社会成员的幸福感是可以运用现代手段精确量化的。衡量一项社会改革措施是否成功，要看社会成员的幸福感总量是否增加，S 市最近推出的福利改革明显增加了公务员的幸福感总量，因此，这项改革措施是成功的。

以下哪项如果为真，最能削弱上述论证？

(A) 上述改革措施并没有增加 S 市所有公务员的幸福感

(B) S 市公务员只占全市社会成员很小的比例

(C) 上述改革措施在增加公务员幸福感总量的同时，减少了 S 市民营企业人员的幸福感总量

(D) 上述改革措施在增加公务员幸福感总量的同时，减少了 S 市全体社会成员的幸福感总量

(E) 上述改革措施已经引起 S 市市民的广泛争议

51. 帕累托最优，指这样一种社会状态：对于任何一个人来说，如果不使其他某个（或某些）人情况变坏，他的情况就不可能变好。如果一种变革能使至少有一个人的情况变好，同时没有其他人情况因此变坏，则称这一变革为帕累托变革。

以下各项都符合上述定义，除了：

(A) 对于任何一个人来说，只要他的情况可能变好，就会有其他人的情况变坏。这样的社会，处于帕累托最优状态

(B) 如果某个帕累托变革可行，则说明社会并非处于帕累托最优状态

(C) 如果没有任何帕累托变革的余地，则社会处于帕累托最优状态

(D) 对于任何一个人来说，只有使其他某个（或某些）人情况变坏，他的情况才可能变好，这样的社会，处于帕累托最优状态

(E) 对于任何一个人来说，只要使其他人情况变坏，他的情况就可能变好。这样的社会，处于帕累托最优状态

52. 蓝星航线上所有货轮的长度都大于 100 米，该航线上所有客轮的长度都小于 100 米。蓝星航线上的大多数轮船都是 1990 年以前下水的。金星航线上的所有货轮和客轮都是 1990 年以后下水的，其长度都小于 100 米。大通港一号码头只对上述两条航线的轮船开放，该码头设施只适用于长度小于 100 米的轮船。捷运号是最近停靠在大通港一号码头的一艘货轮。

如果上述判定为真，则以下哪项一定为真？

(A) 捷运号是 1990 年以后下水的

(B) 捷运号属于蓝星航线

(C) 大通港只适于长度小于 100 米的货轮

(D) 大通港不对其他航线开放

(E) 蓝星航线上的所有轮船都早于金星航线上的轮船下水

53. 在当前的音像市场上，正版的激光唱盘和影视盘销售不佳，而盗版的激光唱盘和影视盘却屡禁不绝，销售异常火爆。有的分析人员认为这主要是因为在价格上盗版盘更有优势，所以在市场上更有活力。

以下哪项是这位分析人员在分析中隐含的假定？

(A) 正版的激光唱盘和影视盘往往内容呆板，不适应市场的需要

(B) 与价格的差别相比，正版与盗版盘在质量方面的差别不大

(C) 盗版的激光唱盘和影视盘比正版的盘进货渠道畅通

(D) 正版的激光唱盘和影视盘不如盗版的盘销售网络完善

(E) 盗版的激光唱盘和影视盘在操作上机动灵活，且价格低廉

54～55 题基于以下题干：

在古代的部落社会中，每个人都属于某个家族，每个家族的每个人只崇拜以下五个图腾之一，这五个图腾是：熊、狼、鹿、鸟、鱼。这个社会中的婚姻关系遵守以下法则：

(1) 崇拜同一图腾的男女可以成婚。

    （2）崇拜狼的男子可以娶崇拜鹿和崇拜鸟的女子。

    （3）崇拜狼的女子可以嫁崇拜鸟和崇拜鱼的男子。

    （4）崇拜鸟的男子可以娶崇拜鱼的女子。

    （5）儿子与父亲的图腾崇拜相同。

    （6）女儿与母亲的图腾崇拜相同。

54. 崇拜以下哪些图腾的男子可能娶崇拜鱼的女子？

    （A）狼和鸟   （B）鸟和鹿   （C）鱼和鹿

    （D）鸟和鱼   （E）狼和鹿

55. 崇拜鱼的妇女的儿子所崇拜的图腾可能是：

    （A）鸟和鱼   （B）鱼和鹿   （C）熊和狼

    （D）狼和鹿   （E）鸟和狼

四、写作：第56～57小题，共65分。其中论证有效性分析30分，论说文35分。

56. 分析下面的论证在概念、论证方法、论据及结论等方面的有效性。600字左右。

精神病医院的状况已经是越来越让人担忧了。

首先，精神病医院护工的工作量，是其他所有非精神病医院护工无法相比的。其中仅X市的一个精神病医院的护工，每天护理患者就超过30名，而本市的另一家综合性大医院，护工和患者的比例基本是1∶1。如此悬殊的工作量，可以直接断定的是所有精神病医院的护工工作量都是超负荷的。

其次，精神病医院员工的流动性也是所有同行当中无可比拟的。仅2010年，X市的这家精神病医院的医生流动人数达到了20人，创造了该市所有医院中流动人数的最高纪录。

再次，精神病医院发生的"被精神病"的现象更严重了。前不久，一精神病患者甚至将一位主治大夫杀死了，如此骇人听闻的事件，足以说明如今的"被精神病"已经是再度升级到更加恐怖的地步了。

由于上述原因，直接导致了很多医生和护工都不愿在精神病医院工作，其后果是精神病医院的流动性将更加势不可挡了。如此恶性循环下去，不久的一天，很多精神病医院唯一的结局就是关门大吉了。

57. 论说文

"得道者多助，失道者寡助。寡助之至，亲戚畔之；多助之至，天下顺之。以天下之所顺，攻亲戚之所畔，故君子有不战，战必胜矣。"

——《孟子·公孙丑下》

请以"得道与失道"为话题，自拟题目，写一篇700字左右的论说文。

2020 年全国硕士研究生入学统一考试
管理类专业学位联考综合能力试题解析

一、问题求解

1. 答案：D

解析：本题考查比例。

将该产品原价格设为 1，那么存在有：

去年价格：$1 \times (1 + 10\%) = 1.10$

今年价格：$1.10 \times (1 + 20\%) = 1.32$

则该产品两年涨价了：$1.32 - 1 = 0.32 = 32\%$

故选项 D 正确。

2. 答案：A

解析：考查绝对值不等式。

由题干可得：

$A = \{x \mid |x - a| < 1, x \in \mathbf{R}\} \Rightarrow -1 < x - a < 1 \Rightarrow a - 1 < x < a + 1$

$B = \{x \mid |x - b| < 2, x \in \mathbf{R}\} \Rightarrow -2 < x - b < 2 \Rightarrow b - 2 < x < b + 2$

因为 $A \subset B$，那么必须满足以下：

$$\begin{cases} a - 1 \geqslant b - 2 \Rightarrow a - b \geqslant -1 \\ a + 1 \leqslant b + 2 \Rightarrow a - b \leqslant 1 \end{cases} \Rightarrow -1 \leqslant a - b \leqslant 1$$

选项 A 的解为：

$|a - b| \leqslant 1 \Rightarrow -1 \leqslant a - b \leqslant 1$

因此选项 A 符合题干推断。

故选项 A 正确。

3. 答案：B

解析：简单的不等式问题。

由题干可得：

总成绩＝甲成绩×0.3＋乙成绩×0.2＋丙成绩×0.5

  ＝70×0.3＋75×0.2＋丙成绩×0.5

  ＝21＋15＋丙成绩×0.5

  ＝36＋丙成绩×0.5≥60

⇒丙成绩≥48

由于每部分成绩≥50，所以此人的丙成绩必须大于等于50分。

故选项 B 正确。

4. 答案：B

解析：本题考查概率。

1 到 10 这 10 个整数中，质数分别是 2，3，5，7，共 4 个，其他 6 个均不是质数，因此从 10 个数字中任意抽取 3 个，存在有 1 个质数的概率为：

$$p=\frac{C_4^1 C_6^2}{C_{10}^3}=\frac{4!\frac{6!}{2!4!}}{\frac{10!}{3!7!}}=\frac{60}{120}=\frac{1}{2}$$

故选项 B 正确。

5. 答案：E

解析：考查等差数列。

题干给出两个已知条件：

$$\begin{cases} a_2+a_4=a_1 \Rightarrow (a_1+d)+(a_1+3d)=a_1 \Rightarrow 2a_1+4d=a_1 \\ a_1=8 \end{cases} \Rightarrow d=-2$$

那么等差数列的第 n 项 $a_n=a_1+(n-1)d=8+(n-1)\times(-2)=10-2n$

令 $a_n=0 \Rightarrow 10-2n=0 \Rightarrow n=5$

因此该数列的前 5 项（由于第 5 项已经等于 0，那么也可以是前 4 项）的和为最大，且最大值为：

$$s_5=s_4=na_1+\frac{n(n-1)}{2}d=8\times5+\frac{5(5-1)}{2}(-2)=20$$

因此该等差数列的前 5 项或前 4 项的和为最大值且最大值为 20。

故选项 E 正确。

6. 答案：C

解析：考查方程式。

整理题干得：

$$x^2+\frac{1}{x^2}-3x-\frac{3}{x}+2=0$$

$$\Rightarrow \left(x+\frac{1}{x}\right)^2-2-3\left(x+\frac{1}{x}\right)+2=0$$

$$\Rightarrow \left(x+\frac{1}{x}\right)^2-3\left(x+\frac{1}{x}\right)=0$$

令 $x+\frac{1}{x}=t$（$x\neq0$，因此 $t\geq2$ or $t\leq-2$），则存在有 $t^2-3t=0$，因此有

$$t(t-3)=0 \Rightarrow \begin{cases} t_1=0(\text{不合题意}) \\ t_2=3 \end{cases} \Rightarrow t=3$$

$$
\begin{aligned}
x^3+\frac{1}{x^3} &= \left(x+\frac{1}{x}\right)\left[x^2-x\cdot\frac{1}{x}+\left(\frac{1}{x}\right)^2\right] \\
&= \left(x+\frac{1}{x}\right)\left[\left(x+\frac{1}{x}\right)^2-3\right] \\
&= t(t^2-3) \\
&= 3(3^2-3) \\
&= 18
\end{aligned}
$$

因此选项 C 符合此推算。

故选项 C 正确。

7. 答案：B

解析：考查圆、相切及极值。

根据题干：实数 x，y 满足 $|x-2|+|y-2|\leqslant2$，

令 $|x-2|=0$，则有 $x=2$，此时 $|y-2|=2$，得 $y=0$ 或 4

令 $|y-2|=0$，则有 $y=2$，此时 $|x-2|=2$，得 $x=0$ 或 4

因此 $|x-2|+|y-2|\leqslant2$ 的图像为图 11-1 的阴影部分：

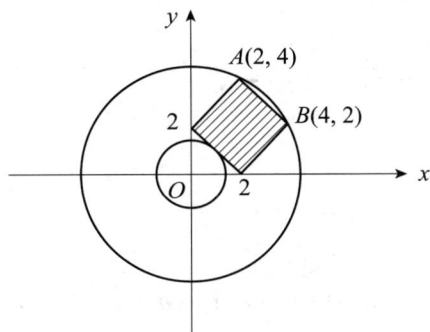

图 11-1

令 $a=x^2+y^2$，如图所示，它是以原点 O 为圆心，以 $\sqrt{a}$ 为半径的圆，则有：

$$a_{\max}=|OA|=|OB|=2^2+4^2=20$$

当小圆与 $x+y=2$ 相切时，此时有 $a_{\min}=\left(\frac{|0+0-2|}{\sqrt{2}}\right)^2=2$

因此选项 B 符合推论。

故选项 B 正确。

8. 答案：B

解析：简单的极值推算。

令每单总价格为 x 元，则根据题意可得：

$$x-m\geqslant0.8x \Rightarrow m\leqslant0.2x$$

因此，m 的取值取决于 x 的数值。在 3 件组合销售中，只有当 3 件商品总价最接近于 200 元且大于等于 200 元时，m 有最大可取值，此时满足这种条件的是 3 件商品中取 1 件

55元，2件75元时，3件商品总价为$55×1+75×2=205$元，则有

$m≤0.2x=0.2×205⇒m≤41$

故选项B正确。

9. 答案：C

解析：此题是送分题，目测即可。

要想知道观众意见分歧的大小，直接看评价好和坏的倾向性即可，倾向性越明显，则分歧越小；倾向性越接近，则分歧越大。

五组数据中，一组$\begin{cases}0.25\\0.75\end{cases}$，三组$\begin{cases}0.3\\0.7\end{cases}$，四组$\begin{cases}0.8\\0.2\end{cases}$相对而言倾向性很明显，评价好坏统一；二组$\begin{cases}0.5\\0.5\end{cases}$，五组$\begin{cases}0.4\\0.6\end{cases}$相对而言倾向性不明显，评价好坏分歧大。

故选项C正确。

10. 答案：E

解析：考查三角形的面积。

令$AB=DB=a$，$BC=b$。

由题干可知$\triangle ABC$的$\angle ABC=30°$，$\triangle DBC$的$\angle DBC=60°$，那么结合三角形的面积公式可得：

$$\frac{S_{\triangle DBC}}{S_{\triangle ABC}}=\frac{\frac{1}{2}ab\sin 60°}{\frac{1}{2}ab\sin 30°}=\frac{\frac{\sqrt{3}}{2}}{\frac{1}{2}}=\sqrt{3}$$

故选项E正确。

11. 答案：B

解析：本题考查数列。

由题干知：$a_1=1$，$a_2=2$，$a_{n+2}=a_{n+1}-a_n$（$n=1$，2，3，…），则存在有：

$a_1=1$，$a_2=2$，$a_3=a_2-a_1=1$，$a_4=a_3-a_2=-1$，$a_5=a_4-a_3=-2$，$a_6=a_5-a_4=-1$；$a_7=a_6-a_5=1$，$a_8=a_7-a_6=2$，$a_9=a_8-a_7=1$，$a_{10}=a_9-a_8=-1$，$a_{11}=a_{10}-a_9=-2$，$a_{12}=a_{11}-a_{10}=-1$；…

以此类推，即可发现该数列存在有明显的变化规律1，2，1，-1，-2，-1，即每相邻的6个数项的变化规律是一致的。$100÷6=16…4$，那么a_{100}直接对应每个变化规律排列中的第四项，即

$a_{100}=-1$。

故选项B正确。

12. 答案：C

解析：考查圆的半径及圆的面积。

由题干知，$BC=6$，$\angle BAC=\frac{\pi}{4}$，由外心公式可得圆O的半径为：

$$r=\frac{BC}{2\sin\angle BAC}=\frac{6}{2\sin\frac{\pi}{4}}=\frac{6}{2\cdot\frac{\sqrt{2}}{2}}=3\sqrt{2}$$

因此圆 O 的面积为：

$$S = \pi r^2 = \pi (3\sqrt{2})^2 = 18\pi$$

故选项 C 正确。

13. 答案：D

解析：考查行程问题。

方法一：画图法（图 11−2）。

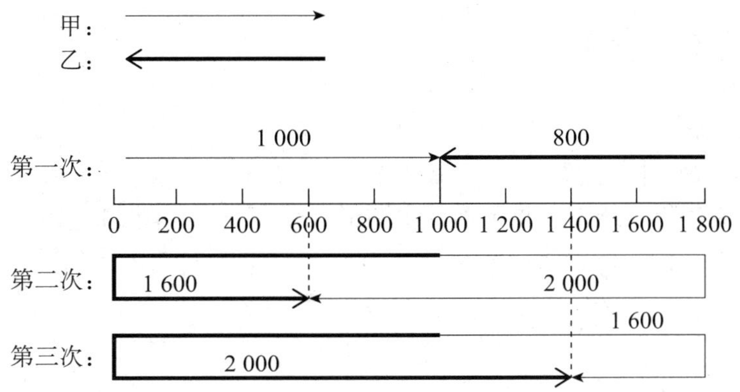

图 11−2

从上图可以看出，甲和乙第三次相遇时一共走了 5S 的路程，即 $5 \times 1\,800 = 9\,000$m，此时甲的位置位于这段路程的 1 400m 处，距离其出发点为 1 400m。

方法二：运用公式计算。

甲和乙第三次相遇时共走了 5S 即 9 000m 的路程，在甲和乙行走的时间一致的情况下，存在有：

$$\frac{V_甲}{V_乙} = \frac{S_甲}{S_乙} = \frac{S_甲}{9\,000 - S_甲} = \frac{100}{80} = \frac{5}{4} \Rightarrow S_甲 = 5\,000$$

两地距离为 1 800m，则 $5\,000 = 1\,800 \times 2 + 1\,400$，因此甲和乙第三次相遇时，甲距离出发点为 1 400m。

故选项 D 正确。

14. 答案：E

解析：考查相互独立事件。

本题可采取乘法原理解题。

机器人从节点 A 出发，随机走三步，那么样本空间一共有 3^3 种方法；每一步都未到节点 C，那么每一步的走法一共有 2^3，因此机器人未到节点 C 的概率为：

$$p = \frac{2^3}{3^3} = \frac{8}{27}$$

故选项 E 正确。

15. 答案：D

解析：本题考查排列组合。

由题干知，有 4 男 2 女共 6 人，分成 3 组，每组 2 人，那么安排方式一共有：

$$\frac{C_6^2 C_4^2 C_2^2}{3!} = 15 \text{ 种；}$$

正难则反。由于题干要求 2 名女职员不在同一组，那么反面为女职员在同一组，其安排方式有：

$$\frac{C_4^2 C_2^2}{2!} = 3 \text{ 种}。$$

因此女职员在不同组的安排方式有 $15 - 3 = 12$ 种。

故选项 D 正确。

二、条件充分性判断

16. 答案：B

解析：考查三角形。

已知三角形 ABC 中，$\angle B = 60°$，那么作 $AD \perp BC$，当 $\angle C < 90°$ 和 $\angle C > 90°$ 时，D 点相交于 BC 之上或其延长线上。见下面两个图形（图 11-3 和图 11-4）。

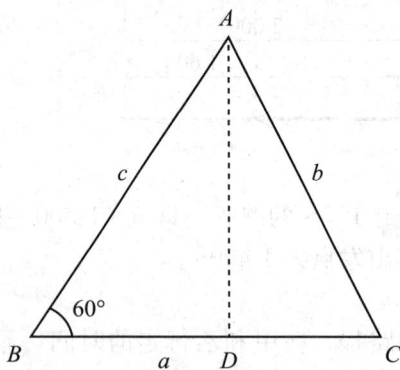

图 11-3

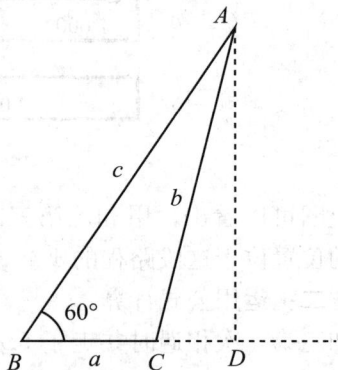

图 11-4

（1）当 $\angle C < 90°$ 时，$\dfrac{c}{a} < \dfrac{AB}{BD} = 2$，因此条件（1）不成立；

（2）当 $\angle C > 90°$ 时，$\dfrac{c}{a} > \dfrac{AB}{BD} = 2$，因此条件（2）成立。

因此条件（1）不充分，条件（2）充分。

故选项 B 正确。

17. 答案：C

解析：考查点到直线的距离。

由 $x^2 + y^2 = 2x + 2y$ 可知它是一个以 $(1, 1)$ 为圆心，半径 $r = \sqrt{2}$ 的圆，该圆上的点到 $ax + by + \sqrt{2} = 0$ 的距离 $d = \dfrac{|a + b + \sqrt{2}|}{\sqrt{a^2 + b^2}}$。

条件（1），$a^2 + b^2 = 1$，假设 $a = -1$，$b = 0$，此时有：

$$d = \frac{|a + b + \sqrt{2}|}{\sqrt{a^2 + b^2}} = \frac{|-1 + 0 + \sqrt{2}|}{\sqrt{(-1)^2 + 0^2}} = \sqrt{2} - 1 < 1。$$

因此条件（1）不充分。

条件（2），$a > 0$，$b > 0$，单独看难以成立。

现将条件（1）和条件（2）联合，即 $a^2+b^2=1$ 且 $a>0$，$b>0$，那么有：

$$\begin{cases} d=\dfrac{\left|a+b+\sqrt{2}\right|}{\sqrt{a^2+b^2}}=\dfrac{\left|a+b+\sqrt{2}\right|}{\sqrt{1}}=\left|a+b+\sqrt{2}\right| \Rightarrow d>\sqrt{2}>1 \\ a>0,\ b>0 \end{cases}$$

因此条件（1）和条件（2）联合充分。

条件（1）和（2）单独都不充分，但联合起来可以共同推导出题干结论。

故选项 C 正确。

18. 答案：C

解析：考查均值和极值。

条件（1），已知 a，b，c 的平均值，令平均值为 m，则存在有 $a+b+c=3m$，此时无法判断 a，b，c 的最大值。

因此条件（1）单独不充分。

条件（2），已知 a，b，c 的最小值，此时无法判断 a，b，c 的最大值。

因此条件（2）单独不充分。

现将条件（1）和条件（2）联合，假设 a，b，c 的均值为 m，最小值为 n，且 $a\geq b\geq c$，那么存在有 $c=n$，$a+b+c=a+b+n=3m$。

若令 $b=c=n$，则 $a+b+c=a+n+n=a+2n=3m\Rightarrow a=3m-2n$，此时可以判断 a 有最大值且最大值为 $a_{\max}=3m-2n$。

因此条件（1）和条件（2）联合充分。

条件（1）和（2）单独都不充分，但联合起来充分。

故选项 C 正确。

19. 答案：C

解析：考查独立事件。

设有 x 部甲手机，则有 $20-x$ 部乙手机，从 20 部手机中任选 2 部，则恰有 1 部甲手机的概率为：

$$p=\frac{\mathrm{C}_x^1 \mathrm{C}_{20-x}^1}{\mathrm{C}_{20}^2}=\frac{x\,(20-x)}{190}。$$

由于题干要求概率 $p>\dfrac{1}{2}$，因此有：

$$p=\frac{x\,(20-x)}{190}>\frac{1}{2}\Rightarrow x^2-20x+95<0$$

方法一：根据韦达定理推算出 x 的取值范围。

令 $x^2-20x+95=0$，则有 $x=\dfrac{-\,(-20)\pm\sqrt{(-20)^2-4\times1\times95}}{2}=10\pm\sqrt{5}$

因此 $p=x^2-20x+95<0$ 的 x 取值区间为 $(10-\sqrt{5},\ 10+\sqrt{5})$

由于 x 的取值必须是正整数，因此 x 的取值区间为 $[8,12]$，也就是 $8\leq x\leq12$。

由条件（1），甲手机不少于 8 部，只满足甲手机部数 $x\geq8$，但不能兼顾 $x\leq12$ 也必须成立，因此条件（1）单独不充分；

由条件（2），乙手机大于 7 部，也就是乙手机的数最小为 8 部，此时满足甲手机部数最多为 12 部，即 $x \leqslant 12$，但不能兼顾 $x \geqslant 8$ 也必须成立，因此条件（2）单独也不充分。

将条件（1）和条件（2）联合，则充分满足 x 的取值，即 $8 \leqslant x \leqslant 12$ 成立。

方法二： 代入验证法。

由于 $p = \dfrac{x(20-x)}{190} > \dfrac{1}{2} \Rightarrow x(20-x) > 95$，手机部数必须为正整数，即 x 的取值必须是正整数，那么：

当 $x = 7$ 时，$x(20-x) = 91 < 95$，不符合

当 $x = 8$ 时，$x(20-x) = 96 > 95$，符合

当 $x = 9$ 时，$x(20-x) = 99 > 95$，符合

当 $x = 10$ 时，$x(20-x) = 100 > 95$，符合

当 $x = 11$ 时，$x(20-x) = 99 > 95$，符合

当 $x = 12$ 时，$x(20-x) = 96 > 95$，符合

当 $x = 13$ 时，$x(20-x) = 91 < 95$，不符合

因此只有当 x 的取值范围为 $8 \leqslant x \leqslant 12$ 时，才能符合题干要求。条件（1）和条件（2）的联合满足了此要求。

因此条件（1）和（2）单独都不充分，但联合起来充分。

故选项 C 正确。

20. 答案：E

解析：考查不等式和等式。

设一共有 n 辆车和 x 人。

条件（1），若每辆 20 座，1 车未满，可得关系式：

$20(n-1) < x < 20n$

因此由条件（1）很难推断出 x 的具体人数，条件（1）单独不充分。

条件（2），若每辆 12 座，则少 10 个座，可得关系式：

$x = 12n + 10$

由于 n 是未知数，因此还是无法推断出 x 的具体人数，条件（2）单独也不充分。

将条件（1）和条件（2）联合，得：

$$\begin{cases} 20(n-1) < x < 20n \\ x = 12n + 10 \end{cases} \Rightarrow 20(n-1) < 12n + 10 < 20n \Rightarrow 10 < 8n < 30 \Rightarrow \frac{5}{4} < n < \frac{15}{4}$$

此时的 n 仍然是个范围值而不是确切的值，无法推导出 x 的值，因此条件（1）和条件（2）联合也不充分。

所以条件（1）单独不充分，条件（2）单独不充分，条件（1）和条件（2）联合起来也不充分。

故选项 E 正确。

21. 答案：D

解析：考查长方体。

令长方体的长、宽、高分别为 x、y、z，则长方体的体对角线为：

$l = \sqrt{x^2 + y^2 + z^2}$.

由条件（1），已知长方体一个顶点的三个面的面积，即长方体该顶点的三个面的面积

xy，yz，zx 是已知的，则可以推得 x，y，z 的值，那么必然能推算出 $l=\sqrt{x^2+y^2+z^2}$ 的值了，因此条件（1）充分。

由条件（2），已知长方体一个顶点的三个面的面对角线，设长方体的底面、侧面和正面对角线分别为 a，b，c，根据对角线公式可得如下关系式：

$a^2=x^2+y^2$，$b^2=y^2+z^2$，$c^2=z^2+x^2$

已知 a，b，c，也就必然能推算出 x，y，z，那么必然能推算出 $l=\sqrt{x^2+y^2+z^2}$ 的值了，因此条件（2）充分。

因此条件（1）充分，条件（2）也充分。

故选项 D 正确。

22. 答案：E

解析：考查整数倍数。

假设甲、乙、丙的捐款金额分别为 x，y，z，则 $x+y+z=3\,500$。

条件（1），三人的捐款金额不相同，即 $x\neq y\neq z$，结合 $x+y+z=3\,500$ 是无法判断 x，y，z 的值的，条件（1）单独不充分。

条件（2），三人的捐款金额都是 500 的倍数，由题干知 $x+y+z=3\,500$，那么 $3\,500\div500=7$，因此三人的捐款金额相加是 7 个 500，那么此 7 个倍数可以有多种分配方式给甲、乙、丙，如：

甲：500，乙：1\,000，丙：2\,000；

甲：1\,500，乙：1\,000，丙：1\,000；

甲：1\,000，乙：2\,000，丙：500；

……

因此可分配方法很多，却无法具体确定 x，y，z 的值，条件（2）单独不充分。

将条件（1）和条件（2）联合，可知 $x\neq y\neq z$ 且 x，y，z 是 500 的整数倍，因此三人的捐款金额相加是 7 个 500，那么此 7 个倍数仍然可以有多种分配方式给甲、乙、丙，如：

甲：500，乙，1\,000，丙：2\,000；

甲：1\,000，乙：500，丙：2\,000；

甲：2\,000，乙：1\,000，丙，500；

……

因此可分配方法很多，却无法具体确定 x，y，z 的值，条件（1）和（2）联合也不充分。

条件（1）单独不充分，条件（2）单独不充分，条件（1）和条件（2）联合起来也不充分。

故选项 E 正确。

23. 答案：A

解析：考查函数。

由题干可知：$f(x)=(ax-1)(x-4)$，在 $x=4$ 左侧附近有 $f(x)<0$，可得：

$f(x)=(ax-1)(x-4)<0\Rightarrow\frac{1}{a}<x<4\Rightarrow\frac{1}{a}<4$

$$\frac{1}{a}<4\Rightarrow\frac{1}{a}-4<0\Rightarrow\frac{1-4a}{a}<0\Rightarrow a(4a-1)>0\Rightarrow a>\frac{1}{4} \text{ 或 } a<0$$

因此条件（1）$a>\frac{1}{4}$符合题干推断，条件（2）$a<4$不符合题干推断。

因此条件（1）单独充分，条件（2）单独不充分。

故选项 A 正确。

24. 答案：A

解析：考查不等式和方程。

由题干知 a，b 是正实数，那么必存在有 $\frac{1}{a}+\frac{1}{b}\geqslant 2\sqrt{\frac{1}{ab}}$。

条件（1），已知 ab 的值，那么 $\frac{1}{a}+\frac{1}{b}$ 必定存在有最小值且最小值为 $2\sqrt{\frac{1}{ab}}$，因此条件（1）单独充分。

条件（2），已知 a，b 是方程 $x^2-(a+b)x+2=0$ 的不同实根，那么根据韦达定理可知：

$\Delta=[-(a+b)]^2-4\times 1\times 2>0\Rightarrow(a+b)^2-8>0\Rightarrow(a+b)^2>8\Rightarrow(a+b)>2\sqrt{2}$。由于 a，b 是正实数，那么必存在有 $(a+b)\geqslant 2\sqrt{ab}$，此时当且仅当 $2\sqrt{ab}=2\sqrt{2}$，即 $a=b=\sqrt{2}$时，$\frac{1}{a}+\frac{1}{b}$ 可以取到最小值，但这又与条件（2）中 a，b 是方程的不同实根相矛盾，因此条件（2）单独不充分。

因此条件（1）单独充分，条件（2）单独不充分。

故选项 A 正确。

25. 答案：A

解析：考查不等式。

将题干中 $\sqrt{a}+\sqrt{d}\leqslant\sqrt{2(b+c)}$ 的两边进行平方，得：

$(\sqrt{a}+\sqrt{d})^2\leqslant[\sqrt{2(b+c)}]^2$

$\Rightarrow a+d+2\sqrt{ad}\leqslant 2(b+c)$

条件（1），$a+d=b+c$，结合上面推论可得：

$\begin{cases}a+d+2\sqrt{ad}\leqslant 2(b+c)\\a+d=b+c\end{cases}\Rightarrow a+d+2\sqrt{ad}\leqslant 2(a+d)\Rightarrow a+d\geqslant 2\sqrt{ad}$

由题干知 a，b，c，d 是正实数，那么必然存在有 $a+d\geqslant 2\sqrt{ad}$ 是成立的，因此条件（1）单独充分；

条件（2），$ad=bc$，我们采取代入法进行推论：

当 $a=1$，$b=3$，$c=3$，$d=9$ 时，$ad=bc=9$，代入题干中可得：

$\sqrt{a}+\sqrt{d}=\sqrt{1}+\sqrt{9}=4$

$\sqrt{2(b+c)}=\sqrt{2(3+3)}=2\sqrt{3}$

$4>2\sqrt{3}\Rightarrow\sqrt{a}+\sqrt{d}>\sqrt{2(b+c)}$

因此与题干要求的 $\sqrt{a}+\sqrt{d}\leqslant\sqrt{2(b+c)}$ 不符，条件（2）单独不充分。

因此条件（1）单独充分，条件（2）单独不充分。

故选项 A 正确。

三、逻辑推理

26. 答案：C

解析：假言命题。

由题干，可整理得出如下逻辑推理：

（1）知无不言，言无不尽→领导干部对于各种批评意见应采取有则改之，无则加勉的态度，营造言者无罪，闻者足戒的氛围；

（2）能做到"兼听则明"或做出科学的决策→从谏如流并为说真话者撑腰；

（3）营造风清气正的政治生态→乐于和善于听取各种不同意见。

以上三个逻辑推理之间并无相同概念关联，因此此题考查的是单独的假言命题推理，因此首先排除选项中的连锁推理 D、E 两项；选项 A、B 不能从题干中推断出，排除；对推论（2）做逆否，得：不能从谏如流，或者不能为说真话者撑腰→不能做到"兼听则明"并且不能做出科学的决策，选项 C 包含于本推论中，符合题干论断。

故选项 C 正确。

27. 答案：A

解析：削弱题。

题干的论证结构为：

论断（果）：寻路任务中得分较高者其嗅觉也比较灵敏。

论据（因）：一个人空间记忆力好，方向感强，就会使其嗅觉更为灵敏，即记忆力好，方向感强是嗅觉灵敏的原因。

而选项 A 则指出，嗅觉灵敏会有助于记忆力好和方向感强，与题干推论相反，属于因果倒置，因此对题干论断形成最强削弱。

选项 B、C、E 均是无关选项；选项 D 虽然是个反例，但并没有说明嗅觉灵敏度和空间方向感的因果关系，也不合题意。

故选项 A 正确。

28. 答案：C

解析：前提型题目。

题干的论证结构为：

论据：医生是即崇高又辛苦的职业，要有足够的爱心和兴趣才能做好。

论断：宁可招不满，也不要招收调剂生（隐含的结论是调剂生学不好医学）。

那么要想这个论断成立，二者之间也就是"调剂生"和"有足够的爱心和兴趣"之间必须要建立一定的关系，而这个关系就是假设前提"调剂生缺乏爱心或兴趣"。

选项 C"调剂生往往对医学缺乏兴趣"包含于此前提条件中，符合专家论断的假设。

故选项 C 正确。

29. 答案：D

解析：推论题。

由题干可分析推论如下：

每人都只喜欢其中的 2 种饮品,且每种饮品都只有 2 人喜欢,结合(1)甲和乙喜欢菊花,且分别喜欢绿茶和红茶中的一种→甲和乙不喜欢咖啡和大麦茶,其他人不可能喜欢菊花;结合(2)丙和戊分别喜欢咖啡和大麦茶中的一种→咖啡和大麦茶分别被喜欢一次,那么还存在有一次被其他人所喜欢。

推论可整理如表 11-1:

表 11-1

类别	菊花	绿茶	红茶	咖啡	大麦茶
甲	√			×	×
乙	√			×	×
丙	×				
丁	×				
戊	×				

由于甲和乙已经分别喜欢了菊花和绿茶或红茶中的一种,那么甲和乙不可能喜欢咖啡和大麦茶;丙和戊喜欢咖啡和大麦茶中的一种,那么咖啡和大麦茶还存在被分别喜欢一次,由于甲乙不可能喜欢,那么就只有丁喜欢咖啡和大麦茶。

故选项 D 正确。

30. 答案:C

解析:论证结构相似题。

题干论证结构为:p 且 q→n。因此,p 且非 n→非 q。

各选项论证结构为:

选项 A:p 且 q→n。因此,非 n→非 p 或非 q

选项 B:p 且 q→n。因此,p 且非 q→非 n。

选项 C:p 且 q→n。因此,p 且非 n→非 q。

选项 D:p 且 q→n。因此,n 且非 p→非 p。

选项 E:p 且 q→n。因此,p 且 n→q。

因此选项 C 的论证结构与题干类似。

故选项 C 正确。

31. 答案:B

解析:假言命题综合推理。

由题干可知八个节气和八种节风一一对应,那么:

由条件(2)→"冬至"不对应"明庶风";

结合条件(4),若"立夏"不对应"清明风"或者"立春"不对应"条风",则"冬至"对应"明庶风",对它做逆否得:"立夏"对应"清明风"且"立春"对应"条风",则"冬至"不对应"明庶风"成立;

结合条件(3),若"立夏"对应"清明风",则"夏至"对应"条风"或者"立冬"对应"不周风",已知"立春"对应"条风",那么"夏至"不可能对应"条风",否一必须肯定一,则"立冬"一定对应"不周风";

由于"立冬"对应"不周风",结合条件(2),"冬至"对应"不周风""广莫风"之一,那么"冬至"对应"广莫风"。

推论如表 11 - 2：

表 11 - 2

类别	凉风	广莫风	明庶风	条风	清明风	景风	阊阖风	不周风
立春				√				
春分								
立夏					√			
夏至								
立秋	√							
秋分								
立冬								√
冬至		√						

由于"立冬"对应"不周风"，那么选项 B"立冬"不对应"广莫风"成立。

故选项 B 正确。

32. 答案：E

解析：假言命题综合推理。

综合题干及给出的条件（1）（2）（3）（4），我们已经得到了"立春"对应"条风"，"立夏"对应"清明风"，"立秋"对应"凉风"，"立冬"对应"不周风"，"冬至"对应"广莫风"，因此若"春分"和"秋分"两节气对应的节风在"明庶风"和"阊阖风"之中时，那么只剩下一个"夏至"对应且唯一对应"景风"了。

故选项 E 正确。

33. 答案：C

解析：支持题。

由题干知，女员工的绩效都比男员工高，并由此推出"新入职员工中绩效最好的还不如绩效最差的女员工"，亦即"所有新入职员工绩效都不如女员工"，那么需要建立"新入职员工"和"男员工"之间的一个前提关系。选项 C 指出这种关系是"新入职的员工都是男性"，符合题干推论。

故选项 C 正确。

34. 答案：A

解析：数字推理题。

设 G 区外来人口为 x，结合题干可得：

G 区户籍人口为：$240-x$ ①

H 区外来人口为：$200-x$ ②

①－②＝$(240-x)-(200-x)=40>0$

因此可以判断 G 区户籍人口比 H 区常住外来人口要多。

故选项 A 正确。

35. 答案：B

解析：削弱题。

题干论证方式如下：

论据：移动支付的迅速普及会将老年人阻挡在消费经济之外；

结论：影响老年人晚年的生活质量。

选项 B 则指出，许多老年人基本不直接进行购物消费，所需物品一般由儿女或社会提供，他们晚年的生活很幸福，很强地削弱了专家的论断。

各个选项中，选项 A、C 是无关项；选项 D 有一定的削弱作用，它说明了老年人并没有被阻挡在移动支付的消费经济之外，但并未说明他们的晚年生活是否受到了影响，相较于 B 项，它的削弱度要弱；选项 E 则是直接对题干论断的支持。

故选项 B 正确。

36. 答案：E

解析：综合推论题。可以迅速逐一验证各个选项。

选项（A），每日或者刮风，或者下雨，综观一周天气，可发现与星期三的"无风，有雪"及星期五的"无风，晴"相矛盾，因此不成立；

选项（B），每日或者刮风，或者晴天，发现与星期三的"无风，小雪"相矛盾，不成立；

选项（C），每日或者无风，或者无雨，同理可发现与星期一、星期四、星期日的天气相矛盾，不成立；

选项（D），若有风且风力超过 3 级，则该日是晴天，可发现与星期六的天气相矛盾，星期六虽然风力超过了 3 级，但却是阴天，因此该项不成立；

选项（E），若有风且风力不超过 3 级，则该日不是晴天，综观一周天气，会发现星期一、三、四的风力均不超过 3 级，且都是雨或雪的天气，即不是晴天。推论成立。

故选项 E 正确。

37. 答案：A

解析：综合推论题。

如果③和④安排在假期的第 2 天，结合条件（2），④和⑤安排在同一天完成→③④⑤都在第 2 天完成；

结合条件（3），②在③之前 1 天完成→②在第 1 天完成；

由题干知 3 天假期要安排一天休息，结合上述推论，可知第 1 天和第 2 天都有安排，那么第 3 天休息；

再结合条件（1），每件事均做一次，且在 1 天内做完，每天至少做 2 件事→剩下的①和⑥可能在第 1 天完成，也可能在第 2 天完成。

题目问的是"哪项是可能的"，那么选项 A 是成立的，因为①可能安排在第 1 天，也可能安排在第 2 天。

综合推论如表 11-3：

表 11-3

类别	①	②	③	④	⑤	⑥
第1天		√				
第2天			√	√	√	
第3天	×	×	×	×	×	×

选项 B、C、D、E 均与上述推论不符。

故选项 A 正确。

38. 答案：C

解析：如果假期第 2 天只做⑥等 3 件事，那么第 2 天除了⑥外还需完成另外 2 件事；因为要休息一天，所以另一天要完成剩下的 3 件事。

由条件（2）可知，④和⑤安排在同一天完成，假设⑥和④⑤都安排在了第 2 天，那么剩下的①②③必须在同一天完成，再结合条件（3）可知，②在③之前 1 天完成，与假设相矛盾，因此⑥不能和④⑤同一天完成。

由条件（3）可知，②在③之前 1 天完成，因此②和③分别在不同的两天内完成；由于一天完成 3 件事，那么④⑤只能跟②或者③在同一天完成，因此⑥一定跟①及②或者③在同一天完成。

综合推论如表 11-4 和表 11-5：

当④⑤跟②在同一天时：

表 11-4

类别	①	②	③	④	⑤	⑥
第 1 天						
第 2 天		√		√	√	
第 3 天	√		√			√

当④⑤跟③在同一天时：

表 11-5

类别	①	②	③	④	⑤	⑥
第 1 天	√	√				√
第 2 天			√	√	√	
第 3 天						

选项 C 指出①和⑥安排在同一天，包含于上述论断，成立。

故选项 C 正确。

39. 答案：D

解析：假言命题综合推理。

题干可整理如下：

条件（2），若丁和丙中至少有一个未合并到丑公司，则戊和甲均合并到丑公司的逻辑推理为：非丁丑 或 非丙丑→戊丑 且 甲丑；

条件（3），若甲、乙、庚中至少有一个未合并到卯公司，则戊合并到寅公司且丙合并到卯公司的逻辑推理为：非甲卯 或 非乙卯 或 非庚卯→戊寅 且 丙卯。

假设"甲丑"为真，结合条件（1），一个部门只能合并到一个子公司→"非甲卯"为真，联合条件（2）和（3）可推得：

非丁丑 或 非丙丑→戊丑 且 甲丑→非甲卯 或 非乙卯 或 非庚卯→戊寅 且 丙卯，因此存在有戊丑且丙丑，与条件（1）冲突，因此假设不成立，那么"非丁丑 或 非丙丑"为假，因此"丁丑 且 丙丑"一定为真。

选项 D 符合此推论。

故选项 D 正确。

40. 答案：C

解析：支持题。

题干中需要支持的是李教授的观点：不吃早餐和皮质醇水平高无关，不吃早餐不仅会增加患Ⅱ型糖尿病的风险，还会增加患其他疾病的风险。

选项 C 则指出，经常不吃早餐，上午工作处于饥饿状态，不利于血糖调节，容易患上胃溃疡、胆结石等疾病，与李教授的观点最为符合。

选项 B 虽然是在支持吃早餐对糖尿病患者有好处，但与要加强的整个观点无关，是个干扰项。

故选项 C 正确。

41. 答案：A

解析：综合推理题。

我们先如下简化：无涵义语词＝无；有涵义语词＝有，那么题干中各条件整理得：

条件（2）：无＋有＋无＝有；

条件（3）：有＋有＝有；

条件（4）：有＋无＋有＝合法语句。

隐含条件为：有＝有

将以上条件代入 A、B、C、D、E 五个选项中逐一验证即可。

选项 A 为 eWscdXeZ，可整理为 eWs c dXe Z，即：

无＋有＋无　＋无　＋无＋有＋无　＋有

＝有　　　　　＋无　＋有　　　　　＋有

＝有　　　　　＋无　＋有

＝合法语句

将其他选项逐一代入验证，发现 B、C、D、E 均不能得到合法语句，只有选项 A 符合。

故选项 A 正确。

（建议：在高度紧张的综合能力考试中，如果第一个选项验证就符合题意，应立即放弃对其他选项的验证，以节约时间。）

42. 答案：E

解析：推理题。

整理题干中各个条件：

条件（1）：椿树或枣树；

条件（2）：椿树→楝树且非雪松；

条件（3）：枣树→雪松且非银杏。

庭院种植银杏，则题干存在条件（4）：枣树。

对条件（3）做逆否得：银杏→非枣树，与条件（4）冲突，故种植银杏，但不种植枣树，排除选项C；

不种枣树，结合条件（1）椿树或枣树，则种植椿树，排除选项A；

种植椿树，结合条件（2）椿树→楝树且非雪松，则种植楝树且不种植雪松，排除选项B、D；

由于不种植枣树和雪松，那么另外 4 种树即银杏、椿树、楝树和桃树必种。

选项 E 不种植桃树是不可能的，符合题干要求。

故选项 E 正确。

43. 答案：C

解析：支持题。

整理题干的逻辑如下：

论据：①西藏披毛犀化石的鼻中隔只是一块不"完全"的硬骨；

②早先在亚洲北部、西伯利亚等地发现的披毛犀化石的鼻中隔要比西藏披毛犀的"完全"。

论断：西藏披毛犀具有更原始的形态。

要想此论断成立，那么必须要在鼻中隔的"完全"和"不完全"之间建立一个关系，选项 C 则指出，为了在冰雪环境中生存，披毛犀的鼻中隔经历了由软到硬的进化过程，并最终形成一块完整的骨头，说明了披毛犀的鼻中隔是由不完全进化到完全，从而有力地支持了西藏披毛犀具有更原始的形态。

故选项 C 正确。

44. 答案：C

解析：假设前提型。

整理题干的逻辑关系如下：

论据：黄土高原现在千沟万壑，不见树木，这是植被遭破坏后水流冲刷大地造成的惨痛结果；

论断：是因为这里的黄土其实都是生土。

要想支持此论断成立，那么必须要在论据和论断之间建立关系，有一个假设前提存在以满足推论的成立。选项 C 则指出，生土是水土流失造成的恶果，缺乏植物生长所需要的营养成分，很好地支持了论断的成立。

故选项 C 正确。

45. 答案：B

解析：加强型题。

题干的逻辑关系为：

论据：科学家发明了一项技术，可以把二氧化碳等物质"电成"有营养价值的蛋白粉；

论断：这项技术开创了未来新型食物生产的新路，有助于解决全球饥饿问题。

选项 A，这项技术可以产生出有营养价值的食物，支持；

选项 C，阐述这项技术的好处，支持；

选项 D，阐述这项技术生产出的物质的组成部分，支持；

选项 E，说明这项技术对沙漠地区或面临饥荒地区的作用，支持。

唯有选项 B，它只是说明了粮食问题，但却没有涉及题干中的技术，不能支持科学家的观点。

故选项 B 正确。

46. 答案：E

解析：假言命题综合推理。

条件（3），丁和乙只去欧洲国家旅游，结合题干中的每个人都去了其中的2个国家旅游→丁和乙去了英国和法国（4），故排除选项B和D；

结合条件（4）与条件（1）→甲不去韩国，故排除选项A；

结合条件（2）与条件（4），再结合题干中的每个国家中有他们中的2～3人去旅游→丙与戊不去英国和法国，排除选项C。

因此只剩下选项E：戊去了韩国和日本成立。

故选项E正确。

47. 答案：A

解析：通过第46题，我们已经推论出如下结论：

①乙、丁去法国和英国。

②由于每个国家中有他们中的2～3人去旅游，且丙与戊去年总是结伴出国旅游，那么丙和戊不可能与乙和丁一起游法国和英国，因此存在有：丙和戊去日本和韩国。

③甲不能去韩国，结合题干中的要求，即5人去欧洲国家旅游的总人次与去亚洲国家的一样多，那么必定存在有：甲去日本和法国或日本和英国。

综合推论如表11－6：

表11－6

国家	甲	乙	丙	丁	戊
日本	√		√		√
韩国			√		√
英国		√		√	
法国		√		√	

因此，甲一定去日本。

故选项A成立。

48. 答案：A

解析：支持题。

题干需要支持"陪审员最后支持了原告，判决该商人支付75美元检查费"，但是否需要支付检查费，是根据鱼油法案来决定，因此需要建立陪审员的判决和法案规定之间的关系。选项A则指出，相关法律已经明确规定"鱼油"包括鲸鱼油和其他鱼类油，则有力地支持陪审员的判决。

选项B有一定的支持作用，但不能建立所需要的关系；选项C、D、E对题干有一定的削弱作用，排除。

故选项A正确。

49. 答案：C

解析：加强型支持题。

题干逻辑如下：

论据：①未来10年，美国、加拿大、德国等国对高层次人才的争夺将进一步加剧；

②发展中国家的高层次人才紧缺状况更甚于发达国家。

论断：我国高层次人才引进工作急需进一步加强。

因此，要想论断成立，必须要建立论据和论断之间的关系，选项 C 说明我国仍然是发展中国家，与论据②紧密关联，再结合论据①，说明了我国高层次人才引进工作急需进一步加强。

选项 A、B、D 不涉及人才紧缺问题，是无关项；选项 E 只是说明了我国近年来引进的人才数量不及美国等发达国家，但说明不了我国高层次人才的紧缺问题，因此排除。

故选项 C 正确。

50. 答案：E

解析：加强型支持题。

题干中专家的观点：数字阅读具有重要价值，是阅读的未来发展趋势。

选项 E 说明了数字阅读便于信息筛选，有利于阅读者在短时间内对相关信息进行初步了解，也可以为此为基础作深入了解，因此它说明了数字阅读的作用和价值，有力地支持了专家的观点。

选项 A 说明数字阅读在某一时刻可能会对自己的生活产生影响，但支持力度很有限；选项 B、C、D 实质是对专家观点的削弱，排除。

故选项 E 正确。

51. 答案：E

解析：综合推理题。可逐项代入验证。

题干明确规定：每个部门负责其中的一项工作，各部门负责的工作各不相同。

如果选项 A 为真，即建设部负责环境，平安部负责协调，结合题干条件（1）和（2）→综合部负责协调或秩序，且民生部负责协调或秩序，综合部和民生部工作冲突，不成立；

如果选项 B 为真，即建设部负责秩序，民生部负责协调，结合题干条件（1）和（2）→综合部负责协调或秩序，不成立；

如果选项 C 为真，综合部负责安全，民生部负责协调，对条件（1）做逆否，可得综合部不负责协调或秩序（综合部负责安全）→建设部不负责环境且不负责秩序，不成立；

如果选项 D 为真，民生部负责安全，综合部负责秩序，对条件（2）做逆否，可得民生部不负责协调或秩序→平安部不负责环境且不负责协调，不成立；

选项 E，平安部负责安全，建设部负责秩序，结合条件（1），则综合部负责协调，那么民生部负责环境，不存在冲突，成立。

故选项 E 正确。

52. 答案：E

解析：推论题。

由题干知：惑而不从师，其为惑也，终不解矣。它的理解应为：有疑惑，如果不向老师学习，疑惑就不能解决。所以，如果要想解决疑惑，就需要向老师学习了，从而"若解惑，必从师"。选项 E 符合此逻辑推理。

故选项 E 正确。

53. 答案：B

解析：结构相似题。

题干的逻辑结构为：p，但如果 q，则非 p。所以非 q。

各个选项中，只有 B 项与之结构相似，即：p "大脑会改编现实经历"，但如果 q "大脑只是存储现实经历的文件柜",则非 p"大脑不会对其进行改编"。所以非 q"大脑不应该只是存储现实经历的文件柜"。

其他选项的结构均不与题干的结构类似。

故选项 B 正确。

54. 答案：D

解析：综合推理题。可采取排除法推论。

（1）由于张、赵均不正确，那么第一题的答案一定不是 A 和 D，第二题的答案一定不是 B 和 A，第三题的答案一定不是 A，第四题的答案一定不是 B。

（2）由于第一题和第二题分别各有四个不同的答案，那么必定每题各有其一是对的；又由于王、李只答对一道题，而张、赵均不正确，那么答对的题必定在王、李的第一题和第二题产生。

（3）王、李的唯一正确答案在第一题和第二题产生，那么第三题和第四题必然都不正确，那么第四题的答案一定不是 C 和 D，又由（1）知也不是 B，那么第四题的答案一定是 A。

故选项 D 正确。

55. 答案：A

解析：同 54 题，继续采取排除法综合推理。

由 54 题我们已经推论得出如下结果：

（1）第四题答案为 A。

（2）王、李的正确答案在第一题和第二题产生。

（3）李的第一题和第二题答案一致，都是 C，那么正确答案只存在于其一。

（4）第三题的答案不能为 A，结合（2）王、李的正确答案在第一题和第二题产生，因此他们二人的第三题答案 B 也不对；再结合（1）第四题答案为 A，那么第三题答案一定为 D。

（5）第二题的答案不能为 B 和 A，现在也不能同第三题的答案 D，那么只能为 C。

（6）第一题的答案同理类推，不能为 A，C 和 D，那么只能为 B。

选项 A 符合推论。

故选项 A 正确。

四、写作

56. 论证有效性分析

评分标准（满分 30 分）：

评分项目	分值	评分标准
分析评论的内容	15 分	1. 分析中指出论证中存在的逻辑缺陷和漏洞，只要言之有理，指出一点给 4 分； 2. 如果是肯定有关论点的分析，最多只给 4 分； 3. 考生分析评论的内容超出参考答案者，只要言之有理，也应给分； 4. 本项评分最高 15 分。

续前表

评分项目	分值	评分标准
论证程度、文章结构、语言表达	15分	按照论证程度、文章结构和语言表达评分，分四类卷给分，最高分15分： 一类卷：12～15分。论证或反驳有力，结构严谨，条理清楚，语言精练流畅。 二类卷：8～11分。论证或反驳较为有力，结构尚完整，条理较清楚，语句较通顺，有少量语病。 三类卷：4～7分。有论证或反驳，结构不够完整，语言欠连贯，较多语病，分析评论缺乏说服力。 四类卷：0～3分。明显偏离题意，内容空洞，条理不清，语句严重不通。
合计	30分	

备注：1. 不符合字数要求或出现错别字，酌情扣分；

2. 书写清楚，卷面整洁，酌情加1～2分；

3. 实际阅卷中，标题在整体结构中占2分；

4. 最高总分不超过满分30分。

【点拨】

本篇材料以"在本地投资设立一家商业性的冰雪运动中心"作为主题，其观点是"该运动中心将获得可观的经济效益"，并从三个方面去论证了自己的观点：

（1）举办冬奥会必然会在中国掀起一股冰雪运动的热潮。南方许多人会因为好奇而投身于冰雪运动，这是一个绝佳商机。

（2）冰雪运动与广场舞、跑步等不同，需要价格不菲的运动用品，有较高的商业利润。开展冰雪运动的同时经营运动用品则可以获得更多的利润。

（3）网购背景下人们更青睐直接体验式的商业模态。网购虽然成为人们的生活习惯，但冰雪运动是直接体验式的商业模态，无疑具有光明的前景。

本篇材料很简单，进一步延续了这几年有效性论证分析的命题思路，简单易懂，逻辑错误漏洞明显。

纵观近10年的有效性论证分析，结合本材料，可以得出以下结论：

1. 选材。本次的选材是关于"在本地投资设立一家商业性的冰雪运动中心"这一话题展开，浅显易懂。申奥办奥对于我们来说并不是陌生的话题，由此直接或间接产生的商业性活动也是很容易被理解和认识的，借助我们的逻辑推理知识，去逐一辩驳文中观点即可。

较往年考题而言，本次的有效性论证分析相对更简单、更容易些，但考生备考时仍然要统筹各类题材，尽量兼顾到经济、管理、社会热点、人文生活等方面，有备而战永远是上策。

2. 文字量。2020年的有效性论证分析文字量大约为350字，简单易懂，而2019年的文字量则达到了540余字，创造了近年之最。但我们同时可以发现，尽管2019年的文字量大，但文字内容却是非常浅显易懂，这也说明了无论文字量大小，均不会显著影响论证分析的难易度，管理类联考的总体宗旨仍然是难度适宜，趋稳，不会忽高忽低。

3. 材料结构。2020年的有效性论证分析，全篇材料一共四段，第一段是道出作者观点：在本地投资设立一家商业性的冰雪运动中心，该运动中心将会获得可观的经济效益；

第二、三、四段为三个分论点，来分别论证作者观点。2017年、2018年、2019年的有效性论证分析都是五段，第一段基本雷同，都是首先提出观点，接下来几段作为分论点来论证，有的会在最后一段来个总结，论证作者观点，但无论结构如何，其实质都是要对各段尤其是分论点进行重点论证。

4. 逻辑错误。本次的有效性论证分析从内容上来讲，是大家并不陌生的申奥商业投资话题，没有枯燥难懂的专业术语，只要大家具备一定的日常生活经验和管理知识就能辨别判断，用有效性论证方式专业合理地表述。

5. 难度。较2019年难度稍微有所降低，但纵观近几年考试，其实有效性论证分析难度都不高，趋稳，而且预计这种趋势会继续保持。

但是，就写作这部分的有效性论证分析而言，需要郑重提示的是：

1. 注意卷面的整洁。在整个综合能力考试中，唯有写作部分是主观题且需要落实到卷面的。虽然卷面分只是1～2分，但人是感性的，实质上卷面情况，往往影响阅卷老师的不仅那点卷面分，尤其是在阅卷老师已经大量阅卷并疲惫时。

2. 注意时间的把控。写作这部分的时间尽可能掌控在1小时之内，能在45～50分钟内做完最佳，其中有效性论证分析的时间尽可能控制在20分钟左右，以不超过25分钟为佳，我们需要留出时间给论说文，因为论说文需要阅读、理解、思考、立意并创作观点和论据。对于部分考生来说，会选择倒着做试卷，也就是优先做写作部分，这也未尝不可，选择适合自己的方式去做题便是。

3. 要会找逻辑错误且尽可能找可以获得高分的逻辑错误。这句话也是每年都重谈的。一篇有效性论证分析材料，虽然只有短短几段字，但直接或隐含的逻辑错误一定不少于6～7个，甚至更多，而我们只要找出其中最明显且逻辑错误尽量不重复的3～4处就很好了。

4. 注意全文字数在600字左右。写作部分对文字总量都有要求，一旦超过，首先会对卷面印象造成不利。语言精简，指出的逻辑错误明显，分析辩证有力即可。

光看、光讲，不练，白搭，有效性论证分析也一样，需要我们日常勤看、勤练，题材看多了，分析多了，逻辑思维自然而然就顺畅了，在考场上迅速浏览题材后，就能做到心中有数，下笔有神了。

本篇材料共四个自然段。第一自然段指出材料作者观点：在本地投资设立一家商业性的冰雪运动中心，将获得可观的经济效益。在接下来的三个自然段里分别用三个分论点来论证这一观点的成立。

我们在阅题的过程中不难发现，作者的驳论论证本身存在有诸多逻辑错误，论据严重难以成立，以下要点可供参考：

1. 首先，该公司认为这个商业性冰雪运动中心一旦设立，将获得可观的经济效益，明显过于绝对化。投资有风险，再好的商业契机也未必就一定是一投资就是一个准，投资的成功取决于多种因素的组合，而不是一个轻率的判断和决策。

2. 北京与张家口共同举办冬奥会必然会在中国掀起一股冰雪运动的热潮，这句话看似有合理的一面，但"必然"又显示了过于绝对化。也许此次申办冬奥会会引发人们对冰雪运动的了解和喜欢，但由于冰雪运动需要一定的场所、运动技能及装备设施等，未必人们都能去亲身体验这项活动，所以"必然会在中国掀起一股冰雪运动的热潮"也是值得商榷的。

3. 中国南方许多人从未有过冰雪运动的经历，不表示他们就对冰雪运动没有了解和认识，也许由于环境、经济能力及自身运动技能和专业水准等限制，他们即便有好奇心也未必会亲自投身于这项运动中，对于很多民众来说，去冬奥会现场欣赏或坐在家里电视前观看冰雪运动或许是更实际的选择。

4. 即使冬奥会可能会引起众多民众对冰雪运动的关注，但也不意味着这就是"绝好商机"，人们有可能是观看冬奥会而不是亲自参与冰雪运动，不去花他们未必愿意花的钱，因此，即便这个冬奥会的确是个契机，但未必就是一个针对冰雪运动的"千载难逢的绝好商机"。

5. 冰雪运动与广场舞、跑步等不一样，需要一定的运动用品，例如冰鞋、滑雪板、运动服等等，这里有些强调了冰雪运动不同于其他运动的特点，就是运动用品，有片面强调的嫌疑。

6. 即便冰雪运动需要一定的价格不菲的运动用品，也不必然就推断出它们就一定"有较高的商业利润"，价格高的运动用品有可能成本也很高，商业利润是总收入减去总成本后的净收益，而成本是多方面的，不仅仅包含了产品进价成本，还有人工、场地、服务、管理等诸多成本，在没有充分证据的前提下，不必然就推断出"如果在开展商业性冰雪运动的同时也经营冬季运动用品，则公司可以获得更多的利润。"

7. "目前中国网络购物已经成为人们的生活习惯，但相对于网络商业，人们更青睐直接体验式的商业模态"，这里明显是作者强加于他人自己的论断。即便网购已经成为当今人们的生活习惯，但并没有大量充分的数据去证明网购和直接体验式的商业模态孰优孰劣。

8. 网络购物与冰雪运动属于不同消费领域，二者不可机械类比。即便人们更青睐直接体验式的商业模态，也不必然就推断出商业性冰雪运动"无疑具有光明的前景"的成立。

9. 综观全篇材料，该公司是一家中国南方的公司，在南方开展冰雪运动，它的可行性也是值得质疑的。中国南北气候差异巨大，常年多酷热的南方如果开展冰雪运动，且不说南方的人们是否会因为对冬奥会好奇而投入冰雪运动，单就运动中心所需要的场地、技术、设备等也将会是一笔不小的投入，那么该公司的整个观点和论据就显得更加难以成立了。

以上要点剖析中能指出3～4点就可以，其他存在但未指出的逻辑错误，只要是题干推理论证过程中客观存在且言之有理的，同样给分。

【参考范文】

如此论证，难以信服

上述公司认为举办冬奥会会产生冰雪运动的"千载难逢的绝好商机"，因而想要在南方本地投资设立一家商业性冰雪运动中心，但其论证却存在诸多逻辑缺陷，令人难以信服。

首先，该公司认为北京和张家口举办冬奥会，该公司在南方本地投资设立冰雪运动中心一定会"获得可观的经济效益"，这不仅仅是先入为主，更是过于绝对化的臆断。且不说投资有风险，单就冰雪运动具有的地域性，此观点都是令人质疑的。

其次，该公司认为举办冬奥会会引发一股冰雪运动热潮，许多南方人会因为好奇而投身于冰雪运动，进而推断出投资冰雪运动是个"千载难逢的绝好商机"，则未免是强加因果。即便举办冬奥会也未必会掀起冰雪运动热潮，即便南方人好奇也未必就一定亲身参与冰雪运动，即便参与也未必是高频率参与，材料中该公司缺乏实质调研，主观臆断难以成立。

再次，该公司过于强调了冰雪运动不同于其他运动，进而推论出同时经营运动用品"可以获得更多的利润"，此论断过于片面化。且不说该公司没有考虑在南方实施冰雪运动的可行性，即便真的有很多南方人投身于冰雪运动，也完全可能在别处购买或在本中心租赁运动用品，又如何一定会产生更多利润？

最后，该公司将网购和直接体验式商业模态进行了不当类比，认为人们习惯网购的同时，更青睐于直接体验式的商业模态。网购和冰雪运动属于不同消费领域，不可机械类比，且即便类比，也没有充分的数据说明二者孰优孰劣，因此其论断冰雪运动"无疑具有光明的前景"是难以成立的。

综上所述，该公司的论证是令人难以信服的，其决策需要慎重，切不可轻率。

57. 论说文

评分标准（满分35分）：

评分项目	评分标准
综合评比：内容、结构、语言（30分）	一类卷：26～30分。紧扣题意，立意深刻，中心突出，论证充分，结构完整，行文流畅。 二类卷：21～25分。切合题意，立意比较深刻，中心明确，论证比较充分，结构比较完整，层次比较清楚，语句比较通顺。 三类卷：16～20分。基本切题，中心基本明确，论证基本合理，结构基本完整，语句比较通顺，有少量语病。 四类卷：11～15分。不太切题，中心不太明确，论证有缺陷，结构不够完整，语句不通顺，有较多语病。 五类卷：6～10分。偏离题意，中心不明确，论证有较多缺陷，结构比较残缺，层次比较混乱，语句不顺，语病严重。 六类卷：0～5分。观点错误，背离题意或直接与试题无关，结构严重残缺，层次混乱，语句严重不通顺。
其他评比：题目、书写、卷面（5分）	1. 题目：切题，2分；一般，1分；漏拟题目，0分。 2. 书写（包括文字和标点符号）：规范标准，2分；每三个错别字扣1分，重复不累计；标点符号有明显错误，酌情扣分；各项扣分累计2分，扣满2分为止。 3. 卷面：卷面整洁，书写清楚，1分；卷面不整洁，书写潦草，0分。
备注：最高总分不超过满分35分。	

【点拨】

一、审题

1. 题材背景：

本篇材料来源于一个真实的历史事件。

"挑战者号"航天飞机是美国正式使用的第二架航天飞机，第一架航天飞机是"哥伦比亚号"。"挑战者号"在开发初期是用作高拟真结构测试体，在顺利完成测试任务后，被改装成了正式的航天飞机。

1986年1月28日，美国佛罗里达州卡纳维拉尔角的上空万里无云，一片祥和。与此同时，在距离发射现场6.4千米的看台上，聚集了1 000多名热情无比的观众，各地电视台也都争相直播，人们在兴奋中期待着"挑战者号"航天飞机第十次太空任务的飞行。

在飞机发射上空前，有两个人无比焦急，他们分别是为航天飞机设计、制造固态燃料火箭助推器的斯沃克公司高级工程师罗杰·博易斯乔利，以及他的顶头上司鲍勃·埃比林。博易斯乔利告诉埃比林："不，我不想看发射，我不想看到发射失败！"而就在前一天的傍晚，博易斯乔利和埃比林通过电视会议，足足花了6个小时力劝美国宇航局推迟"挑战者号"航天飞机的发行，因为在此之前他们被告知佛罗里达的气温已经降至零度以下，他们知道这样的气温条件将会对火箭助推器的性能产生重大影响。然而，斯沃克公司高层最终还是给了他们当头一棒的决策：他们向宇航局做出了"可以发射"的建议！

美国东部时间1986年1月28日上午11时39分，"挑战者号"航天飞机被如期发射在了美国佛罗里达州的上空。非常不幸的是，博易斯乔利和埃比林最担心的一幕发生了：飞机升空后，其右侧固体火箭助推器密封圈失效，毗邻的外部燃料舱在泄露出的火焰的高温烧灼下结构失效，使高速飞行中的航天飞机在空气阻力的作用下于发射后的第73秒解体，飞机残骸散落在大海中，机上7名宇航员全部罹难。

这起事件的真实原因，却仅仅是由于斯沃克公司高层主管为了取悦最主要的客户——宇航局，而将"不要发射"变成"可以发射"，而宇航局一直在询问斯沃克公司关于是否发射的问题，但就是没有问一问斯沃克高层为什么突然改变了主意，他们也只是请斯沃克公司把他们改变主意的原因写成文字。当载着新建议的传真在午夜时分传到卡纳维拉尔角时，宇航局已经下定了第二天上午发射"挑战者号"的决心，悲剧终于势不可挡地发生了……

2. 考试题型：

仍然是自由拟题的材料作文，需根据题材进行分析和立意。但和近年真题相比，这次的材料作文稍微有所不同。譬如2017年、2018年真题材料基本结构是：材料立意＋观点分析，即在一段很短的材料文字里，给出一个讨论的主题，给出两个截然不同的态度：积极支持的态度和消极否定的态度；2019年的材料则不彰显这种可选择性态度，只能正面立意；2020年的真题则只是一则材料故事，可以多方面立意，很宽泛。

纵观近十年的考试，自由拟题的材料作文已经成为最主要的题型，并已成为管理类专业联考最为普遍的论说文题材形式，建议考生在备考时仍然要重点关注。

3. 考题难度：

和往年相比，整个写作部分难度都下降了，包括论说文。它没有迎合社会热点，譬如70周年国庆，譬如中美贸易等，而是给了大家一则材料故事，无观点，无方向，但却浅显易懂，考生完全可以多角度、多方面、多层次立意，非常广泛。

从近年来的综合能力真题，不难看出总体趋势是难度适中，趋稳，偶尔抽象和晦涩，只要基础性知识比较扎实，应对考试还是不难的。

4. 审题关键点：

主题词：多次提醒……但是；坚持认为；但……于是。

材料中几次出现转折"但……"，能迅速加强和判断立意取向。

整个故事材料提到三个人物对象和一个事件：

人物一：斯沃克公司专家博易斯乔利。他从始至终坚持了自己的分析判断和观点意见。

人物二：斯沃克公司高层。他们"以'小'而不为"，投机并迎合了宇航局发射"挑战者号"。

人物三：宇航局。只是询问了发射是否有疑虑之处，但并未坚持去了解问题所在，在接到斯沃克高层回复"同意发射"后便采取了发射建议。

一个事件：由于没有接受专家意见，"挑战者号"航天飞机发射失败，悲剧发生。

因此，作为考生就需要考虑分析，既然材料包含三个人物对象和一个事件，那么命题人的立意倾向是什么？

如果是针对人物对象一，即专家博易斯乔利，那么很明显立意要褒奖和赞扬，为他的认真、严谨、执着，为他的专业精神和科学态度而点赞。

如果是针对人物对象二，即斯沃克公司高层，那么必定是批判性的，由于他们不尊重专家和科学，由于他们的冒失激进和投机迎合，才导致了悲剧的发生，理应得到谴责和批判。

如果针对人物对象三，即宇航局，那么材料中看似此对象无辜，但实质也是有问题的。既然是再次询问斯沃克公司是否对发射有疑虑之处，那么必然在此之前知道飞机一定存在有问题，就应该秉承严谨、认真、务实的态度去询问、追究并落实，而不是只听候发射与否的建议。

如果针对这个事件，即飞机发射失败，悲剧发生，那么要综合考虑起因和后果，为何发生，我们应该如何辩证看待，如何吸取教训等。

总之，本篇材料在阅读时就可以迅速找到审题思路，同时不难发现，不同倾向，立意也不同，且都非常好立意。

二、立意

1. 针对专家博易斯乔利：肯定和赞扬，为他的科学精神，为他始终如一的坚持和执着。立意可以考虑为：《科学值得敬畏》《企业需要博易斯乔利精神》《为博易斯乔利点赞》《专业的精神，可贵的执着》等。

2. 针对斯沃克高层：否定和批判。高层是悲剧的始作俑者。正是由于高层对专家和科学的不尊重，正是由于他们的轻率、投机迎合，才导致了悲剧不可避免地发生了。那么立意可以考虑为：《请谨慎对待"小"》《勿以"小"而不为》《请尊重科学》《轻率决策罪责难逃》《冒失激进要不得》《决策需谨慎》《请善谏，莫孤行》等。

3. 针对宇航局：批判。如果宇航局可以多些严谨，多些刨根究底，多些对科学的敬畏，多些对生命的尊重，那么完全有可能不盲目听取斯沃克高层的发射建议，从而避免悲剧的发生。因此立意可以考虑为：《科学需要严谨认真》《关键之处需要落到实处》《盲目待命，后果堪忧》等。

4. 针对飞机发射失败事件：这一事件的"因"是斯沃克公司的高层不听取专家意见，"果"是悲剧发生，那么站在此事件的立场上去立意，就需要综合因果，辩证分析，立意可以考虑为：《尊重科学，反对冒失》《重视专家意见，兼听则明》《细节决定成败》《敬畏科学，防范于未然》《祸患常积于忽微》《千里之堤，溃于蚁穴》等。

提示：

以上四种立意都可取，但第四种立意更深刻，更符合命题者的倾向性，是立意的首选；其次是第二种，文中关键转折词"但"说明了导致悲剧发生的原因所在，斯沃克高层是罪魁祸首，围绕它的立意也是不错的；再次是第一种立意，这是对博易斯乔利的肯定，也就是对科学、对专业的肯定；最后是第三种，它在本则材料里并不明显，也不是命题者想要强调的，倘若就此立意也可以，但不会很理想。因此建议考生在审题立意时要斟酌命题者的思路倾向，尽量做出最符合命题思路的立意取向。

【参考范文一】

科学值得敬畏

科学来不得半点马虎。由于漠视专家意见，忽略一个橡皮密封圈的影响，斯沃克高层的决策最终导致了"挑战者号"的机毁人亡！它再次向人们拉响警钟——科学，是值得敬畏的！

正所谓"魔鬼往往藏身于细微之处，风险常常疏漏于自大之中"，对科学的不够严谨和认真，曾经让人类的劫难一再上演。

因地面检查时忽略了一个小数点，前苏联"联盟1号"飞船惨遭坠落，船毁人亡；仅仅是由于飞机维修人员没有按照流程操作，导致螺丝金属疲劳，美国191号航班坠毁，273人遇难；因为飞机机尾维修没有按照规定安装足够数量的紧固铆钉，日本上演了历史上最大的空难事件，日本123号班机坠毁，520人罹难……

历史，记载着一笔又一笔对科学马虎和漠视的血的代价史！

反之，也盛载着一座又一座用虔诚和敬畏的心去对待科学而换取的丰碑。

日本的"精益求精"，让日本制造无处不在；德国的"工匠精神"，让德国的奔驰、宝马享誉全球；中国的"高铁技术"，让中国高铁震惊世界，举世瞩目。因为对科学的敬畏，所以才更加严谨和专业，所以才更加完美和极致。世上无难事，只怕有心人，对每个细节的重视、认真和执着，才有人类各个领域的重大成就和一再突破。

科学值得我们敬畏，我们需要有博易斯乔利这般具有科学精神的专业人士的存在，同时也需要有谦虚广阔的胸怀、可以容纳这种科学精神的人才的存在。因为他们谨慎认真，他们见微知著，他们专业执着。只有尊重科学，尊重专业人士，倾听他们的意见和建议，才能让我们防微杜渐，防患于未然，避免给国家带来不可估量的灾难和损失。

毛主席说，科学来不得半点虚假。李四光说，科学就是尊重事实。只有我们心怀敬畏，脚踏实地，凡事认真，才能规避风险，才能攻坚克难。

愿"挑战者号"的悲剧不再上演，愿我们用一颗敬畏的心对待科学，换来世界发达、人间太平！科学，是值得我们敬畏的！

【参考范文二】

勿以"小"而不为

由于漠视专家的意见，斯沃克高层的决策"同意发射"让人类的天空上演了一出悲壮的洗礼，因为"小"而不为，终致大祸降临，令人叹息。

任何事物都是一个整体，"小"处不为，必然造成"大"事故。就如同橡皮密封圈只是"挑战者号"一个极其细微的部件，但稍有疏忽便是机毁人亡。中国的典故"堤溃蚁穴，气泄针芒""巴豆虽小坏肠胃，酒杯不深淹死人"，都是这个理。

历史上以"小"而不为终酿成大祸的比比皆是。"永不沉没"的泰坦尼克号，仅仅因为它正前方龙骨上一条细如发丝的裂纹没有被处理，遇上了坚冰，将这条裂纹从左往右划开，导致了轮船最终的沉沦；英国著名的博斯沃斯战役，由于铁匠没有给国王理查三世的战马钉上第四个马蹄钉，导致国王冲锋陷阵时马蹄钉脱落，战马跌翻，国王被俘，一只马蹄钉输掉了整个国家！

反观各路成功者，因"小"而谨慎为之，取得了巨大成就。张瑞敏高锤之下砸掉了有小质量问题的76台冰箱，同时砸出了一个走出中国迈向国际的"大"海尔；乔布斯不放过每一个细节，最终拥有享誉全球的"极致产品"苹果；德国业界追求的"对每个生产技术细节的重视"的"工匠精神"，让奔驰、宝马驰骋世界各地……

我们党一直高度重视"小"并为之。毛主席制定的"三大纪律八项注意"，不拿群众一针一线，群众利益无小事，我们共产党只有从一点一滴小事做起，才能真正为人民办大事。习主席在全国人大会议上强调，我们党要坚持从小事小节上加强修养，从一点一滴中完善自己，严以修身，正心明道，防微杜渐，时刻保持人民公仆本色。正是由于我们党的认真无"小"事，才有我们如今和谐美满的"大"一统。

前事不忘，后事之师。勿以"小"而不为，努力把问题消除在萌芽之中，让"挑战者号"悲剧永远落幕，让国泰民安、和谐美满的旋律飘荡在我们的上空。

【参考范文三】

千里之堤，溃于蚁穴

《韩非子·喻老》中有"千里之堤，溃于蚁穴"这个成语，是说不能忽视小的漏洞和差错，以免造成大祸。

1986年1月28日上午，美国航天飞机"挑战者号"上演了一起科学界最痛心疾首的悲剧，起因就是斯沃克公司高层的疏忽、固执和不严谨以及对专家意见的漠视，最终一个小小的密封圈零部件却导致了整个的机毁人亡！

"君子慎始，差若毫厘，谬以千里。"西汉时期，赵充国奉汉宣帝之命去平定西北地区叛乱，见叛军军心不齐，就采取招抚的办法，使得大部分叛军投诚。可汉宣帝命他出兵，结果出师不利。后来他按皇命收集军粮，造成叛乱，他感慨万千："失之毫厘，谬以千里。"因细微差错，酿成不可弥补的损失。

武有"一发不中，前功尽弃"，棋有"一招不慎，满盘皆输"；古有关羽大意，痛失荆州，今有美国"挑战者号"一言未进，灾难深重……

堤溃蚁孔，气泄针芒。科学容不得半点儿戏，唯我独尊和任何的侥幸心理都有可能酿成大祸。德国飞行员帕布斯·海恩对多起航空事故深入分析研究后得出结论：每一起严重事故的背后，必然有29起轻微事故和300起未遂先兆以及1 000起事故隐患。因此要消除一次严重事故，就必须敏锐及时地发现这些事故的征兆和隐患，并果断采取措施加以控制和消除，找到事故的源头，见微知著，明察秋毫，这就是我们常说的"防患于未然"。

美国上校墨菲也曾说："只要存在事故的原因，事故就一定会发生。"

可见，加强对"未遂征兆"和"事故隐患"的排查治理，消除其中的溃坝"蚁穴"，方能保护千里固堤之安全。

事故无处不在，危险无时不有，要求我们必须以科学的态度对待事物！那就是：秉持实事求是的精神，严肃、严谨、严格！扫清"蚁穴"，杜绝"针芒"，务求完胜。

2019 年全国硕士研究生入学统一考试
管理类专业学位联考综合能力试题解析

一、问题求解

1. 答案：C

解析：本题考查比例。

将整个工程看作单位"1"，原计划 10 天完成一项任务，那么原计划的工作效率为 $\frac{1}{10}$，实际工作效率为：

$$\frac{1-\frac{1}{10}\times 3}{10-3-2}=\frac{\frac{7}{10}}{5}=\frac{7}{50}$$

那么工作效率提高了：

$$\frac{\frac{7}{50}-\frac{1}{10}}{\frac{1}{10}}=\frac{2}{5}=40\%$$

因此若要按照原计划完成任务，则需要工作效率提高 40%。

故选项 C 正确。

2. 答案：B

解析：考查均值不等式。

已知函数 $f(x)=2x+\frac{a}{x^2}$ ($a\geqslant 0$)，根据均值不等式可得：

$$f(x)=2x+\frac{a}{x^2}=x+x+\frac{a}{x^2}\geqslant 3\sqrt[3]{x\cdot x\cdot \frac{a}{x^2}}=3\sqrt[3]{a}=12\Rightarrow a=64$$

当且仅当取值 $x_0=x_0=\frac{a}{x_0^2}$ 时，$f(x_0)$ 有最小值，那么可得：

$$x_0 = x_0 = \frac{a}{x_0^2} = \frac{64}{x_0^2} \Rightarrow x_0^3 = 64 \Rightarrow x_0 = 4 \text{。}$$

故选项 B 正确。

3. 答案：C

解析：简单的比和比例的问题。

由图形可知：

一季度男性观众的人数为：5＋4＋3＝12（万人）

一季度女性观众的人数为：6＋3＋4＝13（万人）

那么一季度男女观众人数比为 12∶13。

故选项 C 正确。

4. 答案：D

解析：本题考查绝对值。

解法一：利用绝对值知识解题。

$ab = 6 \Rightarrow a$、b 同号且 a、$b \neq 0$，当

（1）$a > b > 0$ 时，

$|a+b| + |a-b| = 6 \Rightarrow a+b+a-b = 6 \Rightarrow 2a = 6 \Rightarrow a = 3$，

由于 $ab = 6 \Rightarrow b = 2$。

此时 $a^2 + b^2 = 13$。

（2）$a < b < 0$ 时，

$|a+b| + |a-b| = 6 \Rightarrow -a-b-a+b = 6 \Rightarrow -2a = 6 \Rightarrow a = -3$，

由于 $ab = 6 \Rightarrow b = -2$。

此时 $a^2 + b^2 = 13$。

解法二：特值代入法。

令 $a = 2$，$b = 3 \Rightarrow \begin{cases} ab = 2 \cdot 3 = 6 \\ |a+b| + |a-b| = |2+3| + |2-3| = 6 \end{cases}$ 均成立，此时 $a^2 + b^2 = 13$。

故选项 D 正确。

5. 答案：E

解析：考查圆与圆的位置。

根据圆与圆对称的性质可知，这两圆的圆心对称，半径相等，则圆心（5，0）关于 $y = 2x$ 对称的圆心即是所求圆 C 的圆心，圆半径为 $\sqrt{2}$。令圆 C 的圆心为（x_0，y_0），则根据圆对称的性质可得：

$$\begin{cases} \dfrac{y_0 - 0}{x_0 - 5} = -\dfrac{1}{2} \Rightarrow 2y_0 + x_0 - 5 = 0 \\ \dfrac{y_0}{2} = 2\left(\dfrac{5 + x_0}{2}\right) \Rightarrow y_0 = 10 + 2x_0 \end{cases} \Rightarrow \begin{cases} x_0 = -3 \\ y_0 = 4 \end{cases}$$

即圆 C 的圆心为（－3，4），则圆 C 的方程为：$(x+3)^2 + (y-4)^2 = 2$。

故选项 E 正确。

6. 答案：D

解析：考查方程式。

令正方形花园的边长为 x，一共有 y 棵树，那么：

（1）当四角都种并且 4 边都满时，此时共有树苗 $y=4(\frac{x}{3}-1)+4+10$；

（2）当四角都种但恰好种满正方形的 3 条边时，此时共有树苗 $y=3(\frac{x}{2}-1)+4$。

联合（1）（2）可得：

$$\begin{cases} y=4(\frac{x}{3}-1)+4+10 \\ y=3(\frac{x}{2}-1)+4 \end{cases} \Rightarrow \begin{cases} x=54 \\ y=82 \end{cases}$$

因此这批树苗共有 82 棵。

故选项 D 正确。

7. 答案：D

解析：考查古典概率。总体情况有 $C_6^1 \times C_5^2 = 60$ 种。

方法一：正面枚举法。

（1）当甲抽取 1 时，乙从剩下的 5 张卡片中任意抽取两张卡片的数字之和均大于 1，此时有 $C_5^2=10$ 种；

（2）当甲抽取 2 时，乙仍然从剩下的 5 张卡片中任意抽取两张卡片的数字之和大于 2，此时有 $C_5^2=10$ 种；

（3）当甲抽取 3 时，乙从剩下的 5 张里抽取卡片，除了（1，2）这一组不能满足要求，其他两张卡片的数字之和大于 3，此时有 $C_5^2-1=9$ 种；

（4）当甲抽取 4 时，乙从剩下的 5 张里抽取卡片，除了（1，2），（1，3）这两组不能满足要求，其他两张卡片的数字之和大于 4，此时有 $C_5^2-2=8$ 种；

（5）当甲抽取 5 时，乙从剩下的 5 张里抽取卡片，除了（1，2），（1，3），（1，4），（2，3）这四组不能满足要求，其他两张卡片的数字之和大于 5，此时有 $C_5^2-4=6$ 种；

（6）当甲抽取 6 时，乙从剩下的 5 张里抽取卡片，除了（1，2），（1，3），（1，4），（2，3），（2，4）这六组不能满足要求，其他两张卡片的数字之和大于 6，此时有 $C_5^2-6=4$ 种。

那么所求概率为：$\dfrac{10+10+9+8+6+4}{C_6^1 \times C_5^2}=\dfrac{47}{60}$。

方法二：反面枚举法。

当甲抽取一张卡片，乙从剩下的卡片里任意抽取 2 张的数字之和≤甲的卡片数字。

（1）当甲抽取 6 时，乙从剩下的卡片里任意抽取 2 张的卡片数字之和≤甲的卡片数字的有（1，2），（1，3），（1，4），（1，5），（2，3），（2，4），共 6 组；

（2）当甲抽取 5 时，乙从剩下的卡片里任意抽取 2 张的卡片数字之和≤甲的卡片数字的有（1，2），（1，3），（1，4），（2，3），共 4 组；

（3）当甲抽取 4 时，乙从剩下的卡片里任意抽取 2 张的卡片数字之和≤甲的卡片数字的有（1，2），（1，3），共 2 组；

（4）当甲抽取 3 时，乙从剩下的卡片里任意抽取 2 张的卡片数字之和≤甲的卡片数字的有（1，2），共 1 组；

（5）当甲抽取 2 时，乙从剩下的卡片里任意抽取 2 张的卡片数字之和无法满足条件；

（6）当甲抽取 1 时，乙从剩下的卡片里任意抽取 2 张的卡片数字之和无法满足条件。

那么满足条件的一共有 $\bar{A}=6+4+2+1=13$ 种，因此

$$1-P(\bar{A})=1-\frac{13}{C_6^1 \times C_5^2}=\frac{47}{60}$$

故选项 D 正确。

8. 答案：B

解析：考查均值和标准差。将这两组成绩进行重新简单的排序，为

语文成绩：86，87，88，89，90，91，92，93，94，95

数学成绩：80，82，84，85，88，90，93，94，96，98

$$E_1=\frac{86+87+88+89+90+91+92+93+94+95}{10}=90.5,$$

$$E_2=\frac{80+82+84+85+88+90+93+94+96+98}{10}=89。$$

因此 $E_1>E_2$。

根据标准差公式可得：

$$\sigma_1=\sqrt{\frac{0.5^2+1.5^2+3.5^2+2.5^2+4.5^2+4.5^2+3.5^2+1.5^2+0.5^2+2.5^2}{10}}\approx2.87$$

$$\sigma_2=\sqrt{\frac{5^2+1^2+7^2+4^2+1^2+4^2+5^2+9^2+7^2+9^2}{10}}\approx5.86$$

因此 $\sigma_1<\sigma_2$。

说明：实际考试当中，如此演算会对考试时间的把握很不利，那么此题用眼观察、用常识判断会比较有利。譬如两组成绩重新简单排序后，很显然语文的平均成绩 E_1 大于数学的平均成绩 E_2，且又数学成绩波动性大于语文成绩，所以 $\sigma_1<\sigma_2$。

故选项 B 正确。

9. 答案：E

解析：考查立体几何，正方体表面积。

要使得正方体表面积最大，则正方体必须内接于半球，即如图 12-1：

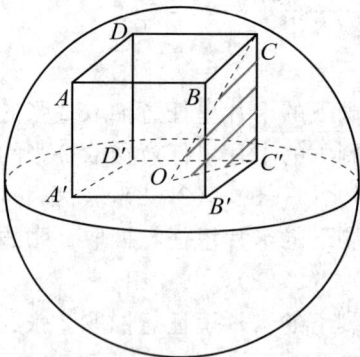

图 12-1

此时，面 $A'B'C'D'$ 在经过球心 O 的大圆上，A，B，C，D 四点在球面上，连接 OC 即为球半径，$OC＝3$。

设正方体的棱长为 a，连接 OC，OC'，利用勾股定理则必有：

$$OC'^2＋CC'^2＝OC^2 \Rightarrow (\frac{\sqrt{2}a}{2})^2＋a^2＝3^2 \Rightarrow a^2＝6。$$

那么正方体的表面积为 $S＝6a^2＝36$。

故选项 E 正确。

10. 答案：B

解析：考查三角形，需要切实理解三角形的五线四心等知识点。

根据题意可作图 12－2：

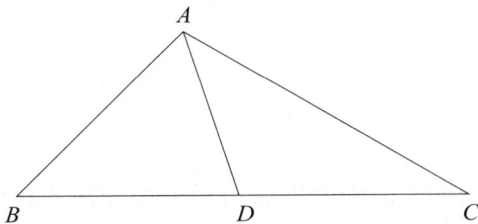

图 12－2

根据三角形的中线定理可知，三角形一条中线两侧所对边的平方和等于底边的一半平方与该边中线平方和的 2 倍。那么可得：

$$AB^2＋AC^2＝2(BD^2＋AD^2)＝2\left[(\frac{1}{2}BC)^2＋AD^2\right] \Rightarrow 4^2＋6^2＝2(4^2＋AD^2)$$

$$\Rightarrow AD^2＝10 \Rightarrow AD＝\sqrt{10}$$

故选项 B 正确。

11. 答案：E

解析：本题考查工程问题。

令甲公司单独完成该项目需要 x 天，乙公司单独完成该项目需要 y 天，则根据题可得

$$\begin{cases} \dfrac{1}{x}＋\dfrac{1}{y}＝\dfrac{1}{6} \\ \dfrac{1}{x}×4＋\dfrac{1}{y}×9＝1 \end{cases} \Rightarrow \begin{cases} \dfrac{1}{x}＝\dfrac{1}{10} \\ \dfrac{1}{y}＝\dfrac{1}{15} \end{cases} \begin{cases} x＝10 \\ y＝15 \end{cases}$$

再令甲、乙两公司每天的工时费分别为 m 万/天，n 万/天，则根据题意可得

$$\begin{cases} 6(m＋n)＝2.4 \\ 4m＋9b＝2.35 \end{cases} \Rightarrow \begin{cases} m＝0.25 \\ n＝0.15 \end{cases}$$

那么由甲公司单独完成该项目，则工时费共计 $0.25×10＝2.5$ 万元。

故选项 E 正确。

12. 答案：D

解析：考查平面几何之六边形。

由题意知正方体棱长为 2，A，B，D，E 分别为该正方体相应棱的中点，所以 $AB＝DE＝\sqrt{1^2＋1^2}＝\sqrt{2}$，即正六边形 $ABCDEF$ 的边长为 $\sqrt{2}$。

将正六边形 $ABCDEF$ 从题图中取出，如图 12－3：

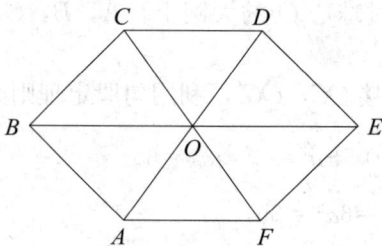

图 12 - 3

可以看出，正六边形是由 6 个等边三角形构成，所以其面积为 $S_{ABCDEF}=6\times\dfrac{\sqrt{3}}{4}\times$

$(\sqrt{2})^2=3\sqrt{3}$。

故选项 D 正确。

13. 答案：C

解析：考查行程问题。

根据图像的几何意义可知，图中所围成的梯形面积即为行驶的路程，梯形的高即为

v_0，那么有 $S_{梯形}=\dfrac{\left[(0.8-0.2)+1\right]\times v_0}{2}=72\Rightarrow v_0=90$。

故选项 C 正确。

14. 答案：D

解析：考查排列组合。

已知是从 5 个学科各推荐 2 名教师，总共有 10 名教师作为支教候选人。

利用相反的原理，若从中选出来的 2 人均来自同一学科，那么有 $5\cdot C_2^2=5$ 种选法；

那么从中选出来自不同学科的 2 人的不同选法为 $N=C_{10}^2-5\cdot C_2^2=40$ 种。

故选项 D 正确。

15. 答案：A

解析：本题考查数列。

方法一：本题可采取枚举归纳法。

由题意知：

$a_1=0=2^{1-1}-1$；

$a_2-2a_1=1\Rightarrow a_2=1=2^{2-1}-1$；

$a_3-2a_2=1\Rightarrow a_3=3=2^{3-1}-1$；

$a_4-2a_3=1\Rightarrow a_4=7=2^{4-1}-1$；

…

那么有 $a_{100}=2^{100-1}-1=2^{99}-1$。

方法二：推算法。

由题干知 $a_{n+1}=2a_n+1\Rightarrow a_{n+1}+1=2a_n+1+1=2(a_n+1)\Rightarrow\dfrac{a_{n+1}+1}{a_n+1}=2$，那么此时

数列 $\{a_{n+1}+1\}$ 等同于以 $a_1+1=0+1=1$ 为首相，以 2 为公比的等比数列，因此有 a_n+1
$=a_1\cdot 2^{n-1}=1\cdot 2^{n-1}=2^{n-1}$，可推得 $a_n=2^{n-1}-1$。

因此 $a_{100}=2^{100-1}-1=2^{99}-1$

故选项 A 正确。

二、条件充分性判断

16. 答案：C

解析：本题考查等比数列。

设甲、乙、丙的图书数量分别为 x、y、$z(x\leqslant10$、$y\leqslant10$、$z\leqslant10)$，由题干知甲再购入 2 本图书后，他们拥有的图书数量构成等比数列，因此 $x+2$，y，z 成等比数列，即 $y^2=(x+2)\cdot z$。

由条件（1），已知 y 的值，但无法确定 x 的值，所以条件（1）不充分。

由条件（2），已知 z 的值，但无法确定 x 的值，所以条件（2）也不充分。

将条件（1）和条件（2）联合起来，即已知 y，z 的值，则一定能够确定 x 的值。

因此条件（1）和条件（2）单独都不充分，但条件（1）和条件（2）联合起来充分。

故选项 C 正确。

17. 答案：D

解析：考查相互独立事件。

由题干知甲袋获奖概率为 p，乙袋获奖概率为 q，那么甲、乙两袋均不获奖的概率为 $(1-p)(1-q)$，因此获奖概率为 $1-(1-p)(1-q)=p+q-pq\geqslant\dfrac{3}{4}$。

由条件（1）$p+q=1$

结合均值公式可得：

$pq\leqslant(\dfrac{p+q}{2})^2\Rightarrow pq\leqslant\dfrac{(p+q)^2}{4}\Rightarrow pq\leqslant\dfrac{1}{4}$，所以 $p+q-pq\geqslant\dfrac{3}{4}$ 成立。

因此条件（1）充分。

由条件（2）$pq=\dfrac{1}{4}$

结合均值公式可得：

$pq\leqslant(\dfrac{p+q}{2})^2\Rightarrow(p+q)^2\geqslant4pq\Rightarrow(p+q)^2\geqslant4\cdot\dfrac{1}{4}=1\Rightarrow p+q\geqslant1$，所以 $p+q-pq\geqslant\dfrac{3}{4}$ 成立。

因此条件（2）也充分。

因此条件（1）充分，条件（2）也充分。

故选项 D 正确。

18. 答案：A

解析：考查直线和圆的位置关系。

首先将圆 $x^2+y^2-4x+3=0$ 化解为标准方程，即 $(x-2)^2+y^2=1$，可知圆心为 $(2，0)$，半径 $r=1$。要使直线 $y=kx$ 与该圆有两个交点，即相交关系，那么圆心到直线的距离 $d<r$。

$d=\dfrac{|2k-0|}{\sqrt{k^2+1}}<1\Rightarrow-\dfrac{\sqrt{3}}{3}<k<\dfrac{\sqrt{3}}{3}$

因此，条件（1）$-\dfrac{\sqrt{3}}{3}<k<0$ 属于题干结论的非空子集，充分；条件（2）$0<k<\dfrac{\sqrt{2}}{2}$ 不是题干结论的非空子集，不充分。

条件（1）充分，但条件（2）不充分。

故选项 A 正确。

19.答案：C

解析：本题考查完全平方。

很显然，条件（1）和条件（2）单独都无法充分。

方法一：完全平方法运算。

令条件（1）小明年龄是完全平方数 m^2；

令条件（2）20 年后小明年龄是完全平方数 n^2。

联合（1）（2）可得：$n^2=20+m^2$

整理后可得：

$n^2=20+m^2\Rightarrow n^2-m^2=20\Rightarrow(n+m)(n-m)=20$

$\Rightarrow\begin{cases}n+m=5\\n-m=4\end{cases}$ 或 $\begin{cases}n+m=10\\n-m=2\end{cases}$

$\Rightarrow\begin{cases}n=4.5\\m=0.5\end{cases}$ 或 $\begin{cases}n=6\\m=4\end{cases}$

由于 m，n 必须是整数，因此只有 $\begin{cases}n=6\\m=4\end{cases}$ 成立。

因此条件（1）（2）单独都不充分，但联合起来可以共同推导出题干结论。

方法二：列举法。

很显然条件（1）和条件（2）单独都不充分。那么我们列出从 0 岁开始的完全平方数如下：

0^2，1^2，2^2，3^2，4^2，5^2，6^2，7^2，8^2，9^2，10^2，…

简单整理后得：0，1，4，9，16，25，36，49，64，81，100，…

再仔细观察，可以发现在这些完全平方后的数字之间，两者差等于 20 的只有 16 和 36，也就是小明是 16 岁，是数字 4 的完全平方；20 年后小明 36 岁，是数字 6 的完全平方。

因此条件（1）（2）单独都不充分，但联合起来可以共同推导出题干结论。

故选项 C 正确。

20.答案：D

解析：考查一元二次方程的根。

由题干可知方程有实根，那么必存在 $\Delta=a^2-4(b-1)\geqslant0\Rightarrow a^2-4b+4\geqslant0$。

条件（1）$a+b=0\Rightarrow b=-a$，则 $a^2-4b+4=a^2+4a+4=(a+2)^2\geqslant0$。因此条件（1）充分。

条件（2）$a-b=0\Rightarrow b=a$，则 $a^2-4b+4=a^2-4a+4=(a-2)^2\geqslant0$。因此条件（2）也充分。

条件（1）单独充分，条件（2）单独也充分。

故选项 D 正确。

21. 答案：B

解析：本题考查正方形和三角形。

由题干可知，$ABCD$ 为正方形且面积已知。

根据三角形面积公式可知，无论 O 点位于 BC 上何位置，均不影响 $S_{\triangle AOD}$ 的面积且其高度 h 等于正方形 $ABCD$ 边长，即 $S_{\triangle AOD}=\frac{1}{2}AD\cdot h=\frac{1}{2}\cdot AD\cdot DC=\frac{1}{2}S_{ABCD}$；

又因为 P 点为 AO 的中点，那么 $\triangle APD$ 和 $\triangle DPO$ 是底边和高相等的两个三角形，且 $S_{\triangle APD}=S_{\triangle DPO}=\frac{1}{2}S_{\triangle AOD}=\frac{1}{2}\cdot\frac{1}{2}S_{ABCD}=\frac{1}{4}S_{ABCD}$。

那么，要想确定 $\triangle PQD$ 的面积，则必须明确 Q 点在 OD 上的位置。

由条件（1）O 为 BC 的三等分点，是无法确定 $\triangle PQD$ 的面积。所以条件（1）不充分。

由条件（2）Q 为 DO 的三等分点，可知 $DQ=\frac{1}{3}OD$，那么存在有 $S_{\triangle PQD}=\frac{1}{3}S_{\triangle POD}=\frac{1}{3}\cdot\frac{1}{2}S_{\triangle AOD}=\frac{1}{3}\cdot\frac{1}{2}\cdot\frac{1}{2}S_{ABCD}=\frac{1}{12}S_{ABCD}$。

由于正方形 $ABCD$ 的面积是已知的，所以 $S_{\triangle PQD}==\frac{1}{12}S_{ABCD}$ 是可以确定的，所以条件（2）充分。

因此，条件（1）不充分，条件（2）充分。

故选项 B 正确。

22. 答案：E

解析：考查整数除法。

方法一：列式运算。

由条件（1），已知 n 除以 2 的余数，令 $n=2a_1+b_1$，此时 a_1 为 n 除以 2 的整数倍，b_1 为 n 除以 2 的余数，那么可以看出，即便已知 b_1 的值，但无法知道 a_1 的值，因此无法确定 n；既然无法确定 n，便无法确定 n 除以 5 的余数。因此条件（1）不充分。

同理可得条件（2）也不充分，即：

由条件（2），已知 n 除以 3 的余数，令 $n=3a_2+b_2$，此时 a_2 为 n 除以 3 的整数倍，b_2 为 n 除以 3 的余数，那么可以看出，即便已知 b_2 的值，但无法知道 a_2 的值，因此无法确定 n；既然无法确定 n，便无法确定 n 除以 5 的余数。因此条件（2）不充分。

联合条件（1）和条件（2），可得：

$$\begin{cases} n=2a_1+b_1 \\ n=2a_2+b_2 \end{cases}$$

已知 b_1 和 b_2 的值，但无法确定 a_1 和 a_2 的值，因此无法确定 n；既然无法确定 n，便无法确定 n 除以 5 的余数。因此条件（1）和条件（2）联合起来也不充分。

方法二：举反例。

条件（1），已知 n 除以 2 的余数，那么如果余数为 0，此时 n 应该为 2，4，6，8，10，12，…，此时的 n 除以 5 的余数是无法确定的，因此条件（1）不成立。

条件（2），已知 n 除以 3 的余数，那么如果余数为 0，此时 n 应该为 3，6，9，12，15，18，…，此时的 n 除以 5 的余数也是无法确定的，因此条件（2）不成立。

联合条件（1）和条件（2），如果余数仍然为 0，即 n 是 6 的倍数，那么此时 n 应该为 6，12，18，24，30，36，…，此时的 n 除以 5 的余数也是无法确定的，因此条件（1）和条件（2）联合起来也不成立。

所以条件（1）单独不充分，条件（2）单独不充分，条件（1）和条件（2）联合起来也不充分。

故选项 E 正确。

23. 答案：C

解析：本题考查平均数。

设理学院去年 5 个系即数学系、物理系、化学系、生物系、地学系的录取平均分分别为 x_1，x_2，x_3，x_4，x_5，则去年理学院的录取总分为 $60x_1+120x_2+90x_3+60x_4+30x_5$。

由于该理学院有 5 个系，若想知道理学院录取平均分升高与否，需要知道每个系的情况，方能推断出总体情况。由题干知物理系今年的录取平均分未变化，那么需要知道剩下 4 个系的情况。

很显然条件（1）和条件（2）都只体现了剩下的另 2 个系的情况，单独都不充分。

将条件（1）和条件（2）联合起来，那么可知今年理学院录取的总分为：

$60(x_1+3)+120x_2+90(x_3+1)+60(x_4-2)+30(x_5-4)$

$=60x_1+120x_2+90x_3+60x_4+30x_5+30$

今年录取总分减去去年总分，得：

$60x_1+120x_2+90x_3+60x_4+30x_5+30-(60x_1+120x_2+90x_3+60x_4+30x_5)=30$

即今年理学院录取平均分升高了 30 分。

因此条件（1）单独不充分，条件（2）单独也不充分，条件（1）和条件（2）联合充分。

故选项 C 正确。

24. 答案：A

解析：考查直线和圆。

首先，我们来将题干进行整理。

直线 $x+8y-56=0$ 整理后为 $y=-\dfrac{1}{8}x+7$，经过点（0，7）；

直线 $x-6y+42=0$ 整理后为 $y=\dfrac{1}{6}x+7$，经过点（0，7）；

直线 $kx-y+8-6k=0$（$k<0$）整理后为 $y=k(x-6)+8$，经过点（6，8）。

$\lg(x^2+y^2)\leqslant 2$ 进行等价转化为 $x^2+y^2\leqslant 100$，是以（0，0）为圆心，半径为 10 的圆。

根据题干要求，可以理解为：直线 $kx-y+8-6k=0$（$k<0$）经过点（6，8），点（6，8）恰好在圆 $x^2+y^2\leqslant 100$ 上，且在直线 $x-6y+42=0$ 上。

画图 12-4：

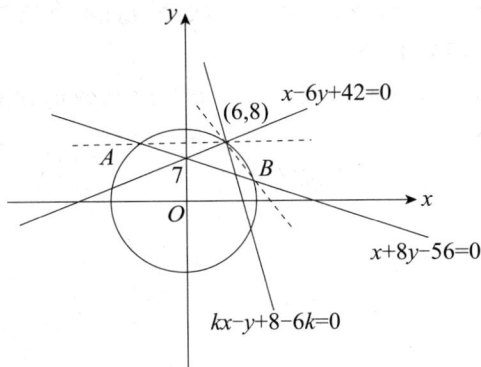

图 12 – 4

令直线 $x+8y-56=0$ 与圆 $x^2+y^2=100$ 的交点 A、B 为临界点，并将两个方程进行联合，可得：

$$\begin{cases} x^2+y^2=100 \\ x+8y-56=0 \end{cases} \Rightarrow \begin{cases} x_1=-\dfrac{408}{65} \\ y_1=\dfrac{506}{65} \end{cases} 或 \begin{cases} x_2=8 \\ y_2=6 \end{cases},$$

那么 $k_A=\dfrac{8-\dfrac{506}{65}}{6-\left(-\dfrac{408}{65}\right)}=\dfrac{1}{57}$，$k_B=\dfrac{8-6}{6-8}=-1$。

由题干知区域 D 为三角形，所以直线 $kx-y+8-6k=0$ 与直线 $x-6y+42=0$ 必然不平行，即 $k\neq\dfrac{1}{6}$。那么必然有 $k\in(-\infty,-1]\cup\left[\dfrac{1}{57},\dfrac{1}{6}\right)\cup\left(\dfrac{1}{6},+\infty\right)$；又由题干知 $k<0$，所以 $k\in(-\infty,-1]$。

条件（1）$k\in(-\infty,-1]$ 刚好符合该推论，因此条件（1）充分。

条件（2）$k\in\left[-1,-\dfrac{1}{8}\right)$ 不在推论内，因此条件（2）不充分。

故选项 A 正确。

说明：真正考场上时间很难允许如此运算，需要灵活机动应对此题。

本题可以直接从给出的条件出发，找寻临界点，当 $k=-1$ 时，点 C 恰好会在以 O 为圆心，半径为 10 的圆上面，且此时只能顺时针转动。所以 $k\in(-\infty,-1]$。

因此条件（1）充分，但条件（2）不充分。故选项 A 正确。

25. 答案：A

解析：考查等差数列。

等差数列的求和公式为：

$$S_n=na_1+\dfrac{n(n-1)d}{2}=\dfrac{d}{2}n^2+\dfrac{2a_1-d}{2}n.$$

令 $\dfrac{d}{2}=K_1$，$\dfrac{2a_1-d}{2}=K_2$，则等差数列的求和公式可以化简为：$S_n=K_1n^2+K_2n$，即一个关于 n 的二次函数形式且不含有常数项。

条件（1）$S_n = n^2 + 2n$，$n = 1，2，3$ 是个二次函数且不含常数项，因此符合推论形式，即 $\{a_n\}$ 为等差数列，条件（1）充分。

条件（2）$S_n = n^2 + 2n + 1$，$n = 1，2，3$ 是个二次函数但含有常数项，不符合推论形式，因此条件（2）不充分。

因此条件（1）充分，条件（2）不充分。

故选项 A 正确。

三、逻辑推理

26. 答案：B

解析：推论题。

由题干可知两个推论"低质量的产能→过剩""顺应市场需求的产能→不会过剩"，对第一个推论做逆否，等价得到"不过剩→高质量的产能"，再由第二个推论，可得"顺应市场需求的产能→不会过剩→高质量的产能"的推论，同选项 B。

故选项 B 正确。

27. 答案：A

解析：加强支持题。

题目要求支持的结论，即"此时的人类已经居于食物链的顶端"，其重点在于"居于食物链的顶端"。题干给出的直接论据是"在许多画面中，人们手持长矛，追逐着前方的猎物"。而选项 A 与题干的对象最一致，且指的是前提与结论有关，支持结论，所以选项 A 最能支持推断。

选项 B 削弱结论；选项 C 为干扰项，有加强，但不能直接支持推论；选项 D、E 为无关选项。

故选项 A 正确。

28. 答案：D

解析：假言命题推理。

由题干条件可得：

（1）爱好王维→爱好辛弃疾

（2）爱好刘禹锡→爱好岳飞

（3）爱好杜甫→爱好苏轼

题干给出，李诗不爱好苏轼和辛弃疾的词，则根据（1）和（3）的逆否，可以得到李诗也不爱好杜甫和王维，即李诗不爱好苏轼、辛弃疾、杜甫和王维，则李诗爱好的只可能有李白、刘禹锡、岳飞。

结合题干，每个人爱好的诗人不能与自己同姓，排除李白。

题干指出，每人只能爱好一位，结合条件（2），若爱好刘禹锡，也爱好岳飞，不合题干要求，故李诗爱好岳飞符合题意。

故选项 D 正确。

29. 答案：C

解析：假设题。

题干给出的结论是"狗比猫更聪明"。

题干给出的论据是"猫的大脑皮层神经细胞的数量只有普通金毛犬的一半"。

那么，要想此推论成立，就必须要隐含一个前提假设条件，那就是动物的聪明程度与其大脑皮层神经细胞的数量成正比，选项 C 则正好包含了这点。

故选项 C 正确。

30. 答案：D

解析：假言命题推理。

由题干条件可得：

条件（1）：陈甲→（邓丁∩非张己）

条件（2）：（傅乙∪赵丙）→非刘戊

题干要求，哪项的派遣人选和上述条件不矛盾，可采用代入法，将与前两项条件矛盾的选项排除。选项 A、B、C、E 均与条件矛盾，只有选项 D 不矛盾。

故选项 D 正确。

31. 答案：E

解析：假言命题推理。

题干给出条件"陈甲、刘戊至少派遣 1 人"，要求推出一个为真的结论。

由题干条件可得：

条件（1）：陈甲→（邓丁∩非张己）

条件（2）：（傅乙∪赵丙）→非刘戊

题目给出条件的逻辑关系为"陈甲∪刘戊"

若陈甲去，根据条件（1），则（邓丁∩非张己），邓丁可以去。

若刘戊去，根据条件（2），则非（傅乙∪赵丙），剩下的陈甲、邓丁、张己可以去。

若陈甲、刘戊都去，则根据以上分析，可能的组合是陈甲、邓丁、无张己，推出邓丁可以去。

故选项 E 正确。

32. 答案：A

解析：加强支持题。

题目要求支持科学家的观点，即"人们应该遵守作息规律"，其论据是"熬夜有损身体健康"，其重点在于"有损身体健康"，而选项 A 内容就是说科学家的理由为真，自然最能加强结论，所以选项 A 最能支持科学家的结论。

选项 B 为干扰项，虽说缺乏睡眠导致增加体重等，并不能直接表明有损身体健康；选项 C、D、E 都与有损身体健康无关，可以直接排除掉。

故选项 A 正确。

33. 答案：D

解析：论证结构题。

题干给出结论①，论据分别为②、④，通过排除法可得选项 D。

故选项 D 正确。

34. 答案：E

解析：加强支持题。

题干给出的结论是：母亲与婴儿对视有助于婴儿的学习和交流。

题干给出的论据是：母亲与婴儿对视时→双方的脑电波趋于同步→婴儿也会尝试与母亲沟通。

解题的关键除了把握以上推理和论证关系外，还要注意"脑电波趋于同步""婴儿的学习与交流"等关键词句。选项A、C与婴儿学习与交流无关，选项B与脑电波无关，均可排除。选项D并不能表明脑电波趋于相同，故排除。选项E最能支持结论。

故选项E正确。

35. 答案：B

解析：假言命题推理。

由题干条件可得：

（1）字母不连续→数字之和>15

（2）字母连续→数字之和=15

（3）数字之和：=18∪<15

本题可采用代入排除法解答。选项A，字母连续，数字之和为15，符合条件（2），但不符合条件（3），排除；选项C，字母连续，数字之和为16，不符合条件（2）、（3），排除；选项D，字母连续，数字之和为18，不符合条件（2），排除；选项E，字母不连续，数字之和为15，不符合条件（1），排除；选项B，字母不连续，数字之和为18，符合所有条件要求。

故选项B正确。

36. 答案：A

解析：推理排列题。

本题可采取先排除法后代入法解题。

由题干，第一列不能有"射""御"，不能排除；第二列不能有"乐""射""御"，排除E；第三列不能有"书""数"，不能排除；第四列不能有"御""乐"，排除C；第五列不能有"书""礼""数"，排除B。

再将余下的选项A、D，先后代入，即可得出答案A。

故选项A正确。

37. 答案：C

解析：假言命题推理。

联合条件（1）、（2），则民族、电音、说唱、爵士都入围。

根据条件（3），摇滚和民族类都入围→电音和说唱中至少有一类没有入围。由于电音和说唱都入围，则将条件（3）推理逆否，可以得出摇滚和民族类没有都入围，至少有一个没入围，所以不入围的只能是摇滚。

故选项C正确。

38. 答案：D

解析：推理题。

题干各老师的话可用以下逻辑关系表示

甲：乙；

乙：非乙∩丙

丙：非丙

丁：非丁∩甲

戊：非甲→非丁

本题可先采用代入法，可先假设出现次数高的老师是做了的，通过题干所给的只有一个说法为真的条件，判断出真假，再通过矛盾关系判断。

本题乙出现的次数较高，假设乙做了，则甲老师所说为真，乙所说为假，丙没有做，则丙所说也是真实情况，故不是乙做的。

由于乙没有做，再加上只能有一个老师所说为真，则乙老师和丙老师的话就为矛盾关系，只能有一个为真，则其余老师说的均为假。

由丁老师所说的是假话，则甲没有做。再由戊老师所说也是假话，则为丁老师做的。

故选项 D 正确。

39. 答案：C

解析：结构比较题。

题干所给论证错误为谬误类比，即：因为 A→B 错误，所以 A→C 也错误

本题中 B、D、E 选项因差别太大，可以先排除。选项 A 和 C 比较相似，容易弄混。选项 A 倾向于原因评价。选项 C 则是跟领导闹矛盾，而对提出的建议得出质疑。

故选项 C 正确。

40. 答案：B

解析：推理题。

题干要求是要验证"每张至少有一面印的是偶数或者花卉"，那么可知现有的 6 张卡片里，第二张的 6、第三张的菊、第六张的 8 均已符合题干要求，那么只需去翻开剩下的那三张牌，即第一张的虎、第四张的 7 和第五张的鹰，即至少需要翻看 3 张卡片才能满足要求。

故选项 B 正确。

说明：此题极容易引起阅读理解的分歧，并因此产生不同的答案。

有些考生会把它理解为题干中的 6 张卡片都是特定的文字：虎、菊、鹰；特定的数字：6、7、8。如果是这样，那么答案就完全不同了。

在 6 张卡片是既定的三个文字：虎、菊、鹰，特定的数字：6、7、8 的情况下，解析如下：

（1）由于要验证的是"每张至少有一面印的是偶数或者花卉"，那么显然第二张的 6、第三张的菊、第六张的 8 不需要翻看；

（2）假设翻看第一张卡片虎时，如果它的背面是 7，那么此时剩下的第四张 7 和第五张鹰都不用翻看了，因为此时第四张的 7 的背面一定是虎，而第五张鹰的背面一定是偶数 6 或 8。此时翻看一张卡片即可满足题干要求。

（3）假设翻看第一张卡片虎的背面是偶数 6 或 8，那么还需要翻看剩下的第四张 7 或第五张鹰，二者必须翻看其一，如果 7 的背面是菊，那么鹰的背面一定是偶数 8 或 6。

因此，要想确保验证成功，需要至少翻看 2 张卡片才可以完全确定。

此时选项 A 正确。

针对于本题，编者更倾向于理解题干为：只知 6 张卡片现有一面的文字和数字，背面均是不特定的、未知的。因此坚持答案为 B。

41. 答案：D

解析：假言命题推理。

由题干条件可得：

(1) 丁网管→甲物业

(2) 乙非保洁→甲保洁∩丙销售

(3) 乙保洁→丙销售∩丁保洁

本题可采用先寻找矛盾，后代入排除法解答。题干和条件（3）矛盾，故条件（3）为假，乙非保洁。再将其代入条件（2），则可知甲保洁、丙销售。结合条件（1）可知，丁不是网管，那么，根据题干设定条件，乙只能是网管。

故选项 D 正确。

42. 答案：C

解析：削弱质疑题。

题干给出的论据：多款智能导游 APP 被开发出来，并且具有可定位用户位置、自动提供景点讲解和游览问答等功能。

题干给出的结论：未来智能导游必然会取代人工导游，传统的导游职业行将消亡。

选项 C 直接质疑了论据，最能质疑专家的观点。选项 D 为干扰项，现在用户人数少，不代表将来用户人数少，也不代表未来不会取代人工导游。

故选项 C 正确。

43. 答案：E

解析：推理题。

由题干甲、乙两人的对话，可以得出如下推理：抽烟的医生→不关心医生自己的健康→不会关心他人的健康→没有医德。

甲表示不会找没医德的医生看病，则通过将上述推理逆否，可得如下推理：不抽烟的医生←关心医生自己的健康←会关心他人的健康←有医德。

从以上推理，可看出选项 A、B、C、D 都显然为真，选项 E 不能确定。本题要求的是，除了哪项，其余各项均可得出，选项 E 符合题目要求。

故选项 E 正确。

44. 答案：B

解析：补充前提题。

由题干可知如下判断：

(1)（得道者→多助）∩（失道者→寡助）。

(2)（多助→天下顺之）∩（寡助→亲戚畔之）。

(3) 天下顺，战胜，亲戚畔。

(4) 君子会战胜。

前三个判断是递顺关系，可以得到"得道者会战胜"的判断。而结论的判断（4）与前三个判断没有关系，若想成立，必须搭个桥，即君子应是得道者。

故选项 B 正确。

45．答案：C

解析：加强支持题。

题目要求支持的结论，即"家长陪孩子写作业，会对孩子的成长产生不利影响。"

题目给出的论据，即"家长相当于充当学校老师的助理，让家庭成为课堂的延伸。"

选项 C 直接强化了专家论据，对其观点支持最强。选项 A 削弱专家观点。选项 B、D、E 与专家推论无关。

故选项 C 正确。

46．答案：B

解析：推理排列题。

本题可采取画图法解题。由题干可得出如下条件：

（1）从低到高有荒漠、森林带、冰雪带等；

（2）经过山地草原，荒漠←演变成森林带；

（3）不经过森林带→山地草原就不会过渡到山地草甸；

（4）山地草甸的海拔不比山地草甸草原的低，也不比高寒草甸高。

以上条件可以画数轴图表示：

荒漠＜山地草原＜森林带＜　　　　山地草甸　　　＜冰雪带

低　　　　　　　　　　　　　　　　　　　　　　　高

又由（4），得：山地草甸草原≤山地草甸≤高寒草甸

从以上数轴图可以看出，森林带比高寒草甸要高，选项 B 一定为假。

故选项 B 正确。

47．答案：D

解析：假言命题推理。

由题干条件可得：

（1）甲：《史记》∪《奥德赛》＝非《论语》∩非《唐诗三百首》∩非《资本论》

（2）（乙∩丁）：（《论语》∪《史记》）

（3）乙：《论语》→戊：《史记》

本题可采用先寻找矛盾，后代入排除法解答。在条件（3）中，若乙选《论语》为真，则结合条件（2），则丁选《史记》，又与条件（3）中戊的重复，则乙所选不是《论语》，联合条件（2），乙所选应该是《史记》，丁所选是《论语》，联合条件（1），甲所选应为《奥德赛》。

故选项 D 正确。

48．答案：B

解析：推理题。

由题干可得如下推理：

（1）只为自己劳动→（也许成为学者等∩一定不能成为伟人）

（2）选择为人类福利的职位→重担不会压垮→（感到的不是可怜的……乐趣∩感到的幸福属于千百万人∩事业会永续∩面对为人类福利的人的骨灰，高尚的人会洒下热泪）

2021年MBA、MPA、MPAcc等管理类专业学位联考考前点睛 综合能力历年真题精解及全真预测试卷

题目要求确定某一选项为真，则可将各选项代入以上推理验证。选项 A 不一定为真，选项 B 为真，选项 C 不一定为真，选项 D、E 不确定。选项 B 符合推断。

故选项 B 正确。

49. 答案：A

解析：推理题。

由题干可得出蔬菜各组分类的条件：

（1）同类的不在一组

（2）芹菜→非黄椒，冬瓜→非扁豆

（3）毛豆∩（红椒∪韭菜）

（4）黄椒∩豇豆

本题可先采用代入法，可先研究出现 2 次或 2 次以上的研究对象。这里先联合研究条件（2），逆否条件（2），可得黄椒→非芹菜，联合条件（4）可知，豇豆必定与黄椒在一起，必不与芹菜在一起。

故选项 A 正确。

50. 答案：B

解析：推理题。

由题干可得出蔬菜各组分类的条件：

（1）同类的不在一组

（2）芹菜→非黄椒，冬瓜→非扁豆

（3）毛豆∩（红椒∪韭菜）

（4）黄椒∩豇豆

本题可先采用代入排除法，题干要求"韭菜、青椒与黄瓜在同一组"，则可首先排除选项 C。由条件（3）有红椒必须有毛豆，则可排除选项 A。由条件（4）黄椒、豇豆必须在一起，可排除选项 D、E。余下选项 B 符合要求。

故选项 B 正确。

51. 答案：E

解析：加强支持题。

题干论证方式：

论据：《淮南子·齐俗训》中有关于熬牛肉汤的记载。

结论：牛肉汤的起源不会晚于春秋战国时期。

由此可见，论据和结论是彼此独立的，需要一个能衔接二者关系成立的中间桥梁。

选项 E 则指出，《淮南子·齐俗训》记述的是春秋战国时期齐国的风俗习惯，很好地衔接了题干中论据和结论的关系，有力地支持了题干结论。

故选项 E 正确。

52. 答案：E

解析：质疑题。

题干论证方式：

论据：笑的频率高→自我健康状态的评价高。

174

结论：爱笑的老人更健康。

需要注意的是，"更健康"和"自我健康状态的评价高"，是两个不同的概念。

选项E指出，老年人的自我健康状态的评价往往和他们实际的健康状况之间存在一定的差距，最大程度地质疑了题干的论证。

故选项E正确。

53. 答案：A

解析：削弱题。

题干论证方式：

论点：为了降尘北京应大力推广阔叶树，并尽量减少针叶林面积。

论据：与针叶树比较，阔叶树的降尘优势明显。

选项A指出阔叶树与针叶树比例失调，不仅极易暴发病虫害、火灾等，还会影响林木的生长和健康，即强调了阔叶树与针叶树比例平衡的重要性，不能因为阔叶树有降尘的优势就推广阔叶树，而减少针叶树。选项A最能削弱论点。

选项B说针叶树的不足，加强观点；C项与题干论证结构无关；D项说明阔叶树冬季养护成本高，虽然能削弱阔叶树应被推广观点，但此成本问题题干并未涉及；E项说可以使用别的手段，未必能证明题干的措施不可行，不能削弱。

故选项A正确。

54. 答案：E

解析：推理题。

根据题干条件"每个品种只栽种两种颜色的花"可知每个品种被选择了2次。根据图示可知除了格子1，其他所有格子均与格子5相邻，结合题干条件（3），那么格子1和格子5为同一品种的两种不同颜色的花。

如果格子5是红色的花，那么它只能是玫瑰或兰花，因此格子1也只能是玫瑰或兰花。

选项E说格子1中是白色的菊花，这是不可能的。

故选项E正确。

55. 答案：D

解析：推理题。

根据题干"格子5中是红色的玫瑰"，联合条件（3），则可推出2、3、4、6格子中是两个兰花及两个菊花且不能是红色的，故出现兰花的只能是白色或黄色，并且兰花的位置只能是2、6格或者3、4格两种情况。

再将两种情况代入验证。若兰花出现在2、6格，其中的黄色的兰花与"格子3中是黄色的花"与题干条件（3）"相邻格子的花，其品种与颜色均不相同"冲突，因此，兰花只能是种在3、4号格。故3号格子为黄色兰花，4号格子为白色兰花。

故选项D正确。

四、写作

56. 论证有效性分析

评分标准（满分30分）：

评分项目	分值	评分标准
分析评论的内容	15分	1. 分析中指出论证中存在的逻辑缺陷和漏洞，只要言之有理，指出一点给4分； 2. 如果是肯定有关论点的分析，最多只给4分； 3. 考生分析评论的内容超出参考答案者，只要言之有理，也应给分； 4. 本项评分最高15分。
论证程度、文章结构、语言表达	15分	按照论证程度、文章结构和语言表达评分，分四类卷给分，最高分15分： 一类卷：12～15分。论证或反驳有力，结构严谨，条理清楚，语言精练流畅。 二类卷：8～11分。论证或反驳较为有力，结构尚完整，条理较清楚，语句较通顺，有少量语病。 三类卷：4～7分。有论证或反驳，结构不够完整，语言欠连贯，较多语病，分析评论缺乏说服力。 四类卷：0～3分。明显偏离题意，内容空洞，条理不清，语句严重不通。
合计	30分	

备注：1. 不符合字数要求或出现错别字，酌情扣分；
2. 书写清楚，卷面整洁，酌情加1～2分；
3. 实际阅卷中，标题在整体结构中占2分；
4. 最高总分不超过满分30分。

【点拨】

本篇材料以"选择"作为主题，其观点是"其实选择越多，可能会越痛苦"，并从四个角度去论证了自己的观点：

（1）"知足常乐"。只有无穷的选择，才能使人感到最快乐，而追求无穷的选择就是不知足，不知足者就不会感到快乐，那就只会感到痛苦。

（2）选择越多，我们在考察分析选项时势必付出更多的精力，也就势必带来更多的烦恼和痛苦。并以考试中的选择题为例来进行证明。

（3）选择越多，选择时产生失误的概率就越高，由于选择失误而产生的后悔就越多，因而产生的痛苦也就越多。并用日常出行中选择交通工具为例来进行证明。

（4）选择肯定有优劣之分。选择越多，后悔的概率就越大。并以股民选择股票为例来进行证明。

本篇材料延续了这几年有效性论证分析的命题思路，总体风格雷同，很容易找出逻辑缺陷和漏洞。

纵观近10年的有效性论证分析，结合本材料，可以得出以下结论：

1. 选材。本次的选材是关于"选择"这一话题，这是一个关乎日常生活的话题，很浅显易懂。而且现实生活中也会存在关于选择的各种观点，所以这些观点听上去都觉得很顺溜，只不过体现在考试中，首先要想到的便是如何去驳论这些观点。

有效性论证分析的总体取材仍然侧重于管理类题材，同时兼顾社会热点、经济和文化等题材。譬如2014年的考题是围绕"权力的制衡与监督"，2015年的考题是围绕"政府是否应该干预生产过剩"，2017年的考题是围绕人性而展开的"官员治理、选拔和监管"，这些都是管理类题材；2013年的考题是围绕"文化"这一题材；2016年的考题是多年来的一个热门话题：大学生的就业问题；2018年的考题延续了一个热门话题"物质丰富和精神贫乏"，而2019年持续了热门话题题材，即"选择"。所以考生在备考时不要过于局限于某类题材，而是要尽可能兼顾好方方面面，专业联考要考的是考生的综合能力，只要我们具备一定的管理常识和社会认知，结合我们的逻辑判断能力就肯定能轻松解题。

2. 文字量。2019年的有效性论证分析文字量达超过了500字，创造了近年之最。2018年的有效性论证分析的总体实际文字为不足400字，2016、2017年的文字量也不足400字。但我们同时可以发现，尽管2019年的文字量增长明显，但文字内容却是非常浅显易懂，不影响我们解题，甚至更有利于我们去找到逻辑缺陷。

3. 材料结构。2019年的有效性论证分析，全篇材料一共五段，第一段是道出作者观点：其实选择越多，可能会越痛苦；第二、三、四、五段为四个分论点，来分别论证作者观点。2017年和2018年的有效性论证分析也是五段，第一段到第四段均和2019年相同，所不同的是最后一段是总结论证作者观点。

4. 逻辑错误。本有效性论证分析从内容上来讲，是关于"选择"的话题，专业性不强，考生根据日常生活经验就可以掌握论证的核心；从形式上来讲，全文采取驳论式方式，对观点"选择越多越快乐"进行反驳，那么解题时考虑否定该驳论即是。今年的有效性论证分析依旧是逻辑错误很多，考生结合日常知识加上逻辑推理知识完全可以很好地进行解题。

5. 难度。2019年的考题难度基本接近于2018年，虽然考题的文字量有增加，但并不影响考题难度，反倒更易查找逻辑错误和漏洞。这同时也表明考试的难度基本是趋于稳定的。

但是，就写作这部分而言，需要郑重提示的是：

1. 注意卷面的整洁。在整个综合能力考试中，唯有写作部分是主观题且需要落实到卷面的。卷面整洁与否直接关乎到评卷老师对整个写作部分的印象分，不只是那1~2分的卷面分。

2. 注意时间的把控。这是年年都要高度提示考生的一点。写作不同于数学和逻辑，那两科一旦遇上难题还可以酌情及时从选项中作出选择，而写作部分要切实用笔落实到卷面上，如果不能留出足够的时间（譬如一小时）来做有效性论证分析和论说文，那么在高度紧张的情况下，必然影响做题的速度和正常发挥。所以有些考生会倒着做，也就是先做主观题，这也是未尝不可的。结合自己的特点和特长去入手是可以的。

3. 要会找逻辑错误，找尽可能可以获得高分的逻辑错误。像今年的论证有效性分析，很多逻辑错误是相似的，虽然列举出来都可以得分，但如果尽量去找逻辑错误明显不同的，这样更易得高分。你如果是阅卷老师，也会喜欢看到这样的分析结果。

4. 注意全文字数在600字左右。写作部分对文字总量都有要求，过多会导致超出卷面既有的框格，过少会显得分量不足。合理把控每处逻辑错误的写作文字量，这样总体布局就完美很多。

高效快捷解决有效性论证分析在于日常的大量练习，学会快速提炼各种不同的逻辑错误，譬如不当类比、混淆概念、以偏概全、过于臆断等等。认为只有数学、逻辑、英语才需要大量练习，而写作不用练习的观点一定是大错特错的，真正的考场一定是对日常练习的一场锤炼，付出与否，练习如何，检验便知。

本篇材料共五个自然段。第一自然段说，有人认为选择越多越快乐，理由是"人的选择越多就越自由，其自主性就越高，就越感到幸福和满足，所以就越快乐"。针对这点，作者立马提出自己的反驳观点：其实选择越多，可能会越痛苦。并在接下来的四个自然段采取了反驳论证。

但我们在读题的过程中不难发现，作者的驳论论证中本身存在有诸多逻辑错误，论据难以成立，以下要点可供参考：

1. 曲解了"知足常乐"的概念。"知足常乐"出自于老子的《道德经》，其含义是安于已经得到的利益、地位等，而并非材料中所述的"只有无穷的选择，才能使人感到最快乐"。

2. 材料中"世界上的事物是无穷的，所以选择也是无穷的。"此话是欠妥当的。客观事物的无穷性并不绝对意味着个人主观选择的无穷性，前者的"无穷的事物"和后者的"无穷的选择"的范围不同，由前者不必然能推断出后者，因此存在有不当类比之嫌。

3. "追求无穷的选择就是不知足"，这句话明显不当，"无穷的选择"不等同于"不知足"，前者强调追求，后者强调物质欲望，侧重点不同。

4. 即便"追求无穷的选择就是不知足"，也不必然推断出"不知足者就不会感到快乐，那就只会感到痛苦。"此论断明显属于"非黑即白"。人生未必只有快乐和痛苦，不快乐未必就一定痛苦，也许追求无穷的选择的过程中就已经充满了快乐，也许不快乐但却平静坦然，不是痛苦。

5. 材料中认为"选择越多，我们在考察分析选项时势必付出更多的精力，也就势必带来更多的烦恼和痛苦。"此说法过于绝对。该材料不当假设了这一前提，即"考察分析选项的努力一定是痛苦"，但选择越多，可能机会越多，主动权越大，成功的概率越大，而这个"考察分析选项"的过程也许是快乐的、有成就的，未必就一定是痛苦的。此论断存在有"不当假设"之嫌。

6. 为了证明上一条中的观点，材料作者又以考卷中的选择题为例来进一步证明"选项越多，选择起来就越麻烦，也就越感到痛苦。"但此处明显存在两个逻辑错误：混淆概念和类比不当。"选择题"和"选择"是两个完全不同的概念，不可等同；"选择题"是一个事例，是指从试卷中的选项里去挑选尽可能对的选项，但"选择"本身是个更广义的范畴，未必有对错之分，"选择题"是无法替代生活中的"选择"的，因此用"选择题"与"选择"进行类比是明显不当的。

7. 材料中"选择越多，选择时产生失误的概率就越高，由于选择失误而产生的后悔就越多，因而产生的痛苦也就越多"是典型的三连推滑坡谬误。选择越多，选择时产生失误的概率就越高→产生的后悔就越多→产生的痛苦也就越多，此推论明显过于片面，难以成立。选择越多，选择的余地和宽度就可能越大，选择时产生失误的概率可能反倒越小；即便由此产生的后悔越多，也不必然推断出产生的痛苦也就越多，因为"后悔"和"痛苦"是两个截然不同的概念，

8. 为了证明上一条中的观点，材料作者又提出另一例证，即"有人因为飞机晚点而后悔没选择坐高铁，就是因为可选交通工具多样造成的，如果没有高铁可选，就不会有这种后悔和痛苦。"但此例证则明显存在因果不当之嫌。可选择的交通工具很多，除了高铁可能还有快速大巴、私家车等，但如果将飞机晚点而后悔没选择坐高铁的原因归结于可选

交通工具多样，则未免过于牵强，也许真正后悔的原因是由于自己的选择失误而后悔，而不是因为交通工具多。

9. 材料中一方面提到"选择越多，选择时产生失误的概率就越高，"，即肯定了选择一定会造成失误；另一方面提到"退一步说，即使其选择没有绝对的对错之分，"，即肯定了选择可能不会产生错误，那么二者之间就构成了冲突，存在有"自相矛盾"之嫌。

10. 材料作者认为，"即使其选择没有绝对的对错之分，也肯定有优劣之分，人们做出某些选择后可能会觉得自己的选择并非最优而产生懊悔。"此论断明显过于绝对。选择没有绝对的对错不一定就肯定有优劣之分，很可能同时存在着都好、都不好等平行选项。而"从这种意义上说，选择越多，后悔的概率就越大，也就越痛苦，"，则更是有强加因果之嫌。选择多未必就痛苦，没有选择可能才真的是人生之痛啊！

11. 为了证明上一条中的观点，材料作者举出例证"很多股民懊悔自己没有选择好股票，而未赚到更多的钱，从而痛苦不已。无疑是因为可选股票太多而造成的。"此处有两个逻辑缺陷：以偏概全和忽略他因。股票只是个个例，以股票个例就去归结"选择越多，后悔越大，也就越痛苦"未免以偏概全；另外，股票买得好与不好包括众多因素，股票多只是其中因素之一，其他因素可能包括购买股票的时机、对所购股票的上市企业的了解、对股市新规及政策的了解等，因此此处明显存在有"忽略他因"。

12. 从全篇材料来看，作者都在论证"选择越多，可能越痛苦"，却从不谈及由于选择多而带来的机会、成功和满足，明显过于片面看问题，不全面。

以上要点剖析中能指出3～4点就可以，其他存在但未指出的逻辑错误，只要是题干推理论证过程中客观存在的且言之有理的，同样给分。

【参考范文】

选择越多，真的越痛苦吗？

材料认为"选择越多，可能会越痛苦"，并从四个角度论证了自己的观点。但其论证明显存在诸多逻辑错误，难以成立。

首先，"知足常乐"真正的含义是指满足既得利益，而作者曲解其意思，并将其等同于"只有无穷的选择，才能使人感到最快乐"，并进一步认为追求无穷的选择就是不知足，不知足者就只会感到痛苦，这种"非黑即白"的逻辑显然无法成立，有偷换概念之嫌。

其次，作者认为"选择越多，付出的精力更多，带来的烦恼和痛苦更多"，并以考卷中的选择题为例来佐证自己的观点。此论断显然过于片面化。选择越多可能机会就越多，选择的主动权就越大，成功的概率就越大，带来的快乐和满足也就越多啊！且考卷中选择题只是个个例，和具有广泛意义的生活中的"选择"相对比，明显是"不当类比"。

再次，作者的"选择越多，失误的概率越高，产生的后悔越多，因而产生的痛苦也就越多"属于典型的三连推滑坡谬论，过于片面且难以成立。选择越多，也可能机会越多，余地越大，失误的概率越小！而作者力图用飞机和高铁的替代效应来证明这个观点也明显欠妥，只因为飞机晚点而没有选择坐高铁就后悔和痛苦吗？也许真正后悔和痛苦的原因不是因为可选择的交通工具太少，而是由于自己选择的失误所致。这里明显有"强加因果"之嫌。

最后，作者认为"选择有优劣之分，人们可能因自己的选择而产生懊悔"，并进一步推断"选择越多也就越痛苦"，并以股民选择股票为例来力证这一论断。很显然，作者在这里继续犯了极端片面化的错误。选择多未必就是痛苦，人生最痛苦的，也许莫过于没有选择。而股民选股票只是个例，不能就此推断整体，此处有"以偏概全"之错误。

综观全文均可看出作者论证过于片面化，缺乏严谨和缜密。因此，"选择越多，可能会越痛苦"之论断是难以成立的。

57. 论说文

评分标准（满分35分）：

评分项目	评分标准
综合评比：内容、结构、语言（30分）	一类卷：26~30分。紧扣题意，立意深刻，中心突出，论证充分，结构完整，行文流畅。 二类卷：21~25分。切合题意，立意比较深刻，中心明确，论证比较充分，结构比较完整，层次比较清楚，语句比较通顺。 三类卷：16~20分。基本切题，中心基本明确，论证基本合理，结构基本完整，语句比较通顺，有少量语病。 四类卷：11~15分。不太切题，中心不太明确，论证有缺陷，结构不够完整，语句不通顺，有较多语病。 五类卷：6~10分。偏离题意，中心不明确，论证有较多缺陷，结构比较残缺，层次比较混乱，语句不顺，语病严重。 六类卷：0~5分。观点错误，背离题意或直接与试题无关，结构严重残缺，层次混乱，语句严重不通顺。
其他评比：题目、书写、卷面（5分）	1. 题目：切题，2分；一般，1分；漏拟题目，0分。 2. 书写（包括文字和标点符号）：规范标准，2分；每三个错别字扣1分，重复不累计；标点符号有明显错误，酌情扣分；各项扣分累计2分，扣满2分为止。 3. 卷面：卷面整洁，书写清楚，1分；卷面不整洁，书写潦草，0分。
备注：最高总分不超过满分35分。	

【点拨】

一、审题

1. 题材背景：

本篇材料有着比较深刻的历史和时代背景。

十年中国"文化大革命"浩劫结束之后，1978年5月，一篇名为《实践是检验真理的唯一标准》的文章首先在中央党校内部刊物《理论动态》上刊发，然后在《光明日报》上以"本报特约评论员"名义在头版刊发，《人民日报》《解放军报》《解放日报》等多家报刊迅速全文转载，在中国思想理论界引起巨大震动，引发了全国关于真理标准问题的讨论。

毛主席在《新民主主义论》里说道：真理只有一个，而究竟谁发现了真理，不依靠主观的夸张，而依靠客观的实践。只有千百万人民的革命实践，才是检验真理的尺度。毛主席在这里强调了检验真理的标准只能是社会的实践，"只有……才"说明了检验真理的标准只有一个，那就是实践。

邓小平同志于1977年复出工作后，对"文革"进行了拨乱反正，于1978年12月党的十一届三中全会上指出，目前进行的关于实践是检验真理的唯一标准问题的讨论，实际上也是要不要解放思想的争论。一个党，一个国家，一个民族，如果一切从本本出发，思想僵化，迷信盛行，那它就不能前进，它的生机就停止了，就要亡党亡国。

习近平主席曾明确指出：必须高度重视理论的作用，增强理论自信和战略定力，对经过反复实践和比较得出的正确理论，要坚定不移坚持。从这个意义上来说，实践是检验真理的唯一标准，也是推进理论发展的根本动力。

以上是试题题材的命题来源。

2. 考试题型：

同近年的考题，仍然是自由拟题的材料作文，需根据题材进行分析和立意。和2017年、2018年真题相比，区别是前两年的材料基本结构是：材料立意＋观点分析。即在一段很短的材料文字里，给出一个讨论的主题，给出两个截然不同的态度：积极支持的态度和消极否定的态度，而今年的材料则不彰显这种可选择性态度，只能正面立意。

纵观近十年的考试，自由拟题的材料作文已经成为最主要的题型，并已成为管理类专业联考最为普遍的论说文题材形式，建议考生在备考时仍然要重点关注。

3. 考题难度：

和往年相比，今年的考题比较抽象，材料文字有限，对考生的思维能力、分析能力和辩证能力是一种考验，总体难度相对于近年考试而言是稳中有升的，是相对比较难的考题。

4. 审题关键点：

主题词：真理，实践，论辩。

几个关键的字词："只有……才能""是……重要途径之一""可以……从而"。这些关键字词能猜测和判断命题人的立意倾向。

材料要阐述的两层含义：

含义一：知识的真理性只有通过实践的检验才能得到证明；

含义二：要找到检验真理的途径，论辩是一条重要的途径。

因此，作为考生就需要考虑分析，既然材料包含上面两个含义，那么命题人的立意倾向是什么？

如果是含义一，即知识的真理性只有通过实践的检验才能得到证明，那么这类话题就比较宽泛了，我们日常口头禅中就经常有诸如"实践是检验真理的唯一标准"等。

如果是重在含义二，即要找到检验真理的途径，论辩就是重要的途径之一，且材料还紧接着特别说明"冲突的观点可以暴露错误而发现真理"，是为了更进一步佐证论辩是检验真理的一个行之有效的方法。那么如此审题，就不难发现命题人应该更倾向于第二层含义。

如果综合两层含义，既要体现真理需要实践检验，同时要说明论辩是检验真理的一条重要途径。这个很符合我们中国人讲究的中庸和全局观念。这也是未尝不可的。

二、立意

1. 针对含义一"知识的真理性只有通过实践的检验才能得到证明"，这里的"只有……才能"强调了实践是检验真理的唯一标准，对于学中国教材出身的我们来说，对这句话很熟悉，那么我们的立意去凸显实践和真理的关系就很好。标题可以考虑为：《实践是检验真理的唯一标准》《实践中检验真理》《实践出真知》等。

2. 针对含义二"要找到检验真理的途径，论辩是一条重要的途径"，那么这里突出的是论辩是检验真理的一种方法和途径。我们经常听到的俗话"事儿越辩越明"其实就是这个道理。那么围绕此观点出发的标题可以考虑为：《论辩是检验真理的重要途径》《论辩出真理》《真理越辩越明，道理越讲越清》等。

3. 综合含义一和含义二，即综观全局，我们可以看到材料是围绕真理和实践的关系而展开，真理源于实践，实践检验真理，在检验的过程中会出现冲突的观点，通过论辩这一重要方式可以发现真理。因此当立意是综观全局的话，标题就可以考虑为：《在实践中检验和发现真理》《真理源于实践，碰撞迸发真理火花》《实践检验真理，论辩出真知》等。

提示：

以上三种立意都可取，但第二种应更具有命题者倾向性，第三种是比较全面和综合的。阅卷者对这些立意都不能否定和驳斥，只是看哪种立意更佳和更可取。

但要注意的是，今年的材料作文立意只能肯定材料中观点，而不要轻易否定。这个和往年的一些题材是有区别的。一旦否定了观点，那立意就不仅偏颇，同时也是难以成立和不科学的，这就要求考生具有一定的历史和哲学知识，具有一定的综合能力。

【参考范文一】

实践出真知

材料提出："知识的真理性只有通过实践的检验才能得到证明"，道出了真理的本质——实践出真知。

什么是真知？真知就是人们对符合客观世界规律的主观认识，是对客观事物的高度概括。对客观世界的详尽了解是概括出客观规律的基础，否则提炼出的主观认识就与真知差之万里。

详尽了解客观世界的唯一途径就是实践。古人所说"天下之事，闻者不如见者知之为详，见者不如居者知之为尽"，就是讲这个道理。毛泽东曾用一段通俗的话分析实践的重要性：你要有知识，你就得参加变革现实的实践。你要知道梨子的滋味，你就得变个梨子，亲自吃一吃。历史证明，也只有实践，才能够找到真知。李时珍尝遍百草终成《本草纲目》，徐霞客走遍万山著就《徐霞客游记》，爱迪生实验近千次方发明电灯。

实践不但是真知的出处，还是检验真知的标准。毛主席在《实践论》中曾说：真理的标准只能是社会的实践。事实证明，实践本身具有把主观认识和客观世界联系起来的特性。新中国的建立，证明了毛主席军事思想和政治思想的正确，改革开放四十年的伟大奇迹，证明了邓小平理论的正确，现在我们正努力追逐的中国梦，将为中国特色社会主义思想的正确性提供检验。

当前，我们正处民族复兴的关键时期，确立实践出真知的观念对我们的各项工作具有重大现实意义。古人云：心中醒，口中说，纸上作，不从身上习过，皆无用也。

同时，我们需防范"盲目实践"。实践难免不会犯错，这是追求真知过程中需要付出的代价，但不是"盲目实践"。"盲目实践"在本质上就不是真正意义上的实践，是不经充分调查和准备的产物，也就是"拍脑袋决策"的产物。

总之，实践出真知，只有正确对待实践，才能让我们的认知更快地接近并成为真知。

【参考范文二】

理越辩越明，事越辩越清

如材料所言，论辩是纠正错误的重要途径之一，冲突的观点可以暴露错误从而发现真理，这也正对应了我们中国的老话：理越辩越明，事越辩越清。

论辩是纠错和发现真理的有效途径，真理越辩越明。什么是真理？真理是人们对符合客观世界规律的主观认识，认识不同，结果不同，也就自然有不同的"真理"。哪个"真理"更符合客观现实，就需要通过论辩来完成。国内革命战争时期，王明的"左"倾指导思想导致了红军第五次反"围剿"的失败，在党的生死攸关之时，及时举行的遵义会议通过激烈讨论，最终确定了毛泽东在党和红军的领导地位，毛泽东军事思想得以被认可和实践，并最后成功地挽救了党和红军，扭转了整个历史的局面。

论辩中的冲突犹如真理的火花，在碰撞后迸发，进而让事越辩越清。上世纪70年代末，十年"文化大革命"的浩劫让很多人开始思考他们奉行的"真理"，曾经大行其道的"两个凡是"也终于让人开始质疑，于是《实践是检验真理的唯一标准》的文章揭开了鼎沸之锅，一场"解放思想大讨论"才让全国人民明白"以阶级斗争为纲"已经行不通，贫穷不是社会主义，并最终在邓小平同志的带领下，中国迈开了改革开放的新步伐，开创了中国腾飞的新局面。

真理和论辩是有机统一的，真理需要实践去检验，论辩出真理。古语云"真金不怕火炼"，就是指真理源于实践，经得起时间的考验，而论辩是纠错、是冲突、是碰撞，使得真理可以更好、更有效地被认知和发现。新中国成立至今，我们走完了西方国家需要用几百年时间才能走完的历程，这要归功于关于"真理"标准的大讨论、大论辩，拨乱反正方能让真正的"真理"呈现，经济建设、民族复兴才能得以践行。

因此，我们要检验和发展真理，我们要欢迎论辩，不怕冲突，要相信理越辩越明，事越辩越清，这样的社会发展进程才会更加健康和持续。

【参考范文三】

实践检验真理，论辩出真知

实践和论辩，二者是一个有机体。

实践是检验真理的标准，这是马克思主义认识论的一个基本原理。毛主席在《新民主主义论》中指出，真理只有一个，而究竟谁发现了真正的真理，不依靠主观的夸张，而依靠客观的实践。知识是对客观世界的高度概括，知识的真理性是否符合客观世界的客观规律，也只能放在客观世界中，依靠客观实践来检验。

论辩是发现知识真理性的途径。俗话说，理不辩不明，事越辩越清。国内革命战争时期，遵义会议上的一场辩论，确立了毛泽东同志的军事思想，为夺取国内革命战争胜利奠定了基础。40年前，《光明日报》刊发的《实践是检验真理的唯一标准》的文章引起了一场巨大的解放思想的大讨论，并催生了我国改革开放的路线方针，从而拉开了改革开放腾飞中国的大幕。

实践与论辩都应重视。若仅强调实践的重要性，不注重对现有理论的辨别，会让人陷入低水平的实践，增加实践的成本和代价，甚至在错误的方向上越走越远，最终导致实践的失败。牛顿曾说过，他之所以取得那样的成就，是因为站在了前人的肩膀上。但是也不能过于偏重论辩，否则会导致空谈误事。上世纪80年代初，中国大地上出现姓"资"姓"社"的争论，严重影响了改革开放的进程，邓小平提出了不争论，要敢于试，敢于犯错的"黑猫白猫"理论，从而推动了我国社会的迅速发展，开创了中国改革开放40年来的发展奇迹。

当前，我们讨论实践与论辩的关系具有重要的现实意义。习近平总书记在十九大报告中提出，中国的改革开放已经进入深水区，余下的都是硬骨头，在政治及经济发展道路上不能折腾。这就需要我们把握好实践与论辩的度。

因此，在推动改革与发展中，我们应该始终秉承"实践检验真理，论辩出真知"，用实践来检验所总结的知识是否符合客观实际的规律，用论辩去寻找和发现真理，但又不执拗于论辩。只有这样，才能确保我们健康、持续发展。

2018 年全国硕士研究生入学统一考试
管理类专业学位联考综合能力试题解析

一、问题求解

1. 答案：B

解析：本题考查比和比例。

设参加竞赛的人数为 x，由题干知一等奖、二等奖和三等奖的比例为 $1：3：8$，那么一等奖为总奖品的 $\dfrac{1}{1+3+8}=\dfrac{1}{12}$，又知获奖率为 30%，则

$$\dfrac{1}{12}x \times 30\% = 10 \Rightarrow 30\% x = 120 \Rightarrow x = 400$$

因此参加竞赛人数为 400。

故选项 B 正确。

2. 答案：A

解析：本题考查平均值。

男员工平均年龄 $\overline{x_{男}} = \dfrac{23+26+28+30+32+34+36+38+41}{9} = 32$

女员工平均年龄 $\overline{x_{女}} = \dfrac{23+25+27+27+29+31}{6} = 27$

全体员工的平均年龄 $\overline{x_{全体}} = \dfrac{27 \times 6 + 32 \times 9}{6+9} = 30$

故选项 A 正确。

3. 答案：B

解析：本题考查分段计费。

由题干可知，流量是分段收费，45GB 的流量存在着如下四个分段：

（1）：小于 20GB，免费；

（2）：20GB～30GB，共 10GB，收费 10GB×1 元/GB＝10 元；

（3）：30～40GB，共10GB，收费为10GB×3元/GB＝30元；

（4）：40～45GB，收费为5GB×5元/GB＝25元。

则45GB的流量一共收费10＋30＋25＝65元。

故选项B正确。

4. 答案：A

解析：本题考查平面几何。

如图13-1，设内切圆半径为r，连接AO、BO、CO。

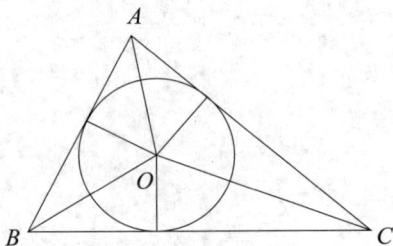

图13-1

方法一：利用公式直接计算。

$$S_{\triangle ABC}=S_{\triangle OAB}+S_{\triangle OBC}+S_{\triangle OAC}=\frac{1}{2}AB \cdot r+\frac{1}{2}BC \cdot r+\frac{1}{2}AC \cdot r=\frac{1}{2}r(AB+BC+AC)$$

三角形ABC的周长$l_{\triangle ABC}=AB+BC+AC$

$$\frac{S_{\triangle ABC}}{l_{\triangle ABC}}=\frac{1}{2}\Rightarrow\frac{\frac{1}{2}r(AB+BC+AC)}{AB+BC+AC}=\frac{1}{2}\Rightarrow r=1$$

则$S_{圆}=\pi r^2=\pi \cdot 1^2=\pi$

方法二：特值数字代入法。

令三角形ABC为一个直角三角形，且取特值$AB=a=3$，$BC=b=4$，$CA=c=5$（即$AB^2+BC^2=AC^2$），那么根据直角三角形的内切圆公式$r=\frac{a+b-c}{2}$，可得$r=\frac{3+4-5}{2}=1$

因此$S_{圆}=\pi r^2=\pi \cdot 1^2=\pi$

故选项A正确。

5. 答案：E

解析：本题考查整式分式。

方法一：直接利用乘法公式。由题干知

$|a-b|=2\Rightarrow(a-b)^2=4\Rightarrow a^2-2ab+b^2=4\Rightarrow$

$$a^2+b^2=4+2ab \qquad ①$$

$|a^3-b^3|=26\Rightarrow$

$$|(a-b)(a^2+ab+b^2)|=|a-b| \cdot |a^2+ab+b^2|=26 \qquad ②$$

结合①②，可推得

$|a-b| \cdot |a^2+b^2+ab|=26\Rightarrow 2 \cdot |4+2ab+ab|=26\Rightarrow |4+3ab|=13\Rightarrow 4+3ab=\pm13$

$$\Rightarrow\begin{cases}4+3ab=13\Rightarrow ab=3\\ 或\\ 4+3ab=-13\Rightarrow ab=-\frac{17}{3}\end{cases}$$

因此有：

$$a^2+b^2=4+2ab=\begin{cases} 4+2\cdot 3=10 \\ \text{或} \\ 4+2\cdot\left(-\dfrac{17}{3}\right)=-\dfrac{22}{3}\text{（舍）} \end{cases}$$

结合 5 个选项，可知选择 E 项，即 $a^2+b^2=10$。

方法二：数字代入法。

取 $a=3$，$b=1$，则直接满足题干条件，即 $|a-b|=2$，$|a^3-b^3|=26$，则

$a^2+b^2=3^2+1^2=10$

故选项 E 正确。

6. 答案：C

解析：本题考查条件概率。

由题干知，由于预先约定先胜 2 盘者赢得比赛，若乙在第一盘获胜，那么甲必须连续赢得第二和第三盘，因此甲赢得比赛的概率是个条件概率，此概率为：

$$p=\frac{0.4\times 0.6\times 0.6}{0.4}=0.36$$

故选项 C 正确。

7. 答案：C

解析：本题考查平面几何和等比数列。

根据四边形性质可知：任意四边形各边中点依次连接后所得的四边形是平行四边形，且其面积为原四边形面积的 $\dfrac{1}{2}$，那么由题干知 $S_1=12$，那么一定有 $S_2=\dfrac{1}{2}S_1=6$，$S_3=\dfrac{1}{2}S_2=3$，…

即：S_1，S_2，S_3，…构成一个首项为 $S_1=12$，公比 $q=\dfrac{1}{2}$ 的等比数列，结合等比数列公式有

$$S_1+S_2+S_3+\cdots+S_n=\frac{12\left[1-\left(\frac{1}{2}\right)^n\right]}{1-\frac{1}{2}}，\text{当 } n \text{ 趋于无穷大时}\left(\frac{1}{2}\right)^n\to 0,$$

因此有 $S_1+S_2+S_3+\cdots+S_n=\dfrac{12\left[1-\left(\frac{1}{2}\right)^n\right]}{1-\frac{1}{2}}=24.$

故选项 C 正确。

8. 答案：E

解析：本题考查解析几何，需要判断直线与圆的位置关系。

方法一：

由题干知圆 C 在点（1，2）处的切线与 y 轴的交点为（0，3），根据已知两点可以得到圆 C 的切线方程为：$\dfrac{y-0}{1-0}=\dfrac{x-3}{2-3}\Rightarrow y+x-3=0$；

又知圆 C 的圆心在点（0，a），半径 $r=\sqrt{b}$，根据圆到切线的距离等于半径，因此有

$d=\dfrac{a-3}{\sqrt{2}}=\sqrt{b}\Rightarrow a-3=\sqrt{2b}$ ①

又知点（1，2）在圆 C 上，则有 $1^2+(2-a)^2=b$ ②

结合①②可得到：

$$\begin{cases} a-3=\sqrt{2b}\Rightarrow a^2-6a-2b+9=0 \\ 1^2+(2-a)^2=b\Rightarrow a^2-4a-b+5=0 \end{cases}\Rightarrow\begin{cases} a=1 \\ b=2 \end{cases},$$

因此 $ab=1\times2=2$。

方法二：

已知圆 C 在点（1，2）处的切线与 y 轴的交点为（0，3），根据切线公式可得切线斜率 $k=\dfrac{3-2}{0-1}=-1$，则经过圆心（0，a）垂直于切线的直线斜率为 $\dfrac{2-a}{1-0}=1\Rightarrow a=1$；

又知点（1，2）在圆上，则有 $1^2+(2-a)^2=b$，得 $1^2+(2-1)^2=b\Rightarrow b=2$。

因此 $ab=1\times2=2$。

故选项 E 正确。

9. 答案：C

解析：本题考查应用题的容斥问题。

由题干可推断出图 13-2，即同时购买甲、乙、丙三种商品的是 2 位，那么有：

（1）只买甲和乙商品的为 $8-2=6$；

（2）只买甲和丙商品的为 $12-2=10$；

（3）只买乙和丙商品的为 $6-2=4$。

因此仅购买一种商品的顾客有 $96-(2+6+10+4)=74$。

故选项 C 正确。

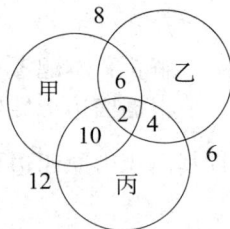

图 13-2

10. 答案：B

解析：考查分组问题。

由题干知若指定的 2 张卡片要在同一组，那么剩下的 4 张卡片平均分为 2 组，三组全排，则有

$$N=1\cdot\dfrac{C_4^2\times C_2^2}{A_2^2}\times A_3^3=1\cdot\dfrac{C_4^2\times C_2^2}{2!}\times3!=18$$

故选项 B 正确。

11. 答案：C

解析：考查错位排列。

（1）3 个部门主任不能检查本部门，则部门主任的排列有 2 种；

（2）3 名外聘人员可检查任意部门，则全排列，有 $A_3^3=3!$ 种。

因此一共有 $N=2\cdot3!=12$ 种。

故选项 C 正确。

12. 答案：E

解析：考查一元二次函数。本题画图解答比较快捷。

函数 $f(x)=\max\{x^2, -x^2+8\}$ 的图像如图 13-3 所示：

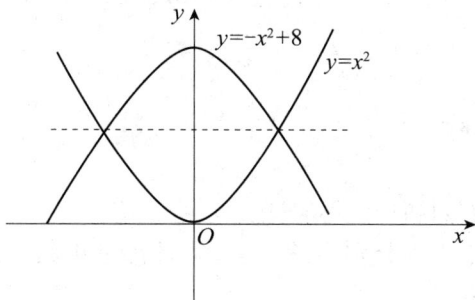

图 13-3

由图可以看出，函数 $y=f(x)$ 图像是虚线以上的部分，当 $x^2=-x^2+8$ 时函数 $f(x)$ 有最小值。

由于 $x^2=-x^2+8\Rightarrow x^2=4\Rightarrow x=\pm 2$，

所以 $f_{\min}=f(\pm 2)=4$。

故选项 E 正确。

13. 答案：D

解析：考查排列组合。

由题干知，"从中选出 2 对参加混双比赛"，则意味着要选出 2 男 2 女，那么

（1）从 4 名男运动员中挑选 2 名男运动员，选派方式 C_4^2 种；

（2）从 3 名女运动员中挑选 2 名女运动员，选派方式 C_3^2 种；

（3）男女运动员选出 2 对参加混双比赛，选派方式有 A_2^2 种。

因此，不同的选派方式有 $N=C_4^2 C_3^2 A_2^2=\dfrac{4!}{2!\cdot 2!}\cdot\dfrac{3!}{2!\cdot 1!}\cdot 2!=36$ 种。

故选项 D 正确。

14. 答案：D

解析：本题考查立体几何。

设底面圆心为 O，那么所截掉的底面面积为：

$$S=S_{扇COD}-S_{\triangle COD}=\dfrac{\frac{\pi}{3}}{2\pi}\cdot\pi\cdot 2^2-\dfrac{1}{2}\cdot 2\cdot\sqrt{3}=\dfrac{2}{3}\pi-\sqrt{3},$$

那么截掉的体积等于截掉的底面积乘以高，即

$$V=sh=\left(\dfrac{2}{3}\pi-\sqrt{3}\right)\cdot 3=2\pi-3\sqrt{3}$$

故选项 D 正确。

15. 答案：A

解析：本题考查古典概率，可采用穷举法。

（1）从 10 张卡片中随机抽取 2 张的取法有 C_{10}^2 种；

（2）标号之和能被 5 整除的有：标号之和加起来为 5 的有 2 对，即（1，4）、（2，3）；标号之和加起来为 10 的有 4 对，即（1，9）、（2，8）、（3，7）、（4，6）；标号之和加起来为 15 的有 3 对，即（5，10）、（6，9）、（7，8）。因此一共有 9 对。

所以标号之和能被 5 整除的概率为 $p = \dfrac{9}{C_{10}^2} = \dfrac{9}{45} = \dfrac{1}{5}$。

故选项 A 正确。

二、条件充分性判断

16. 答案：A

解析：本题考查等比数列和均值不等式。

设甲、乙、丙三人的年收入分别为 a，b，c，且都是正数，由题干知三人的年收入成等比数列，那么一定存在有 $b^2 = ac$。

条件（1）：已知甲、丙两人的年收入之和，那么可知 $a+c$ 是定值，根据均值不等式得：

$$\frac{a+c}{2} \geqslant \sqrt{ac};$$

已知 $b^2 = ac$，那么有 $b = \sqrt{ac}$；

因此 $\dfrac{a+c}{2} \geqslant \sqrt{ac} = b \Rightarrow b \leqslant \dfrac{a+c}{2}$，当 $b = \dfrac{a+c}{2}$ 时为 b 的最大值。

条件（1）充分。

由条件（2）：已知甲、丙两人的年收入之积，那么可知 ac 是定值，由于 $b^2 = ac$，那么 $b = \sqrt{ac}$ 是个定值，但定值不等于最大值。

条件（2）不充分。

因此条件（1）充分，条件（2）不充分。

故选项 A 正确。

17. 答案：A

解析：考查不等式。

当条件（1）$x^2 + y^2 \leqslant 2$ 时，由于存在 $(x+y)^2 \leqslant 2(x^2 + y^2)$，那么一定有 $(x+y)^2 \leqslant 2(x^2 + y^2) \leqslant 4 \Rightarrow |x+y| \leqslant 2$，因此条件（1）充分。

当条件（2）$xy \leqslant 1$ 时，任意取值代入，如 $x=2$，$y=\dfrac{1}{2}$，此时 $xy = 1$，但 $|x+y| = \left| 2 + \dfrac{1}{2} \right| = 2\dfrac{1}{2} > 2$，因此条件（2）不充分。

所以条件（1）充分，条件（2）不充分。

故选项 A 正确。

18. 答案：B

解析：考查等差数列。

由条件（1）：已知 a_1 的值，但此时不知公差，无法确定前 9 项的和，因此条件（1）不充分。

由条件（2）：已知 a_5 的值，那么根据等差数列的求和公式可以得到前 9 项的和为：

$$S_9 = \frac{9}{2}(a_1 + a_9) = \frac{9}{2} \cdot 2a_5 = 9a_5,$$

此时可以得到前 9 项的和，因此条件（2）充分。

条件（1）不充分，条件（2）充分。

故选项 B 正确。

19. 答案：D

解析：考查整除和分式运算。

由条件（1）可得：

$$\frac{1}{m}+\frac{3}{n}=1\Rightarrow mn-3m-n=0\Rightarrow(m-1)(n-3)=3$$

由于题干中设 m、n 是正整数，那么满足上式成立的有：

$$\begin{cases}m-1=3\\n-3=1\end{cases}或\begin{cases}m-1=1\\n-3=3\end{cases}或\begin{cases}m-1=-3\\n-3=-1\end{cases}或\begin{cases}m-1=-1\\n-3=-3\end{cases}$$

$$\Rightarrow\begin{cases}m=4\\n=4\end{cases}或\begin{cases}m=2\\n=6\end{cases}或\begin{cases}m=-2\\n=2\end{cases}（舍）或\begin{cases}m=0\\n=0\end{cases}（舍）$$

$$\Rightarrow m+n=8$$

因此条件（1）成立。

由条件（2）可得：

$$\frac{1}{m}+\frac{2}{n}=1\Rightarrow mn-2m-n=0\Rightarrow(m-1)(n-2)=2$$

由于题干中设 m、n 是正整数，那么满足上式成立的有：

$$\begin{cases}m-1=2\\n-2=1\end{cases}或\begin{cases}m-1=1\\n-2=2\end{cases}或\begin{cases}m-1=-2\\n-2=-1\end{cases}或\begin{cases}m-1=-1\\n-2=-2\end{cases}$$

$$\Rightarrow\begin{cases}m=3\\n=3\end{cases}或\begin{cases}m=2\\n=4\end{cases}或\begin{cases}m=-1\\n=1\end{cases}（舍）或\begin{cases}m=0\\n=0\end{cases}（舍）$$

$$\Rightarrow m+n=6$$

因此条件（2）也成立。

条件（1）成立，条件（2）成立。

故选项 D 正确。

20. 答案：D

解析：本题考查立体几何，包括三角形和四边形。

条件（1）：

将 EF 和 BC 延长至交点 G，得图 13-4：

由题干知 $ABCD$ 是矩形，结合条件（1）$EB=2FC\Rightarrow FC=\frac{1}{2}EB$，因此可知 FC 是中位线，那么必然有 $CG=BC=AD$；由题干还知 $AE=FC$，且矩形的四个角都是直角，那么 $\angle EAD=\angle FCG=90°$，由此可推得 $\triangle AED\cong\triangle CFG$。

所以三角形 AED 与四边形 $BCFE$ 能拼接成一个直角三角形，因此条件（1）充分。

条件（2）：

将三角形 AED 翻转放到四边形 $BCFE$ 下方得到三角形

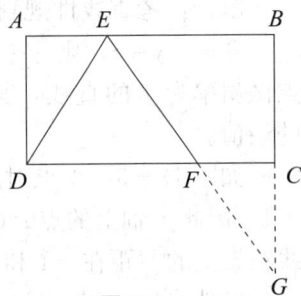

图 13-4

$A'E'D'$，由于 $AE=FC$，那么此时点 A' 与点 C 重合，点 E' 与点 F 重合，如图 13-5：

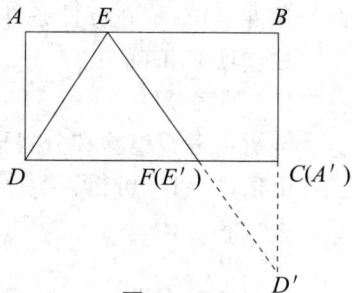

结合题干以及条件（2）：$ED=EF$，可得：

$$\begin{cases} BC=AD=A'D' \\ EF=ED=E'D' \\ CF=AE=A'E' \end{cases} \Rightarrow F 与 C 分别是 ED' 和 BD' 的中点，$$

即 FC 是中位线，

此时点 E，E'，D' 在同一条直线上。

图 13-5

同理可推得三角形 AED 与四边形 $BCFE$ 能拼接成一个直角三角形，条件（2）也充分。

条件（1）充分，条件（2）也充分。

故选项 D 正确。

21. 答案：E

解析：考查应用题。

设甲、乙购买的玩具件数分别为 x 和 y，价格分别为 a 和 b，由题干知甲比乙少花了 100 元，即存在 $yb-xa=100$。

条件（1）：甲与乙共购买了 50 件玩具，即 $x+y=50$，联合 $yb-xa=100$，依然无法计算出 x 的值，故条件（1）不充分。

条件（2）：A 玩具的价格是 B 玩具的 2 倍，即 $a=2b$，联合 $yb-xa=100$，依然无法计算出 x 的值，故条件（2）也不充分。

现将条件（1）和条件（2）联合起来，得到：

$$\begin{cases} yb-xa=100 & ① \\ x+y=50 \Rightarrow y=50-x & ② \\ a=2b \Rightarrow b=\dfrac{a}{2} & ③ \end{cases}$$

将②③代入①$\Rightarrow (50-x) \cdot \dfrac{a}{2}-xa=100 \Rightarrow 50a-3xa=200$，此时仍然无法计算出 x 的值。

因此条件（1）不充分，条件（2）不充分，条件（1）和条件（2）联合也不充分。

故选项 E 正确。

22. 答案：C

解析：考查线性规划。

令 $x-y=z$，则 $y=x-z$，那么只需 $\triangle PAB$ 上任意一点做斜率为 1 的直线，其截距相反数的最值便是所求的 z 的最值。

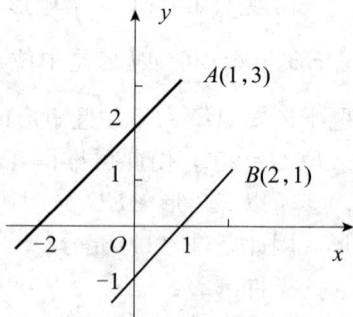

如图 13-6：A 点对应的截距为 2，B 点对应的截距为 -1，因此 x 轴上的点 $P(m, 0)$ 应保证过它的斜率为 1 的直线在轴上的截距在 -1 和 2 之间，即 $m \in [-2, 1]$。

条件（1）$m \leqslant 1$ 明显单独不充分；

条件（2）$m \geqslant -2$ 明显单独也不充分。

图 13-6

将条件（1）和条件（2）联合，则刚好满足$-2\leqslant m\leqslant 1$，与上述$m\in[-2,1]$相符。

因此条件（1）单独不充分，条件（2）单独也不充分，条件（1）和条件（2）联合充分。

故选项C正确。

23. 答案：D

解析：设甲、乙两公司的年终奖总额分别为x和y，人数分别为a和b，则结合题干可得

$$x(1+25\%)=y(1-10\%)\Rightarrow 1.25x=0.9y\Rightarrow \frac{x}{y}=\frac{0.9}{1.25}=\frac{18}{25}。$$

条件（1）：甲公司的人均年终奖与乙公司的相同，可推得

$\frac{x}{a}=\frac{y}{b}\Rightarrow \frac{a}{b}=\frac{x}{y}=\frac{18}{25}$，因此可以确定两公司员工人数之比，条件（1）充分。

条件（2）：两公司的员工人数之比与两公司的年终奖总额之比相等，即

$\frac{a}{b}=\frac{x}{y}=\frac{18}{25}$，因此可以确定两公司员工人数之比，条件（2）充分。

因此条件（1）充分，条件（2）也充分。

故选项D正确。

24. 答案：A

解析：考查直线与圆的位置关系。

圆$x^2+y^2=2y$转化成标准式为$x^2+y^2-2y+1=1\Rightarrow x^2+(y-1)^2=1$，即圆心$(0，1)$，半径$r=1$。

圆心$(0，1)$到直线$x+ay-b=0$的距离是$d=\frac{|a-b|}{\sqrt{1+a^2}}$，而直线与圆不相交的充要条件是：圆心到直线距离大于半径，即$d=\frac{|a-b|}{\sqrt{1+a^2}}>1$。

由$d=\frac{|a-b|}{\sqrt{1+a^2}}>1\Rightarrow|a-b|>\sqrt{1+a^2}$。

条件（1）$|a-b|>\sqrt{1+a^2}$刚好符合此结果，充分。

条件（2）$|a+b|>\sqrt{1+a^2}$无从推出，不充分。

因此条件（1）充分，条件（2）不充分。

故选项A正确。

25. 答案：D

解析：考查一元二次函数。

函数$f(x)=x^2+ax=(x+\frac{a}{2})^2-\frac{a^2}{4}$，那么只有当$(x+\frac{a}{2})^2=0$，即$x=-\frac{a}{2}$时，$f(x)$有最小值$f(x)_{\min}=-\frac{a^2}{4}$。

$f(f(x))=f(x^2+ax)=(x^2+ax)^2+a(x^2+ax)=(x^2+ax+\frac{a}{2})^2-\frac{a^2}{4}$，

因此只有当$(x^2+ax+\frac{a}{2})^2=0$有解时，$f(f(x))$有最小值$f(f(x))_{\min}=f(x)_{\min}=-\frac{a^2}{4}$。

当 $\left(x^2+ax+\dfrac{a}{2}\right)^2=0$ 有解，根据根的判别式可推得：

$\Delta=a^2-4\cdot1\cdot\dfrac{a}{2}=a^2-2a\geqslant0\Rightarrow a\,(a-2)\geqslant0\Rightarrow a\geqslant2$ 或 $a\leqslant0$。

条件（1）$a\geqslant2$ 符合该推断的子集，因此成立，条件（1）充分。

条件（2）$a\leqslant0$ 符合该推断的子集，因此成立，条件（2）充分。

条件（1）充分，条件（2）也充分。

故选项 D 正确。

三、逻辑推理

26. 答案：A

解析：推论题。

题干"离开人民→文艺就会变成无根的浮萍、无病的呻吟、无魂的躯壳"，对它做逆否，等价得到"文艺不会变成无根的浮萍、无病的呻吟、无魂的躯壳→不离开人民"，同选项 A。

故选项 A 正确。

27. 答案：C

解析：概括结论题。

题干中尽管罗列出了 12 个城市的 9 种不同类型的天气，但这些信息都是部分信息，无法就必然得到它们一定是或不是所有的天气类型。五个选项中只有 C 项"可能不是所有的天气类型"这个或然性结论可以概括得出。

故选项 C 正确。

28. 答案：D

解析：支持题。

选择时我们需要高度重视本题的要求是支持专家的观点，而题干论断中专家的观点是"人们似乎从晚睡中得到了快乐，但这种快乐其实隐藏着某种烦恼"，转折后强调的是"某种烦恼"，那么五个选项中只有 D 项的"它提醒人们现在的'正常生活'存在着某种令人不满的问题"，这种"令人不满的问题"能很好地对应上述专家说明的"隐藏的某种烦恼"。

故选项 D 正确。

29. 答案：A

解析：加强支持题。

题目要求支持专家的观点，即"分心驾驶已成为我国道路交通事故的罪魁祸首"，其重点在于"罪魁祸首"，而选项 A 中分心驾驶导致的交通事故"占比最高"则与其很好地对应，所以选项 A 最能支持专家结论。

选项 B、C、D 都是说明开车过程中看手机对道路交通的危害，但手机只是分心驾驶中的一种，不能构成全面的推断论据；选项 E 也是在说手机的危害，并且是在美国，此选项可以直接排除掉。

故选项 A 正确。

30. 答案：B

解析：假言命题推理。

由题干条件可得：

条件（1）：乙周二 or 周六

条件（2）：甲周一→丙周三 and 戊周五

条件（3）：甲非周一→己周四 and 庚周五

条件（4）：乙周二→己周六

如果丙周日值班，即条件（5）：丙周日，那么：

联合条件（5）（2），可得（6）：甲非周一

联合条件（6）（3），可得（7）：己周四 and 庚周五

联合（7）（4），可得（8）：乙→非周二

联合（8）（1），可得（9）：乙→周六

本题画表解答会更快捷（表 13 - 1）：

表 13 - 1

周一	周二	周三	周四	周五	周六	周日
	乙				乙	
甲√		丙		戊		
甲×			己	庚		
	乙				己	
甲×			己	庚	乙	丙

也就是结合题干条件，当丙在周日值日时，可以分别推断出甲周一不值日，己周四值班，庚周五值班，乙周六值班。

结合各个选项，只有 B 项符合推断。

故选项 B 正确。

31. 答案：D

解析：假言命题推理。

同 30 题，题干各个条件可以简化为：

条件（1）：乙周二 or 周六

条件（2）：甲周一 →丙周三 and 戊周五

条件（3）：甲非周一→己周四 and 庚周五

条件（4）：乙周二→己周六

如果庚周四值日，即条件（5）庚周四，那么：

联合（5）（3），可推得（6）甲周一值

联合（6）（2），可推得（7）丙周三，戊周五

上述推断与选项 D 完全矛盾，即戊不可能在周日值日。

故选项 D 正确。

32.答案：E

解析：演绎推理题，找等价题。

题干中"弟子不必不如师"即"所有弟子不必不如师"，等价于"有的弟子可能≥师"，"师不必贤于弟子"即"所有师不必然贤于弟子"等价于"有的师可能≤弟子"，也就是根据否"所有"得"有些"，否"必然"得"可能"，否"肯定"得"否定"

因此以上选项中只有E项符合推断。

故选项E正确。

33.答案：E

由条件（2）"雨"在"春季"→"雨水"在春季（5）

联合（5）（4），根据肯前必肯后可得"雨水"在春季→"霜降"在秋季（6）

联合（6）（3），根据逆否得"清明"在春季

选项E中清明在夏季，明显与推断不符。

故选项E正确。

34.答案：C

解析：结构比较题。

题干论证方式是：M→N，P→Q。所以，非Q→非A。

选项C的论证方式是：无夜草 →不肥，无横财 →不富。所以，富→夜草。和题干论证方式相似。

故选项C正确。

35.答案：D

解析：推理题。

条件（1）：一号拥挤→小张一共乘车2＋3＝5站；一号不拥挤→小张一共乘车3＋4＝7站

条件（2）：小王一共乘车2＋3＝5站→一号拥挤

条件（3）：一号不拥挤→小李一共乘车4＋3＋1＝8站

条件（4）：一号不拥挤

那么，

联合（4）（1）→小张一共乘车7站

联合（4）（3）→小李一共乘车8站

在假定换乘及步行总时间相同的条件下，那么一定会存在有小张的乘车站数小于小李的乘车站数，因此小张一定比小李先到达单位。

选项D刚好和此推断结果相反，因此此项最可能与上述信息不一致。

故选项D正确。

36.答案：C

解析：消弱质疑题。

题干论证方式是：30岁至45岁人群中去医院治疗冠心病、骨质疏松等病症的人越来越多→该国年轻人中"老年病"发病率有不断增加的趋势。

那么需要注意的是，此结论中是讲"发病率"而非"发病人数"，题干认为年轻人看病的人数增加了，所以发病率增加了，但发病人数和发病率是两个不同的概念。

年轻人"老年病"发病率＝年轻人中"老年病"发病人数/年轻人总数，如果要想题干论证成立，那么只能假定年轻人的总数可能是不变的，否则不能由看病人数的增加就自然得出发病率的增加。

选项C指出，近年来有大量移民涌入，导致了该国45岁以下年轻人的数量急剧增加，是另有他因，那么也就意味着年轻人总数是增加的，变动的，最大程度地削弱了题干的论证。

故选项C正确。

37. 答案：A

解析：假言命题推理。

题干的论证方式是：不损害他人利益 and 满足自身利益需求→社会就是良善的社会。

那么根据逆否，否后必否前可以得到：如果一个社会不是良善的→损害他人利益 or 不满足自身利益需求。

选项A符合上述推理。

故选项A正确。

38. 答案：D

解析：推理题。

条件（1）：李、陈、赵、庄4人选修的课程各不相同

条件（2）：赵："《诗经》鉴赏"or"唐诗鉴赏"or"宋词选读"

条件（3）：李："《诗经》鉴赏"or"唐诗鉴赏"

将选项D即庄志达选修的是"《诗经》鉴赏"作为条件（4），那么联合（4）（3）→李："唐诗鉴赏"（5）；

联合（5）（4）（2）→赵："宋词选读"。

其他选项均不能推断出此结果。

故选项D正确。

39. 答案：C

解析：矛盾解释题。需要解释的矛盾：某河流的流速十分缓慢，但其中的水草总量并未随之而增加。

选项A，经过极端干旱之后，该河流中以水草为食物的水生动物数量大量减少，那么由此水草总量应该增加，反倒加剧了矛盾；

选项B，没有涉及到水草总量增加与否，不能解释题干现象；

选项C，该河流在经历了去年极端干旱之后干涸了一段时间，导致大量水生物死亡，那么水生物的大量死亡必然能解释为什么水草总量没有增加；

选项D，河水流速越慢，其水温变化就越小，这有利于水草的生长和繁殖，那么是有利于解释水草总量的增加，加剧了矛盾；

选项E，如果河中水草数量达到一定的程度，就会对周边其他物种的生存产生危害，但这个和题干本身现象的矛盾无关，不能解释。

因此只有选项C可以起到解释题干矛盾现象的作用。

故选项C正确。

40. 答案：D

解析：推理题。由题干知：

条件（1）：己在第二编队

条件（2）：戊和丙至多有一艘编列在第一编队

条件（3）：甲和丙不在同一编队

条件（4）：如果乙在第一编队→丁在第一编队

如果甲在第二编队（5），那么

联合（5）（3）甲在第二编队→丙在第一编队（6）

联合（6）（2）丙在第一编队→戊在第二编队

选项D符合上述推断。

故选项D正确。

41. 答案：D

解析：推理题。

本题可采取代入法解题。由原题干知：

条件（1）：己在第二编队

条件（2）：戊和丙至多有一艘编列在第一编队

条件（3）：甲和丙不在同一编队

条件（4）：如果乙在第一编队→丁在第一编队

①现假设丁和庚在第一编队（5），那么

联合（5）（3），可知丁和庚在一编队，甲和丙有一个在一编队（6）

又由题干知第一编队编列3艘舰艇，第二编队编列4艘舰艇，那么结合（6），可以推断出第一编队有丁、庚、甲（或丙）3艘舰艇，那么第二编队有戊、己、乙、丙（或甲）4艘舰艇。

上述选项中D项符合推断。

②假设丁和庚在第二编队，联合（4）→乙在二编队，再根据条件（1），可推断出甲、丙、戊在一编队，和条件（2）和（3）冲突。

故选项D正确。

42. 答案：C

解析：结构相似比较题。

题干论证结构是：

甲：M（读书最重要的目的）是N（增长知识、开拓视野）。

乙：不全面，M（读书最重要的目的）是P（陶冶性情、提升境界），没有P就没有M。

五个选项中，只有选项C与题干论证方式相似：

甲：M（一部优秀电视剧）是N（得到广大观众的喜爱）。

乙：不全面，M是P（具有深刻寓意与艺术魅力），没有P就没有M。

其他选项均有不足。选项A中乙的语言形式不符；选项B的最后结论是"没法讲信用"而不是"做人"，不符；选项D中乙的语言形式完全不符；选项E的最后结论是"秋天的收获"，而不是"一年中"，也不符。

故选项 C 正确。

43. 答案：B

解析：推理题。

题干中"若要人不知，除非己莫为"，等价于"只有己不为，才能人不知"，等价于"如果己为，则人会知"；同理"若要人不闻，除非己莫言"，等价于"只有己不言，才能人不闻"，等价于"若己言，则人会闻"，即和选项 B 符合。

这句话是中国名言，凭借直接感觉也能作出分析判断。

故选项 B 正确。

44. 答案：B

解析：结论题，需结合数学知识。

由题干可知以下条件信息：

(1) 2014 年中国卷烟消费量同比上升 2.4%；

(2) 2015 年中国卷烟消费量同比下降 2.4%；

(3) 2015 年全球卷烟消费量同比下降 2.1%。

那么联合条件 (1)(2) →2015 年中国卷烟消费量小于 2013 年 (4)；

联合 (2)(3) →2015 年中国卷烟消费量同比下降比率大于世界其他国家卷烟消费量，亦即 2015 年世界其他国家卷烟消费量同比下降比率低于中国 (5)。

选项 B 符合推断。

选项 A 中发达国家并未在题干中涉及，排除；由推断出的 (5) 可知选项 C 与结论相反，排除；由推断出的 (4) 可知 2015 年中国卷烟消费量小于 2013 年，显然选项 D、E 不符合推断，排除。

故选项 B 正确。

45. 答案：D

解析：推理题。

由题干条件 (2) 可知，法学类新书都放在第 5 排书橱，那么除此之外其他排不可能放法学类新书，因此选项 D 徐莉在第 6 排书橱中找到法学类新书是不可能的。

本题可以通过浏览后迅速找出答案，也可以采取代入题干信息逐项排除。题干条件有：

(1) 前 3 排书橱均放有哲学类新书；

(2) 法学类新书都放在第 5 排书橱，其左侧有经济类新书；

(3) 管理类新书在最后一排书橱。

选项 A：代入条件 (1)，可能为真。

选项 B：条件 (2) 只说第 5 排左侧有经济类新书，但题干信息无法断定经济类新书只在第 5 排，也许其他排也有，因此可能为真。

选项 C：根据条件 (1) 可以判断前 3 排都有哲学类新书，但题干信息同样没有表明哲学类新书仅仅只在前 3 排，也许其他排有哲学类新书，因此也可能为真。

选项 E：根据条件 (3)，只知道管理类新书在最后一排，但同样题干信息没有表明第 7 排是否是最后一排，也许其他排也有管理类新书，那么也可能为真。

因此只有选项 D 是不可能为真的。

故选项 D 正确。

46. 答案：A

解析：假言命题推理。

由题干信息可以得到：

（1）只有论文通过审核→才能收到邀请；

（2）欢迎参加→持有邀请函。

联合（1）（2）可得：欢迎参加→持有邀请函→论文通过审核，那么根据逆否，否后必否前，可以得到：论文不通过审核→不欢迎参加。

选项 A 符合上述推断。

故选项 A 正确。

47. 答案：B

解析：推理题。

由题干条件（3）可知：菊园在园林的中心→菊园与兰园不相邻，对（3）作逆否，那么可得：菊园与兰园相邻→菊园不在园林中心。

结合题干条件（4）：兰园与菊园相邻。

那么必定可以推断出：菊园不在园林中心。

选项 B 符合此推断。

故选项 B 正确。

48. 答案：C

解析：推理题。

条件（2）：南门不位于竹园→北门不位于兰园，对其做逆否可得：北门位于兰园→南门位于竹园；

已知题干给出：北门位于兰园，那么可知南门位于竹园（5）。

条件（1）：东门位于松园 or 菊园→南门不位于竹园，对其作逆否，可得：南门位于竹园→东门不位于松园 and 不位于菊园（6）。

已知松、竹、梅、兰、菊 5 个园子分别位于东、南、北 3 个门，且已知北门位于兰园，结合（5）南门位于竹园和（6）东门不位于松园和菊园，那么东门只能位于梅园。

选项 C 符合推断。

故选项 C 正确。

49. 答案：E

解析：加强支持题。

题干论证方式：

论据：冬季公路上撒盐会使雌性青蛙变成雄性青蛙。

结论：公路上撒盐会导致青蛙数量下降。

由此可见，论据和结论都是彼此独立的，需要一个能衔接二者关系成立的中间桥梁。

选项 E 则指出，雌性比例会影响动物种群的规模，雌性数量的充足对物种的繁衍生息至关重要，也就是说明撒盐导致雄性青蛙增加而雌性青蛙减少，雌性青蛙的减少则导致了整个青蛙数量的下降，很好地衔接了题干中论据和结论的关系，有力地支持了题干结论。

故选项 E 正确。

50. 答案：D

解析：推理题。

由题干可得出如下结论：

(1) 最终审定的项目→意义重大 or 关注度高

(2) 意义重大→涉及民生

(3) 有些最终审定的项目不涉及民生

那么，对条件（2）意义重大→涉及民生作逆否，可得：不涉及民生→意义不重大，结合（3），可得（4）：有些最终审定的项目→不涉及民生→意义不重大。

结合（4）（1），当否定一个时必须肯定另一个，可以推断出：当有些最终审定的项目意义不重大时，那么必然是关注度高的。

选项 D 指出有些项目尽管关注度高但并非意义重大，符合推断。

故选项 D 正确。

51. 答案：E

解析：结构比较题。

题干结构为：

甲：知 A 行 B，知 A 然后行 B。

乙：不对。知 B 行 A，行 A 然后知 B。

也就是乙把甲的难易颠倒，先后颠倒。

各个选项中只有 E 项结构与此完全相同，即乙完全颠倒甲的难易和先后。

选项 A、B、C 的语言形式不符合，选项 D 颠倒了"他人"和"自己"的顺序，容易产生混淆。

故选项 E 正确。

52. 答案：B

解析：推理题，找矛盾。

由题干可得：

(1) 拥有专利→创新

(2) 不是每一项创新都值得拥有专利→有的创新没有拥有专利

(3) 模仿→非创新

(4) 并非每一个模仿者都应该受到惩罚→有的模仿者不应该受到惩罚

那么将（3）作逆否，可得（4）：创新→非模仿

联合（1）（4）可得（5）：拥有专利→创新→非模仿，即所有值得拥有专利的产品或设计方案都不是模仿，这个结论与选项 B 直接矛盾，因此选项 B 不可能成立。

故选项 B 正确。

53. 答案：C

解析：推理题。

由题干信息可知：

(1) 不含违禁成分→进口

（2）甲 or 乙含违禁成分→进口戊 and 进口己

（3）如果丙含有违禁成分→不进口丁

（4）如果进口戊→进口乙 and 进口丁

（5）不进口丁→进口丙；进口丙→不进口丁

那么联合（3）（1）（5）：根据（3）如果丙含有违禁成分→不进口丁；如果丙不含违禁成分，根据（1）可得进口丙；再根据（5）进口丙→不进口丁，可得（6）不进口丁。

联合（6）（5），可得（7）进口丙。

对条件（4）如果进口戊→进口乙 and 进口丁作逆否，不进口丁→不进口戊，结合（6）不进口丁，可得（8）不进口戊。

对条件（2）甲 or 乙含违禁成分→进口戊 and 进口己作逆否，可得不进口戊→甲 and 乙不含违禁成分；再结合（1），可得（9）甲和乙都进口。

因此根据推断的（7）和（9），可知可以进口的有丙、甲、乙。

选项 C 符合推断。

故选项 C 正确。

54. 答案：B

解析：推理题。

方法一：可采取排除法解题。

由题干知，前三局结束时，四对选手的总积分分别是 6：0、5：1、4：2、3：3，结合条件（4）可知李龙是输得最惨的，那么他的对手便是前三局比赛结束时最高总积分者。又知这是男女对弈，因此李龙的对手只能从女生里选，因此首先排除 C。

根据条件（1）张芳跟吕伟对弈，那么张芳必定不是李龙的对手，排除 E；王玉的比赛桌在李龙比赛桌的右边，可以推断王玉不是李龙的对手，排除 D；杨虹在 4 号桌，那么王玉至多 3 号桌，王玉还在李龙的右边，因此王玉最右边的 4 号桌上的杨虹不可能与李龙对弈，排除 A。

因此只有选项 B 施琳是李龙的对手，且其最高积分是 6 分。

故选项 B 正确。

方法二：画表代入法。

根据条件（4）可知李龙是输得最惨的，前三局为零，那么他的积分是 0，他的对手是前三局比赛结束时总积分最高获得者。

根据条件（1）可知，杨在 4 号桌，王在李的右边，那么王可能在 2 和 3 号桌，李在 1 或 2 号桌。

如果李在 1 号桌，结合条件（2），可知 1 号桌的比赛至少有一局是和局，而由条件（4）可知，李前三局为零，那么李不可能在 1 号桌，因此李只能是在 2 号桌，此时王只能在 3 号桌。

根据条件（1）张跟吕对弈，因此张不是李的对手；根据上面的推断可知李在 2 号桌，王在 3 号桌，且根据条件（1）知杨在 4 号桌，因此王和杨都不是李的对手；由题干知比赛是男女对弈，那么只有施是李的对手。

由此张和吕只能是 1 号桌。

见表 13-2：

表 13-2

桌号	1	2	3	4
女	张	施	王	杨
男	吕	李		
总积分比		6：0		

因此施是前三局比赛结束时总积分最高获得者，其总积分为 6。

故选项 B 正确。

55. 答案：C

解析：推理题。

由 54 题我们已经推断出表 13-3：

表 13-3

桌号	1	2	3	4
女	张	施	王	杨
男	吕	李		
总积分比		6：0		

根据条件（2）4 号桌双方的总积分不是 4：2，那么 4：2 的是 1 号桌或 3 号桌；1 号桌的比赛至少有一局是和局，那么 4：2 不可能在 1 号桌，因此只能在 3 号桌。

根据条件（3）赵虎前三局总积分并不领先他的对手，他们也没有下成过和局，那么赵只能是 4：2 这一桌，也就是赵在 3 号桌，其对手是王。

由 54 题解析可知吕在 1 号桌，李在 2 号桌，结合上面推断赵在 3 号桌，那么范一定在 4 号桌，并和杨对弈。

根据条件（2）1 号桌的比赛至少有一局是和局，那么可以推断 1 号桌可能是 5：1 或 3：3，那么此时 4 号桌是 3：3 或 5：1；由结合条件（4）范勇在前三局总积分上领先他的对手，可知范只能是 5：1，即 4 号桌总积分比为 5：1，此时 1 号桌为 3：3。

推论结果如表 13-4：

表 13-4

桌号	1	2	3	4
女	张	施	王	杨
男	吕	李	赵	范
总积分比	3：3	6：0	4：2	5：1

因此只有 1 号桌的张和吕在前三局均与对手下成平局。

故选项 C 正确。

四、写作

56. 论证有效性分析

评分标准（满分30分）：

评分项目	分值	评分标准
分析评论的内容	15分	1. 分析中指出论证中存在的逻辑缺陷和漏洞，只要言之有理，指出一点给4分； 2. 如果是肯定有关论点的分析，最多只给4分； 3. 考生分析评论的内容超出参考答案者，只要言之有理，也应给分； 4. 本项评分最高15分。
论证程度、文章结构、语言表达	15分	按照论证程度、文章结构和语言表达评分，分四类卷给分，最高分15分。 一类卷：12~15分。论证或反驳有力，结构严谨，条理清楚，语言精练流畅。 二类卷：8~11分。论证或反驳较为有力，结构尚完整，条理较清楚，语句较通顺，有少量语病。 三类卷：4~7分。有论证或反驳，结构不够完整，语言欠连贯，较多语病，分析评论缺乏说服力。 四类卷：0~3分。明显偏离题意，内容空洞，条理不清，语句严重不通。
合计	30分	

备注：
1. 不符合字数要求或出现错别字，酌情扣分；
2. 书写清楚，卷面整洁，酌情加1~2分；
3. 实际阅卷中，标题在整体结构中占2分；
4. 最高总分不超过满分30分。

【点拨】

本篇材料以批判哈佛大学教授本杰明·史华慈的观点"一切的物质主义潮流将极大地冲击人类社会固有的价值观念，造成人类精神世界的空虚"入手，从三个角度去论证了自己的观点——担心物质生活的丰富会冲击人类的精神世界，这是杞人忧天罢了。本篇材料延续了这几年论证有效性分析的命题思路，还是比较容易着手分析和解决的。

纵观近10年的论证有效性分析，结合本材料，可以得出以下结论：

1. 选材。本次的选材关乎"物质丰富和精神贫乏"，其实这是近几个月的社会次热点话题，这是在社会物质不断丰富的今天，人类精神领域存在的值得人深思的社会问题。

但论证有效性分析的总体取材仍然偏重于管理类题材，同时兼顾社会热点、经济和文化等题材。譬如2014年的考题是围绕"权力的制衡与监督"，2015年的考题是围绕"政府是否应该干预生产过剩"，2017年的考题是围绕"人性而展开的官员治理、选拔和监管"，这些都是管理类题材；2013年的考题是围绕"文化"这一题材；2016年的考题是多年来的一个热门话题：大学生的就业问题，这也是个被社会广泛关注的问题，而2018年的考题延续了一个热门话题"物质丰富和精神贫乏"。所以考生在备考时不要局限于某类题材，而是要尽可能兼顾好方方面面，专业联考考的是考生的综合能力，只要我们具备一定的管理常识和社会认知，结合我们的逻辑判断能力就肯定能轻松解题。

2. 文字量。2018年的有效性论证分析的总体实际文字不足400字，也就是类似于2016年、2017年，文字量仍不足400字。我们可以大胆预测在今后几年的考试里，有效性论证分析的材料会基本保持在400字左右，不会有很大的突破。

3. 材料结构。2018年的论证有效性分析，全篇材料一共五段，第一段是直接介绍，并不存在多少辨析的意义；第二、三、四段为论证的主题，各种逻辑错误和漏洞主要集中于此；第五段是总结结尾段。此结构同2017年考题。

4. 逻辑错误。如果考生在日常有大量的练习，学会找关键核心词，如材料中的"因此""只会""不可能""一……就"等等，就能立即做出判断该处的逻辑错误及逻辑错误的类别。今年的论证有效性分析依旧是逻辑错误很多，漏洞百出，还是很容易查找和发现的。

5. 难度。2018年的考题难度基本接近于2017年，这表明大纲要求的考试的难度基本是趋于稳定的。材料文字已经很少再现晦涩难懂，在有限的不足400字的文字材料里找到3到4处明显的错误还是很轻松的。

但是，就写作这部分而言，需要郑重提示的是：

1. 注意卷面的整洁。这个是一再和所有考生提示过的。写作是主观题，卷面的整洁不单单影响到那1到2分的卷面分，甚至会影响到整个写作的分数。毕竟很多阅卷老师还是会带着一定的主观色彩判分啊，尤其是看了一张又一张、一堆又一堆试卷后，视觉效果如何，对阅卷老师的影响一定或多或少存在。

2. 注意时间的把控。这个也是一再给考生强调过的。综合能力涉及三门学科，题量大、任务重、时间有限，如果考生不能最起码在前面两个小时内完成数学和逻辑部分的考题，我相信进入写作部分时已经是高度紧张，手心出汗，甚至笔都发抖，而这些都直接影响到写作这部分的审题、找错误、找漏洞，甚至直接影响卷面分。论证有效性分析最好在20分钟内完成，尽量不要超过25分钟，以便将时间尽可能留给后面的论说文。

3. 要会找逻辑错误，尽可能找可以获得高分的逻辑错误。近几年的考题里论证有效性分析的材料难度基本适中，逻辑错误很容易被发现，但有些逻辑错误会比较类似，有些逻辑错误会在同一段中就有数处，考生不要因为时间紧，发现一处就赶紧下笔一处，而是要在浏览一遍材料后，有个大概的框架。一共要提炼出3到4处错误，要判断哪些错误很明显且不是类似或重复的错误，每段兼顾到并能提炼出很好的论证推理，然后再逐一有序下笔。

4. 要合理正视考情。考试就是考试，既然是考试，那么就需要你顺应考试思路去做题。

在2018年的考试结束后，有考生针对本次论证有效性分析材料发表了真实感受：很赞成作者观点，感觉无力批驳，所以无从下手！

我想说的是：如果你都赞成材料观点了，那你还如何去批驳论证它？

论证有效性分析，要的是你的否定，你的批驳，你的合理论证，要的就是从一开始看材料时就要想着我要如何推翻！

所以考生日常需要大量练习，不要因为母语是中文就懈怠了写作部分，要多阅读材料，多钻研真题，多分析和总结。如果日常有了这种应试素质了，那么考试时一定不会出现上面这类考生的情况了，即便你内心想赞成材料观点，我相信你依旧可以用辩证的方式去做出合理的论证推理。

本篇材料开门见山，直接质疑了哈佛大学教授本杰明·史华慈"一切的物质主义潮流将极大地冲击人类社会固有的价值观念，造成人类精神世界的空虚"这一观点，包括三个论据：首先，物质丰富只会充实精神世界，物质主义潮流不可能造成人类精神世界的空虚；其次，物质生活丰裕的人，往往会更注重精神生活；第三，通过抽样调查得出物质生活丰富可以丰富人的精神生活。在此基础之上，材料作者由此得出自己的论证观点：担心物质生活的丰富会冲击人类的精神世界，这是杞人忧天罢了！

但我们在阅题的过程中就不难发现，该材料逻辑缺陷很多，论据严重难以成立，以下要点可供参考：

1. 唯物主义是马哲的基本原理，它解释的是哲学的物质精神问题，并不能解释人类物质生活与精神世界的关系。材料中将唯物主义和唯物主义潮流两个适用范围不同的概念套在一起，存在着类比不当的错误。

2. 由马哲基本原理"物质决定精神"和"精神是物质在人类头脑中的反映"去断定"物质丰富只会充实精神世界，物质主义潮流不可能造成人类精神世界的空虚"这样的结论，显然是不准确的。就算物质决定精神正确，也不必然推断出物质丰富的人精神生活也丰富，这里缺乏必然的因果关系，同时过于绝对化。

3. 后物质主义理论认为：个人基本的物质生活条件一旦得到满足，就会把注意点转移到非物质方面，此论断也过于牵强。个人物质条件即便得到满足，也未必就把注意点转移到非物质方面，即便个人基本物质生活条件满足了，也只是人们把注意点转移到其他非物质方面的一个必要条件而非充要条件。

4. 物质生活丰裕的人，往往会更注重精神生活，追求社会公平，个人尊严等等，这显然是个很难成立的论断。首先，这里存在有概念混淆。前面提及的"非物质生活"就一定等同于"精神生活"吗？追求精神生活就一定要追求社会公平和个人尊严吗？这显然是值得人思量的。其次，论断明显过于片面。物质生活丰裕的人，就一定会更注重精神生活，追求社会公平，个人尊严吗？物质是有多个层次的，物质生活丰富的人，可能会追求更高更无止境的物质生活，否则不会有社会上那么多的贪官污吏，演绎一堆的醉生梦死啊！

5. 文中仅以最近一项对某高校大学生的抽样调查就得出了相应的结论，这明显是有偏颇的。高校大学生接受教育程度高，完全可能对精神的追求更高，但他们同时存在着物质的不稳定甚至缺乏，以及对物质与精神的认识不足等，因此选择他们做样本未必科学合理；同时，这个抽样中的大学生只是社会群体中很有限的一部分，仅凭这个抽样调查人数就得出结论是否合理？因此，这样的抽样调查必然犯下以偏概全的谬论。

6. 即便"物质决定精神"，也不必然推断出"社会物质生活水平的提高会促进人类精神世界的发展"，这个因果关系很牵强，难以成立。

7. 最后，"担心物质生活的丰富会冲击人类的精神世界，这是杞人忧天罢了"的论断是欠妥当的。一事物对不同人的影响是截然不同的，结果也就自然不同。物质生活的丰富可能会促进一部分人精神生活的丰富，但也完全有可能导致另一些人的腐败堕落，精神坍塌。那么此处有"另有他果"之嫌。

以上要点剖析中能指出3到4点就可以，其他存在但未指出的逻辑错误，只要是题干推理论证过程中客观存在的且言之有理的，同样给分。

【参考范文】

如此"翻案"不可行！

材料通过几个不同的角度对本杰明·史华慈教授的观点进行反驳，并得出"担心物质生活的丰富会冲击人类的精神世界，这是杞人忧天罢了"的结论，但其论证明显存在多处不足。

首先，材料借用马克思主义"物质决定精神"的原理，认为"物质丰富只会充实精神世界……不可能造成人类精神世界的空虚"，这一论断明显有悖于哲学常识。唯物主义是马哲的基本原理，它解释的是哲学的物质精神问题，并不能解释人类物质生活与精神世界的关系，而物质主义则是一个理论。材料中将唯物主义和物质主义两个适用范围不同的概念套在一起，存在着类比不当的错误。

其次，材料利用后物质主义理论得出"物质生活丰裕的人，往往会更注重精神生活，追求社会公平，个人尊严等等"，这个论断是明显过于片面和绝对化的。人上一百种种色色，物质生活丰裕的人或许有转向精神生活追求的，但也不乏有更高层次物质追求的，现实社会中的"大老虎""富二代"对物质的令人咋舌的追求还少吗？

再次，对某个高校大学生的抽样调查，仅凭该校调查结果比例就作出相应的结论，则未免荒谬。高校大学生只是社会群体中很有限的一部分，这个抽样人数是否具有科学性，以及这个样本是否具有代表性都有待定论，由此得出的结论则更是犯了以偏概全的错误。

最后，"担心物质生活的丰富会冲击人类的精神世界，这是杞人忧天罢了"的论断是欠妥当的。任何事物的发展必然带着两面性：利与弊。物质生活的丰富可能会使一部分人有精力转而追求精神生活，但也完全有可能让一些人沉迷于享受，导致精神生活空虚甚至糜烂，这种结果又如何不能让人担忧？因此此处有"另有他果"之嫌。

综上所述，材料论证过程中存在诸多逻辑错误，如此"翻案"断难成立！

57. 论说文

评分标准（满分35分）：

评分项目	评分标准		
综合评比：内容、结构、语言（30分）	一类卷：26～30分。紧扣题意，立意深刻，中心突出，论证充分，结构完整，行文流畅。		
	二类卷：21～25分。切合题意，立意比较深刻，中心明确，论证比较充分，结构比较完整，层次比较清楚，语句比较通顺。		
	三类卷：16～20分。基本切题，中心基本明确，论证基本合理，结构基本完整，语句比较通顺，有少量语病。		
	四类卷：11～15分。不太切题，中心不太明确，论证有缺陷，结构不够完整，语句不通顺，有较多语病。		
	五类卷：6～10分。偏离题意，中心不明确，论证有较多缺陷，结构比较残缺，层次比较混乱，语句不顺，语病严重。		
	六类卷：0～5分。观点错误，背离题意或直接与试题无关，结构严重残缺，层次混乱，语句严重不通顺。		
其他评比：题目、书写、卷面（5分）	1. 题目：切题，2分；一般，1分；漏拟题目，0分。 2. 书写（包括文字和标点符号）：规范标准，2分；每三个错别字扣1分，重复不累计；标点符号有明显错误，酌情扣分；各项扣分累计2分，扣满2分为止。 3. 卷面：卷面整洁，书写清楚，1分；卷面不整洁，书写潦草，0分。		
备注：最高总分不超过满分35分。			

【点拨】

一、审题

1. 题材背景：同 2017 年考题，本篇材料并无特殊来源背景，也无专门出处。

题材是广大考生非常熟悉的热门题材：创新。此题材在社会日益发展的今天及将来，仍会是个热门的题材。

所不同的是，2017 年的考题是关于产品的创新，企业需要创新并把握创新的趋势；2018 年的考题是技术创新对人类社会的作用。前者的载体是"企业"，后者的载体是"人类社会"，二者的共同点是其主题词都关乎"变革创新"。

2. 考试题型：同近年考试，仍然是自由拟题的材料作文，基本结构是：材料立意＋观点分析。在一段很短的材料文字里，给出一个讨论的主题，给出两个截然不同的态度：积极支持的态度和消极否定的态度。

纵观近十年的考试，自由拟题的材料作文已经成为最主要的题型，并已成为管理类专业联考最为普遍的论说文题材形式，建议考生在备考时仍然要重点关注。

3. 考题难度：和往年相比，今年的考题难度基本和 2017 年持平，难度总体在趋于平稳。

做过 2017 年真题的考生会发现，在拿到 2018 年考题的时候，面对这篇人工智能的材料论说文，应该有似曾相识之感，并应立即就有"创新"之念涌入脑门。同是论说文题材，2017 年的考题要站在企业的角度考虑，但 2018 年的考题要站在社会的角度去考虑。

但和前几年的论说文材料相比，论说文的总体形势还是在尽量降低难度并开始趋稳。譬如以 2016 年的论说文为例，2016 年的论说文题材是亚里士多德的一段关于城邦的话，表面看是一致性和多样性的区别和统一，但如果要想分析得更加深刻，要想联系实际并很好地快速立意，却是有一定难度的，尤其是在考试时间那么有限的情况下。

但 2017 年和 2018 年的材料却是相当浅显易懂的，考生在扫描完材料后应该立即就能产生清晰明了的立意，这是很有利于考生快速完成试题任务的。

结合近几年的考题分析，不难看出专硕的总体趋势是难度适中，趋稳，少有晦涩难懂的文字，多简单浅显，只要基础知识比较扎实，应对专硕考试并非很难。

4. 审题关键点：主题词：技术变革、人工智能。

两个观点：人工智能是技术变革，促进社会发展 or 不以为然。

几个关键的字词："应该是……而不是""会……也会""但""则不以为然"。通过这些关键字词能猜测和判断命题人的态度倾向。

材料要阐述的观点：

观点一：支持人工智能是技术变革，会促进未来人类社会的进步。

观点二：否定人工智能是技术变革，不认为它会促进未来人类社会的进步。

那么，按照我们中国人惯常的中庸和平衡思想，我们可以间接得出第三个观点：既要变革创新，又要能扬利避害。

从选材立意的角度讲，上面三个观点都是可以考虑的，支持的、否定的、支持的同时又要兼顾好否定一方的客观因素。

但如果我们再仔细去回顾材料找出关键字词时，就不难发现材料本身更倾向的观点。如：材料中"技术变革会夺去一些人低端繁琐的工作岗位，最终也会创造更高端更人性化的就业机会。例如，历史上铁路的出现抢去了很多挑夫的工作，但又增加了千百万的铁路工人"，这里面的关键字词"会……也会""但"能给我们很好的提示，那就是材料本身是认可技术的发展带来的两面性：弊与利，但几个转折关键词"也会"和"但"则能明确材料本身更倾向于"利"的一面。

二、立意

1. 材料以探讨"人工智能"这一新兴热点对于社会的作用作为结尾，两个截然不同的观点醒目出现。很多考生看到结尾处就会考虑直接由此切入，也就是从"人工智能"出发，去发表自己的观点立场，那么以此立意，就要考虑到分析和探讨人工智能的意义、社会价值、发展趋势等，同时要结合材料中一再提及的"技术变革"，这样的立意才能不跑题，不偏题。

如果是支持的观点，立意可以考虑为：《人工智能必定促进未来社会的发展》《立足发展趋势，理性看待人工智能》。

如果是否定的观点，立意可以考虑为：《人工智能一定能促进未来社会的发展吗?》《理性看待人工智能》等。

2. 通观全篇材料，不难发现材料中多次提及"技术变革""创造"等字眼，而"机器人""铁路""人工智能"是它们的载体，全篇材料与其是在说人工智能是否促进未来社会的发展，不如说技术变革和创新是否促进未来人类社会的发展，这样的立意会更全面和深刻。再结合材料中包含的两个截然不同的观点：支持和否定，去做出不同的立意。

那么，如果是支持的观点，则可以考虑立意为：《科技让人类未来更美好》《科技创新促进社会发展》《科技创新才有人类社会发展》等。

如果是反对的观点，则可以立意为：《科技创新就一定会促进社会发展吗?》《莫让科技毁了人类未来》《科技创新≠社会发展》等。

3. 如果我们站在中庸和平衡的立场去考虑立意，也就是哪头都兼顾并想兼顾好，那么立意可以考虑为：《既要科技创新，又要趋利避害》《尊重趋势，协调发展》《天使or魔鬼》。

提示：

以上立意中，第一种很好立意，可以直接表明自己的立场，也就是对待人工智能的立场，要么支持，要么否定，要么综合兼顾皆而有之；第二种立意需要读懂材料，读懂材料作者的立意倾向，提炼出材料主题思想，也就是"技术变革"和"创新"对人类社会发展的作用，然后摆明观点去立意，这个对考生要求难度稍微大一点，但如此立意会更全面妥帖；第三种立意是哪头都不得罪，这样的立意就需要结合好"变革""创新"的利与弊，能分析得精辟合理就可以。

但如果结合材料作者观点倾向，结合社会科技发展大趋势，结合国家一再倡导的科技是第一生产力，结合多年社会热点"创新"的倡导，立意上选择上述第二种立意里的第一种，也就是支持技术变革，支持科技创新，会是更理想的选择，也是更容易得高分的选择。

当然，如果你选择的是否定的观点，也未尝不可，只要你能自圆其说，论据和论证充分合理，也是可以的。

因此，在考试时间有限的情况下，仍然建议考生尽量还是去选择容易着手和把握的立意。

【参考范文一】

理性看待人工智能

人工智能自问世以来，人们在享受它带来的前所未有的便利的同时，也一直在担忧它可能造成的危险。在笔者看来，我们只有理性看待人工智能才能更好地驾驭人工智能。

毫无疑问，人工智能正在改变我们的生活和工作，并在未来会发挥更加强大的作用。有专家预测，未来危险的或重复的、单调的，诸如航空人员、车间人员、基础会计、教师等职业将被人工智能机器人替代，甚至人的生活、学习、工作方式也会被彻底改变，届时的人脑中将植入芯片，海量基础知识直接被输入，甚至人类开车将是违法行为，因为有更有保障的人工智能机器人替代人类驾驶！

面对迅猛发展的人工智能技术，看着不断消失的工作岗位，有些人说人工智能"偷走"了人类的工作机会，甚至于将来有一天人工智能会取代人类。而且近来持这种疑虑的人越来越多，《黑客帝国》《绝密飞行》等影视作品就是这种现实忧虑的艺术反映。

事实上，尽管这种忧虑可以理解，但我们没必要过于担心。著名的未来学家瑞恩表示，人工智能不是"偷走"了人类的工作权利，而是"解放"了人类，不断创造新的岗位，使人类得以从事更有创造性的工作。比如在教育行业，基础科学文化知识不用老师去教了，但需要老师下更大力气关注每个孩子的个人品质、团队能力、社会能力等方面的教育和培养。

科学技术的发展本来就是一把双刃剑，它在不断地创造新事物，同时也在不断地淘汰旧事物。受到人工智能威胁的是保守不前和技能生疏的工作者，然而对于积极进取且技能熟练的工作者来说，这却意味着将会有更多的工作机会。这就要求人们必须不断进行自我完善，提高自己的生存能力和专业技能，否则就真的被这个时代淘汰，也就成为了人工智能的"受害者"。

总之，随着人工智能技术的发展，人们因认识的不足，在未来难免还会经历颠簸和曲折。然而，我们没有必要采取一种悲观的态度，如果正确地理解和利用人工智能，积极面对，改进自己，提高驾驭能力，针对人工智能，扬长避短，我们人类必将创造出更加美好的未来。

【参考范文二】

科技让人类未来更美好

近年来，科学技术的迅猛发展，让人们在享受科技带来的便捷时，也让一些人产生了被取代的疑虑。然而，笔者认为此疑虑无需太重，科技反而会让人类未来更美好。

纵观历史，我们会发现，人类文明的发展是伴随着科技的发展而进行的。这也是人类的社会属性所确定的。人类与其他动物的本质区别就是人有思维，能通过劳动实践总结规律，并将规律运用于劳动实践，提高劳动效率。科技是人类总结劳动实践规律的范畴。科技水平越高，人类文明就越发达。

诚如材料所言，智能机器人等科技产品是能取代部分人类工作岗位，但不足为虑。因为随着人类对客观世界认识的加深，改造这个世界的方法和手段必将不断变化。在这个过程中，一些岗位消失，另外一些岗位出现，这是客观规律。科技在取代一些人类劳动的同时，也在不断创造新的岗位，人类不必担心在劳动实践中没有岗位，只是岗位改变了一种形式而矣。

人类不但不用担心被科技产品取代，而且还会受益于科技的发展。科技的发展，使人类的劳动效率提高，从而使我们所能支配的物质更加丰富，使我们的生活空间更加宽广，使我们的信息交流更加快捷，让人类文明的发展更加迅速。

为什么有些人会产生被科技产品取代的疑虑？笔者以为主要是这些人作为人类的个体，没能认清科技的发展是同人类劳动实践密切相联的，过于纠结部分工作岗位被取代，没有以发展的眼光看到人类也在不断地发展着。

当然，科技的发展对于人类文明的发展而言也不是没有一点风险，比如核技术的发展会带来核战争的风险，生物科技的发展会带来人类物种改变的风险等，但这些风险是可控的，而且也是可以预防的。我们不能因怕有细菌而闭口不吃饭。

总之，科技因人类而存在，人类未来因科技发展而更美好，关键在于人类要"善待"科技，让其与人类发展相向而行。

【参考范文三】

莫让科技毁掉人类未来

诚如材料所言，科技迅猛发展让人类享受到了前所未有的便利，但也带来了不可预料的风险。莫仅图科技便利，而使其毁掉人类未来。

纵观人类历史，我们能发现科技是一把双刃剑，既能造福于人类，也能造祸于人类。金属的出现，使人类在劳动中用铁器代替了石头和木头，但也出现了金属制兵器。核能的研究，让人类拥有了核能发电，但也出现了核武器。美国核武在日本广岛和长崎爆炸后，爱因斯坦就深悔研发了它，呼吁政府销毁。

科技之所以能对人类造成伤害，笔者觉得主要有两方面因素。

一是人类自身的局限性。人类无论是在生理上、心理上，还是对自然界的认知上都有自身的局限性，这种局限性会使科技从造福人类的天使变成伤害人类的恶魔。如智能手机本是为人类更好地沟通，但很多人不能控制自己，沉迷其中，反而变成了人们沟通和交流的障碍。

二是人类整体发展跟不上科技发展。每次科技浪潮都会淘汰一批职业和岗位，产生更新的职业和岗位，但很多人因知识和技能更新速度跟不上而失业，尤其是机器人和人工智能技术的迅猛发展对人的影响更大，很多岗位将被替代。甚至有专家鉴于人工智能机器人的强大自我学习、联想能力，还推测说对于智能机器人，人类有可能失控，前些日子打败众多围棋冠军的阿尔法狗就是一个例子。

因此，要避免或减少科技对人类的伤害，关键还在于我们自己。首先要尽可能克服自身局限性影响，教育人们正确认识科技带来的便利，既利用，又不依赖，通过道德、伦理、法律等发挥科技"正能量"，限制"负能量"。其次是让科技发展与人类文明发展同向、同调，不盲目发展，杜绝无节制的发展，使其发展水平可控。

总之，科技对于人类而言，利越大，潜在的风险也就越大，时刻保持警惕，合理预防，方能不为其所伤。

【参考范文四】

天使 or 魔鬼

人工智能等科学技术的迅猛发展，有人视为"天使"，有人视为"魔鬼"。在笔者看来，它既不是"天使"，也不是"魔鬼"，仅是一个工具。

事实上，科学技术作为人们改造自然的工具，一直在给我们这个社会造福，同时也在不断地给我们"惹事"。工业技术给我们带来丰富的物资，也带来了环境污染；信息技术给我们带来了方便，但也带来了个人空间压缩；核技术给我们带来了能源，但也带来了核事故；人工智能帮我们解放了重复劳动，但也致使部分人的岗位被替代。

这就是科技，作为工具它本质上无好坏之分，正所谓天使的隔壁就是恶魔。我们只有正确认识它的客观规律，用它为人类文明的发展服务，同时想方设法扼制它的危害，科技才会成为我们这个社会发展的"天使"。

以笔者看来，我们应着重处理好以下几方面问题：一是人类自身文明发展问题。科技的发展必然为我们这个社会带来新的事物，也必将影响和改变我们所处的自然环境和社会环境，作为处在其中的人，也要持正面态度，积极改变自己来适应新的改变，否则只能被社会淘汰。智能机器人的出现被一些人视为抢夺工作岗位的"魔鬼"就是这个原因。二是人类科技伦理道德建设问题。一把手枪，放在犯罪分子手里，就是危害社会秩序的凶器，但放在警察手中，则又成了维护社会秩序的利器。要通过加强人类道德伦理建设，甚至于法律文件约定科技能用于哪些领域，不能用于哪些领域，这亦本是人类与科技和谐发展问题。三是理性对待科技。人类社会不断进步，科技变革无处不在，在日新月异的今天，科技给人类带来了史无前例的发展，但也要正视科技变革已经或可能产生的后患。清醒而不盲目，理性而不回避，这是正视科技变革的态度。

总之，科学技术对于人类而言，作为一个工具，用好是"天使"，用不好则是"魔鬼"，在于人类自身，不在于科技。愿我们能用好这个工具，使之成为我们社会发展进程中永远的"天使"。

2017 年全国硕士研究生入学统一考试
管理类专业学位联考综合能力试题解析

一、问题求解

1. 答案：E

解析：本题考查古典概率，用枚举法解题。

若 $a > b$ 时，则存在有：$a = 2$，$b = 1$；$a = 3$，$b = 2$；$a = 3$，$b = 1$，一共有 3 种可能。

若 $a + 1 < b$ 时，则存在有：$a = 1$，$b = 3$；$a = 1$，$b = 4$；$a = 2$，$b = 4$，一共有 3 种可能。

因为 a 和 b 一共有的取法为：$C_3^1 \cdot C_4^1 = 3 \cdot 4 = 12$

所以甲取胜的概率为：$P = \dfrac{3+3}{12} = \dfrac{1}{2}$

故本题正确选项为 E。

2. 答案：E

解析：本题考查三角形面积公式以及特值三角形的面积。

方法一：根据三角形面积公式推算

因为 $S_{\triangle ABC} = \dfrac{1}{2} AB \cdot AC \cdot \sin A$，$S_{\triangle A'B'C'} = \dfrac{1}{2} A'B' \cdot A'C' \cdot \sin A'$

由题意知 $\angle A + \angle A' = \pi$，那么 $\sin A = \sin A'$，因此有

$$\dfrac{S_{\triangle ABC}}{S_{\triangle A'B'C'}} = \dfrac{\dfrac{1}{2} AB \cdot AC \cdot \sin A}{\dfrac{1}{2} A'B' \cdot A'C' \cdot \sin A'}$$

又由题干知 $AB : A'B' = AC : A'C' = 2 : 3$，结合 $\sin A = \sin A'$，那么

$$\dfrac{S_{\triangle ABC}}{S_{\triangle A'B'C'}} = \dfrac{\dfrac{1}{2} \cdot 2 \cdot 2 \cdot \sin A}{\dfrac{1}{2} \cdot 3 \cdot 3 \cdot \sin A'} = \dfrac{4}{9}$$

方法二：采取特值代入法

令 $AB=AC=2$，$A'B'=A'C'=3$，$\angle A=\angle A'=\dfrac{\pi}{2}$

则有 $\dfrac{S_{\triangle ABC}}{S_{\triangle A'B'C'}}=\dfrac{\frac{1}{2}AB \cdot AC \cdot \sin A}{\frac{1}{2}A'B' \cdot A'C' \cdot \sin A'}=\dfrac{\frac{1}{2} \cdot 2 \cdot 2 \cdot \frac{\pi}{2}}{\frac{1}{2} \cdot 3 \cdot 3 \cdot \frac{\pi}{2}}=\dfrac{4}{9}$

故本题正确选项为 E。

3. 答案：B

解析：本题考查分组分配，且是均匀分组

由题意得 $N=\dfrac{C_6^2 \cdot C_4^2 \cdot C_2^2}{P_3^3}=\dfrac{\frac{6!}{2! \, 4!} \cdot \frac{4!}{2! \, 2!} \cdot 1}{3!}=\dfrac{15 \cdot 6 \cdot 1}{6}=15$

故本题正确选项为 B。

4. 答案：B

解析：本题考查方差计算并比较大小。

由题意可知：

$\overline{x_甲}=\dfrac{2+5+8}{3}=5$，$\overline{x_乙}=\dfrac{5+2+5}{3}=4$，$\overline{x_丙}=\dfrac{8+4+9}{3}=7$，那么

$\sigma_1=\dfrac{1}{3}\left[(2-5)^2+(5-5)^2+(8-5)^2\right]=6$

$\sigma_2=\dfrac{1}{3}\left[(5-4)^2+(2-4)^2+(5-4)^2\right]=2$

$\sigma_3=\dfrac{1}{3}\left[(8-7)^2+(9-7)^2+(4-7)^2\right]=\dfrac{14}{3}$

因此存在着 $\sigma_1>\sigma_3>\sigma_2$。

故本题正确选项为 B。

5. 答案：C

解析：本题考查最大公约数。

设能切割成相同正方体的最少个数为 x，那么要想符合题干，则必须满足 x 能被长方体的长、宽、高即 12、9、6 整除，那么此时 x 应该是 12、9、6 的最大公约数，即 $x=3$。

因此正方体的最少个数为：$\dfrac{12 \times 9 \times 6}{3 \times 3 \times 3}=24$

故本题正确选项为 C。

6. 答案：B

解析：本题考查简单的比和比例及百分比。

假设电冰箱降价前价格为 a，那么第一次降价后的价格为 $a(1-10\%)$，第二次又连续降了 10%，则第二次降价后的价格是 $a(1-10\%)(1-10\%)=0.81a$，那么第二次降价后价格是原价格的 $\dfrac{0.81a}{a}=0.81$。

故本题正确选项为 B。

7. 答案：E

解析：本题考查等差数列及等式。

设甲、乙、丙三种货车载重量分别为 x，y，z，则由题干可得

$$\begin{cases} x+z=2y & ① \\ 2x+y=95 & ② \\ x+3z=150 & ③ \end{cases}$$

①＋②＋③ $\Rightarrow 4x+4z+y=2y+95+150 \Rightarrow 4x+4z-y=95+150=245$

结合①，得 $7y=245 \Rightarrow y=35$

因此，可依次代入推算出 $\begin{cases} x=30 \\ y=35 \\ z=40 \end{cases}$

那么 $x+y+z=30+35+40=105$

也可直接代入①，即 $x+y+z=2y+y=3y=3 \times 35=105$

故本题正确选项为 E。

8. 答案：D

解析：本题考查简单的比例问题。

设下午咨询的人数为 x，由题干知，上午咨询的学生中有 9 名下午又咨询了张老师，且占下午咨询学生的 10%，那么下午咨询的学生一共有 $x=9 \div 10\%=90$。

那么全天咨询的人数为：$45+90-9=126$ 人。

故本题正确选项为 D。

9. 答案：D

解析：本题考查面积。

由题干可知，机器人走过的区域如图 14-1 所示：

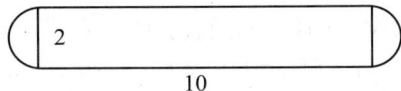

图 14-1

由此可以看出，机器人搜过的区域面积应该是一个长方形面积（长为 10 米，宽为圆直径 2 米）和两个半圆的面积（半径为 1 米），即：

$$10 \times 2+2 \times \frac{1}{2} \pi \times 1^2=20+\pi$$

故本题正确选项为 D。

10. 答案：B

解析：本题考查绝对值不等式的解集。

由题干可推导如下：

$$|x-1|+x \leqslant 2 \Rightarrow |x-1| \leqslant 2-x \Rightarrow -(2-x) \leqslant x-1 \leqslant 2-x$$

$$\Rightarrow \begin{cases} x-2 \leqslant x-1 \Rightarrow x \in \mathbf{R} \\ x-1 \leqslant 2-x \Rightarrow 2x \leqslant 3 \Rightarrow x \leqslant \frac{3}{2} \end{cases} \Rightarrow x \leqslant \frac{3}{2}$$

故本题正确选项为 B。

11. 答案：D

解析：本题考查整除和平均值。

本题用最简单的列举法罗列出来即可。

在 1 到 100 之间，能被 9 整除的整数有 9，18，27，36，45，54，63，72，81，90，99，一共有 11 个整数，它们之间的公差为 9。

利用等差数列求和公式可知，这 11 个整数的和为

$$S_n = \frac{(a_1 + a_n)n}{2} = \frac{(9+99) \times 11}{2}$$

则 11 个整数的均值为 $\frac{S_n}{11} = \frac{\frac{(9+99) \times 11}{2}}{11} = 54$

故本题正确选项为 D。

12. 答案：B

解析：本题考查概率。

由题意可知，

有 5 道题能排除 2 个错误选项，那么这 5 道题目中每个题目答对的正确率是 $\frac{1}{2}$；

有 4 道题能排除 1 个错误选项，那么这 4 道题目中每个题目答对的正确率是 $\frac{1}{3}$。

因此，甲得满分的概率为 $p = \left(\frac{1}{2}\right)^5 \cdot \left(\frac{1}{3}\right)^4 = \frac{1}{2^5} \cdot \frac{1}{3^4}$。

故本题正确选项为 B。

13. 答案：A

解析：本题考查不定方程。

设购买的甲、乙两种办公设备的件数分别为 x，y，结合题干可得到
$1\,750x + 950y = 10\,000 \Rightarrow 35x + 19y = 200 \Rightarrow 19y = 200 - 35x$

方法一：推算法

由于 x，y 必须是正整数，那么 $200 - 35x$ 一定是 5 的倍数，因此也一定存在 $19y$ 是 5 的倍数，也即 y 是 5 的倍数。

当取 $y = 5$ 时，代入 $19y = 200 - 35x \Rightarrow x = 3$ 代入，此时题干可以成立。

方法二：代入验证法

方程式确立后，直接将各个选项代入验算，也可以很快得出正确答案，即 $x = 3$，$y = 5$ 是符合题干要求的。

故本题正确选项为 A。

14. 答案：A

解析：本题考查求解阴影面积。

由图可知，$S_{阴影} = S_{扇AOB} - S_{\triangle AOC}$，结合题干中 $\angle AOB = \frac{\pi}{4}$，$OA = 1$，$AC \perp OB$，则有

$\angle AOB = \frac{\pi}{4} = \frac{180°}{4} = 45°$ 且 $\triangle AOC$ 是等腰三角形，那么可得到

$\begin{cases} CA^2 + CO^2 = OA^2 = 1^2 = 1 \\ CA = CO \end{cases} \Rightarrow 2CA^2 = 1 \Rightarrow CA = CO = \frac{\sqrt{2}}{2}$

结合扇形面积和三角形面积公式，则可以得到

$$S_{阴影}=S_{扇AOB}-S_{\triangle AOC}=\frac{45}{360}\cdot\pi\cdot 1^2-\frac{1}{2}\cdot\frac{\sqrt{2}}{2}\cdot\frac{\sqrt{2}}{2}=\frac{\pi}{8}-\frac{1}{4}$$

故本题正确选项为 A。

15. 答案：C

解析：本题考查三集合容斥问题。

假设只复习过数学、英语、语文的人数分别为 x，y，z，如图 14-2 所示：

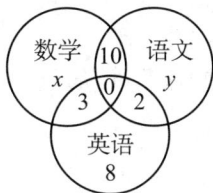

图 14-2

结合题干可得到

$$\begin{cases}x+10+3+0=20\Rightarrow x=7\\y+10+2+0=30\Rightarrow y=18\Rightarrow x+y+z=7+18+1=26\\z+3+2+0=6\Rightarrow z=1\end{cases}$$

因此没有复习过这三门课程的学生为 $50-26-10-3-2=9$ 人。

故本题正确选项为 C。

二、条件充分性判断

16. 答案：D

解析：本题考查比、比例和百分比。

设此人需要处理的文件数为 x，依据题干可知，第一小时处理的文件数是 $\frac{1}{5}x$，第二小时处理的文件数是 $\left(1-\frac{1}{5}\right)\frac{1}{4}x=\frac{1}{5}x$。

由条件（1）可得到

$$\frac{1}{5}x+\frac{1}{5}x=10\Rightarrow x=25$$

因此条件（1）充分。

由条件（2）可得到

$$\frac{1}{5}x=5\Rightarrow x=25$$

因此条件（2）也充分

条件（1）充分，条件（2）也充分

故本题正确选项为 D。

17. 答案：C

解析：本题考查比、比例和百分比。

条件（1）：已知一月份的产值，单凭这一个条件无法得出月平均增长率；

条件（2）：已知全年的总产值，单凭这一个条件同样无法得出月平均增长率。

现将条件（1）和条件（2）联合起来，假设一月份的产值为a，全年的总产值为A，月平均增长率为p，那么则存在有

$$A=a+a(1+p)+a(1+p)^2+\cdots+a(1+p)^{11}$$

可见是一个公比为$1+p$的等比数列，根据等比数列求和公式可得到

$$A=\frac{a\left[1-(1+p)^{12}\right]}{1-(1+p)}$$

在这里，第一个月产值a和全年总产值A都是已知的，那么必定能确定月平均增长率p有唯一正解。

因此，条件（1）和条件（2）单独都不充分，但条件（1）和条件（2）联合起来充分。

故本题正确选项为C。

18. 答案：A

解析：本题考查解析几何中圆的位置关系。

由题干中$x^2+y^2-ax-by+c=0$，可知圆方程为$\left(x-\frac{a}{2}\right)^2+\left(y-\frac{b}{2}\right)^2=\frac{a^2+b^2-4c}{4}$，

该方程与x轴相切，则必然存在：

$$r=\left|\frac{b}{2}\right|=\sqrt{\frac{a^2+b^2-4c}{4}}\Rightarrow\left(\frac{b}{2}\right)^2=\frac{a^2+b^2-4c}{4}\Rightarrow\frac{b^2}{4}=\frac{a^2+b^2-4c}{4}\Rightarrow a^2-4c=0\Rightarrow a^2=4c$$

由条件（1）可知，已知a的值，那么必然能推算出c的值，因此条件（1）充分；

由条件（2）可知，已知b的值，但不必然能推算出c的值，因此条件（2）不充分。

因此条件（1）充分，条件（2）不充分。

故本题正确选项为A。

19. 答案：C

解析：本题考查行程问题。

由题干可知，要想知道A，B两地的距离，除了已知速度，还需要知道具体的时间。

条件（1），乘动车的时间与乘汽车的时间相等，无法得出乘动车与乘汽车的时间，因此条件（1）不充分；

条件（2），乘动车的时间与乘汽车的时间之和为6小时，也无法得出乘动车与乘汽车的时间，因此条件（2）不充分。

现将条件（1）和条件（2）联合起来，即：乘动车时间与乘汽车时间相等且时间之和为6小时，那么乘动车和乘汽车时间分别为3小时，根据路程＝速度×时间，则必然得到：

A，B两地距离$S=3\times220+3\times100=960$

因此条件（1）和条件（2）单独都不充分，但联合起来充分。

故本题正确选项为C。

20. 答案：B

解析：本题考查一元二次方程根的判别式。

由题干可知，直线$y=ax+b$与抛物线$y=x^2$有两个交点，那么方程$x^2=ax+b$有两根，也即$x^2-ax-b=0$有两根。

根据方程根的判别式，可得到$\Delta=(-a)^2-4\times1\times(-b)=a^2+4b>0$

由条件（1）：$a^2>4b$，无法推断 $\Delta=a^2+4b>0$ 成立。

譬如举反例：如果取 $a=0$，$b=-1$，则 $\Delta=a^2+4b=0-4=-4$，此时 $\Delta=a^2+4b>0$ 无法成立，因此条件（1）不充分；

由条件（2）：$b>0$，则 $\Delta=a^2+4b>0$ 必然成立，因此条件（2）充分。

条件（1）不充分，条件（2）充分。

故本题正确选项为 B。

21. 答案：B

解析：本题考查立体几何中球体的性质。

由条件（1），已知铁球露出水面的高度，仅由此不能确定铁球的体积，因此条件（1）不充分；

由条件（2），已知水深及铁球与水面交线的周长，即如图 14-3 所示：

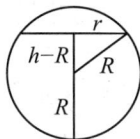

图 14-3

令水深为 h，铁球的半径为 R，露出水面部分的小圆半径为 r，铁球和水面交线的周长为 L。

根据圆周长公式可得 $L=2r\pi\Rightarrow r=\dfrac{L}{2\pi}$，也就是 r 是可以确定的一个数字。

根据勾股定理可得 $R^2=r^2+(h-R)^2=r^2+h^2-2Rh+R^2\Rightarrow r^2+h^2-2Rh=0\Rightarrow R=\dfrac{r^2+h^2}{2h}$。

由于水深 h 是已知的，露出水面的小球半径 $r=\dfrac{L}{2\pi}$ 也是能确定的一个数字，那么 R 就必定能被计算出来，也就是 R 是可以确定的。

在球的半径 R 已知的情况下，结合球体积公式 $V_球==\dfrac{4}{3}\pi R^3$ 就必然能得出球的体积。

因此条件（2）充分。

条件（1）不充分，条件（2）充分。

故本题正确选项为 B。

22. 答案：A

解析：本题考查绝对值的几何意义。

条件（1）：$|a|\leqslant5$，$|b|\leqslant5$，$|c|\leqslant5$，可知 a，b，c 的取值区间在 $[5,-5]$。

当 a，b，c 三个数取值 -5，0，5 时最分散，$|a-b|=5$，$|b-c|=5$，$|c-a|=10$，此时 $\min\{|a-b|,|b-c|,|a-c|\}=5$，也就是取得了最大值 5。

其他取值方式必定存在 $\min\{|a-b|,|b-c|,|a-c|\}<5$，可简单举例论证如下：

a，b，c 三个数在 $[5,-5]$ 区间分别取值 -3，2，4，那么 $|a-b|=5$，$|b-c|=2$，$|a-c|=7$，此时

$\min\{|a-b|,|b-c|,|a-c|\}=2<5$。

因此当 $|a| \leqslant 5$，$|b| \leqslant 5$，$|c| \leqslant 5$ 时，$\min\{|a-b|, |b-c|, |a-c|\} \leqslant 5$ 成立，条件（1）充分。

条件（2）：$a+b+c=15$，可以用数字代入法继续验证该条件是否成立。

当 a，b，c 分别取值 50，-30，-5 时，$a+b+c=15$，那么 $|a-b|=80$，$|b-c|=25$，$|a-c|=55$，此时 $\min\{|a-b|, |b-c|, |a-c|\}=25$，与要论证的题干 $\min\{|a-b|, |b-c|, |a-c|\} \leqslant 5$ 冲突，条件（2）不充分。

因此条件（1）充分，条件（2）不充分。

故本题正确选项为 A。

23. 答案：C

解析：本题考查分解质因数

由条件（1）：每位供题教师提供的试题数目相同，那么教师的人数就一定是总题目 52 题的约数，那么就存在有 $1 \times 52=52$，$2 \times 26=52$，$4 \times 13=52$，即教师可能是 1 位，2 位，4 位这三种可能，因此条件（1）不充分。

由条件（2）：每位供题教师提供的题型不超过 2 种，且由题干知共有 5 种题型，那么供题教师至少有 3 名，因此条件（2）也不充分。

现在将条件（1）和条件（2）联合起来，即要满足供题教师至少有 3 名且小于或等于总人数 12 人，又要满足教师可能是 1 位，2 位和 4 位这三种可能，那么综合起来教师只能为 4 人。

因此条件（1）和条件（2）单独都不充分，但联合起来充分。

故本题正确选项为 C。

24. 答案：C

解析：本题考查概率。

由条件（1）：此人 A 类题中有 60% 会做，那么此人 A 类合格的概率为

$$P_A = C_3^2 \left(\frac{3}{5}\right)^2 \cdot \frac{2}{5} + \left(\frac{3}{5}\right)^3 = 3 \cdot \frac{9}{25} \cdot \frac{2}{5} + \frac{27}{125} = \frac{81}{125}$$

条件（1）单独无法比较出 A 类合格率高，不充分。

由条件（2）：此人 B 类题中有 80% 会做，那么此人 B 类合格的概率为

$$P_B = \left(\frac{4}{5}\right)^2 = \frac{16}{25} = \frac{80}{125}$$

条件（2）单独也无法比较出 A 类合格率高，不充分。

将条件（1）和条件（2）联合起来，则此时必然存在 $P_A = \frac{81}{125} > P_B = \frac{80}{125}$

因此条件（1）和条件（2）单独都不充分，但联合起来充分。

故本题正确选项为 C。

25. 答案：A

解析：本题考查二次函数的最值。

由题干可知，函数 $f(x) = x^2 + 2ax + b$ 的最小值为 $\frac{4b - (2a)^2}{4} = b - a^2$。

由条件（1）：1，a，b 成等差数列可得 $2a = 1 + b$，那么 $b = 2a - 1$。

$f_{\min}(x) = b - a^2 = (2a - 1) - a^2 = -(a - 1)^2$。

若 $a = 1$，则数列就是常数列，即 1，a，b 就是公差为 0 的常数列，此时 $a = b = 1$，这

和题干中 a，b 是两个不相等的实数冲突，因此 a 必然不是 1，那么此时 $f_{\min}(x) = -(a-1)^2$ <0 一定成立。

因此条件（1）充分。

由条件（2）：1，a，b 成等比数列，那么 $b=a^2$。

$f_{\min}(x) = b-a^2 = 0$

因此条件（2）不充分。

条件（1）充分，条件（2）不充分。

故本题正确选项为 A。

三、逻辑推理

26. 答案：A

解析：考查三段论。

由题干可知：

①：涉及核心技术的项目→不能受制于人；

②：许多网络安全建设项目→涉及核心技术；

③：全盘引进国外先进技术 and 不努力自主创新→网络安全将会受到严重威胁。

那么，由①②就可以得到：许多网络安全建设项目→不能受制于人，也就是有些网络安全建设项目不能受制于人。选项 A 刚好符合了这个论断。

故选项 A 正确。

27. 答案：C

解析：本题考查三段论。

由题干知：

①任何结果出现→背后都有原因；

②背后有原因→可以被人认识；

③被人认识→都必然不是毫无规律。

那么，必然能推断出：任何结果出现→都必然不是毫无规律。

本题要选出假的命题，那么就选择和推论相反的即可，即选项 C "有些结果的出现是毫无规律的"。

故选项 C 正确。

28. 答案：D

解析：支持题。

题干的论证表现形式为：

论据：海外代购避开关税，让政府损失了税收收入；

结论：政府应该严厉打击海外代购行为。

选项 D 说明了海外代购销售额的占比重，且这些交易大多避开关税，为结论提供了有力的证据，很好地支持了题干论断。选项 B 和 C 对题干是削弱的，选项 A 和 D 对题干无关紧要。

故选项 D 正确。

29. 答案：E

解析：匹配题。采取逐个代入验证法。

由题干知：

条件（1）：只有甲和乙→能演国外游客；

条件（2）：每个场景→≥3类角色；

条件（3）：乙或丁出演商贩→甲和丙出演购物者；

条件（4）：购物者、路人之和→每个场景中小于等于2人。

选项A，同一场景中，戊和己出演路人，那么结合条件（4），可知就不能有购物者；再结合条件（2），可知此场景必须得有国外游客、商贩和路人三个角色；结合条件（3）并对条件（3）进行逆否，则甲和丙没有出演购物者，那么乙或丁就没出演商贩，那么乙或丁就必须出演国外游客；再结合条件（1），只有甲和乙才能出演国外游客，那么乙必然出演国外游客，但无法推断出甲就一定出演国外游客。故选项A不成立。

选项B，与条件（1）直接冲突，只能由甲和乙出演国外游客，不成立。

选项C和D，根据题干已知条件无法推断，不成立。

选项E，若丁和戊出演购物者，结合条件（4），可知就不能有路人；再结合条件（2），可知此场景必须得有国外游客、商贩和购物者三个角色；结合条件（3）并对条件（3）进行逆否，则甲和丙没有出演购物者，那么乙或丁就没出演商贩，那么乙或丁就必须出演国外游客；结合题干每个场景每人只能演一个角色，那么丁出演的是购物者；再结合条件（1），只有甲和乙才能出演国外游客，那么乙必然出演国外游客。选项E成立。

故选项E正确。

30. 答案：E

解析：支持题。题干中家长之所以将区教育局告上法庭，依据是"就近入学原则"，但孩子却被安排到了2公里以外的学校就读，离家300米的学校却不能上，他认为违反了此原则；法院驳回了请求，也就是维持了区教育局的安排，选项E说明了，该区教育局划分施教区的行政行为符合法律规定，也就是去2公里以外就读确实是在法律规定之内，最有力地支持了题干结论。

故选项E正确。

31. 答案：C

解析：考查假言命题逆否。

由题干可知：

条件（1）：黄金投资比例≥1/2→剩余部分投入国债和股票

条件（2）：股票投资比例<1/3→剩余部分不能投入外汇或国债

条件（3）：外汇投资比例<1/4→剩余部分投入基金或黄金

条件（4）：国债投资比例≥1/6

由条件（4）可知，国债投资必须有且要≥1/6；结合条件（2）并对条件（2）进行逆否，即否定后件可得否定前件，那么必然可得到剩余部分投入外汇或国债，则股票投资比例要≥1/3。选项C股票投资比例不低于1/4是在股票投资比例要大于或等于1/3范畴内，符合要求。

故选项C正确。

32. 答案：E

解析：支持题。

题干中的观点论据有二：

①通识教育重在帮助学生掌握尽可能全面的基础知识，即帮助学生了解各个学科领域的基本常识；

②人文教育重在培养学生了解生活世界的意义，并对自己及他人行为的价值和意义做出合理的判断。

题干结论：相比较而言，人文教育对个人未来生活的影响更大一些。

选项E强调了人生价值和意义的追求比知识的追求要有意义，也就是肯定了人文教育比通识教育更重要，有力地支持了题干论断。

故选项E正确。

33. 答案：C

解析：排序题，依据已知条件逐一对应排序。

由题干可知，一共有7个省，各省均调研一次，那么必然不存在重复排序。

由条件（1）第一个或最后一个调研江西省，结合题干，邢经理首先赴安徽省调研，那么可知第一个省份一定是安徽省，最后一个省份是江西省；结合条件（4），可知第三个省份是江苏省。即如表14-1：

表14-1

1	2	3	4	5	6	7
安徽		江苏				江西

由条件（2）调研安徽省的时间早于浙江省，在这两省的调研之间调研除了福建省的另外两省，则一定存在着这样的排序，即如表14-2：

表14-2

1	2	3	4	5	6	7
安徽		江苏	浙江			江西

由条件（3）调研福建省的时间安排在刚好调研完浙江省之后，结合题干，调研福建省只能在浙江省之后，即如表14-3：

表14-3

1	2	3	4	5	6	7
安徽		江苏	浙江	福建		江西

刚好符合选项C：第五个调研福建省。

故选项C正确。

34. 答案：C

解析：由题干知，安徽省是邢经理第二个调研的省份，结合条件（2）和条件（4），必可以得到表14-4：

表 14-4

1	2	3	4	5	6	7
	安徽	江苏		浙江		

也就是一定能确定选项C：第五个调研浙江省是可以确定的。其他选项均不能完全推断成立。

故选项C正确。

35. 答案：D

解析：评价题，需要找出核心关键词。

题干是关于创业者最需要什么，二人观点主要表现在：

王研究员：创业者最重要的是需要一种坚持精神；

李教授：创业者最重要的是要敢于尝试新技术。

那么，二人焦点之争在于"坚持精神"还是"尝试新技术"，选项中能解释清楚这个焦点矛盾就可以了，而选项D正好解释了这一点，即"是需要一种坚持精神，不畏艰难，还是要敢于尝试新技术，把握事业成功的契机"。

故选项D正确。

36. 答案：C

解析：加强支持型。

由题干可知：

论据：持续接触高浓度污染物会直接导致10％至15％的人患有眼睛慢性炎症或干眼症。

结论：如果不采取紧急措施改善空气质量，这些疾病的发病率和相关的并发症将会增加。

那么要想起到加强支持的作用，就必须找到对结论能有力支撑的选项。

选项C说明了眼睛慢性炎症或干眼症等病例通常集中出现于花粉季，而非随时集中发生，那么也就支持了题干的论据，因为持续的雾霾导致了10％至15％这个并不低的发病率的发生，从而也就更加有力地支撑了结论，那就是要采取紧急措施改善空气质量，控制发病率和并发症的增加。

选项A是一个很强的干扰项，它的确加强了题干的论据，但它更偏向于支持发病而不是发病率，而选项C支持的是发病率，和专家的结论呼应。

故选项C正确。

37. 答案：C

解析：推论题，逐一推断排除。

由题干可知：

①只有三个年级，每个年级人数相等；

②一年级学生→都能把该书中的名句与诗名及其作者对应起来；

③二年级学生→2/3能把该书中的名句与作者对应起来；

④三年级学生→1/3不能把该书中的名句与诗名对应起来。

由①可知，三个年级每个年级的人数相等，假设每个年级的人数为 a，那么三个年级

的总人数为 $3a$；

由②可知，一年级能把该书中的名句和作者对应起来的人数为 a；

由③可知，二年级能把该书中的名句和作者对应起来的人数为 $\frac{2}{3}a$；

由④可知，三年级有 1/3 的学生不能把该书中的名句与诗名对应起来，不必然能推断出三年级一定有 2/3 的学生能把该书中的名句与诗名对应起来。

我们将①和②结合，那么一年级和二年级的学生能把该书中的名句与作者对应起来的人数为 $a+\frac{2}{3}a=\frac{5}{3}a$，占全体学生的比例为 $\frac{5}{3}a \div 3a=\frac{5}{9}a$，也就是仅一、二年级的学生能把该书中的名句与作者对应起来的人数就超过了全校三个年级总人数的一半，即选项 C 一定是成立的，那就是大部分硕士生能将书中的名句与作者对应起来。

故选项 C 正确。

38. 答案：E

解析：假设题。

题干的逻辑推理形式为：婴儿是地球上最有效率的学习者→可以设计出能像婴儿那样不费力气就能学习的机器人。

那么，要想此推论成立，就必须要隐含一个前提假设条件，那就是现有的机器人不能像婴儿那样学习，选项 E 则正好包含了这点。

选项 C 也容易对考生产生一些干扰，但个体不能代表全体，排除；其他几个选项也或多或少会对考生的选择产生困扰。综合而言，找出题干论据的核心关键词"最有效的"及使推论成立必须隐含的假设至关重要，把握住了这点，考生就不会那么容易被干扰。

故选项 E 正确。

39. 答案：D

解析：加强支持型。

由题干可知：

论据：黄金纳米粒子很容易被人体癌细胞吸收，如果将其包上一层化疗药物，就可作为"运输工具"，将化疗药物准确地投放到癌细胞中。

结论：微小的黄金纳米粒子能提升癌症化疗的效果，并能降低化疗的副作用。

那么，本题属于典型的措施目的类型的支持题，选项需要的是支持措施可行和措施可达到目的。选项 D 说明了用微小的黄金纳米粒子治疗癌细胞是可行的，有力地加强了科学家的论断。

故选项 D 正确。

40. 答案：D

解析：结构比较题，找形式类似。

题干的推理形式为：

甲：A→B

乙：非 A→非 B

五个选项中只有选项 D 的结构与题干类似，其他均不符。

故选项 D 正确。

41. 答案：C

解析：综合推理题，可用代入法逐个验证，与题干已知冲突则为不可能。

选项A：

条件（2）曾寅：如果我成为主持人，将邀请颜子或孟申作为项目组成员，那么可推断出如果曾寅是主持人，则曾寅和颜子或者曾寅和孟申可能会成为一个项目组成员的，因此选项A可能成立。

选项B：

条件（4）孟申：只有荀辰或颜子成为项目组成员，我才能成为主持人，那么可推断出如果孟申是主持人，则孟申和荀辰或者孟申和颜子可能会成为一个项目组成员，因此选项B可能成立。

选项C：

条件（2）曾寅：如果我成为主持人，将邀请颜子或孟申作为项目组成员，那么可推断出如果曾寅是主持人，项目组成员只能是曾寅和颜子或曾寅和孟申；

条件（3）荀辰：只有颜子成为项目组成员，我才能成为主持人，那么可推断出如果荀辰是主持人，项目组成员只能是荀辰和颜子。

结合条件（2）和（3），可以看出如果曾寅是主持人，则和条件（3）冲突；如果荀辰是主持人，则和条件（2）冲突，因此曾寅和荀辰不可能同时出现在一个项目组里，因此选项C难以成立。

选项D：

同理由条件（4）推出是可能成立的。

选项E：

同理由条件（1）推出是可能成立的。

因此，五个选项中只有选项C是不可能成立的。

故选项C正确。

42. 答案：E

解析：评价提，采取求异的思路解题。

由题干可知：

论据：一组有规律工作了8年的白领，他们的体重比刚毕业时平均增加了8公斤。

结论：有规律的工作会增加人们的体重。

那么要想确定该结论正确与否，最关键的问题是没有规律工作的人们的体重如何。如果其他条件相仿但工作没有规律的人们的体重增加了，则是对该结论进行了削弱，若是没有增加则是对结论的加强。选项E正好说明了这点。

故选项E正确。

43. 答案：E

解析：结构题。找推理形式相类似的选项，在逻辑试题中属于非常简单易得分的题型。

题干的推理形式为：因为A and B→C，所以C。

在五个选项中，只有选项E的推理结构和题干类似。

故选项E正确。

44. 答案：D

解析：推论题。

由题干可知，有些藏书家因喜爱书的价值和精致装帧而购书收藏，至于阅读则放到了自己以后闲暇的时间，那么由此必然可以推断出：有些藏书家不会立即读自己新购的书。因此选项 D 必然可以得到。

故选项 D 正确。

45．答案：D

解析：质疑题，找出最大力度削弱项。

题干论据的核心关键词是"死亡的风险"，结论的关键词是"对健康状况造成损害"，要想此论证成立，那么必须假设的是死亡的风险高低和健康状况是有关的，也就是必须建立二者之间的关联。如果二者之间有关系即彼此影响，那么是加强支持结论；如果反之，则是削弱质疑。而选项 D 则说明了这二者间不存在必然关联，有力地质疑了题干论证。

选项 C 也有削弱题干论证的作用，但考生要记住，但凡选项中存在着"有些""有的"等个体现象的字样时，其力度都是有限的，一般不作为最佳选项。

故选项 D 正确。

46．答案：B

解析：结构题，找形式类似的选项。

题干中甲和乙的推论形式为：

甲：加强知识产权保护←能推动科技创新，即：B←A。

乙：过分加强知识产权保护→肯定不能推动科技创新，即：过分 B→所以非 A。

选项 B 的反驳方式同题干。

选项 A 的"不一定"与题干全面否定不符；选项 C、D 的反驳结构与题干不类似；选项 E"我就要去喝西北风了"不表示就肯定没有人买，不是全部否定，与题干不符。

故选项 B 正确。

47．答案：D

解析：排序问题，逐一对应即可。题干条件如下：

条件（1）：游"妙笔生花"→先游"猴子观海"

条件（2）：游"仙人晒靴"→先游"阳关三叠"

条件（3）：游"美人梳妆"→先游"妙笔生花"

条件（4）："禅心向天"应第 4 个游览，之后才可游"仙人晒靴"

那么由条件（4）可知，"禅心向天"是第 4 个景点，"仙人晒靴"则是第 5 个或第 6 个景点；结合条件（1）（3）可知，必然存在这样的旅游顺序，即："猴子观海"＞"妙笔生花"＞"美人梳妆"。

选项 D 第五个游览"妙笔生花"，那么结合条件（3），第 6 个景点就必须是"美人梳妆"，结合条件（4），可知第 6 个景点又必须是"仙人晒靴"，直接矛盾。因此选项 D 不可能成立，为假。

其他选项都有可能成立。

故选项 D 正确。

48．答案：C

解析：概念判断题，逐一对应排除。

本题解析首先需要理清题干定义。题干中关于"自我陶醉人格"的特征有：过高评价自己的重要性，夸大自己的成就；对批评反应强烈，希望他人注意自己和羡慕自己；经常沉湎于幻想中，把自己看成是特殊的人；人际关系不稳定；嫉妒他人，损人利己。

选项A，突出了"个人的重要性"

选项B，体现了"对批评反应强烈"

选项D，体现了"把自己看成是特殊的人；人际关系不稳定"

选项E，符合"沉湎于幻想中，把自己看成是特殊的人"

只有选项C没有体现上述"自我陶醉人格"的特征。

故选项C正确。

49. 答案：E

解析：解释题。本题解题思路是另找他因。

题干中存在着看似矛盾的现象：北方居民长期在寒冷中生活，应该有更强的抗寒能力，然而相当多的北方人到南方来过冬，竟然难以忍受南方的寒冷天气，怕冷程度甚至远超过当地人。那么要想解释这个矛盾的现象，就需要找出一个强有力支撑题干的原因，选项E就指出南方地区湿度较大这一差异，很好地解释了北方人为何更怕南方的冷的原因。

选项C看上去也是合情合理能解释这个现象，但其力度不及E深刻，是个干扰项。

故选项E正确。

50. 答案：A

解析：削弱题。

题干的论据是时过境迁，现在许多人已不喜欢看配过音的外国影视剧，结论是有专家由此断言，配音已失去观众，必将退出历史舞台。那么要想对题干论断削弱，就必须找出他因，来否定论证结果。选项A就说明了配音依然存在有市场，直接对题干中专家论断进行了削弱。其他选项均对题干论证有支持作用。

故选项A正确。

51. 答案：B

解析：推理题。本题非常简单，可采取逐一排除法。

由条件（5）可知，小明只收到橙色礼物，而小花只收到紫色礼物，即小明和小花都各只收到一份礼物，五个选项中，有小明或小花收到两份礼物的自然是不可能的，因此只有选项B可能为真，其他都一定是假。

故选项B正确。

52. 答案：D

解析：综合推理题。可采取列表代入法解题。

由条件（5），可知小明只收到橙色礼物，小花只收到紫色礼物；结合条件（3），那么小刚一定收到了黄色礼物。

结合条件（1），小明收到了橙色礼物，那么小芳收到的是蓝色礼物。

结合条件（2），小芳收到了蓝色礼物，则小雷收到了红色礼物。

结合题干，小刚收到的是两份礼物，再结合条件（4），可知小刚收到的是黄色和青色的两份礼物。

综合推理如表14-5所示：

表 14-5

红	橙	黄	绿	青	蓝	紫
小雷	小明	小刚		小刚	小芳	小花

因此，选项 D 刚好符合综合推断。

故选项 D 正确。

53. 答案：D

解析：综合推理题，验证排除。

由条件（1），不能确定是否必须买二胡或萧，可以买其中的一种，也可能一种都不买。

由条件（2），能确定至少购买一种乐器；结合条件（3），如果条件（2）中购买的只有古筝，则能确定至少要购买两种乐器。

由条件（4），不能得出一定买了萧，也不能否定一定没买笛子。

综合上述推论，能确定的是至少要购买二种乐器，但不能由此推断出至少购买了三种乐器，也不能由此推断出购买了三种乐器，也不能断定萧和笛子至少购买了一种。因此选项 A、B、C 不一定能成立。

依据题干现有条件，也无从推断出选项 E 成立，即唢呐必买。

选项 D：

对选项 D 进行否定，即古筝、二胡都没有买。

没买古筝，结合（3），则一定买了萧和唢呐。

买了萧，结合（4），则不买笛子。

没买古筝和笛子，结合（2），则二胡必买，与假设冲突，因此古筝和二胡至少要购买其一，因此选项 D 一定能得到。

故选项 D 正确。

54. 答案：A

解析：综合推理。

由题干条件可知：

条件（1）：除科幻片安排在周四外，其余 6 天每天放映的两部电影属于不同的类型，可知周四放映的两部电影都是科幻片，其余 6 天每天放映的两部电影类型不同。

条件（3）：科幻片或武侠片没有安排在同一天，又由题干知，有 5 部科幻片、3 部武侠片，结合（1），可知 3 部武侠片要分 3 天放映，5 部科幻片要在 4 天放映（包括周四的两部科幻片），结合（2）爱情片安排在周日，那么周日这天爱情片会与科幻片或武侠片同时放映，因此一定不可能与警匪片同时放映。

故选项 A 正确。

55. 答案：C

解析：综合推论题。代入匹配。

如果同类型影片放映日期连续，那么：

由条件（1）知周四放映的是两部科幻片，其他 6 天每天放映两部不同类型的电影。

由条件（3）科幻片和武侠片没有安排在同一天，且已知有 5 部科幻片、3 部武侠片，所以科幻片需要 4 天放映，武侠片需要 3 天放映。

当同类型影片放映日期连续，那么必然存在着两种可能：科幻片可能会在周一到周四放映，武侠片在周五到周日放映；或者武侠片在周一到周三放映，科幻片在周四到周日放映。

结合条件（2）爱情片安排在周日，那么周日这天爱情片会与科幻片或武侠片同时放映，不可能与警匪片或战争片同时放映。

结合条件（4）警匪片和战争片没有安排在同一天，且已知警匪片3部，战争片2部，且同类型电影放映日期连续，那么可以推断出警匪片一定是在周一到周三放映，战争片在周五到周六放映。

综合推论可以表示成如表 14－6 所示：

表 14－6

周一	周二	周三	周四	周五	周六	周日
科幻片 警匪片	科幻片 警匪片	科幻片 警匪片	科幻片 科幻片	武侠片 战争片	武侠片 战争片	武侠片 爱情片
武侠片 警匪片	武侠片 警匪片	武侠片 警匪片	科幻片 科幻片	科幻片 战争片	科幻片 战争片	科幻片 爱情片

可以看出，周六放映的两部电影可能是武侠片和战争片，也可能是科幻片和战争片，选项 C 符合这个推论。

故选项 C 正确。

四、写作

56. 论证有效性分析

评分标准（满分 30 分）：

评分项目	分值	评分标准
分析评论的内容	15 分	1. 分析中指出论证中存在的逻辑缺陷和漏洞，只要言之有理，指出一点给 4 分； 2. 如果是肯定有关论点的分析，最多只给 4 分； 3. 考生分析评论的内容超出参考答案者，只要言之有理，也应给分； 4. 本项评分最高 15 分。
论证程度、文章结构、语言表达	15 分	按照论证程度、文章结构和语言表达评分，分四类卷给分，最高分 15 分： 一类卷：12～15 分。论证或反驳有力，结构严谨，条理清楚，语言精练流畅。 二类卷：8～11 分。论证或反驳较为有力，结构尚完整，条理较清楚，语句较通顺，有少量语病。 三类卷：4～7 分。有论证或反驳，结构不够完整，语言欠连贯，较多语病，分析评论缺乏说服力。 四类卷：0～3 分。明显偏离题意，内容空洞，条理不清，语句严重不通。
合计	30 分	

备注：

1. 不符合字数要求或出现错别字，酌情扣分；

2. 书写清楚，卷面整洁，酌情加 1～2 分；

3. 实际阅卷中，标题在整体结构中占 2 分；

4. 最高总分不超过满分 30 分。

【点拨】

本篇材料以法家主张的理论为名，以人的本性"好荣恶辱，好利恶害"出发来展开说明如何治理臣民，选拔和监管官员等，是一篇浅显易懂很好处理的有效性论证分析材料。

纵观近10年的有效性论证分析，结合本材料，可以得出以下结论：

1. 选材。仍然偏重于管理类题材，同时兼顾社会热点、经济和文化等题材。譬如2014年的考题是围绕"权力的制衡与监督"，2015年的考题是围绕"政府是否应该干预生产过剩"，2017年的考题则是围绕所谓的人性而展开的官员治理、选拔和监管，这些都是管理类题材；2013年的考题是"文化"这一题材，2016年的题材则是多年来的一个热门话题：大学生的就业问题，这也是个被社会广泛关注的问题。在面对这些题材时，只要我们具备一定的管理常识和社会认知，结合我们的逻辑判断能力就能轻松解题。但需要一再提示的是，作为备考的考生一定不要局限于或过分偏重于某类题材，而是要尽可能对管理、经济、社会热点、文化等各类题材都要有所掌握，以便轻松应对各种题材的考试。

2. 文字量。今年的题目的文字量不足400字，且全篇材料只有五段，第一段还是开首句，不存在分析的意义。近三年的有效性论证分析材料，2015年、2016年、2017年分别是只有5段、4段、5段文字，同此前考题的段落和文字量相比，相应要偏少点。一般而言，有效性论证分析是文字量越多，相应找出论证缺陷的机会就越大，但过大文字量也容易增加考生浏览和审题的时间，因此文字量的适度也很重要。需要指出的是，尽管近年考题的文字量偏少，但却非常浅显易懂，让考生在迅速浏览的同时就能理解和判断出文字所在之处的逻辑漏洞，这对考生来说是很有利的。

3. 逻辑错误。今年的有效性论证分析会让很多考生看到后就舒展一口气，不只是浅显易懂，且逻辑错误随处可见，相对而言是很容易拿捏和得分的，这对于考试时需要争分夺秒的考生来说又是一大利好。

4. 难度。今年的有效性论证分析难易度比较接近于2016年。同前几年的考题材料相比，近几年的有效性论证分析的难度实际是在下降的，不仅仅不再有长篇大幅文字量，且不再晦涩难懂，相对已经稳定了下来，材料浅显易懂，文字量适度，逻辑漏洞普遍存在。我们可以预测，在接下来的几年里，有效性论证分析的难度应该不会再有大幅增加，而是基本趋于稳定。考题不会追求考查考生的奇才大智，而是基于考查真正的基础知识和综合素质。

但是，就写作这部分的有效性论证分析而言，需要郑重提示的是：

1. 注意卷面的整洁。综合能力有三门学科：数学、逻辑和写作。前两科是客观选择题，填涂答题卡时需要认真细心即可，但进入到写作部分后，就要落实到答题纸上了，而答题纸的整洁与否给判卷老师的是第一印象，不只是涉及到那1~2分的卷面分，甚至会或多或少影响到整个写作的分数，毕竟阅卷老师也是人，是人就有感性的一面。因此，落笔前先大致有个写作的框架，再下笔，尽量避免涂抹，以期有个舒适整洁的卷面印象。

2. 注意时间的把控。对于在职人士而言，如今少有"下笔如有神"，而是更多的"落笔重千斤"。有效性论证分析需要快速阅览，准确判断，迅速剖析，干净利落地做完题，时间尽可能控制在 20 分钟左右完成，尽量不要超过 25 分钟，倘若达到了 30 分钟，那时间就相当紧了，除非你前面两科的时间得到了高效的利用。因此考生在日常备考时就要养成良好的习惯，多练习、多做题、多落笔，把有效性论证当数学一样去演算、去推理、去写下来，考试时就自然习惯和高效很多。

3. 要会找逻辑错误。这两年的有效性论证分析材料里，逻辑错误到处可见，但不要因为考试时间紧张就逮住一处是一处，而是要尽可能找到最突兀的错误、不同段落的错误、不同类型的错误，也就是在有限的时间里，去争取获得拿高分的机会。虽然考试要求至少要列明 3～4 种论证缺陷，但如果逻辑错误类型相似或过于集中在某个段落的某些文字，也仍然难以获得高分。因此，统筹兼顾全篇材料和技术处理有效性论证分析同样很重要。

本篇材料围绕法家的理论，即人性"好荣恶辱，好利恶害"这一观点，认为国君利用好奖赏就可以治理好臣民。所用推理论证的依据是：国君利用赏罚就可以把臣民治理好了（人们会追求奖赏，逃避惩罚）、选拔官员时既没有可能也没有必要去寻求那些不求私利的廉洁之士（人的本性是好利恶害的，世界上根本不存在廉洁之士）、通过设置监察官的方式防范官员以权谋私也是不合理的（监察官也是好利恶害的，监察官会与官员以权谋私，共谋私利）、依靠臣民奖惩的方法去监督官员（揭发有奖，不揭发有惩）。但我们在阅题的过程中就不难发现，该材料逻辑缺陷遍布，论据难以成立，以下要点可供参考：

1. 因果关系不当。即便人的本性是"好荣恶辱，好利恶害"，也不必然因此就一定存在"所以人们都会追求奖赏，逃避惩罚"。在这里，前件和后件不足以构成直接的引起和被引起，这样的因果关系难以令人信服。

2. 观点未必正确。人的本性是"好荣恶辱，好利恶害"，这是几位法家的观点，且据此作为治国基础，未免有失偏颇。古有道家、法家、儒家等多家思想，后有东西方先进文明的政法条文，而以法家思想治国的商纣王和秦始皇却都惨遭灭国。如此不加批判和反思地就利用此观点，值得质疑。

3. 缺乏充分条件。"拥有足够权力的国君只要利用赏罚就可以把臣民治理好了"，这句话的结构是个很明显的"只要……就"的结构，是个典型形式的条件缺失。国君治理好臣民可能不仅仅需要赏罚，可能还需要通过道德、法制和教育等其他方式来辅助。因此，这里明显是缺乏了充分的条件，难以让论断成立。

4. 过于绝对化。即便人的本性是好利恶害的，也不必然就推断出在选拔官员时，"没有可能也没有必要去寻求那些不求私利的廉洁之士，因为世界上根本不存在这样的人"，这个论断是过于绝对化的。就算没有既不求私利又廉洁的人士，那么完全有可能找到不求私利的人士，也完全有可能找到只是廉洁的人士，求私利未必就一定不廉洁。况且，"好利恶害"的"利"，并未阐明一定是"公利"还是"私利"，二者也未必就一定是对立的关系。

5. 条件不充分，缺乏他因。廉政建设的关键其实只在于任用官员之后有效地防止他们以权谋私，"只在于……"也是个典型的条件缺失，廉政建设的关键因素可能包含诸多因素，譬如事前的预防，事中的控制，事后的惩戒，日常的随时警示教育等等，而防范只是手段之一，不是全部。

6. 混淆概念。"好利恶害"和"以权谋私"是两个不同的概念，不可等同混淆。监察官是人，可能好利恶害，但不能因为好利恶害就说监察官以权谋私。前者是人的本性，后者是人的行为，概念本不相同。依靠监察官去制止其他官员以权谋私就是"让一部分以权谋私者去制止另一部分人以权谋私"，这里的两个"以权谋私"的概念未必就是一致的，因为不同个体不同的"私"可能完全不同，你的"私"是你的，我的"私"是我的，甚至有可能完全相悖，那么就更不必然得出"共谋私利"。

7. 以偏概全。国君通常依靠设置监察官的方法不合理是因为"依靠监察官去制止其他官员以权谋私就是让一部分以权谋私者去制止另一部分人以权谋私"，一部分人以权谋私不表示所有监察官或官员都是以权谋私之人，克己奉公的也大有人在。同时，因为有一部分人以权谋私就不去设置监察官也有强拉因果之嫌。

8. 忽略他因。既然依靠设置监察官的方法不合理，那么依靠什么呢？可以利用赏罚的方法促使臣民去监督。"可以"体现了此句中存在着他因缺失。依靠的手段和方法可能需要多种，譬如道德教育、防范控制等等，而赏罚只是其中的一种，不能仅凭赏罚一种方法就达到了目的。

9. 强加因果。因为"臣民出于好利恶害"，所以"就会揭发官员的以权谋私"，"就会"一词夸大和强加了这种因果关系。如果臣民因为揭发官员而遭到了远大于奖赏的不利，臣民未必会去揭发，那么奖赏也是无效的；由于信息的不对等，臣民也未必就能知道官员的以权谋私，又如何能惩罚臣民，那么此时惩罚也是无效的。所以这种因果关系难以成立。

10. 自相矛盾。试想，如果监察官方法不合理，就能推出臣民监督揭发的方法合理可行吗？如果不设置监察官，国君又如何知道臣民知道有官员以权谋私而不揭发？还有，臣民也是人，按照文中逻辑，那么臣民就会和监察官一样，会因为"好利恶害"而和那些以权谋私的官员"共谋私利"了，那么让臣民去监督揭发官员的方法也同样是行不通的。

从以上要点剖析中，能指出3～4点就可以，其他存在但未指出的逻辑错误，只要是题干推理论证过程中客观存在的且言之有理的，同样给分。

【参考范文】

如此治理可行吗？

材料通过法家的理论即人性"好荣恶辱，好利恶害"，认为国君只要利用赏罚就可以把臣民治理好，但其在论证过程中明显存在着诸多缺陷。

首先，因果不当。由材料认为人性"好荣恶辱，好利恶害"的这个"因"，不必然就推断出"所以人们都会追求奖赏，逃避惩罚"这个"果"，更不能由此推出国君利用好赏罚就能治理好臣民，论证缺乏充要条件。人性本善还是本恶一直存在争议，即便人性本恶，也未必所有人都会去追求奖赏，逃避惩罚，且治理臣民的方法有多种，譬如道德、法制教育等，赏罚可能只是其中的一种。

其次，过于绝对化。即便人的本性是好利恶害的，也不必然就推断出在选拔官员时，"没有可能也没有必要去寻求那些不求私利的廉洁之士，因为世界上根本不存在这样的人"，此论断过于绝对。有私利未必不廉洁，无私利又廉洁的人也未必就没有，明朝刚正清廉的海瑞、清朝绝代廉史于成龙、感动中国的牛玉儒和任长霞，哪个不是克己奉公的廉洁人士？

再次，混淆概念且还存在以偏概全。"好利恶害"和"以权谋私"是两个不同的概念，前者是人的本性，后者是人的行为，不可等同混淆。监察官是人，可能好利恶害，但不能据此就说监察官以权谋私。同时，因为一部分人以权谋私就表示监察官或官员都是以权谋私之人而因此不设置监察官，明显存在着以偏概全的逻辑错误。

还有，自相矛盾明显。既然设置监察官的方法不合理，让臣民去监督揭发官员的方法就一定可行吗？如果不设置监察官，国君又如何了解到臣民知道有官员以权谋私而不揭发？还有，臣民也是人，按照文中逻辑，臣民就会和监察官一样，会因为"好利恶害"而和那些以权谋私的官员"共谋私利"了，那么让臣民去监督揭发官员的方法又如何能行得通？

综上所述，上述论证中存在诸多逻辑错误，由此得出国君利用赏罚就可以治理臣民的观点是难以成立的。

57. 论说文

评分标准（满分35分）：

评分项目	评分标准
综合评比： 内容、结构、 语言 （30分）	一类卷：26~30分。紧扣题意，立意深刻，中心突出，论证充分，结构完整，行文流畅。 二类卷：21~25分。切合题意，立意比较深刻，中心明确，论证比较充分，结构比较完整，层次比较清楚，语句比较通顺。 三类卷：16~20分。基本切题，中心基本明确，论证基本合理，结构基本完整，语句比较通顺，有少量语病。 四类卷：11~15分。不太切题，中心不太明确，论证有缺陷，结构不够完整，语句不通顺，有较多语病。 五类卷：6~10分。偏离题意，中心不明确，论证有较多缺陷，结构比较残缺，层次比较混乱，语句不顺，语病严重。 六类卷：0~5分。观点错误，背离题意或直接与试题无关，结构严重残缺，层次混乱，语句严重不通顺。
其他评比： 题目、书写、 卷面 （5分）	1. 题目：切题，2分；一般，1分；漏拟题目，0分。 2. 书写（包括文字和标点符号）：规范标准，2分；每三个错别字扣1分，重复不累计；标点符号有明显错误，酌情扣分；各项扣分累计2分，扣满2分为止。 3. 卷面：卷面整洁，书写清楚，1分；卷面不整洁，书写潦草，0分。
备注：最高总分不超过满分35分。	

【点拨】

一、审题

1. 题材背景：同多年来考题不同，本篇材料并无特殊来源背景，也无专门出处。

但题材是广大考生熟悉的，材料中企业面临的抉择也是当今社会很多企业面临的问题，因此这样的材料对于时下的考生来说是很熟悉的，也是很容易理解和把握的。

从近两年考题材料来看，考查内容越来越符合时政和企业日常管理，考生在备考时可关注相关话题，提前准备些论据材料。

2. 考试题型：与近年考试相同，仍然是自由拟题的材料作文。

纵观近十年的考试，自由拟题的材料作文已经成为最主要的题型，并已成为管理类专业联考最为普遍的论说文题材形式，建议考生在备考时仍然要重点关注。

3. 考题难度：和往年相比，今年的考题难度有所降低。

以 2016 年论说文为例，2016 年的论说文题材是亚里士多德的一段关于城邦的话，表面看是一致性和多样性的区别和统一，但如果要想深刻论述，却还要能联想到习近平主席强调的文化强国战略。这对于很多考生来说，要想写出既能立意贴切，辩证有力，还能结合时下战略背景的文章，是有一定难度的。

但今年的材料却截然不同。一篇浅显易懂的材料，一个日常企业可能都会遇到和面临的问题，一个瞬间就可以清晰定夺的立意，可以让考生在很短的时间里去把握住。尤其是在当今时代背景下，创新早已不是个陌生的专业词语，它响彻已久，各种鲜活的社会案例都能给考生提供很好的写作题材。

总之，今年的论说文相对而言简单，易懂，好着手。

综合分析整个 2017 年的综合能力真题，结合近几年的考题，不难看出专硕的总体趋势是难度适当下降并逐渐趋稳，少有晦涩难懂，多简单浅显，只要基础性知识比较扎实，应对专硕考试并非很难。

4. 审题关键点：两个观点：扩大生产还是研发新产品。

几个关键的字词："有限的""是……还是""虽然……但""数倍甚至数十倍于前者的利润"等。根据这些关键字词能猜测和判断命题人的态度倾向。

材料要阐述的观点：

观点一：扩大生产。

观点二：研发新产品。

按照我们习惯性的逻辑思维和多年真题的审题思路，我们也很容易用我们平衡和中庸的思想去得出观点三：既要扩大生产，又要研发新产品。

如果出于非常理性的思维，我们可能又会考虑深层和切实的一面：企业经营中有限资金是用于扩大生产还是研发新产品，由企业根据自身情况、市场现状等判断，而材料中给出的两个建议只是依据某一方面做出。那企业又如何能随便做出选择呢？那么由此又可以得出观点四：结合实际情况，综合辩证对待抉择。

因此，从理论上讲，我们可以写支持第一种观点（现实的市场和利润对于企业的重要性等），可以写支持第二种观点（创新对于未来发展的重要性等），也可以写支持第三种观点（企业既要立足现实求得生存又要放眼未来寻求发展等），也可以写第四种观点（结合企业实际情况来抉择）。

但如果我们再仔细去回顾材料，找出关键字词时，就不难发现还存在着这么几点必须注意的现象：

①材料中提到的资金是"有限的资金"，这个"有限的"关键形容词则起到一个提示的作用，那就是如果把有限的资金同时投入到扩大生产和研发新产品中，未必合理。

②材料中"是把有限的资金用于扩大生产呢，还是用于研发新产品"，这里面的"是……还是"本身也表示一个"或"的关系，而不是"和"的关系，也就是选择扩大生

产呢，还是选择研发新产品呢，在二者里择其一。

③材料中"有人主张投资研发新产品，因为这样做，虽然有很大的风险，但风险背后有数倍甚至数十倍于前者的利润"，这里面的关键词"虽然……但"，是一个可以推测命题人态度倾向的转折词，"数倍甚至数十倍于前者的利润"则更进一步展示了这种态度的倾向，也就是考生可以据此推测，命题人的态度还是更偏向于后者的，即支持研发新产品。

同时，通过对材料的审阅，我们还要迅速做出一些下一步立意时可能要涉及到的一些关键要素，譬如观点的选择涉及"决策"，支持扩大生产涉及"眼下的市场和利润，立足现实和保障生存"，支持研发新产品则需要考虑到的要素有"承担风险、舍短取长、创新"，支持两者兼顾的要考虑到"既要立足生存，又要谋求长久发展，同时要考虑更大风险和利润"，结合实际辩证对待，则需要"权衡风险，抓住机遇，理性抉择"等等。当决策做完，则立意便定，各个要素考虑充分，一篇论说文的要点就有了雏形。

但需要注意的是，无论我们最终选择了哪个观点，在论证中都要对另一个观点进行提示和回应，这个回应在论说文中一般是以批驳的形式出现的。在写作时，考生不妨把自己当成参加决策大会的人员，其发言稿既要明确论证一个观点，同时还要批驳或回应其他的观点。兼顾到了这点，审题就更全面合理了，写作也更容易获得高分。

二、立意

1. 从支持扩大产品生产的观点出发。既然支持扩大产品生产，就要体现出为何选择扩大产品生产，而不是研发新产品。即使是研发新产品，也要扩大生产获取利润后再研发。文中要有充足的论据证明观点的选择，同时要对另一种观点进行批驳。支持扩大产品生产，说明立足现实，获取利润，保障生存，以谋求长久发展的重要性等。文章立意的标题可以考虑为：《企业需要理性决策，稳健发展》《权衡风险，理性创新》《立足现实，理性创新》《理性抉择，权衡风险》等。

2. 从支持研发新产品的观点出发。支持该观点就是支持创新，这也是个很好的观点选择。支持创新，说明注重的是企业的长久发展，而不是眼下利益，而创新过程中也必然要面临风险担当，同时创新对于企业具有重要意义。选择这个观点是非常好立意的，譬如标题《着眼未来，勇于创新》《勇于挑战，开拓创新》《抓住机遇，积极进取》《舍短利谋长利》《企业要敢于创新》《舍短为长，敢于创新》《企业要发展，创新是动力》《研发是为更好地生产》等。

3. 从结合的角度出发，即：既要扩大生产，又要研发新产品。做好这个结合不容易，需要阐明二者的辩证关系，并要兼顾好两个观点的同等作用，既要立足现实利益，又要兼顾长久发展。那么文章立意的标题可以考虑为：《立足现实，着眼长远》《综合兼顾，协调发展》《求短利，也要求长利》等。

4. 从综合辩证的观点出发。以上的三个立意，其实都带着形而上学的逻辑思维方式。其实企业经营状况到底如何，究竟该如何抉择，更多的还是要具体情况具体分析。如果从这一立场出发，那么我们就不能盲目支持或否定，而是要结合企业实际情况做出分析决策，什么情况下该坚持扩大生产，什么情况下该勇于创新，什么情况下要二者兼顾。这需要分析辩证，综合统筹。选择这个观点对于考生来说，实操性会有一定的难度，文章立意的标题可以考虑为：《理性分析，科学抉择》《企业抉择需要结合实际》等。

提示：

以上立意中，第一种和第二种观点最好立意，也是从材料中就直接可以判断的立意取向，但如果取第二种就更理想，一是命题人的态度倾向于第二种，二是第二种观点更符合目前时代背景下倡导的"创新"。

第三种观点不是很理想的选择，但很多考生出于习惯性逻辑思维和平衡的心理，还是很容易做出这个选择。那么一旦选择了第三种立意，就要充分体现出二者结合的重要性，譬如既要立足现实，又要着眼将来，现实的市场和利润以及将来的发展都是需要统筹兼顾好的，等等，需要做到很好的自圆其说。但即便这样，第三种观点想要获得高分还是比较难的，因为最起码观点不是命题人所想要的。

第四种观点则需要考生具备很好的综合辩证能力，因为该观点既不能只支持第一种观点扩大生产，也不只支持第二种观点研发新产品，而是要结合企业实际的具体的经营情况，科学理性地做出决策。那么就需要把决策必须考虑的要素都能很好展现出来，说明企业在什么情况下应该选择什么决策。这个还需要考生了解一定的企业经营和管理知识，否则写好这篇论说文也会存在有难度，同样难以获得高分。

因此，在考试时间有限的情况下，仍然建议考生尽量还是去选择容易着手和把握的立意，且尽量是符合命题人倾向的立意，这样才容易下笔，也才容易获得高分。

【参考范文一】

立足现实，理性创新

企业有限的资源是投入扩大生产获取可预期的丰厚利润，还是投入新产品研发谋求理论上更高的风险利益？笔者觉得应该立足现实，理性对待创新。

新产品研发成功后固然能得到新产品，但也有不成功的风险，即使成功了，因市场接受度，同类产品出现等因素，也不一定能得到想要的市场、高额的利润。企业在经营中不能光着眼于理论上的高额收益，不考虑风险。1984年可口可乐公司为应对百事可乐，贸然改变沿用了80多年的配方，结果市场不接受，不得不恢复原配方。三星电子因采用不成熟电池技术，致使寄予厚望的新机型自燃、自爆频繁发生，不得不全球召回，损失惨重。

立足现实，理性创新，是企业经营的法宝。俗话说，在适当的时候干适当的事。我们不能指望刚学会走路的小孩去奥运会拿百米短跑冠军。材料所述企业的可投入的资金有限，风险承受能力有限，与其倾其所有去研发不知能否成功的新产品，还不如先扩大生产，获取可预期的利润，而后再研发新产品。华为先专注于通讯终端设备，而后才投入研发智能手机；苏泊尔先专注于电饭煲而后才开拓电磁炉、电水壶等产品，均取得了很好的收益。

立足现实，理性创新，是让企业少走弯路的创新策略。在新产品创新中，有领跑者，有跟随者。领跑者理论上能得到较高的技术附加值和高额的利润，但是所遇到的挫折和风险也很大。相比而言，跟随者是站在领跑者的身后，可以避免很多失误，虽损失一些机会，但却能保住稳健的发展。

立足现实，理性创新，可使企业新产品研发成功率更高。新产品研发往往是最为烧钱的工作，如果没有雄厚财力和人力准备，极有可能半途而废，而扩大生产为后继新产品研发提供了基础。正如任正非在华为技术攻关动员讲话中所说："我们将攻克的难题是前所未有的，需要的投入也是前所未有的，通过多年的发展，华为已经有这个能力组织强攻。我们将派出2 000名高级专家和科学家开展强攻，不破楼兰誓不还。"

风宜长物放眼量，创新发展固然重要，但是生存壮大更为重要，将有限资源投入扩大生产中，企业得到的不仅是可期的利润，更是企业开展新产品研发的绝佳机会。

【参考范文二】

着眼未来，勇于创新

材料所述场景是很多企业在发展中遇到过的困惑——面对有限的资源，是投入扩大生产获取稳定收入，还是投入新产品研发谋求更高的风险利益。在笔者看来，应该着眼于未来，勇于创新，将有限的资源投入新产品研发。

或许有观点觉得扩大生产的好处是显而易见的，因为根据市场调研，产品在三到五年内还可畅销，还能获取丰厚利润。但这种观点是建立在静态的市场调研基础上的，没有考虑到市场竞争者的变化，没有考虑到客户需求的变化，更没有考虑到科技的发展。产品有丰厚的利润，就会有更多的生产者加入竞争，利润空间会越来越小。若有新的产品出现，客户将会选择新的产品，而使现有产品市场迅速萎缩。当年风靡一时的摩托罗拉手机就是因为后继研发没跟上，将手机市场老大位置拱手相让给苹果公司。

新产品研发虽然有一定的风险，但是也伴随着相应的科技附加值和很高的利润空间，更为关键的是能激发企业的活力，形成自身独有的核心竞争能力，使企业始终处于行业的上游。华为2015年净利润比2014年增加33%，2016年比2015年又增加40%。在全球制造业寒气弥漫的今天，华为能取得这样的业绩，主要原因之一就是他们每年投入10%以上的销售额到研发领域。

当然，在进行新产品研发时，还是要理性创新，注意风险控制。首先是要根据现有的科学技术水平逐渐开展，不能好高骛远。其次是要结合市场需求创新，不能为了研发而研发，为了高科技而高科技。再次是要结合自身财务情况进行，不能盲目扩大研发投入，危及正常的经营和生产工作。最后是要结合好社会分工进行，或自己独立研发，或与其他科研单位合作研发，使最小的投入发挥最大的收益。

总之，将有限资源投入到新产品研发，企业得到的将是新的产品，新的市场，更加丰厚的利润，更加长久的发展机会。更何况，若采用科学手段和合理措施，研发风险也不是不可控。新产品研发如此之好，何不行之！

【参考范文三】

研发是为更好地生产

在企业经营中，将有限资金投入新产品研发，是为了更好地扩大生产，获取更大的收益。

新产品研发是为了占领市场制高点。材料所述企业如将有限资金投入扩大生产，固然可能稳定获利三至五年，但是，三至五年之后呢？企业完全可能面临的是萎缩的市场，激烈的竞争，微薄的利润空间，冗余的产能，被动的产品升级。届时扩大生产所获取利润将很快耗尽，使企业陷入困境。想当年摩托罗拉、诺基亚等品牌手机在市场上何等风光，因没有跟上智能机大潮，很快被市场抛弃，再多的生产能力又有何用。

企业在激烈的市场竞争中，唯有创新，不断地根据市场需求推出新产品，甚至如苹果公司那样用新产品改变人们的生活方式，方能使自己立于不败之地，使企业基业长青。华为从 2 万元起家，用 25 年时间，从名不见经传的民营科技企业，发展成为世界 500 强和全球最大的通信设备制造商，创造了中国乃至世界企业发展史上的奇迹，凭借的就是不断的创新和永不言弃的新产品研发。

新产品研发固然会挤占扩大生产的资金，会牺牲掉眼前短期的利润，但换来的是更广阔的发展空间和企业竞争力。试想一个被圈到大院子的人和一个走出围墙的人，未来哪个人的生活更光彩？答案是显而易见的。

新产品研发能带动企业的创新发展。创新是带有氧气的新鲜血液，是企业的生命。新产品研发可让企业更加关注市场的动向，在企业内部创造创新氛围，使企业利用发展的眼光看问题，让企业脱离温水煮青蛙的危局。新产品研发还能让企业发现现有产品生产中的不足，从而改进生产工艺，提高现有设备设施产能，降低成本，扩大市场占有率，获取丰厚利润。

由此可见，企业将有限的资金投入新产品研发是一个正确策略，它可更好地扩大生产，是企业成功甩开竞争对手，获取更高利润和市场的有效措施。

【参考范文四】

综合兼顾，协调发展

面对有限的资金，有人建议扩大生产，获取丰厚的收入，有人建议新产品研发，谋求更高的风险利益，实则以上策略皆不可取，应该综合兼顾，协调发展。

材料中，无论是第一个策略，还是第二个策略，均是犯了同一个错误，即机械地割裂创新与发展的有机联系，片面地强调某一个因素对企业的影响，均是"经营赌博"行为。摩托罗拉、诺基亚等老牌公司专心于扩大生产，疏于智能机新产品研发，不到一年时间将市场拱手让给苹果、三星等公司。而三星公司又醉心于新技术研发，没有控制好生产质量，致使寄予厚望的新款手机因电池自燃、自爆等频出而遭遇惨败，将高端智能机市场份额第二的位置让给华为。

在企业的经营中，应立足现实，着眼于长远，综合兼顾，协调发展。处理好扩大生产与新产品研发问题，二者是有机整体，不可机械分割。扩大生产，获取预期利润，为新产品研发提供支持和保障；投入研发，获取新产品，能为扩大生产提供动力和利润空间。华为之所以能在智能手机领域快速崛起，得益于其业已成熟的网络终端设备技术和市场占有份额，腾讯之所以能在电子商城快速成长，得益于其已经成熟强大的 QQ 和微信用户群，支付宝之所以能在传统银行业围堵中突围，得益于其早已成型的淘宝和天猫的巨大成功。

企业的资源是有限的，而市场的机遇看上去是无限的。面对扩大生产和新产品研发的资源配置，最忌讳的是"赌博"性行为，平均配置也不是一个好主意。科学的策略是在分析市场和企业现状的基础上，找出先后顺序和重点，制定出相互协调的扩大生产规划和新产品研发规划，合理配置和调度资金，既能有效地扩大生产，提高短期收益，又能针对市场需求开展早期研发工作，通过生产促进新产品研发工作，使扩大生产和新产品研发形成良性循环。

总之，在企业经营中，生产、销售、研发等生产要素是有机结合的，不可机械割裂，不能片面强调发展某一要素，而应立足现实，着眼长远，兼顾各方，合理配置资源。只有这样，方能使企业健康、持续发展，使企业的基业长青。

【参考范文五】

理性分析，科学决策

如材料所述，面对企业经营决策，有人根据市场调研建议扩大生产，有人根据新产品高额利润建议投入产品研发。笔者认为均不可取，应理性分析，科学决策。

笔者之所以觉得材料所给两个策略不可取，并不是全盘否定该策略，而是因为没有全面、具体的企业经营情况和市场分析，就片面做出结论，非科学决策。我们可以看出，在第一种策略中，只考虑了当前市场调研情况，产品还能畅销三到五年，但没有搞清楚企业产品在市场中的份额、行业中新产品的研发进程、扩大生产能否与研发兼顾等情况。在第二种策略中，只考虑了新产品研发成功后，未来的市场和高回报利润，但没有弄清楚企业资金能否满足研发新产品所需，现有产品生产是否还有扩大生产的潜力，企业如何回避新产品研发风险等情况。

商场如战场，企业经营决策稍有不慎就会带来惨重损失。企业若依据片面的信息决策，极有可能给企业带来灾难。史玉柱只考虑到地标工程是企业的形象，没有考虑资金承受能力，至使巨人集团轰然倒塌。可口可乐为抵抗百事可乐的新口味，没有考虑客户的"怀旧"情绪，停用80多年老配方，不但没有争取到新客户，还受到老客户抵制。在激烈的市场竞争中，只有科学的决策，方能使企业立于不败之地。

科学的决策，来自于理性的分析。综合考虑多方面因素，所做出的决策方能既具有前瞻性，又能使风险最小、利益最大化。具体到材料中的企业，如果目前的经营状况还是不错的，产品已经占有很大市场份额，没有什么眼前的生存危机，那么集中资金投入研发是科学决策；但如果当下生存都成问题，或资金不足于支撑研发所需，而市场还有挖掘的潜力，那么扩大生产，努力追求可靠的利润，亦是科学决策。

总之，科学决策没有定数，是企业在经营中根据自身情况、市场情况、科技发展等综合因素，理性分析而得。只有科学的决策，方能着眼长远，兼顾各方，合理配置资源，才能使企业健康、持续发展，基业长青。

2016 年全国硕士研究生入学统一考试
管理类专业学位联考综合能力试题解析

一、问题求解

1. 答案：D

解析：考查比例。

设生活资料支出占家庭总支出的比例为 x。

由题意可知：

$$\begin{cases} \dfrac{\text{子女教育支出占家庭总支出的比例}}{x} = \dfrac{3}{8} \\ \text{文化娱乐支出占家庭总支出的比例} = 10.5\% \\ \dfrac{\text{文化娱乐支出占家庭总支出的比例}}{\text{子女教育支出占家庭总支出的比例}} = \dfrac{1}{2} \end{cases}$$

$$\Rightarrow \begin{cases} \dfrac{\text{子女教育支出占家庭总支出的比例}}{x} = \dfrac{3}{8} \\ \dfrac{\text{文化娱乐支出占家庭总支出的比例}}{\text{子女教育支出占家庭总支出的比例}} = \dfrac{10.5\%}{\text{子女教育支出}} = \dfrac{1}{2} \end{cases}$$

$\Rightarrow$ 子女教育支出占家庭总支出的比例 $= 2 \times 10.5\% = 21\% \Rightarrow x = 56\%$

故本题正确选项为 D。

2. 答案：C

解析：设正方形瓷砖的边长为 x，正方形区域的边长为 y，铺满正方形区域所需的正方形瓷砖一共需要 n 块，则由题意可得到

$$\begin{cases} nx^2 = y^2 \Rightarrow y = x\sqrt{n} \\ (n + 180 + 21)\ x^2 = (x + y)^2 \Rightarrow (n + 201)\ x^2 = (x + y)^2 \end{cases}$$

$\Rightarrow (n + 201)\ x^2 = (x + x\sqrt{n})^2 = x^2 + 2x^2\sqrt{n} + nx^2 = x^2\ (1 + 2\sqrt{n} + n)$

$\Rightarrow n + 201 = 1 + 2\sqrt{n} + n$

$\Rightarrow 200 = 2\sqrt{n}$

2021年MBA、MPA、MPAcc等管理类专业学位联考考前点睛综合能力历年真题精解及全真预测试卷

$\Rightarrow n = 10\ 000$

因此正方形瓷砖一共有 $n + 180 = 10\ 000 + 180 = 10\ 180$。

故本题正确选项为 C。

3. 答案：E

解析：设甲、乙两地的距离为 s 千米，则根据题意得

$$\begin{cases} v_{货车} = 90\ 千米/小时 \\ v_{客车} = 100\ 千米/小时 \Rightarrow 3(90+100) = s \Rightarrow s = 570 \\ 3(v_{货车} + v_{客车}) = s \end{cases}$$

因此甲、乙两地的距离为 570 千米。

当客车到达甲地时，客车已经行驶的时间为 $\dfrac{s}{v_{客车}} = \dfrac{570}{100} = 5.7$（小时），

那么货车同样开了 5.7 小时，此时货车距离乙地的距离应该为：

$s - 5.7 \times 90 = 570 - 513 = 57$（千米）。

故本题正确选项为 E。

4. 答案：C

解析：考查古典概率。

6 个数字 1，2，3，4，5，6 中，随便抽取 3 个数字的和等于 10 的情况，只存在以下三种可能，即：$1+3+6=10$，$2+3+5=10$，$4+1+5=10$。

那么能满足题干条件的概率为：

$$P = \frac{3}{C_6^3} = \frac{3}{\dfrac{6!}{3!\,(6-3)!}} = \frac{3}{20} = 0.15$$

故本题正确选项为 C。

5. 答案：B

解析：考查二次函数。

设商场降低了 x 个 50 元后，商场当天的利润达到了最大。

那么商场当天的销量应该为 $8+4x$，商场当天的利润应该为

$(2\ 400 - 50x - 2\ 000) \times (8+4x)$

$= (400 - 50x) \times (8+4x)$

$= 3\ 200 + 1\ 200x - 200x^2$

$= -200\,(x^2 - 6x - 16)$

当 $x = -\dfrac{b}{2a} = -\dfrac{-6}{2 \cdot 1} = 3$ 时，商场当天利润最大，为 $-200\,(x^2 - 6x - 16) = 5\ 000$

因此该冰箱的定价应该为 $2\ 400 - 50x = 2\ 400 - 50 \cdot 3 = 2\ 250$（元）。

故本题正确选项为 B。

6. 答案：B

解析：考查排列组合。

方法一：

从三个不同专业中任意选出 2 个不同专业的人员，则选派方式有

$C_2^1 C_3^1 + C_3^1 C_4^1 + C_2^1 C_4^1 = 2 \cdot 3 + 3 \cdot 4 + 2 \cdot 4 = 26$

方法二：

反向求解，即整体选择减去所选委员为相同专业的，便能得到所选委员为不同专业的，即

$C_9^2 - C_2^2 - C_3^2 - C_4^2 = 36 - 1 - 3 - 6 = 26$

故本题正确选项为 B。

7. 答案：D

解析：本题考查古典概率。

1 到 100 的整数中，能被 5 整除的数，是以 5 为首项，公差为 $d = 5$ 的等差数列，那么应该有：$N_1 \cdot 5 \leqslant 100 \Rightarrow N_1 \leqslant 20$，即最多共有 20 项可以被 5 整除。

同理可知：

1 到 100 的整数中，能被 7 整除的数，是以 7 为首项，公差为 $d = 7$ 的等差数列，那么应该有：$N_2 \cdot 7 \leqslant 100 \Rightarrow N_2 \leqslant 14.3$，即最多共有 14 项可以被 7 整除。

1 到 100 的整数中，能被 5 和 7 整除的数，是以 $5 \cdot 7 = 35$ 为首项，公差为 $d = 35$ 的等差数列，那么应该有：$N_3 \cdot 35 \leqslant 100 \Rightarrow N_3 \leqslant 2.9$，即最多共有 2 项可以被 5 和 7 整除。

因此，1 到 100 的整数中，能被 5 或 7 整除的数的概率为

$$P = \frac{N_1 + N_2 - N_3}{100} = \frac{20 + 14 - 2}{100} = \frac{32}{100} = 0.32$$

故本题正确选项为 D。

8. 答案：D

解析：考查平面图形中的三角形和梯形。

方法一： 面积累加法。

由题干可知，$AB /\!/ CD$，$AB = 4$，$CD = 8$，$S_{\triangle ABE} = 4$，则有

$$\begin{cases} \dfrac{S_{\triangle ABE}}{S_{\triangle CDE}} = \left(\dfrac{AB}{CD}\right)^2 = \left(\dfrac{4}{8}\right)^2 = \dfrac{1}{4} \Rightarrow S_{\triangle CDE} = 16 \\ S_{\triangle ABE} = 4 \end{cases}$$

由梯形面积计算公式可得到

$$S_{\triangle ADE} = S_{\triangle BCE} = \sqrt{S_{\triangle ABE} \cdot S_{\triangle CDE}} = \sqrt{4 \cdot 16} = 8$$

那么，

$$S_{ABCD} = S_{\triangle ABE} + S_{\triangle CDE} + S_{\triangle ADE} + S_{\triangle BCE} = 4 + 16 + 8 + 8 = 36$$

方法二： 直接利用梯形面积公式求解。

设 $\triangle ABE$、$\triangle CDE$ 和梯形 $ABCD$ 的高分别为 h_1、h_2 和 h_3，由题干知 $AB /\!/ CD$，则 $\triangle ABE$ 和 $\triangle CDE$ 相似。

$$S_{\triangle ABE} = \frac{1}{2} AB \cdot h_1 = \frac{1}{2} \cdot 4 \cdot h_1 = 4 \Rightarrow h_1 = 2$$

由 $\triangle ABE$ 和 $\triangle CDE$ 相似可得 $\begin{cases} \dfrac{h_1}{h_2} = \dfrac{AB}{CD} = \dfrac{4}{8} \\ h_1 = 2 \end{cases} \Rightarrow h_2 = 4$

则梯形 $ABCD$ 的高为 $h_3 = h_1 + h_2 = 2 + 4 = 6$

那么 $S_{ABCD} = \dfrac{(AB + CD) \cdot h_3}{2} = \dfrac{(4 + 8) \cdot 6}{2} = 36$

故本题正确选项为 D。

9. 答案：E

解析：设装配成竖式和横式的箱子个数分别为 x 和 y 个。由于装配而成的箱子是无盖的，则有 $\begin{cases} 4x+3y=340 \\ x+2y=160 \end{cases} \Rightarrow \begin{cases} x=40 \\ y=60 \end{cases}$

因此装配而成的箱子竖式的有 40 个，横式的有 60 个。

故本题正确选项为 E。

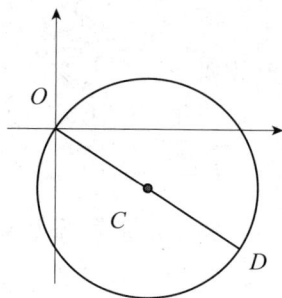

10. 答案：E

解析：结合圆的常识可知，圆的一般方程为

$x^2+y^2+Dx+Ey+F=0$（其中 $D^2+E^2-4F>0$）

圆心为 $C\left(-\dfrac{D}{2}, -\dfrac{E}{2}\right)$，半径为 $r=\sqrt{\dfrac{D^2+E^2-4F}{4}}$

则题干中圆 $x^2+y^2-6x+4y=0$，它的圆心为

$C\left(-\dfrac{-6}{2}, -\dfrac{4}{2}\right)$，即 $C(3, -2)$，它的半径 $r=\sqrt{\dfrac{D^2+E^2-4F}{4}}=$

$\sqrt{\dfrac{(-6)^2+4^2-4 \cdot 0}{4}}=\sqrt{13}$，如图 15-1，且该圆刚好经过原点 $(0, 0)$ 点。

因此由图可以看出，原点到圆心的距离刚好为半径 r，圆上到原点最远距离的一点便是位于第四象限的 D 点，即 $D(6, -4)$。

故本题正确选项为 E。

图 15-1

11. 答案：D

解析：由图形可以明显看出，当在 A 点或 B 点时 $2x+3y$ 可以取到最大值。

当在 $A(4, 0)$ 时，$2x+3y=2 \cdot 4+3 \cdot 0=8$；

当在 $B(0, 3)$ 时，$2x+3y=2 \cdot 0+3 \cdot 3=9$。

因此取 B 点时 $2x+3y$ 可以取到最大值 9。

故本题正确选项为 D。

12. 答案：A

解析：考查一元二次函数。

设 x_1、x_2 为方程 $x^2+2ax+b=0$ 的两个根，则有

$\begin{cases} x_1+x_2=-2a \\ x_1x_2=b \end{cases}$ ①

由题干可知，抛物线 $y=x^2+2ax+b$ 与 x 轴交于 A、B 两点，C 点的坐标为 $(0, 2)$，且 $S_{\triangle ABC}=6$，简要画图如图 15-2：

由图可知，

$S_{\triangle ABC}=6 \Rightarrow \dfrac{1}{2} \cdot 2 \mid AB \mid=6 \Rightarrow \mid AB \mid=6 \Rightarrow$

$\mid x_1-x_2 \mid=6 \Rightarrow (x_1-x_2)^2=6^2=36$ ②

结合①、②，可得到

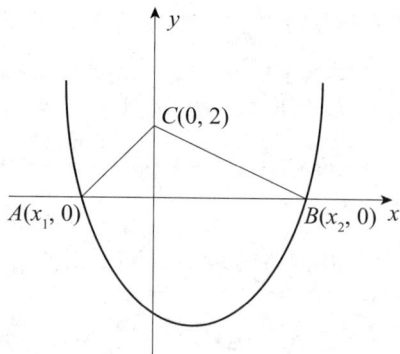

图 15-2

$$\begin{cases} x_1 + x_2 = -2a \\ x_1 x_2 = b \\ (x_1 - x_2)^2 = 36 \end{cases} \Rightarrow x_1^2 - 2x_1 x_2 + x_2^2 = (x_1 + x_2)^2 - 4x_1 x_2 = 36 \Rightarrow (2a)^2 - 4b = 36$$

$$\Rightarrow a^2 - b = 9$$

与选项 A 正好相符。

故本题正确选项为 A。

13. 答案：C

解析：由题干知，设备定价为 1 100 万元，首期付款为 100 万元，此后每月支付 50 万元，则一共要支付的期数为 $\dfrac{1\,100 - 100}{50} = 20$。

设首期利息为 a_1，则 $a_1 = 1\,000 \cdot 1\%$，第二期利息为 $a_2 = (1\,000 - 50) \cdot 1\%$，同理可推得

第 3 期利息为 $a_3 = (1\,000 - 50 \cdot 2) \cdot 1\%$

第 n 期利息为 $a_n = [1\,000 - 50 \cdot (n-1)] \cdot 1\%$

第 20 期利息为 $a_{20} = [1\,000 - 50 \cdot (20-1)] \cdot 1\% = 50 \cdot 1\%$

那么需要支付的利息总和为

$S_{20} = a_1 + a_2 + a_3 + \cdots + a_{20}$

$= 1\,000 \cdot 1\% + (1\,000 - 50) \cdot 1\% + (1\,000 - 50 \cdot 2) \cdot 1\% + \cdots + 50 \cdot 1\%$

$\Rightarrow S_{20} = \dfrac{a_1 + a_{20}}{2} \cdot 20 \cdot 1\% = \dfrac{1\,000 + 50}{2} \cdot 20 \cdot 1\% = 105$

则购买该设备公司一共要支付 $1\,100 + 105 = 1\,205$（万元）。

故本题正确选项为 C。

14. 答案：D

解析：由题干知，4 门课程中的 2 门各开设 1 个班，另外 2 门各开设 2 个班，那么开设的班一共有 $2 \cdot 1 + 2 \cdot 2 = 6$ 个。

方法一：穷举法

设 4 门课程分别为 A、B、C、D，令 A、B 为各开设 1 个班的 2 门课程，则 C、D 为另外各开设 2 个班的 2 门课程，则有 A、B、C_1、C_2、D_1、D_2 共 6 个班。

那么从 4 门课程中选修 2 门课程，则必有 AB、AC_1、AC_2、AD_1、AD_2、BC_1、BC_2、BD_1、BD_2、C_1D_1、C_1D_2、C_1C_2、D_1D_2 共 13 种不同的选修方式。

方法二：排列组合法

共有 6 个不同的班，那么从 4 门课程中选修 2 门课程的方式有

$C_6^2 - 2 = 15 - 2 = 13$

故本题正确选项为 D。

15. 答案：E

解析：设球的半径为 R，圆柱形的半径为 r，圆柱形的高为 h。

结合题干则能得到：

$$\begin{cases} 2R = \sqrt{h^2 + (2r)^2} \\ R = 10 \\ r = 6 \end{cases} \Rightarrow h = 16$$

结合圆柱形面积公式可知，圆柱形洞的内壁面积为：

$S=2\pi rh=2\pi \cdot 6 \cdot 16=192\pi$

故本题正确选项为 E。

二、条件充分性判断

16. 答案：B

解析：本题可考虑用数字代入法验证。

条件（1）：已知该公司员工的人数，结合题干中已知该公司男、女员工的平均年龄，无法推出该公司员工的平均年龄，故条件（1）不充分。

条件（2）：已知该公司男、女员工的人数之比。

假定该公司男员工的平均年龄为 20 岁，女员工的平均年龄为 25 岁，且男、女人数之比为 6∶4，设该公司总体员工人数为 x，则该公司员工的平均年龄应该为

$$\frac{20 \cdot 60\% x+25 \cdot 40\% x}{x}=12+10=22,$$

即根据条件（2）是可以知道该公司员工平均年龄的，故条件（2）充分。

因此条件（1）不充分，条件（2）充分。

故本题正确选项为 B。

17. 答案：C

解析：由条件（1）：已知正方形 $ABCD$ 的面积，可以推出正方形边长，但却无法得出小正方形的面积，因此条件（1）不充分。

由条件（2）：已知长方形的长宽之比，但它缺乏充分的数据，还是不能得出小正方形的面积，因此条件（2）也不充分。

现将条件（1）和条件（2）联合起来，可以用数字代入法验证联合是否成立。

取正方形 $ABCD$ 的面积为 25，长方形的长、宽之比为 3∶2，则可以得到

$$\begin{cases} 正方形边长=\sqrt{25}=5 \\ \dfrac{长方形的长}{长方形的宽}=\dfrac{3}{2} \end{cases} \Rightarrow \begin{cases} 长方形的长=3 \\ 长方形的宽=2 \end{cases}$$

那么 $S_{小正方形}=S_{ABCD}-4S_{长方形}=25-4 \cdot 3 \cdot 2=1$，能得出小正方形的面积。

因此，条件（1）和条件（2）单独都不充分，但条件（1）和条件（2）联合充分。

故本题正确选项为 C。

18. 答案：A

解析：设长度为 a 和 b 的管材分别有 x 和 y 根。

由条件（1）：$a=3$，$b=5$，可得到

$$3x+5y=37 \Rightarrow \begin{cases} x=4 \\ y=5 \end{cases} 或 \begin{cases} x=9 \\ y=2 \end{cases}，条件（1）充分。$$

由条件（2）：$a=4$，$b=6$，可得到 $4x+6y=37$。

由于 x 和 y 都必须是正整数，而两个偶数 4 和 6 无论分别与哪个正整数相乘后的和都只会是偶数，不可能等于奇数 37，所以条件（2）不充分。

条件（1）充分，条件（2）不充分。

故本题正确选项为 A。

19. 答案：C

解析：很显然，条件（1）和条件（2）单独都不成立，那么将条件（1）和条件（2）联合起来，则可以得到如下不等式组

$$\begin{cases} x \leq y+2 \\ 2y \leq x+2 \end{cases}$$

利用不等式组同向相加原则，则上面这组不等式可推导如下

上下两组相加 $\Rightarrow x+2y \leq y+2+x+2 \Rightarrow y \leq 4 \Rightarrow \begin{cases} x \leq 6 \\ y \leq 4 \end{cases}$

因此条件（1）和条件（2）单独都不充分，但条件（1）和条件（2）联合起来充分。
故本题正确选项为 C。

20. 答案：E

解析：设甲、乙、丙三种酒精的浓度分别为 x、y、z。

结合题干，由条件（1）可得到

$$\begin{cases} \dfrac{2x+y}{3}=z \Rightarrow 2x+y=3z \\ \dfrac{x+5y}{6}=\dfrac{1}{2}z \Rightarrow 2x+10y=6z \Rightarrow x+5y=3z \end{cases} \Rightarrow x=4y$$

该结论只能推导出甲、乙两种酒精浓度的关系，却无法推断出具体的酒精浓度。

同理，由条件（2）可得到

$$\begin{cases} \dfrac{2x+y}{3}=z \Rightarrow 2x+y=3z \\ \dfrac{x+2y}{3}=\dfrac{2}{3}z \Rightarrow x+2y=2z \end{cases} \Rightarrow x=4y$$

同条件（1），该结论只能推导出甲、乙两种酒精浓度的关系，却无法推断出具体的酒精浓度。

将条件（1）和条件（2）联合起来可得到

$$\begin{cases} \dfrac{2x+y}{3}=z \Rightarrow 2x+y=3z \\ \dfrac{x+5y}{6}=\dfrac{1}{2}z \Rightarrow x+5y=3z \Rightarrow x=4y \\ \dfrac{x+2y}{3}=\dfrac{2}{3}z \Rightarrow x+2y=2z \end{cases}$$

因此条件（1）和条件（2）独立时不充分，联合起来后仍然不充分。
故本题正确选项为 E。

21. 答案：A

解析：由条件（1）：s_1 与 s_2 的均值相等，结合题干可以得到

s_1 的均值 $= \dfrac{3+4+5+6+7}{5}=5$，则 s_2 的均值 $=\dfrac{4+5+6+7+a}{5}=5 \Rightarrow a=3$

因此条件（1）可以确定 a 的值，条件充分。
由条件（2）：s_1 与 s_2 的方差相等，结合题干可以得到 s_1 的均值 $=5$，s_2 的均值 $=$

$\dfrac{4+5+6+7+a}{5}=\dfrac{22+a}{5}$，则有

s_1 的方差 $=\dfrac{(3-5)^2+(4-5)^2+(5-5)^2+(6-5)^2+(7-5)^2}{5}=2$

s_2 的方差 $=\dfrac{(4-\frac{22+a}{5})^2+(5-\frac{22+a}{5})^2+(6-\frac{22+a}{5})^2+(7-\frac{22+a}{5})^2+(a-\frac{22+a}{5})^2}{5}$

$=2$，

无法推断出 a 的值。

因此条件（1）充分，条件（2）不充分。

故本题正确选项为 A。

22. 答案：C

解析：由条件（1）：M 中只有三个点，很难推断平面上存在到 M 中各点距离相等的点。例如，假如 M 中的这三个点共线，那么平面 M 中必定不存在有可以到这三个点距离相等的点。

由条件（2）：M 中的任意三点不共线，也未必就一定能推断出平面上存在有到 M 中各点距离相等的点。例如，假如 M 中存在有四点，且这四点恰巧构成一个菱形，那么平面 M 中必定不存在有可以到这四个点距离相等的点。

将条件（1）和条件（2）联合，则 M 中的三个点必定能构成一个三角形。根据垂直平分线上的点到线段两个端点的距离相等，可知三角形三条边的垂直平分线必交叉于一点，此点也必定成为这个三角形外接圆的圆心，该圆心到这三个点的距离也必定相等。

因此条件（1）和条件（2）单独都不充分，但条件（1）和条件（2）联合充分。

故本题正确选项为 C。

23. 答案：B

解析：由条件（1）可知，当我们取 $x=-\infty$，$y=-\dfrac{1}{\infty}$，$xy=1$ 时，x^3+y^3 也仍然无法确定最小值，因此条件（1）不充分。

由条件（2）：$x+y=2$，则有

$\begin{cases} x^3+y^3=(x+y)(x^2-xy+y^2)=(x+y)[(x+y)^2-3xy] \\ x+y=2 \end{cases}$

$\Rightarrow 2(2^2-3xy)=8-6xy=8-6x(2-x)=6(x-1)^2+2$

当 $x=1$ 时，则 x^3+y^3 有最小值 2，此时 $y=x=1$。

因此条件（2）满足题干要求。

条件（1）独立不充分，条件（2）独立充分。

故本题正确选项为 B。

24. 答案：A

解析：由条件（1）可知，

$a_n\geqslant a_{n+1}\Rightarrow a_1\geqslant a_2$，$a_3\geqslant a_4$，…，$a_9\geqslant a_{10}$

$\Rightarrow a_1-a_2\geqslant 0$，$a_3-a_4\geqslant 0$，…，$a_9-a_{10}\geqslant 0$

$\Rightarrow a_1-a_2+a_3-a_4+\cdots+a_9-a_{10}\geqslant 0$

因此条件（1）充分。

由条件（2）可知，

$a_n^2 \geqslant a_{n+1}^2 \Rightarrow a_n \geqslant a_{n+1} \geqslant 0$，或 $a_n \leqslant a_{n+1} \leqslant 0$

当 $a_n \geqslant a_{n+1} \geqslant 0$ 时，同上可推出 $a_1 - a_2 + a_3 - a_4 + \cdots + a_9 - a_{10} \geqslant 0$ 成立，

当 $a_n \leqslant a_{n+1} \leqslant 0$ 时，则有

$a_n \leqslant a_{n+1} \leqslant 0 \Rightarrow a_1 \leqslant a_2 \leqslant 0$，$a_3 \leqslant a_4 \leqslant 0$，$\cdots$，$a_9 \leqslant a_{10} \leqslant 0$

$\Rightarrow a_1 - a_2 \leqslant 0$，$a_3 - a_4 \leqslant 0$，$\cdots$，$a_9 - a_{10} \leqslant 0$

$\Rightarrow a_1 - a_2 + a_3 - a_4 + \cdots + a_9 - a_{10} \leqslant 0$

则无法满足题干中的要求，因此条件（2）不充分。

因此条件（1）充分，条件（2）不充分。

故本题正确选项为 A。

25. 答案：D

解析：条件（1）可理解为：方程 $x^2 + ax + b = 0$ 的两根在区间 $[0，1]$ 内，则有 $f(0) \geqslant 0$ 且 $f(1) \geqslant 0$，$\Delta = a^2 - 4b \geqslant 0$，对称轴为：$0 < -\dfrac{a}{2} < 1$。

$$\begin{cases} \Delta = a^2 - 4b \geqslant 0 \Rightarrow a^2 \geqslant 4b \Rightarrow b \leqslant \dfrac{a^2}{4} \\ 0 < -\dfrac{a}{2} < 1 \Rightarrow -2 < a < 0 \\ f(0) \geqslant 0 \Rightarrow 0^2 + a \cdot 0 + b = b \geqslant 0 \\ f(1) \geqslant 0 \Rightarrow 1^2 + a \cdot 1 + b = 1 + a + b \geqslant 0 \end{cases}$$

$$\Rightarrow \begin{cases} f(1) = 1 + a + b \leqslant 1 + a + \dfrac{a^2}{4} = \dfrac{1}{4}(a+2)^2 \\ -2 < a < 0 \end{cases}$$

$\Rightarrow 0 < f(1) < 1$

因此条件（1）充分。

同理，由条件（2）可得到

$$\begin{cases} \Delta = a^2 - 4b \geqslant 0 \Rightarrow a^2 \geqslant 4b \Rightarrow b \leqslant \dfrac{a^2}{4} \\ 1 < -\dfrac{a}{2} < 2 \Rightarrow -4 < a < -2 \\ f(1) \geqslant 0 \Rightarrow 1^2 + a \cdot 1 + b = 1 + a + b \geqslant 0 \\ f(2) \geqslant 0 \Rightarrow 2^2 + a \cdot 2 + b = 4 + 2a + b \geqslant 0 \end{cases}$$

$$\Rightarrow \begin{cases} f(1) = 1 + a + b \leqslant 1 + a + \dfrac{a^2}{4} = \dfrac{1}{4}(a+2)^2 \\ -4 < a < -2 \end{cases}$$

$\Rightarrow 0 < f(1) < 1$

因此条件（2）同样成立。

条件（1）充分，条件（2）也充分。

故本题正确选项为 D。

三、逻辑推理

26.答案：A

解析：本题考查演绎推理。由题干可知：

①要建设科技创新中心，就要推进与高校、科研院所的合作；

②只有推进与高校、科研院所的合作，才能激发自主创新的活力；

③只有搭建平台（科技创新发展战略的平台、科技创新与经济发展对接的平台、聚焦创新人才的平台），才能催生重大科技成果。

如果要把必要条件"只有……才"变成充分条件，就是"如果……一定要"，即（3）等价于"如果要催生重大科技成果，一定要搭建平台"，采取逆否推理，即当否定后件时，那么必定否定前件，即"如果不搭建平台，就无法催生重大科技成果"。故选项A正确。

其他选项均不能推出。

故选项A正确。

27.答案：E

解析：假言命题逆否推理。由题干可知：

①实行最严格的制度、最严密的法治→为生态文明建设提供可靠保障；

②实行最严格的制度、最严密的法治→建立责任追究制度。

联合①②可得到：实行最严格的制度、最严密的法治→为生态文明建设提供可靠保障→建立责任追究制度。

那么，结合假言命题的否定后件必否定前件的推理，可得到：如果不建立责任追究制度，就不能为生态文明建设提供保障。因此只有选项E符合此推理，其他选项均不能推出来。

故选项E正确。

28.答案：C

解析：结构比较题，找形式类似的。

题干构成了一个正反对比论证，即："注重对孩子的自然教育……可促进孩子释放天性，激发自身潜能；而缺乏这方面教育的孩子容易变得孤独，道德、情感与认知能力的发展都会受到一定的影响。"此题干的结构为"有P，则Q；无P，则R"。结合各个选项，只有选项C符合此结构，其他选项均不符合。

故选项C正确。

29.答案：D

解析：推论题。由题干可知：

天干（十干）：甲 乙 丙 丁 戊 己 庚 辛 壬 癸

地支（十二支）：子 丑 寅 卯 辰 巳 午 未 申 酉 戌 亥

顺次天干配地支，60年一重复，那么：

当公元2014年为甲午，2015年为乙未年，以此往后推，可得表15-1：

表15-1

2014年	2015年	2016年	2017年	2018年	2019年	2020年	2021年	2022年	2023年	2024年	2025年	2026年	2027年
甲午	乙未	丙申	丁酉	戊戌	己亥	庚子	辛丑	壬寅	癸卯	甲辰	乙巳	丙午	丁未

由上面的推导可以看出，公元2024年为甲辰年，因此选项E错误。

当公元2014年为甲午年，60年一重复，那么公元2074年仍然是甲午年，公元2087年为公元2074年往后顺推的第13年，亦即同公元2027年，是丁未年。因此选项D正确。

选项A、B、C由题干无法推出。

故选项D正确。

30. 答案：A

解析：辨析论证题。

选项B、C、E是题干中不涉及的；选项D，双方招募的目的都是为了赢得比赛。选项A是两人争论的焦点，即赵明招募的新人是要喜爱辩论的，王洪招募的新人是要有辩论能力的。

故选项A正确。

31. 答案：C

解析：矛盾题。题干可得出这种逻辑：教练的陈述为"出线了→我们在下一场比赛中获得胜利并且本组的另外一场比赛打成平局"。那么要想找出与此逻辑不符的，就是选项的结果是"出线了，但后面需要的条件却不成立"。只有选项C符合条件，两场比赛都分出了胜负，说明没有一场平局，但甲国队小组出线了，这是不可能成立的。

故选项C正确。

32. 答案：D

解析：支持题。题干的逻辑是：土坯砖边缘整齐且没有切割痕迹→是使用木质模具压制成型的。那么要想得到加强支持的选项，就是对此逻辑进行否后否前，即：没有使用木质模具压制成的，要么边缘不整齐，要么有切割痕迹。只有选项D符合此逻辑推理，其他选项虽会产生一些支持的作用，但其力度都不及D。

故选项D正确。

33. 答案：D

解析：质疑题。题干中观点的逻辑是：AA型和AG型都在上午11时之前去世，GG型都在下午6时左右去世→GG型的人比其他人平均晚死7个小时。

那么，上述观点成立的前提，应该是这些人同龄才行，如果这个前提不存在，那么该逻辑必然难以成立。选项D就说明了平均寿命的计算依据是生命的存续长度，而不是死亡的具体时间，最大程度地削弱了题干中的观点。

故选项D正确。

34. 答案：C

解析：质疑题。要想削弱商家阻挠退货的理由，就要找出不能支持拒绝退货的选项，亦即"7天无理由退货"要成立。选项A、D、E是支持商家拒绝退货的，选项B和C都对商家的阻挠起了质疑作用，但考生需要注意的是，在同样都具备削弱的选项里，尽量不要选择假设项，即"如果……就"项，而是选择事实存在项，而选项C就直接支持了无理由退货。

故选项C正确。

35. 答案：A

解析：由题干中各条件可得到：

条件（1）：李副书记在县城值班→要参加宣传工作例会

条件（2）：张副书记在县城值班→要做信访接待工作

条件（3）：王书记下乡调研→李副书记或张副书记要在县城值班

条件（4）：参加宣传工作例会或做信访接待工作→王书记不下乡调研

条件（5）：宣传工作例会→分管宣传的副书记参加，信访接待工作→一名副书记参加

那么，由条件（5）可知，王书记不参加宣传工作例会，也不做信访接待工作；

对条件（4）做逆否，则能得到：王书记下乡调研→不参加宣传工作例会，也不做信访接待工作；

因此可以选项A成立，即王书记下乡，其他选项均无法推出。

故选项A正确。

36. 答案：C

解析：质疑题。题干观点的逻辑是：机器人战争技术的出现→使人类远离危险。要想削弱该观点，需要的选项是该结论的后件无法成立，那就是机器人战争技术的出现→人类并没有远离危险。

选项B、D对观点实际上有支持。选项A、E都有削弱观点的成分，但选项C的削弱程度最强。由于能掌握机器人战争技术的国家为数不多，那么完全有可能这些国家会对其他国家展开更频繁、更血腥的战争，那么人类自然就更加危险了。

故选项C正确。

37. 答案：C

解析：真假判断题，需要理清对当关系。由题干中4人的话可以推论如下：

陈安和李康的话相矛盾，那么必有一真一假，由此也可以推断汪福和张幸的话也必有一真一假；如果汪福的话为真，那么张幸的话也为真，就不合题干要求了，因此汪福的话必须为假，即是汪福送大爷上医院了，那么张幸的话就是对的，即李康没有送大爷上医院；同时李康的话也是成立的，即4人中有人送大爷上医院了；陈安的话显然就是假的，4人中不可能没有人送大爷上医院。因此说真话的是李康和张幸，说假话的是陈安和汪福。

故选项C正确。

38. 答案：B

解析：质疑题。题干的观点是对开车路上的"加塞"、变道等要有的"理性计算"采取的支持，而题目要求是"除哪项外，均能质疑上述'理性计算'的观点"，也就是要找到选项中仍然支持该观点的选项。

那么采取反向削弱，如果不让，可能会遭遇更多的不利，就对题干观点进行了有力的支持。选项B就说明了不让的后果更麻烦，其他选项A、C、D、E是对题干观点的明显质疑，不支持。

故选项B正确。

39. 答案：D

解析：支持题。题干的观点是，建立"城市风道"可以让风在城市中更加自由地进出，促进城市空气的更新循环，以解决因城市的高楼阻碍了城市的通风循环问题。

五个选项中，选项A质疑了该观点的有效性，选项B质疑了该观点存在的必要性，

选项 C 质疑了该观点的主观性，选项 E 是对题干观点的支持，但这更应该是题干存在的前提，那就是建立"城市风道"对建筑物的安全不造成大影响。选项 D 强调了"城市风道"的作用，对题干观点进行了很好的支持。

故选项 D 正确。

40. 答案：A

解析：解释题，找出无关选项。题干的问题：有些人士表示困惑，既然政府能在短期内实施"APEC 治理模式"取得良好效果，为什么不将这一模式长期坚持下去呢？

选项 B 能解释不能长期坚持的原因，因为将会严重影响地方经济和社会的发展；选项 C 能解释不能长期坚持的原因，因为要付出的代价；选项 D 能解释不能长期坚持的原因，因为最严格的减排措施在落实过程中已产生很多难以解决的实际困难；选项 E 解释不能长期坚持的原因，因为这些措施只是权宜之计。只有选项 A，它解释了为何要采取"APEC 治理模式"，但却不能解释不能长期坚持这种模式的原因。

故选项 A 正确。

41. 答案：C

解析：质疑题。题干中天文学家的观点是：伽马射线只用了 4.8 分钟就穿越了黑洞边界，而光需要 25 分钟才能走完这段距离→光速不变定律需要修改。

选项 A 中"没有出现反例"不表示就一定没有反例，不能构成对题干观点的质疑。选项 B 虽存在有质疑，但其"可能"只是假设，质疑力度不强。选项 D 不一定构成质疑。选项 E 是无关项。而选项 C 则肯定了，要么天文学家的观测有误，要么有人篡改了天文观测数据，说明观测数据有误，对题干观点进行了很好的质疑。

故选项 C 正确。

42. 答案：A

解析：解释题。本题需要解释的是，为什么贴着"眼睛"装饰图片的那一周，收款箱里的钱远远超过贴着其他图片的情形。选项 A 指出，该公司员工看到"眼睛"图片时，就能联想到背后可能有人看着他们，那么必然就会自觉付费。其他几个选项均不能很好解释这一点。

故选项 A 正确。

43. 答案：D

解析：排序题，用排除法逐个排除。

由条件（1）可知，"日"字庭院不是最前面的那个庭院，那么选项 A 必然不可能成立，因此"日"字庭院必定在第二至第七个庭院，因此要在选项 B、C、D、E 中继续排除。

由条件（3）可知，"金""月"两庭院间隔的庭院数与"木""水"两庭院间隔的庭院数相同，那么这个相同的间隔数必须≥0。

当"日"字庭院是第二个庭院时，如果要想满足条件（2），即"火""土"相邻，那么"火""土"只能在"日"的后面，但按照排序，又无法满足条件（3）的成立，选项 B 不成立；同理可推出选项 C、E 也无法同时满足条件（2）和条件（3）的成立。

当"日"字庭院是第五个庭院时，"火""土"可以位于第一、第二，第三、第四和第六、第七庭院，此时的"金""月"与"木""水"可分别位于如表 15－2 所示位置：

表 15 - 2

类别	第一庭院	第二庭院	第三庭院	第四庭院	第五庭院	第六庭院	第七庭园
1	火（土）土（火）		金（月）	木（水）		月（金）	水（木）
			木（水）	金（月）		水（木）	月（金）
			木（水）	木（水）		金（月）	月（金）
			金（月）	月（金）		木（水）	水（木）
2	金（月）	木（水）	火（土）土（火）		日	月（金）	水（木）
	木（水）	金（月）				水（木）	月（金）
	木（水）	水（木）				金（月）	月（金）
	金（月）	月（金）				木（水）	水（木）
3	金（月）	木（水）	月（金）	水（木）		火（土）土（火）	
	木（水）	金（月）	水（木）	月（金）			
	木（水）	水（木）	月（金）	金（月）			
	月（金）	金（月）	木（水）	水（木）			

因此，当"日"字庭院在第五个庭院时，条件（2）和条件（3）不仅仅能成立，而且可以充分满足。

故选项 D 正确。

44. 答案：E

解析：排除法。

方法一：画图解析。由上题的推断可知，当条件（1）、（2）、（3）均需满足时，"火""土"相邻只能位于第一、第二庭院，第三、第四庭院，或第六、第七庭院。当第二个庭院是"土"字庭院时，那么必有第一庭院是与之相邻的"火"字庭院（见上题图解）。

方法二：先推再排除。根据条件（2）可知，如果第二个庭院是"土"字庭院，那么必然可以推断出"火"字庭院位于与之相邻的第一或第三庭院。如果是第三庭院，那么当满足条件（1）"日"字庭院不是最前面的那个庭院时，就无法满足条件（3）的成立，即"金""月"两庭院间隔的庭院数与"木""水"两庭院间隔的庭院数相同。因此"火"字庭院只能位于第一庭院。

故选项 E 正确。

45. 答案：C

解析：解释题。题干中的观点是：一个乐于助人、和他人相处融洽的人，其平均寿命长于一般人，在男性中尤其如此；相反，心怀恶意、损人利己、和他人相处不融洽的人70岁之前的死亡率比正常人高出 1.5 至 2 倍。选项 C 通过正反面说明了这两者之间给人带来的影响，非常好地对题干观点进行了解释。其他选项均不能很好解释这一点。

故选项 C 正确。

46. 答案：B

解析：假设题。题干中牛师傅的看法是：由于超市中销售的苹果表面油光滑亮，牛师傅认为是农药所致，那么解决的方法是"一定要清洗干净方能食用"。

那么要想此结论成立，必须是牛师傅所认为的要采取的方法存在着前提假设，那就是选项 B，即超市中的水果并未得到彻底清洗，否则牛师傅的结论就难以成立。

选项 A、C、D 是无关项，选项 E 的"大多数"不需假设。因此只有选项 B 符合题干要求。

故选项 B 正确。

47. 答案：D

解析：描述缺陷的题。

题干的论据是：不理解自己的人→不理解别人；题干的结论仍然是：缺乏自我理解→不会理解别人。题干的论据和结论一致，选项 D 正好说明了这个论证的缺陷。

选项 B 会对考生造成一定的迷惑，但考生要尽量谨记：在逻辑考试选项中，尽可能不要去选择那些带有"可能""如果"等假设性的选项。

故选项 D 正确。

48. 答案：B

解析：匹配题。结合题干条件可得到：

条件（1）：装绿茶和红茶的盒子在 1，2，3 号范围之内→花茶或白茶在 4 号；

条件（3）：装白茶的盒子在 1，2，3 号范围之内→白茶不在 4 号。

将条件（1）和（3）联合，那么必然可得到花茶在 4 号。

故选项 B 正确。

49. 答案：B

解析：真假话判断。

如果条件（1）真，那么条件（2）必真，即中标者不是孙斌，不符合题干中 3 人中只有一人的看法正确，故条件（1）必假，那么赵嘉和钱宜没有中标；

如果李汀中标了，那么条件（2）和（3）也必真，这又和题干不符，因此李汀一定没中标。

所以可以确定一定没有中标的人有赵嘉、钱宜、李汀。

故选项 B 正确。

50. 答案：A

解析：支持题。我们需要理解题干中的观点，那就是：电子学习机使儿童独立阅读成为可能，但可能不利于儿童成长，父母应该抽时间陪孩子一起阅读纸质图书，来达到在交流中促进其心灵的成长。选项 A 则说明，由于电子学习机最大的问题是让父母从孩子的阅读行为中走开，减少了父母与孩子的日常交流，刚好支持了题干中专家的观点。

选项 B、C、D 也都有一定的支持作用，但都是单方面地说明电子学习机的负面影响或纸质图书的好处，并不能针对性很强地包括题干观点所需支持的论据。选项 E 只是说明现代生活中年轻父母缺少和孩子一起阅读的时间，也不足以支持题干观点。

故选项 A 正确。

51. 答案：D

解析：质疑题。题干中的观点是：因为硬盘速度慢，所以给老旧的笔记本电脑换装固态硬盘可以大幅提升使用者的游戏体验。而选项 D 则指出，使用者的游戏体验很大程度上取决于笔记本电脑的显卡，而老旧笔记本电脑显卡较差，这就直接否定了换装硬盘能提升使用者的游戏体验。其他选项均不能达到这个质疑力度。

故选项 D 正确。

52. 答案：A

解析：假设题。题干观点：研究者放弃等待时间而事先公开其成果→公共卫生水平就可以获得提高。那么要想此观点成立，必须假设的前提是人们会利用事先已公开的成果，否则不利用就不可能提高公共卫生水平。选项 A 正好说明了这点。

故选项 A 正确。

53. 答案：C

解析：削弱题。题干中钟医生的论证是：研究者放弃等待时间而事先公开其成果，则公共卫生水平就可以获得提高。若要质疑这个论证，那就是要论证不能放弃等待时间，必须是要经过匿名评审后才可以公开。选项 C 则指出，匿名评审常常能阻止那些含有错误结论的文章发表，也就是能防止由于放弃等待时间而事先公开其成果所导致的不利后果，这对钟医生的论证进行了有力的质疑。其他选项均不能达到很好的质疑。

故选项 C 正确。

54. 答案：C

解析：综合推理题。发现隐含条件后，列表解析。

由条件（2）可知，木心不能选金针菇或土豆，否则她也必须选木耳，与题干要求的"每人所选食材名称的第一个字与自己的姓氏均不相同"矛盾，因此木心只能选水蜜桃和火腿①。

由条件（4）可知，如果木心选火腿，则火珊不选金针菇，即：火珊不选金针菇②。

由条件（3）可知，如果火珊选水蜜桃，则她也须选木耳和土豆，和题干中的要求"每人又只能选用2种食材"矛盾→火珊不选水蜜桃③。

由题干中"每人所选食材名称的第一个字与自己的姓氏均不相同"→火珊不能选火腿④。

联合②③④→火珊只能选择木耳和土豆⑤。

由题干知金粲不能选金针菇⑥。

联合①⑤⑥→木心、火珊、金粲都没选金针菇，那么必定有水仙、土润选择了金针菇⑦。

由条件（1），如果金粲选水蜜桃，则水仙不选金针菇，与⑦的结论即水仙选金针菇矛盾→金粲不选水蜜桃⑧。

由题干可知水仙也不能选水蜜桃⑨。

联合③⑧⑨→火珊、金粲、水仙都不选水蜜桃，那么必定有木心和土润选择水蜜桃⑩。

联合⑦⑩→土润选择了金针菇和水蜜桃。

综上可以推得表 15-3：

表 15-3

类别 姓名	金针菇	木耳	水蜜桃	火腿	土豆
金粲	×	√	×		
木心	×	×	√	√	
火珊	×	√			√
土润	√	×	√	×	×
水仙	√	×	×		

故选项 C 正确。

55. 答案：B

解析：由上题已推断出的表可以看出，如果水仙选用了土豆，且已推出火珊也选用了土豆，那么金粲就一定不能再选土豆，就只能选火腿了。因此金粲的选择结果是木耳和火腿。

故选项 B 正确。

四、写作

56. 论证有效性分析

评分标准（满分 30 分）：

评分项目	分值	评分标准
分析评论的内容	15 分	1. 分析中指出论证中存在的逻辑缺陷和漏洞，只要言之有理，指出一点给 4 分； 2. 如果是肯定有关论点的分析，最多只给 4 分； 3. 考生分析评论的内容超出参考答案者，只要言之有理，也应给分； 4. 本项评分最高 15 分。
论证程度、文章结构、语言表达	15 分	按照论证程度、文章结构和语言表达评分，分四类卷给分，最高分 15 分： 一类卷：12～15 分。论证或反驳有力，结构严谨，条理清楚，语言精练流畅。 二类卷：8～11 分。论证或反驳较为有力，结构尚完整，条理较清楚，语句较通顺，有少量语病。 三类卷：4～7 分。有论证或反驳，结构不够完整，语言欠连贯，较多语病，分析评论缺乏说服力。 四类卷：0～3 分。明显偏离题意，内容空洞，条理不清，语句严重不通。
合计	30 分	

备注：
1. 不符合字数要求或出现错别字，酌情扣分；
2. 书写清楚，卷面整洁，酌情加 1～2 分；
3. 实际阅卷中，标题在整体结构中占 2 分；
4. 最高总分不超过满分 30 分。

【点拨】

本篇材料围绕大学生就业的问题展开，通过几个方面来论证"大学生就业并不是问题"，是一篇非常浅显易懂的有效性论证分析材料。

纵观近 10 年的有效性论证分析的题目，结合本材料，可以得出以下结论：

1. 选材。偏重于管理、社会热点、文化等题材。如 2014 年的考题是围绕"权力制衡与监督"，2015 年的考题是围绕"政府是否应该干预生产过剩"，都是管理类题材；2013 年的考题是围绕"文化"这一题材；而 2016 年的考题则是多年来的一个热门话题：大学生的就业问题，这同时也是一个广为人知的社会话题，只要我们具备一定的社会认知常识，结合我们的逻辑判断能力就能轻松解题。但作为备考的考生一定不要局限于或过分偏重于某类题材，而是要尽可能对管理、经济、社会热点、文化等各类题材都要有所掌握，以便轻松应对各种题材的考题。

2. 文字量。材料文字量不足400字，和往年相比要偏少。一般有效性论证分析是文字量越多，相应找出论证缺陷的机会就越大，但过大也容易增加考生浏览和审题的时间，因此文字量的适度也很重要。和往年有所不同的是，尽管今年的文字量偏少，却非常浅显易懂，逻辑缺陷随处可见，非常便于考生快速浏览，高效判断并解题。

3. 逻辑错误。近年来的有效性论证分析题都有一个共同点，那就是逻辑错误非常多，多到随处可见，今年的也不例外。这对寸秒寸金的考场考生而言，能迅速准确找出所需论证的缺陷很重要。

4. 难度。和往年相比，今年的难度可以说是再次降低了，题目偏容易。从这点也能看出来，有效性论证分析题不再有曾经的高难度，材料不再晦涩难懂，而是越来越简单、浅显，易于判断和把握了。

综合能力考试涉及数学、逻辑和写作三门学科，考生拼的不仅仅是智力，还有体力，在有限的三个小时内要攻克题量大、学科多的这场考试，对在职考生而言可谓是双重压力。因此近年来考纲改革后，考试难度的适度降、考试题材的浅显易懂，对于考生而言还是很有利的。

但是，就写作这部分的有效性论证分析而言，需要再次提示的是：一篇有效性论证分析，无论逻辑错误有多少，在具体写作时都要尽量避免错误一致的类型，而要挑选出3～4种不同类型的逻辑错误，因为考试要求是至少要列明3～4种论证缺陷，这样才能得高分，否则就算都列明了，但逻辑错误差不多一致，也很难得高分。这点需要考生切记。

本篇材料围绕"大学生就业并不难"这一主线展开，所用推理论证的依据是：大学生供不应求（如2012年劳动年龄人口短缺；长三角地区"用工荒"；2015年二季度劳动力市场求大于供），大学生比其他社会群体更易就业（一个人受教育程度高，整体素质就高，适应能力就强，容易就业），大学生所学专业与市场不适应，鼓励他们调整专业，创业就能解决就业，最后得出论证"大学生的就业并不是什么问题，我们大可不必为此顾虑重重"。但我们在读题的过程中就不难发现，该材料逻辑缺陷遍布，论据严重难以成立，以下要点可供参考：

1. 形而上学。材料中所用的国家统计局的数据是2012年的，所提供的数据时效性有限，不足以说明三年后的2015年的市场情况。

2. 过于绝对化。由2012年我国劳动年龄人口比2011年减少了345万，就推断出我国劳动力的供应从过剩变成了短缺，显然过于绝对化。也许2012年前劳动力过剩甚至达到了几千万，那么即便2012年的劳动年龄人口比2011年减少了几百万，劳动力供应还是远远供大于求呢。

3. 混淆概念。"劳动年龄人口"和"劳动力"是两个截然不同的概念，劳动力不必然就等于劳动年龄人口，中国有的地方用的超龄老人甚至童工，那些人口就都不是劳动力了？

4. 以偏概全。由"近年长三角等地区频频出现'用工荒'现象"，就推断出"劳动力市场需求大于供给"则明显犯了以偏概全的错误。长三角只是一个个例，不足以代表中国，且长三角是中国一个特殊的制造和加工业地域，有其特殊性，该地域的用工很多都是低学历甚至无学历人员，即便是大学生毕业了，也未必就会选择那个地域或都适合那个地域。

5. 缺乏必然联系。2015年第二季度我国岗位空缺与大学生就业没有必然的联系。很多企业用人需要工作经验，管理层人员更需要阅历和能力，而这些岗位即便空缺也都未必适合刚毕业的大学生。

6. 缺乏必然的因果关系。一个人受教育程度高，只能说明他的某一方面或某些方面会有所提高，但不必然他的整体素质就高，整体素质包括了诸如人品、能力等多方面；受教育高也未必适应能力就强，也不必然就容易就业。大学生受教育也许更多的是接受了理论知识，但未必就一定具备很强的社会实践和生存能力，也许很多工作反倒是需要那种根本就没有学历但却有实战经验的人，如泥瓦匠、木匠等。

7. 自相矛盾。"一部分大学生就业难，是因为其所学专业与市场需求不相适应或对就业岗位的要求过高"，则和前面一堆的论证"大学生就业容易"相矛盾。

8. 因果不当。根据市场需求调整高校专业设置未必就能解决就业问题，就业问题未必就只是因为高校专业设置可以解决的。即便高校调整了专业，万一大家一哄而上去抢热门的，毕业时这个专业没准又遭遇过剩的命运了。

9. 主观臆断过强。改变就业观念，鼓励自主创业就能得到"大学生就业难问题将不复存在"过于主观臆断。改变了就业观念社会也未必就有这么多的需求，也未必就能达到企业各个层次用工的需求；自主创业也不是人人都可以去做的，且不说创业所需的资金和实力，仅仅这九死一生的社会创业现实，也足以让太多的大学生却步，失败了，不还是失业？

从以上要点剖析中，能指出3~4点就可以，其他存在但上面的分析中未指出的逻辑错误，只要是题干推理论证过程中客观存在的且言之有理的，同样给分。

【参考范文】

大学生的就业并不是什么问题，真的吗？

上述材料通过一系列论证得到了"大学生的就业并不是什么问题"，但其在论证过程中明显存在着诸多的逻辑错误和漏洞。

首先，混淆概念且过于绝对化。"劳动年龄人口"和"劳动力"是两个不同的概念，不能由"劳动年龄人口减少"就得出"劳动力供应减少"，而由"2012年我国劳动年龄人口比2011年减少了345万"就得出"我国劳动力的供应从过剩变成了短缺"的结论则过于绝对化。如果此前我国劳动力过剩几千万，一个345万数字的减少能改变过剩的局面么？

其次，以偏概全。由长三角地区近年的"用工荒"和2015年第二季度的数据，就推断出"劳动力市场需求大于供给"，则明显犯了以偏概全的错误。长三角地区只是一个特殊的个例，以加工制造业闻名的它可能更欢迎那些非大学生的低学历劳动者；2015年第二季度的数据也只是一个个别时期的数据，不足以说明我国整体劳动力情况，有些片面。

再次，缺乏必然的因果关系。材料中"一个人受教育程度越高，他的整体素质也就越高，适应能力就越强，当然也就越容易就业"，这个论断显然是强扯因果关系。一个人受教育程度越高，只能说明他的某些理论知识和专业素养高，但未必整体素质高；也未必他的适应能力一定强，同时也未必容易就业。假如此人是个低能者，又如何容易就业？

最后，主观臆断过强。材料认为，调整高校专业设置，改变大学生就业观念，鼓励自主创业，就得出大学生就业难问题将不复存在的结论，显然过于主观臆断。就算大学调整了专业，也许因为跟风潮而导致这个专业的学生很快又过剩了；就算改变就业观念，也未必社会就一定能满足所有大学生的就业需求；就算鼓励自主创业，可创业的九死一生，不还是意味着失败后的继续失业？

综上所述，上述论证中存在诸多逻辑错误，由此得出的大学生就业并不是什么问题是值得商榷的。

57. 论说文

评分标准（满分35分）：

评分项目	评分标准
综合评比：内容、结构、语言（30分）	一类卷：26～30分。紧扣题意，立意深刻，中心突出，论证充分，结构完整，行文流畅。
	二类卷：21～25分。切合题意，立意比较深刻，中心明确，论证比较充分，结构比较完整，层次比较清楚，语句比较通顺。
	三类卷：16～20分。基本切题，中心基本明确，论证基本合理，结构基本完整，语句比较通顺，有少量语病。
	四类卷：11～15分。不太切题，中心不太明确，论证有缺陷，结构不够完整，语句不通顺，有较多语病。
	五类卷：6～10分。偏离题意，中心不明确，论证有较多缺陷，结构比较残缺，层次比较混乱，语句不顺，语病严重。
	六类卷：0～5分。观点错误，背离题意或直接与试题无关，结构严重残缺，层次混乱，语句严重不通顺。
其他评比：题目、书写、卷面（5分）	1. 题目：切题，2分；一般，1分；漏拟题目，0分。
	2. 书写（包括文字和标点符号）：规范标准，2分；每三个错别字扣1分，重复不累计；标点符号有明显错误，酌情扣分；各项扣分累计2分，扣满2分为止。
	3. 卷面：卷面整洁，书写清楚，1分；卷面不整洁，书写潦草，0分。
	备注：最高总分不超过满分35分。

【点拨】

一、审题

1. 题材背景：亚里士多德是古希腊著名思想家、政治家和哲学家，他一生的思想和著作，无论是对当时还是对后世，都影响颇深，而本论说文的题材，则出自于他的著作《政治学》。

亚里士多德认为，人类自然是趋向于城邦生活的动物。家庭，是由男人和女人、主人和奴隶组成的结合体，人们组建家庭是为了满足日常生活的需要。当多个家庭为了获得比生活必需品更多的产品的时候便联合起来，这就形成了村落。随着人们追求的不断提升，为了过上美好生活而完全结合成一个共同体，这个共同体越来越大，最后大到足以自主甚至自足时，城邦便产生了。

亚里士多德用复杂性看待城邦。在他看来，一个城邦趋于整齐划一将会不再是一个城邦了。因为，城邦的本质就是多样化，若以整齐划一而论，城邦又将变成家庭，家庭又将变成个人。城邦不仅是由多个人组成的，而且是由不同种类的人组成的。种类相同的人是不可能产生一个城邦的。城邦的本质在于多样性，而不在于一致性。以一致性为本质和根本的城邦必然会走向自我否定和毁灭。高度一致性的城邦会使人丧失两种美德：一是男人对女人的情欲；二是慷慨施与财物的美德。

他同时还认为，一个优良的城邦中不仅应该通过法律实现财产的均衡和适中，还应该致力于人们别的方面的平等和均衡，如教育等。他强调了教育对于城邦的作用。

总之，该材料背景的核心思想就是，一致性是基础，多样性是发展，教育则将有差异性的公民统一起来。

2. 考试题型：本题属于自由拟题的材料作文。纵观近十年的考试题型，自由拟题的材料作文已经成为最主要的题型，并已成为管理类专业联考最为普遍的论说文题材形式，建议考生在备考时仍然要重点关注此类材料作文。

3. 考题难度：和往年相比，今年的考题还是有一定难度的。虽然题材背景是亚里士多德的一段关于城邦的话，但此文被提及，却还有另一段未必能被众考生知道的背景：习近平主席的文化强国战略！在这里，习主席强调了文化建设对于我国的重要性，并强调了文化强国的战略和意义。

但是，即便考生不知道后面的这则背景，单从材料本身出发也还是能比较快速地审题立意的，因为材料本身还是很简单易懂的，那就是一致性是基础，因为没有一致性就无法组建成家庭或城邦；仅有一致性也是不行的，需要多样性使家庭或城邦得到进步和发展。而如何使"多样性"统一起来呢，那便需要教育这座桥梁。

4. 审题关键点：材料中最重要的两个关键词："多样性"和"一致性"，以及材料后面不容忽视的另一个词"教育"。

材料要阐述的观点是：

多样性的重要：城邦的本质在于多样性，而不是一致性。

一致性的重要：没有一致性，家庭和城邦难以组建起来。

结合的重要：通过教育将存在着各种差异的公民统一起来组成一个共同体，即教育是实现多样性和一致性统一的关键。

不难发现它们的如下逻辑关系："多样性"是客观存在的，不同"多样性"的个体向"一致性"的团体发展，结合形成新的更大的"多样性"个体——团体，团体要发展必须有新的"多样性"个体加入，或者团体内部存在一定的"多样性"才有活力，但这种"多样性"必须保持一个"限度"，否则团体就无法有序运作，甚至会解构，因此就得"教育"，通过教育让团体保持"一致性"。

在这里，多样性指的是人们的多样化、差异性，也可泛指个性，包括诸如观点、思想、认知、能力、价值观等等；一致性是这些多样性中的交集，也可谓共性；而教育是手段和方式，让多样性实现了统一，如通过教育使得人们形成了某种共同的认知，某种共同的价值观等，从而达到了一致。社会本就人性不一，如同世上不存在两片完全相同的叶子，我们本就应该承认这种差异，尊重个性，和谐共处才能有共同的发展。

二、立意

1. 从材料的历史背景出发，亚里士多德强调，城邦的发展中，一致性是基础，但多样性是根本，而教育可以实现不同公民的统一。那么立意可以考虑为："教育既求同又存异""教育是实现求同存异的良径""求同存异，教育是桥梁"等。

2. 从"多样性"和"一致性"二者的辩证关系出发，"一致性"固然重要，但"多样性"却不可或缺，二者是辩证统一的。那么可以考虑立意为："既要一致，又要多样"、"求同，亦需存异""求同存异，和谐统一""辩证看待一致性和多样性""一致性重要，多样性更重要"等。如果将二者的辩证关系结合到我们的社会、组织、企业等方面，则也可以考虑以下立意："社会发展既需要一致性，也需要多样性""社会发展需要求同存异""和谐社会需要'包容'"（要突出强调需要承认和尊重群体中的多样性，也就是各个个体的差异性）、"多样一致，组织发展定律""存异，企业的活力源泉"等。

3. 从本则材料的另一层背景出发，即习近平主席的文化强国战略出发，那么需要结合当今中国社会现状，将文化建设作为"教育"之本，将百花齐放作为社会发展必需的"多样性"，将需要形成共同的核心价值观、弘扬中华传统文化、提高中国文化软实力等等作为"一致性"，以促进社会的和谐发展、企业的团结向上、个人与社会的和谐统一等。那么立意可以考虑为："加强文化教育建设，促进社会和谐统一发展""文化教育建设促进企业健康发展"等。

提示：在以上立意中，考生如果选择第一种和第二种，都比较好立意，且都不容易偏题，只要立意科学，论据合理，论证结果正面和健康就可以。如果是选择第三种立意，则要谨防立意偏大、偏虚，且要尽可能紧密结合习主席强调的"文化建设"，并将材料中的"多样性"和"一致性"很好地在论述中进行辩证统一的结合，否则容易跑题。但如果能把这些关把好，则该文又不失为结合时政的高分之作。

【参考范文一】

求同存异，教育是桥梁

面对"多样性"差异，如何让"一致性"越来越多？亚里士多德在材料中给我们提供了一个明确的答案——教育，是求同存异的桥梁。

"城邦"是由人构成，社会亦如此，它的本质属性也是"多样性"，这是客观存在的，是不可能绝对消除的。要想保持社会的稳定，就只能求同存异，尽量促进"一致性"。

渊源历史长河中，为了促进社会"大一统"这个"一致性"，不外乎有两个途径：一个是武力强迫，一个是教育引导。两种途径结果看似一样，其本质却大相径庭。同样是解决族群问题，希特勒采取的是种族清洗，对犹太人开展了灭绝人性的大屠杀，不但没有"求同"，最后还为自己掘下坟墓；我国的民族政策恰恰相反，采用的却是承认其民族特性，并帮助他们发展自己民族文化，传授中国传统文化，通过教育引导实现了56个民族的大团结。

对于教育本身，世上也存在着"多样性"观点。笔者认为关键在于做到"求同存异"，因材施教。古时候，孔子的学生子路和冉有先后问孔子同一个问题，即他们有一个很好的想法是否应该马上实施，孔子却给出了截然相反的答案。另一个学生公西华很奇怪，为什么这样。孔子笑说，子路和冉有性格迥异，前者性格多虑，让他果断，后者性格急躁，则让他三思。教无定法，故因材施教。

教育更是一个系统性、长久性的工程，若想取得良好成效，则需要结合以下三个方面：一是确立教育目标，明确想要达到的教育目的，做到有的放矢；二是选择正确方法，对不同的人采用不同的方法和手段，做到因材施教；三是给予恰当时间，根据具体教育情况，及时调整教育时间，当长则长，当短则短。

总之，求同存异，教育是有效捷径，是"差异性"通往"一致性"的桥梁；教育同时又是一项系统工程，需要差异分析，对症下药，才能让教育这座桥梁更加坚固，也才会有更好的收效。

【参考范文二】

多样一致，组织发展定律

亚里士多德通过"多样性""一致性"和"教育"阐述了"城邦"稳定发展规律，同时也向我们展示了组织发展定律，即多样性与一致性辩证统一。

"多样性"不但是"城邦"的本质，也是组织的社会本质属性，它是由其构成因子——人的多样性所决定的。"多样性"的人通过"一致性"构成不同的组织。

古人云，水至清则无鱼。一个组织内部如果长期全是一个声音，这个组织也就离消亡不远了，因为它的活力已经消失。因此，封建时期，历朝历代都设专门发"多样性"声音的谏官。新加坡政治家李光耀更深谙此道，他甚至将自己的政党拆分，专门为自己的政府组建了一个反对党。

但凡事均有一个度，组织的"多样性"亦是如此，它必须与"一致性"辩证统一，否则组织即不成为组织。组织的存在，是以一定的目的或宗旨存在的，它让处于"多样性"的个人之间形成"粘性"，形成"一致性"思想和行动。解放战争时期，国民党军队之所以失败，一个关键因素就是将领之间过于"多样性"，难以形成合力，被"一致性"很强的解放军秋风扫落叶般各个击破。

如何使一个组织保持"多样性"与"一致性"辩证统一？以亚里士多德的话说，那就是"教育"。近代组织中，中国共产党无疑是将"多样性"与"一致性"运用最成功的组织，其法宝就是"民主集中制"，其主要"集中"措施之一，就是教育。通过一次次整风、教育等活动，使个人的"多样性"思想和观念"一致"到党的指导思想上去，从而形成强大的合力。

总之，组织的活力来源于"多样性"，组织的稳定来源于"一致性"，组织的一致来源于"教育"，这是组织发展的定律。这个定律在亚里士多德时期存在，在我们今天努力实现"中国梦"时期仍然存在，愿大家能掌握这一定律，运用好这一定律，为自己、为企业、为社会的发展有效助力。

【参考范文三】

加强文化教育建设，促进社会和谐发展

读罢亚里士多德这段城邦论，心中不免感叹，他的观点，不但对古希腊有帮助，对我们也具有很强的现实指导意义。

"多样性"是城邦的本质，"一致性"是城邦稳定的保障，教育是实现"一致性"的途径。当前我国正处于全面建设小康社会的关键时期，各种思想和需求"多样性"十足，促进"一致性"，确保社会和谐发展是当务之急。

正如习近平总书记在与北京大学青年座谈时所指出那样，我国是一个有着十三亿多人口、五十六个民族的大国，确立反映全国各族人民共同认同的价值观"最大公约数"，使全体人民同心同德、团结奋进，关乎国家前途命运，关乎人民幸福安康。

如何确立"最大公约数"？笔者认为，答案就是文化教育建设。通过文化教育培育核心价值观，弘扬传统优秀文化，提高国家软实力，统一人民大众思想上的差异，实现制度自信、道路自信、民族自信，使其"一致"起来共筑和谐社会。

实践证明，优秀的文化教育，能引导人民大众统一思想，团结"一致"共筑和谐社会。抗日战争时期，延安虽然物资匮乏，条件艰苦，但却被西方学界誉为中国的希望，抗战的圣地，这源于当时的革命文化建设。相反的是，同期的国民党政府拥有充足的物资和政权资源，却处处弥漫享乐主义，失败主义、投降主义则是源于劣质的文化教育建设。

优秀的文化教育建设包含多项内容，但笔者觉得最为关键的是在"一致性"基础上，发扬"多样性"。这里的"一致性"是社会主义核心价值观，是传统的优秀中国文化。而"多样性"则是指丰富多彩的文化建设内容，形式多样的文化建设手段，包容多样的文化建设思想，真正做到"百花齐放、百家争鸣"。

总之，同一种声音无法实现和谐，同一个音阶也无法组成旋律，文化教育建设需要多彩悦耳的旋律，只有这样才能实现我党"两个一百年"的奋斗目标。在当今构建和谐社会的时代，亚里士多德提倡的这些观点是值得我们深思和借鉴的。

全国硕士研究生入学统一考试
管理类专业学位联考综合能力
全真预测试卷（一）解析

一、问题求解

1. 答案：E

解析：由于 $x \neq 0$，所以 $\dfrac{x^2}{x^4 + x^2 + 1} = \dfrac{1}{x^2 + 1 + \dfrac{1}{x^2}} = \dfrac{1}{\left(x + \dfrac{1}{x}\right)^2 - 1} = \dfrac{1}{3^2 - 1} = \dfrac{1}{8}$。

所以选 E。

2. 答案：B

解析：$(a-b)^2 + (b-c)^2 + (c-a)^2 = 2a^2 + 2b^2 + 2c^2 - 2ab - 2bc - 2ac$

$\qquad\qquad = 3(a^2 + b^2 + c^2) - (a^2 + b^2 + c^2 + 2ab + 2bc + 2ac)$

$\qquad\qquad = 3(a^2 + b^2 + c^2) - (a+b+c)^2$

$\qquad\qquad = 27 - (a+b+c)^2 \leqslant 27$。

所以代数式 $(a-b)^2 + (b-c)^2 + (c-a)^2$ 的最大值为 27，应选 B。

3. 答案：C

解析：设每年应拆除危旧房的面积为 x，则根据题意，一年后住房总面积为：

$$a(1+0.1) - x,$$

两年后住房总面积为：

$$[a(1+0.1) - x] \times 1.1 - x = a \cdot 1.1^2 - x \cdot 1.1 - x,$$

依此类推，十年后住房总面积为：

$$a \cdot 1.1^{10} - x \cdot 1.1^9 - x \cdot 1.1^8 - \cdots - x \cdot 1.1 - x$$

$$= 2.6a - x \cdot \dfrac{1 - 1.1^{10}}{1 - 1.1}$$

$$= 2.6a - 16x = 2a。$$

所以 $x = \frac{3}{80}a$。

4. 答案：E

解析：设 10 次射击的成绩分别记为 x_1，x_2，x_3，…，x_9，x_{10}，则由题意知，

$$\frac{x_1 + x_2 + x_3 + \cdots + x_8 + x_9}{9} > \frac{x_1 + x_2 + x_3 + x_4 + x_5}{5},$$

所以 $\quad x_1 + x_2 + x_3 + x_4 + x_5 < \frac{5}{4}(9 + 8.4 + 8.1 + 9.3) = 43.5$。

又 $\dfrac{x_1 + x_2 + x_3 + \cdots + x_{10}}{10} > 8.8$，所以

$$x_1 + x_2 + x_3 + x_4 + x_5 + x_6 + x_7 + x_8 + x_9 + x_{10} > 88,$$

即有 $\quad x_1 + x_2 + x_3 + x_4 + x_5 + x_{10} > 88 - (9 + 8.4 + 8.1 + 9.3) = 53.2$，

从而有 $\quad x_{10} > 53.2 - 43.5 = 9.7$。

5. 答案：C

解析：设箱子中有 x 个商品，每个商品的重量为 y 千克，拿出的商品为 a 个，则根据题意，有：

$$\begin{cases} xy = 210 \\ xy - ay = 183 \end{cases} \Rightarrow ay = 27。$$

由于 a、y 都为正整数且 $y > 1$，所以 y 的取值可能为 3 或 9。故选 C。

6. 答案：D

解析：设火车的车身长为 S 米，火车的速度为 V 米/秒，由题意有：行人的速度为 $V_1 = 3.6 \text{km/h} = 1 \text{m/s}$，骑车人的速度为 $V_2 = 10.8 \text{km/h} = 3 \text{m/s}$。所以有

$$\begin{cases} \dfrac{S}{V - V_1} = 22 \\ \dfrac{S}{V - V_2} = 26 \end{cases} \Rightarrow S = 286。$$

故选 D。

7. 答案：B

解析：设规定的时间为 t 天，则甲的工作效率为 $\dfrac{1}{t+4}$，乙的工作效率为 $\dfrac{1}{t-2}$。根据题意，有：

$$1 - 3 \cdot \left(\frac{1}{t+4} + \frac{1}{t-2} \right) = \frac{1}{t+4} \cdot (t-3),$$

解得 $\quad t = 20$。

8. 答案：C

解析：设该同学做对 x 道题，做错 y 道题，则没做 $20 - x - y$ 道题。根据题意，有：

$\quad 8x - 5y = 13 \Rightarrow 8x = 13 + 5y$，

所以知 y 为奇数且 $13 + 5y$ 是 8 的倍数，又 x、y 均为小于 20 的正整数，故有 $y = 7$，$x = 6$。

那么没做的题目为 $20-x-y=20-6-7=7$ 道。故选 C。

9. 答案：E

解析：设小正方形的面积为 a，大正方形的面积为 b，则根据题意，有：

$$\frac{1}{4}a=\frac{1}{7}b \Rightarrow a=\frac{4}{7}b,$$

$$\frac{S_{小阴影}}{S_{大阴影}}=\frac{\frac{3}{4}a}{\frac{6}{7}b}=\frac{\frac{3}{4}\times\frac{4}{7}b}{\frac{6}{7}b}=\frac{1}{2}。$$

10. 答案：D

解析：由题意知，点 $(1，1)$ 在直线 L 上，所以满足直线方程。将其代入选项，只有 D 选项符合。故选 D。

11. 答案：A

解析：如题图所示，$S_{半圆AB}-S_{甲}=S_{\triangle ABC}-S_{乙}$。

所以有：$\frac{1}{2}\pi\times 20^2-S_{甲}=\frac{1}{2}\times 40\times BC-S_{乙}\Rightarrow BC=\frac{200\pi-28}{20}=30$。

12. 答案：B

解析：由 $x^2+y^2=1$，得 $x^2=1-y^2$。因为是右半圆的方程，所以 $x>0$，即 $x=\sqrt{1-y^2}$。故选 B。

13. 答案：C

解析：在等比数列中，若 $m+n=s+t$，则 $a_m a_n=a_s a_t$。所以

$$a_4 a_7=a_3 a_8=\frac{-18}{3}=-6，$$

故选 C。

14. 答案：D

解析：从 9 人中抽调 4 人，总的取法为 C_9^4 种；若包括张三，则只需要从剩下的 8 个人中抽调 3 个人即可，取法种数为 C_8^3。

所以所求概率为 $P=\frac{C_8^3}{C_9^4}=\frac{4}{9}$。故选 D。

15. 答案：A

解析：根据题意，甲合格的概率为

$$P_1=\frac{C_8^3+C_8^2\cdot C_2^1}{C_{10}^3}=\frac{14}{15}；$$

乙合格的概率为

$$P_2=\frac{C_6^3+C_6^2\cdot C_4^1}{C_{10}^3}=\frac{2}{3}，$$

所以甲、乙两人都合格的概率为

$$P=P_1\cdot P_2=\frac{14}{15}\cdot\frac{2}{3}=\frac{28}{45}。$$

故选 A。

二、条件充分性判断

16. 答案：A

解析：由条件（1），每天每队比赛一场，12支篮球队全部完成比赛共需要11天，所以条件（1）充分。

由条件（2），每天每队比赛2场，12支篮球队全部完成比赛共需要6天，所以条件（2）不充分。

故选A。

17. 答案：B

解析：由条件（1），$x_2 = \frac{1}{2}(1-x_1) = \frac{1}{2}\left(1-\frac{1}{2}\right) = \frac{1}{4} \neq 1 - \frac{1}{2^2}$，所以条件（1）不充分。

由条件（2），$x_1 = \frac{1}{2} = 1 - \frac{1}{2}$，$x_2 = \frac{1}{2}(1+x_1) = \frac{1}{2}\left(1+\frac{1}{2}\right) = \frac{3}{4} = 1 - \frac{1}{2^2}$，$x_3 = \frac{1}{2}(1+x_2) = \frac{1}{2}\left(1+\frac{3}{4}\right) = \frac{7}{8} = 1 - \frac{1}{2^3}$，$\cdots$，$x_n = 1 - \frac{1}{2^n}$。所以条件（2）充分。

18. 答案：C

解析：条件（1）和条件（2）单独显然不充分，联合起来有：当 $a<0$、$b>0$ 时，直线 $y=ax+b$ 的图像经过第一、二、四象限。所以条件（1）和条件（2）联合起来充分。

19. 答案：D

解析：由条件（1），$\frac{1}{a} + \frac{0}{b} = 1 \Rightarrow a = 1$，所以有 $3x - \frac{5}{2} \leqslant 2 \Rightarrow x \leqslant \frac{3}{2}$。即条件（1）充分。

由条件（2），$\frac{3-1}{2} - a = \frac{1-a}{3} \Rightarrow a = 1$，所以有 $3x - \frac{5}{2} \leqslant 2 \Rightarrow x \leqslant \frac{3}{2}$。即条件（2）充分。

20. 答案：B

解析：根据题干 $ax^3 - bx^2 + 23x - 6 = (x-2)(x-3)q(x)$，令 $x=2$ 及 $x=3$，得

$$\begin{cases} a \times 2^3 - b \times 2^2 + 23 \times 2 - 6 = 0 \\ a \times 3^3 - b \times 3^2 + 23 \times 3 - 6 = 0 \end{cases} \Rightarrow \begin{cases} a = 3 \\ b = 16 \end{cases},$$

所以，条件（1）不充分，条件（2）充分。

21. 答案：A

解析：由条件（1），得 $b^2 = ac$ 且 a、b、c 均不为零，从而 $b^2 - 4ac < 0$，所以条件（1）充分。

由条件（2），得 $2b = a + c$，则 $b^2 - 4ac$ 不一定小于0，所以条件（2）不充分。

22. 答案：B

解析：由题干知圆 C_2 的圆心坐标为 $(-1,3)$，半径为 $r = 2\sqrt{6}$，则其关于 $y=x$ 对称圆的圆心坐标为 $(3,-1)$，半径为 $r = 2\sqrt{6}$。所以，条件（1）不充分，条件（2）充分。

23. 答案：D

解析：由题干知圆心 $(0,0)$ 到直线 $y=k(x+2)$ 的距离等于圆的半径，即

$$d = \frac{|2k|}{\sqrt{1+k^2}} = 1 \Rightarrow 4k^2 = k^2 + 1,$$

解得 $k=\pm\dfrac{\sqrt{3}}{3}$。

所以条件（1）和条件（2）都充分。

24. 答案：E

解析：由 $C_{31}^{4n-1}=C_{31}^{n+7}$，得 $4n-1+n+7=31\Rightarrow n=5$ 或 $4n-1=n+7\Rightarrow n=\dfrac{8}{3}$（舍去）。

由条件（1），得 $n=3$ 或 4，所以条件（1）不充分。

由条件（2），得 $n=4$ 或 6，所以条件（2）不充分。

由于条件（1）和条件（2）无法联合，所以选 E。

25. 答案：A

解析：由条件（1），得 $\begin{cases}x+3y=7\\3x-y=1\end{cases}$ 与 $\begin{cases}\beta x+\alpha y=1\\\alpha x+\beta y=2\end{cases}$ 有相同解，所以有

$$\begin{cases}x+3y=7\\3x-y=1\end{cases}\Rightarrow\begin{cases}x=1\\y=2\end{cases},$$

将其代入 $\begin{cases}\beta x+\alpha y=1\\\alpha x+\beta y=2\end{cases}$，得 $\begin{cases}\beta+2\alpha=1\\\alpha+2\beta=2\end{cases}\Rightarrow\begin{cases}\alpha=0\\\beta=1\end{cases}$。

所以 $(\alpha+\beta)^{2009}=1$。即条件（1）充分。

由条件（2），$\alpha+\beta=-1$，所以 $(\alpha+\beta)^{2009}=-1$。即条件（2）不充分。

三、逻辑推理

26. 答案：B

解析：题干中已明确说明：大袋鼠过群居生活，但没有固定的集群，常因寻找水源和食物而汇集成一个较大的群体。所以选项 B 正确。

选项 C 不正确。因为虽然题干中提到人捕捉袋鼠，但这种捕捉对大袋鼠的生存而言是否构成最严重的威胁却不得而知。而且题干还提到，对袋鼠来说最大的危害莫过于干旱。

选项 D 不正确。因为题干中只提到遇到干旱，幼小的袋鼠会死亡，并没有说袋鼠都会死亡。

27. 答案：B

解析：一个显而易见的道理是，如果地板木料的长度相同，则铺同样面积的房屋，窄的地板用的数量要多一些。因此，如果在 19 世纪早期一块窄的地板木料并不比相同长度的宽的地板木料明显地便宜，那么房屋主人用窄的地板木料铺地板就非常有可能是为了显示自己的地位和财富，否则房屋主人就没有理由这么做。

28. 答案：D

解析：选项 D 提供了新的事实来证明题干的观点，所以为题干的论述提供了附加支持。其他选项则没有起到同样的作用。

29. 答案：B

解析：如果在 1492 年前后安迪斯人重新使用古人修理过的石头的现象非常普遍，那就说明那个纪念碑非常有可能是安迪斯人重新使用古人修理过的石头建造的。因此，建造时间就在 1492 年前后，而不是在 1492 年欧洲人到达美洲之前很早就建造的。

30. 答案：A

解析：Ⅰ项一定为真。因为全机关计划减员25％，而实际减员15％，说明没有完成原来的减员计划。因此，在被撤销的三个机构中的人员中，至少有占全机关人数10％的人员调入到未撤销的机构中。可见Ⅰ项一定为真。

Ⅱ项不一定为真。因为题干中所说的机关内部人员有所调动，并不一定局限于被撤销机构的人员调入未撤销机构，也可能包括未撤销机构之间人员的相互调动。

Ⅲ项不一定为真。因为三个被撤销的机构的人员完全可以都被留任，而实际被减掉的人员其实是未撤销机构的人员。

31. 答案：C

解析：题干的主要观点是：人们可以谴责政治家在竞选中诽谤竞争对手，但是政治评论家却不能这样做。顺着这个思路往下推，可以看出只有选项C的陈述与题干的观点最接近。所以，选项C最准确地陈述了题干的主要观点。

32. 答案：A

解析：如果解决偷猎问题的国际方案不应当对那些不应对该问题负责任的国家造成负面影响，那么鉴于津巴布韦这个国家没有偷猎活动，所以解决这个问题的国际方案不应当对津巴布韦这个国家造成负面的影响。而现在的情况是，全部禁止象牙贸易的解决方案有可能对津巴布韦造成负面的影响。所以，津巴布韦有理由反对这个禁令。选项A符合题意。

33. 答案：B

解析：题干中的表面性矛盾是，与非自花授粉的樱草相比，自花授粉的樱草在生存方面具有竞争优势。但尽管如此，在樱草中自花授粉的樱草仍然比较罕见。解决这一表面性矛盾的一种可能的途径是，指出题干中未叙述到的非自花授粉的樱草可能具有的某种生存竞争优势。选项B正是这样一个选项，所以正确答案是B。

34. 答案：C

解析：根据题干的叙述，由于相同量的蜜所含的能量大于种子所含的能量，所以相同的能量需要会使食种子的鸟类比食蜜的鸟类在摄取食物上花费更多的时间。可是，假如食蜜的鸟类摄取一定量的蜜比食种子的鸟类摄取同样量的食物所需要的时间长，则题干的论证就不成立了。所以，为了使题干的论证成立，必须假设选项C是正确的。

35. 答案：C

解析：根据题干的描述，一个国际团体建议以一个独立国家的方式给予讲卡伦南语的人居住的地区的自主权。但是，讲卡伦南语的人居住在几个广为分散的地区。这些地区不能以单一连续的边界相连结，所以那个建议不能得到满足。现在进一步考虑，为什么讲卡伦南语的人居住地区分散，并且边界不连结，那个建议就不能得到满足呢？逐一检查各个选项，可以发现选项C对于这个问题给出了一个圆满的解答。所以，正确答案是选项C。

36. 答案：D

解析：选项D最有助于加强题干的论述。因为如果自然象牙最普遍的应用是在装饰性雕刻方面，则钢琴制造商即便完全用人工合成象牙来替代自然象牙，自然象牙交易看来也不会受到太大的冲击。因此，合成象牙的发展可能对抑制为获得自然象牙而捕杀大象的活动没有什么帮助。

37. 答案：D

解析：题干结论是"阿普兰蒂最高法院的作用是保护人们的权利"。而如果要保护人们的权利，就必须借助于明确的宪法条款对于人们的权利的规定。但是另一方面，由于宪法并没有明确规定人们有哪些权利，因此人们的权利不能得到阿普兰蒂最高法院的保护。所以，阿普兰蒂最高法院的作用是保障人们的权利的说法是不正确的。

题干推理的错误在于：在宪法没有明确规定人们有哪些权利的情况下，阿普兰蒂最高法院能否起到保障所有人的权利的作用，是一个不确定的问题。但是题干推理却走向一个极端，得出了人们的权利不能得到保护的结论。选项D正是对这一情况的概括，所以是正确答案。

38. 答案：B

解析：题干认为，在免疫系统活性水平和心理健康的关系中，免疫系统活性水平的高低决定心理是否健康。即免疫系统活性水平的高低是原因，心理是否健康是结果。但是选项B的看法却相反：认为心理是否健康是原因，而免疫系统活性水平的高低则是结果。因此，如果选项B正确，则说明题干犯了因果倒置的错误，所以最有力地削弱题干中研究人员的结论。

39. 答案：A

解析：题干的论述表明，美国大众文化极大地受到了欧洲的影响。因此可以推出，美国州际高速公路与运输官员协会准备开发美国的第一条州际自行车道路系统，看来是受到了欧洲大众文化的影响。这便说明了欧洲有长距离的自行车道路系统。

40. 答案：B

解析：丹尼斯女士从学生能定期完成布置的作业的人少了的事实，推出学生比以往懒惰的结论，这显然是以学生是否能定期完成布置的作业作为衡量学生勤奋程度的标准。

41. 答案：C

解析：题干的问题其实是：

$1 \wedge \neg 3 \rightarrow 5 \vee 7$

$\frac{\quad ? \quad}{\neg 1}$

根据反三段论，只须在问号处增加"$\neg 3 \wedge \neg (5 \vee 7)$"就可得出"$\neg 1$"的结论。由于：

$$\neg 3 \wedge \neg (5 \vee 7) = \neg 3 \wedge \neg 5 \wedge \neg 7,$$

即3号、5号和7号队员都不上场。所以，正确答案是C。

42. 答案：D

解析：假设高级经理比中级和低级经理在做决策方面更有效，那么，鉴于高级经理比中级和低级经理更多地用直觉，所以直觉（比理性）更有效。

43. 答案：C

解析：上了射箭技能培训课，结果射箭准确率提高了。那么，上培训课和准确率提高之间是否存在因果关系呢？选项C为此提供了答案：没有上培训课的人，他们的准确率没

271

有提高。这说明二者之间是存在因果关系的。

44. 答案：A

解析：由于圆代表着捕食者 Y 攻击的目标范围，而现在三条鱼之间的距离很近，使得这三个圆在很大程度上重叠在一起，所以，由这样的三条鱼组成的鱼群受到捕食者 Y 攻击的可能性比其中任意一条鱼受到攻击的可能性大不了多少。

45. 答案：A

解析：所谓的常规量，应该是因人而异，对于某些人来说可能已是过量，会影响到他们的心脏健康。选项 A 很好地指出了题干论证的漏洞。

46. 答案：B

解析：实验已经表明，要控制暴露于辐射中的老鼠的血癌的发生，可以通过限制它们的进食达到目的。

47. 答案：B

解析：题干提到，由于开始吃西方人的高脂肪的食物，日本人的心脏病也开始增加了。心脏病增加应该导致日本人口的平均年龄降低才合乎情理，怎么会平均年龄也增加了呢？从逻辑上考虑，这种现象的出现预示着必然存在一个因素，它能够有效降低日本人的死亡率，并且降低的比率要高于因心脏病死亡的比率。可见选项 B 是正确的。

48. 答案：B

解析：选项 B 说明，导致儿童中耳炎的实际上是细菌，而不是病毒，病毒只起到了有利于细菌传播的作用。这样，虽然抗生素对病毒无效，但是它对细菌有效。当抗生素杀死细菌后，由于导致中耳炎的细菌不存在了，中耳炎也就得到了治愈。

49. 答案：C

解析：题干第一句话说：如果城市中心的机场仅限于供商业航班和安装了雷达的私人飞机使用，多数私人飞机将被迫使用郊外的机场。这便隐含着多数现在使用城市中心机场的私人飞机没有安装雷达的意思。否则，这些私人飞机就不可能"被迫使用郊外的机场"了。

50. 答案：D

解析：如果是未安装雷达的私人飞机导致了绝大多数空中碰撞，那么，由于现在它们不再使用城市中心机场了，所以空中碰撞的风险也就降低了。

51. 答案：A

解析：题干中（2）"公司可能不录用他"和（3）"公司一定录用他"是矛盾关系，两者必有一真必有一假。剩下（1）"公司已决定，他与小陈至少录用一人"和（4）"公司已录用小陈"，根据题意，也必有一真必有一假。对于（4）"公司已录用小陈"来说，其不可能为真，因为（4）真，那么（1）也为真。所以，（4）一定为假，即公司不录用小陈。从（1）真和（4）假，可推出"公司录用小王"。

52. 答案：D

解析：选项 D 说明，即使计算机知识被更新、过时了，但掌握这种知识对于学习计算机还是有价值的。这就反驳了贾女士的观点。

53. 答案：C

解析：题干中郑兵只考虑学生的总人数最少，由此来想当然地认为学生和老师的比例最小。选项 C 恰当地指出了这一点。

54. 答案：E

解析：根据题干，一个行为或者是阴柔的或者是阳刚的，正像一个人或者是男或者是女一样。选项 E 不符合以上含义。

55. 答案：A

解析：假如不满意的工人不满意的原因是因为他们感到工资太低并且工作条件不令人满意，那么题干中的调查得出的结论认为工人不满意的原因是工人对自己的工作安排没有自主权，就值得怀疑了。

四、写作

56. 论证有效性分析

评分标准（满分 30 分）：

评分项目	分值	评分标准
分析评论的内容	15 分	1. 分析中指出论证中存在的逻辑缺陷和漏洞，只要言之有理，指出一点给 4 分； 2. 如果是肯定有关论点的分析，最多只给 4 分； 3. 考生分析评论的内容超出参考答案者，只要言之有理，也应给分； 4. 本项评分最高 15 分。
论证程度、文章结构、语言表达	15 分	按照论证程度、文章结构和语言表达评分，分四类卷给分，最高分 15 分： 一类卷：12～15 分。论证或反驳有力，结构严谨，条理清楚，语言精练流畅。 二类卷：8～11 分。论证或反驳较为有力，结构尚完整，条理较清楚，语句较通顺，有少量语病。 三类卷：4～7 分。有论证或反驳，结构不够完整，语言欠连贯，较多语病，分析评论缺乏说服力。 四类卷：0～3 分。明显偏离题意，内容空洞，条理不清，语句严重不通。
合计	30 分	

备注：

1. 不符合字数要求或出现错别字，酌情扣分；

2. 书写清楚，卷面整洁，酌情加 1～2 分；

3. 实际阅卷中，标题在整体结构中占 2 分；

4. 最高总分不超过满分 30 分。

【点拨】

题干论述中存在若干逻辑错误或漏洞，以下要点供参考：

1. 该报告中"是猪肉价格的一路飙升导致了 CPI 数据的出现"的断定犯了严重的以偏概全的错误。CPI 的上扬或降低受多种综合因素的影响，而不一定只是某一种原因譬如猪肉价格的上涨所致。

2. 报告中解释猪肉对 CPI 起决定性影响的理由是"原因很简单，猪肉是中国所有老百姓餐桌上的必备食品，猪肉涨价直接关乎国计民生"，此论证过于绝对化，猪肉虽然是中国老百姓餐桌上的常备菜肴，却未必就一定是"必备食品"。

3. "只要政府设法将猪肉价格降低了，CPI 的降低才会得到保障"则是归因不全。"CPI 的降低"这一结果是多因所致，"猪肉价格"只是其中原因之一。猪肉价格降低只是 CPI 降低的一个必要条件，而非充分条件。

4. "政府完全可以通过电视媒介等宣传并倡导消费者少食猪肉，或者以其他肉类包括仿猪肉替代猪肉"则与前面"猪肉是必备食品"自相矛盾，难以自圆其说。

5. 由"猪肉的需求量降低"不必然就一定能推出"猪肉价格必定下降"，这里很有可能还要考虑其他诸多因素，如猪肉需求量降低到什么程度、全国物价在当时是何种程度等。

6. 即便 CPI 指数降低了，也不一定能得出"国民生活的改善""人民幸福指数的提升"及"对政府的满意度的提升"，这些概念之间不存在必然的因果关系。

7. "设法降低 CPI，是当今政府义不容辞的首要任务"的断定过于武断。政府也许此时面临着比降低 CPI 要更重要的任务呢，譬如天灾人祸等。

论证有效性分析不要求考生分析指出题干中的全部逻辑错误和漏洞，一般能指出其中的 3～4 点就可以。除以上 7 点外，其他存在但未指出的逻辑错误，只要是题干推理论证过程中客观存在且言之有理的，同样给分。

【参考范文】

荒谬的统计报告

上述报告认为，猪肉价格决定了 CPI 的升降，并认为政府的首要任务就是要降低 CPI。这种报告是很难立足的。

首先，报告认为"是猪肉价格的一路飙升导致了 CPI 数据的出现"犯了严重的以偏概全的错误。作为物价消费指数的 CPI 由多个综合因素决定，包括其他消费品物价情况、市场各类物品供需状况、是否有天灾人祸等，而非仅仅一个猪肉价格就能决定 CPI。

其次，报告中解释猪肉对 CPI 起决定性影响的理由是"原因很简单，猪肉是中国所有老百姓餐桌上的必备食品，猪肉涨价直接关乎国计民生"，此论证不仅过于绝对化，而且很荒谬。猪肉虽然是中国老百姓餐桌上的常备菜肴，却未必就一定是"必备食品"，其没有考虑到回族人民的饮食习惯。

再次，政府即便是通过一系列政策降低了猪肉价格，也不必然就肯定能降低 CPI，也许其他物价等诸多因素仍然会导致 CPI 的继续高扬；政府宣扬和倡导人们少食猪肉或食用其他猪肉替代品，可能会起到一定作用但不一定是绝对的作用，喜欢吃猪肉且"不差钱"的消费者必然数量依然庞大，需求决定了市场。

最后，该报告将 CPI 与"国民生活"、"人民幸福指数"及"对政府的满意度"全部挂钩，不仅仅过分强调了 CPI 的作用，同时没有界定清楚这些概念的区别。这些概念之间没有必然的因果联系。很简单，CPI 很低甚至为负数时，国民生活就大大改善了？人民幸福指数就大大提升了？老百姓对政府就更满意了？恐怕不然。由此推出 CPI 的降低是当今政府的首要任务更缺乏充足的理由。

综上所述，这份有如此之多漏洞的统计报告实在是难以让人信服。

57. 论说文

评分标准（满分 35 分）：

评分项目	评分标准
综合评比：内容、结构、语言（30分）	一类卷：26～30分。紧扣题意，立意深刻，中心突出，论证充分，结构完整，行文流畅。 二类卷：21～25分。切合题意，立意比较深刻，中心明确，论证比较充分，结构比较完整，层次比较清楚，语句比较通顺。 三类卷：16～20分。基本切题，中心基本明确，论证基本合理，结构基本完整，语句比较通顺，有少量语病。 四类卷：11～15分。不太切题，中心不太明确，论证有缺陷，结构不够完整，语句不通顺，有较多语病。 五类卷：6～10分。偏离题意，中心不明确，论证有较多缺陷，结构比较残缺，层次比较混乱，语句不顺，语病严重。 六类卷：0～5分。观点错误，背离题意或直接与试题无关，结构严重残缺，层次混乱，语句严重不通顺。
其他评比：题目、书写、卷面（5分）	1. 题目：切题，2分；一般，1分；漏拟题目，0分。 2. 书写（包括文字和标点符号）：规范标准，2分；每三个错别字扣1分，重复不累计；标点符号有明显错误，酌情扣分；各项扣分累计2分，扣满2分为止。 3. 卷面：卷面整洁，书写清楚，1分；卷面不整洁，书写潦草，0分。
备注：最高总分不超过满分35分。	

【点拨】

（一）审题

1. 本题属于论说文考试题型中的直接命题作文。此类命题作文曾在1999年10月联考和2009年1月联考中出现过，它的最大特点是给定题目，没有变换空间，所以审题时只能咬文嚼字，不能放过任何字眼，特别是要审清构成题目的词语的意义范围。

2. 理解重点核心词："放弃"是题干的核心词。"放弃"一般有两种释义：（1）流放、贬黜；（2）弃置、抛弃。由题目"放弃也是一种美丽"来看，此时"放弃"的理解应该是释义（2），即弃置、抛弃。"美丽"是题干的另一个重要核心词。它一般指"美好艳丽，好看"。

3. 放弃与美丽："放弃"一般让人感觉和联想到的，多指无奈、被动甚至消极地舍弃，但本文题干寓意明确"放弃也是一种美丽"，由此来看，需要逆向考虑"放弃"的含义，并联系现实生活，将一些"放弃"的正面积极性表达出来，达到说明因"放弃"而"美丽"的目的。

（二）立意

1. 对于直接命题作文，毋庸置疑，它的立意已很明确。本题立意就是命题"放弃也是一种美丽"。

2. "放弃也是一种美丽"实际已经界定了"放弃"的褒义作用，我们可以从很多方面来展开对"放弃"的正面论述。现实生活中，无论是出于主动积极，还是被动无奈，有很多放弃其实是一种必要，当我们用正面思维去看待放弃，有些放弃实际是一种选择、一个新的开始、一种全新的获得，那么，放弃未尝不是一种美丽。

【参考范文】

放弃也是一种美丽

生命如歌,有低吟婉转,也有高歌激扬;人生如路,有曲曲弯弯,也有一路通畅。而放弃犹如一首悲怆但激昂的歌,伴随着这一生一世的路。

不是每一个拾起就是获得,不是每一个放弃就是失去。

放弃是一种选择。面对失败,你必须放弃懦弱,重新坚定信心;面对成功,你必须放弃骄傲,找回谦卑的心;面对邪恶,你必须鼓起正义的勇气,放弃逃避;面对弱势群体,你应充满关爱和同情,放弃冷漠……

放弃是一种获得。放弃高高在上的权势,你将获得一片民心;放弃不能胜任的职位,你将获得轻松与解脱;放弃你伸手不及的太阳,你将拥有整个天空;放弃你相爱却无缘的恋人,你会得到彼此更加真挚的祝福……

放弃是一种境界。不是所有的付出都会有回报,不是所有的探索都会有结果,不是每一次的跋涉都是到达,不是每一份动人的情感都会有美丽的结果。"不以物喜,不以己悲",这份淡定的境界,让放弃变得优雅而美丽。

不是所有的人都能懂得放弃,不是所有的人都能领悟放弃的真谛。

放弃,不是无谓地、毫不理智地放弃,否则,那只是一种消极的处事待物的方式,是对自己对他人的不负责任,更是对生命的践踏。不懂得放弃的人,更多沉迷于盲目地执著,走不出浓浓的失意,更走不出自己给自己布局的沼泽。

真正懂得放弃的人,才能抹去不幸中的悲伤,抹去化不开的雾霭,抹去人生沉闷中的低迷;睿智的放弃,放弃的是对人生的不满,放弃的是对竞争对手的敌意,放弃的是对背叛的仇恨。因为放弃,才更加释然和坚定;因为懂得放弃,才更加执著和拥有。

人生如戏,喜怒哀乐,得失交错。安然于一份放弃,固守于一份洒脱。"宠辱不惊看庭前花开花落,去留无意望窗外云卷云舒",用这份境界,去学会放弃吧,因为放弃也是一种美丽。

全国硕士研究生入学统一考试

管理类专业学位联考综合能力全真预测试卷（二）解析

一、问题求解

1. 答案：C

解析：原式 $=1+\left(1-\dfrac{1}{2}\right)+\left(\dfrac{1}{2}-\dfrac{1}{3}\right)+\cdots+\left(\dfrac{1}{n}-\dfrac{1}{n+1}\right)=2-\dfrac{1}{n+1}=\dfrac{2n+1}{n+1}$。

2. 答案：D

解析：设木板在轮船出发 x 分钟后掉入水中，船在静水中的速度为 $V_{船}$，水流速度为 $V_{水}$，则根据题意，有

$$(50-x)V_{水}+30V_{水}+(50-x)(V_{船}-V_{水})=30(V_{船}+V_{水}),$$

解得 $x=20$。所以木板落水的时间为 $8{:}20$。故选 D。

3. 答案：E

解析：根据韦达定理，有：$x_1+x_2=3$，$x_1\cdot x_2=1$。所以

$$|x_1-x_2|=\sqrt{(x_1-x_2)^2}=\sqrt{(x_1+x_2)^2-4x_1\cdot x_2}=\sqrt{3^2-4}=\sqrt{5},$$

故选 E。

4. 答案：B

解析：设甲股票的金额为 x 元，乙股票的金额为 y 元，则根据题意有：

$$\begin{cases}x+y=2\,400\\1.15x+0.9y-2\,400=135\end{cases},$$

解得 $\begin{cases}x=1\,500\\y=900\end{cases}$，从而 $x:y=5:3$，故选 B。

5. 答案：A

解析：因为 $x-y=5$，$z-y=10$，故有 $x-z=(x-y)-(z-y)=-5$，从而

$$x^2+y^2+z^2-xy-yz-zx=\frac{1}{2}\left[(x-y)^2+(z-y)^2+(x-z)^2\right]$$

$$=\frac{1}{2}(25+100+25)=75,$$

故选 A。

6. 答案：B

解析：在等差数列中，有：

$$\frac{a_8}{b_8}=\frac{2a_8}{2b_8}=\frac{a_1+a_{15}}{b_1+b_{15}}=\frac{\dfrac{15(a_1+a_{15})}{2}}{\dfrac{15(b_1+b_{15})}{2}}=\frac{S_{15}}{T_{15}}=\frac{107}{18}。$$

故选 B。

7. 答案：C

解析：由题图知

$$S_{阴AED}=S_{扇AEB}-S_{\triangle BCD}-S_{扇ADC}=\frac{45^\circ}{360^\circ}\times\pi\times2^2-\frac{1}{2}\times1\times1-\frac{1}{4}\times\pi\times1^2=\frac{\pi}{4}-\frac{1}{2}。$$

根据图形的对称性，有 $S_{阴AED}=S_{阴BFD}$，所以 $S_{阴}=2S_{阴AED}=\frac{\pi}{2}-1$。故选 C。

8. 答案：B

解析：根据整式的除法定理，设 $f(x)=(x+1)g(x)-2$，令 $x=-1$，有：

$$-1+a^2-a-1=-2,$$

解得 $a=1$ 或 0，故选 B。

9. 答案：A

解析：

$$(x+a)(x+b)+(x+b)(x+c)+(x+c)(x+a)$$
$$=3x^2+2(a+b+c)x+(ab+bc+ca),$$

因为该式是完全平方式，所以

$$\Delta=4(a+b+c)^2-12(ab+bc+ca)$$
$$=4\ (a^2+b^2+c^2-ab-bc-ca)\ =0,$$

即 $\quad 2\left[(a-b)^2+(b-c)^2+(c-a)^2\right]=0,$

又因为 a、b、c 均为实数，所以 $a=b=c$，即三角形为等边三角形。故选 A。

10. 答案：C

解析：设这种药品平均降价的百分率为 $x\%$，根据题意有：

$$125(1-x\%)^2=80,$$

解得 $x=20$ 或 180，由于 $0<x\%<1$，所以 $x=20$。故选 C。

11. 答案：D

解析：4 个不同的小球放入甲、乙、丙、丁 4 个盒子中总的放法为 4^4 种；恰有一个空盒的放法为 $C_4^2C_4^3P_3^3$ 种，所以概率为

$$P=\frac{C_4^2C_4^3P_3^3}{4^4}=\frac{9}{16}。$$

故选 D。

12. 答案：A

解析：第一类为从某 3 个键中选 1 个，余下的 4 个键中选 4 个，有 $C_3^1 C_4^4 P_5^5$ 种；第二类为从某 3 个键中选 2 个，余下的 4 个键中选 3 个，有 $C_3^2 C_4^3 P_5^5$ 种。

由加法原理得共有 $N = C_3^1 C_4^4 P_5^5 + C_3^2 C_4^3 P_5^5 = 1\ 800$ 种。

13. 答案：E

解析：原不等式可化为 $x^2 + 10x + 27 > 0$，由于 $\Delta = 10^2 - 4 \times 27 = -8 < 0$，所以 x 的取值范围为 $\mathbf{R}$，即 $x \in (-\infty, +\infty)$。

14. 答案：B

解析：令 $y = 0$，得 $(x-3)^2 = 16$，解得 $x = 7$ 或 $x = -1$，所以圆 $(x-3)^2 + y^2 = 16$ 与 x 轴的交点为 $(7, 0)$ 和 $(-1, 0)$。故选 B。

15. 答案：A

解析：如图 17-1 所示，

$$k_{PA} = \frac{1-(-3)}{1-2} = -4,$$

$$k_{PB} = \frac{1-(-2)}{1-(-3)} = \frac{3}{4},$$

所以若直线 l 与线段 AB 相交，则斜率 k 的取值范围为：$k \geqslant \frac{3}{4}$ 或 $k \leqslant -4$。

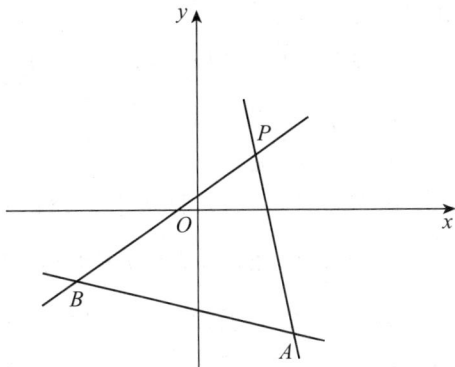

图 17-1

二、条件充分性判断

16. 答案：A

解析：对于条件（1），由于 14 与 3 互质，所以若 $\frac{3n}{14}$ 是一个整数，则 $\frac{n}{14}$ 一定是一个整数，所以条件（1）充分。

对于条件（2），取 $n = 7$，满足条件，但是 $\frac{7}{14}$ 是一个分数，所以条件（2）不充分。

17. 答案：D

解析：设原价为 x，现价为 y。

条件（1）中，$2x = 5y \Rightarrow y = \frac{2}{5}x$，所以下降率为 $\dfrac{x - \frac{2}{5}x}{x} = 60\%$，即条件（1）充分。

条件（2）中，$x = 2.5y \Rightarrow y = \frac{2}{5}x$，所以下降率为 $\dfrac{x - \frac{2}{5}x}{x} = 60\%$，即条件（2）充分。

故选 D。

18. 答案：B

解析：原不等式等价于 $\begin{cases} 1 - x^2 \geqslant 0 \\ x + 1 > 0 \\ 1 - x^2 < (x+1)^2 \end{cases}$，解得 $0 < x \leqslant 1$。

所以，条件（1）不充分，条件（2）充分。故选 B。

19. 答案：D

解析：若 $\dfrac{1}{1+a^2}+\dfrac{1}{1+b^2}=\dfrac{1+a^2+1+b^2}{(1+a^2)(1+b^2)}=\dfrac{2+a^2+b^2}{1+a^2+b^2+(ab)^2}=1$，则 $(ab)^2=1$，所以 $ab=\pm1$。即条件（1）充分，条件（2）也充分。故选 D。

20. 答案：B

解析：由条件（1），$\Delta=16m^2-12<0$，解得 $-\dfrac{\sqrt{3}}{2}<m<\dfrac{\sqrt{3}}{2}$，所以条件（1）不充分。

由条件（2），得 $0<m<\dfrac{1}{3}$，所以条件（2）充分。

故选 B。

21. 答案：E

解析：条件（1）显然不充分。

对于条件（2），有 $3(a_1+3d)=5(a_1+10d)\Rightarrow d=-\dfrac{2}{41}a_1$。

由于 $a_1<0$，所以 $d>0$。因此 S_n 有最小值而无最大值。所以条件（2）也不充分。又因为条件（2）包含条件（1），所以两者联合并无实际意义。故选 E。

22. 答案：C

解析：由条件（1），得 $2a_1=-9-1\Rightarrow a_1=-5$，所以条件（1）不充分。

由条件（2），得 $b_2^2=-9\cdot(-1)=9\Rightarrow b_2=\pm3$。又因为 $b_3^2=-1\cdot b_2$，所以 $b_2=-3$，条件（2）也不充分。

两者联合起来有 $a_1b_2=15$，所以条件（1）和条件（2）联合起来充分。故选 C。

23. 答案：C

解析：条件（1）和条件（2）单独显然不充分。

联合起来有：甲抽到选择题、乙抽到判断题的概率为 $P=\dfrac{6}{10}\times\dfrac{4}{9}=\dfrac{4}{15}$。所以条件（1）和条件（2）联合起来充分。故选 C。

24. 答案：D

解析：甲、乙两人至多 1 人译出密码包含 3 种情况：一是甲译出密码，而乙没有译出密码；二是甲没有译出密码，乙译出密码；三是甲、乙都没有译出密码。

由条件（1），甲、乙两人至多 1 人译出密码的概率为

$$P=\dfrac{1}{3}\times\dfrac{3}{4}+\dfrac{2}{3}\times\dfrac{1}{4}+\dfrac{2}{3}\times\dfrac{3}{4}=\dfrac{11}{12},$$

所以条件（1）充分。

由对称性可知，条件（2）显然也充分。故选 D。

25. 答案：E

解析：条件（1）和条件（2）单独显然不充分，联合起来，如图 17-2 所示，有 $OM=\sqrt{3^2-2^2}=\sqrt{5}$。所以条件（1）和条件（2）联合起来也不充分。故选 E。

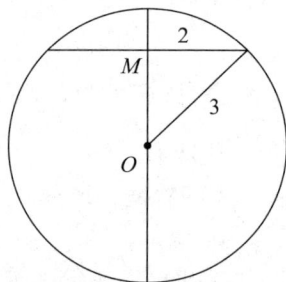

图 17-2

三、逻辑推理

26. 答案：B

解析：题干叙述的主题很明确，主要是关于公路的发展对动物生存环境的影响。

选项 A 不正确，因为它没有涉及动物。

选项 C、D、E 也不正确，因为它们没有涉及公路。

27. 答案：A

解析：只有假设批发部在批发市场上购买象牙时能够可靠地区分合法象牙与非法象牙，并且尽量限制自己只购买合法象牙，将保护野生大象的希望寄托在批发商身上才是有道理的。

28. 答案：B

解析：选项 B 说明，美国 16 岁以上的公民功能性文盲的比率是一个不断减小着的量。因此，如果选项 B 正确，则题干中将这个比率看做是一个恒定不变的量，并且用它来计算 2000 年 16 岁以上的美国公民中功能性文盲的人数就是不对的。

29. 答案：A

解析：如果系统 X 错误地淘汰的 3% 的无瑕疵产品与系统 Y 错误地淘汰的 3% 的无瑕疵产品完全相同，则从效果上讲，这两套系统的合并安装与只安装其中任意一套系统效果其实是一样的。这样，题干得出的同时安装两套系统就可以省钱的结论就不能成立了。所以，题干的论述需要假设选项 A 的成立。

30. 答案：C

解析：选项 C 正确。如果许多对农业有益的昆虫经历毛虫阶段，则由于向农田喷射题干中的那种酶有可能会杀死这些有益的昆虫，所以通过这种方式来消灭经历毛虫阶段的农业害虫是不可取的。

选项 B 不正确。因为选项 B 中的农业害虫并不经历毛虫阶段，因而不属于题干所问的问题涉及的讨论范围。

31. 答案：D

解析：题干给出了三个限制条件：

(1) 没有两个人发表的论文的数量完全相同。

(2) 没有人恰好发表了 10 篇论文。

(3) 没有人发表的论文的数量等于或超过全所研究人员的数量。

假定该研究所只有 1 个研究人员，那么受条件（3）的限制，这个研究人员只能发表 0 篇论文。

假定该研究所有 2 个研究人员，那么受条件（1）和（3）的限制，这 2 个研究人员各自发表的论文数必须是 0，1。

假定该研究所有 3 个研究人员，那么受条件（1）和（3）的限制，这 3 个研究人员各自发表的论文数必须是 0，1，2。

··········

假定该研究所有 10 个研究人员，那么受条件（1）和（3）的限制，这 10 个研究人员各自发表的论文数必须是 0，1，2，3，4，5，6，7，8，9。

现在假定该研究所有 11 个研究人员，那么受条件（1）和（3）的限制，这 11 个研究人员各自发表的论文数必须是 0，1，2，3，4，5，6，7，8，9，10。可是请注意，这样一来，这种安排就违反了条件（2）的要求。所以，该研究所有 11 个研究人员是不可能的。

总结上面的分析，可以得出结论：在题干给出的三项中，Ⅰ 和 Ⅲ 一定是真的，Ⅱ 不一定是真的。所以，正确答案是 D。

32．答案：A

解析：题干提到：在过去 5 年中，平均每辆新车的价格上升了 30%。不过，购买汽车的开支占家庭平均预算的比例没有发生变化。题干由这两个条件推出结论：在过去的 5 年中，家庭的平均预算也一定增加了 30%。很明显，题干的推理隐含了一个条件，这就是：平均每个家庭购买的新车的数量没有变化。否则的话，家庭的平均预算就不一定增加 30%，而可能是更多。

33．答案：A

解析：题干的意思是说，对于"封建主义"这个概念，从定义上讲，应该是先有贵族，后有封建主义。但是从历史发展的实际来看情况则相反，是先有封建主义，后有贵族。因此，题干的论述强有力地支持了这样一种观点，即：如果在使用"封建主义"这个概念时要求先有贵族的存在，那么就是在使用一个歪曲历史的定义。可见题干的论述强有力地支持了选项 A 的主张。

34．答案：D

解析：题干认为，只要商品通过无线广播电台进行密集的广告宣传就会迅速获得最大程度的知名度。由此可知，某一商品为了迅速获得最大程度的知名度，除了通过无线广播电台进行密集的广告宣传外，不需要利用其他宣传工具做广告。即选项 D 成立。

35．答案：B

解析：题目要求说明为什么金雕仅在放飞地 3 公里范围内飞行。金雕的飞行范围是受野狼群的活动范围制约的。选项 B 说明野狼群的活动只在 2 公里的范围内，所以，金雕仅在放飞地 3 公里范围内飞行。

36．答案：A

解析：题干是一个必要条件假言命题，其规范的表述是：只有不把理论当做教条，才不会束缚思想。"不把理论当做教条"，是"不会束缚思想"的必要条件。选项 A"如果不把理论当做教条，就不会束缚思想"，把"不把理论当做教条"作为"不会束缚思想"的充分条件，与题干的含义不同。其他的选项与题干的含义都一致，只不过表述的方式不同而已。

37．答案：E

解析：题干中林教授混淆了个体和集合体的性质与特征，选项 E 恰当地指出了这一点。

38．答案：A

解析：从"魏国庆的奖金比苗晓琴的多"和"魏国庆的奖金比王园的多"推不出"王园的奖金也比苗晓琴的多"。其他选项作为前提都可以推出这一结论。

39．答案：C

解析：如果面试不能准确地识别出性格不符合工作需要的求职者，则题干中所说的"面试之后，性格不符合工作需要的求职者可以不予考虑"就是一句空话。选项 C 符合题意。

40. 答案：B

解析：病人现在每日摄入的卡路里少了，但他们每天消耗的卡路里也少了，结果病人每天储存在体内的卡路里数量并没有明显减少。这就给出了病人没有减去医生所预测的体重的原因。

41. 答案：B

解析：如果美国生产的纸浆量不能满足日本和西欧的造纸商的生产目的，那么美国纸浆的出口量就不会显著上升了。可见要得出题干的结论，必须假设选项B成立。

42. 答案：B

解析：从较高等级的员工对奖励员工绩效等级体系满意出发，得出公司表现最好的员工喜欢这个体系的结论，明显是假定了公司表现最好的员工也就是得到了较高等级的员工。选项B正确。

43. 答案：D

解析：如果选项D正确，则说明南极是古代的哲学家们想象出来的，而不是被古代人发现并画到地图上的。

44. 答案：C

解析：假设企业的独自裁决权高于政府必须保护的个人的一切权利和义务的原则能够被接受，那么政府要求私营企业为抽烟者和不抽烟者设立不同的办公区的法规便侵犯了企业的独自裁决权，因而的确侵犯了私营企业决定它们自己的政策和法规的权利。选项C符合题意。

45. 答案：C

解析：选项C若正确，不能推出题干的结论。因为火蚁的天敌能否在这些火蚁扩展到更北方的州之前控制住火蚁的增长对于得出题干的结论来说是一个不相干的问题。

46. 答案：C

解析：题干的问题其实是：

涨工资←不罢工
涨工资→卖子公司
? _____
所以卖子公司

现在倒过来考虑问题。可以看出，为了推出"卖子公司"的结论，必须先推出"涨工资"；而为了推出"涨工资"，又必须先推出"不罢工"。所以，正确答案是选项C。

47. 答案：C

解析：假如一个单词在转变成一个习惯用法的过程中其意思会发生严重变化，那么这个单词现在的习惯性用法其实早已不是原来那个单词了。这样一来，说该习惯用法由原来的某个单词转变而来就未免太勉强了。因此，题干的断定依赖于选项C这个结论。

48. 答案：B

解析：要削弱题干的论述，也就是要证明雅典卫城的大理石建筑物原本看起来就是红色的。选项B说明，红色是由于生长在大理石表面的一种叫做地衣的植物所致，而并不是画家故意画的。这就说明了19世纪的绘画作品将雅典卫城的大理石建筑物画成红色正是其实际色彩的表现。

49. 答案：C

解析：必须假设海洛因服用者到医院急诊室就诊的次数与海洛因被吸食的发生率成比例，才能从海洛因服用者到医院急诊室就诊的次数的增加，推出海洛因的服用在增加的结论。

50. 答案：D

解析：根据题干的论述，吉普赛蛾的幼虫只有当受到生理上的压迫时其体内通常处于潜伏状态的病毒才会被激活。而当发生选项 D 所描述的情况时，幼虫便可能受到饥饿这种生理上的压迫，此时其体内的处于潜伏状态的病毒便具备了被激活的条件。

51. 答案：D

解析：题干已表明，由于 O 型血适合于任何人，所以在没有时间测定患者是何种血型的危急时刻，O 型血是不可缺少的。由此可以推出，要决定输送任何非 O 型血时患者的血型都必须被快速地测定出来。

52. 答案：B

解析：如果随着数学模型的准确性越来越高，天气预报的准确性也越来越高，那就表明气象学家的宣称其实还是有意义的。

53. 答案：A

解析：选项 A 说明了两点：第一，某些自然过程是不能精确量化的；第二，这些自然过程和天气是有关系的。因此，选项 A 实际上宣告了气象学家所宣称的完全准确的数学模型是不可能建立的。这就对气象学家的宣称提出了最严重的质疑。

请注意：选项 B 和 C 都只是强调了建立完全准确的数学模型的艰难，但是并没有否定建立这种模型的可能性。

54. 答案：D

解析：如果有一道栅栏被摆放在 3 号位，还有一道栅栏被摆放在 6 号位，则根据条件（1）可推出第三道栅栏必须摆放在 1 号位。列表 17-1：

表 17-1

1	2	3	4	5	6	7
栅栏		栅栏			栅栏	

根据条件（2），已知石墙要连续摆放，所以两道石墙必须摆放在 4 号位和 5 号位，如表 17-2 所示：

表 17-2

1	2	3	4	5	6	7
栅栏		栅栏	石墙	石墙	栅栏	

由表可以看出，正确答案是 D。

55. 答案：C

解析：如果有一道石墙被摆放在 7 号位，则根据条件（2）可推出另一道石墙必须摆放在 6 号位，列表 17-3：

表 17-3

1	2	3	4	5	6	7
					石墙	石墙

根据条件（1），由于三道栅栏不能连续摆放，所以按目前的格局只能摆放在 1，3，5 号位，如表 17-4 所示：

表 17-4

1	2	3	4	5	6	7
栅栏		栅栏		栅栏	石墙	石墙

由表可以看出，选项 C 必定为假。

四、写作

56. 论证有效性分析

评分标准（满分 30 分）：

评分项目	分值	评分标准
分析评论的内容	15 分	1. 分析中指出论证中存在的逻辑缺陷和漏洞，只要言之有理，指出一点给 4 分； 2. 如果是肯定有关论点的分析，最多只给 4 分； 3. 考生分析评论的内容超出参考答案者，只要言之有理，也应给分； 4. 本项评分最高 15 分。
论证程度、文章结构、语言表达	15 分	按照论证程度、文章结构和语言表达评分，分四类卷给分，最高分 15 分： 一类卷：12～15 分。论证或反驳有力，结构严谨，条理清楚，语言精练流畅。 二类卷：8～11 分。论证或反驳较为有力，结构尚完整，条理较清楚，语句较通顺，有少量语病。 三类卷：4～7 分。有论证或反驳，结构不够完整，语言欠连贯，较多语病，分析评论缺乏说服力。 四类卷：0～3 分。明显偏离题意，内容空洞，条理不清，语句严重不通。
合计	30 分	

备注：

1. 不符合字数要求或出现错别字，酌情扣分；
2. 书写清楚，卷面整洁，酌情加 1～2 分；
3. 实际阅卷中，标题在整体结构中占 2 分；
4. 最高总分不超过满分 30 分。

【点拨】

本推荐信的主观臆断极强，论证过程中存在多处逻辑错误和漏洞。以下要点供参考：

1. 多年从事《管理学》教学工作并广泛研读世界名人管理书籍不必然就能推出投稿者一定深谙各种管理理论和管理知识。教学和研读不表示真正理解和掌握，况且管理的知识是多方面的，不仅仅包括理论知识，还包括社会实践。此番论断欠缺充足的理由。

2. 由"老少皆宜""国内独一无二"的一本管理书来推出"预期可观的市场销量"是难以成立的，因前提条件本身就难以立足。专业书籍的读者群体是专业读者，是否老少皆宜？此种特性即便让该书成为"独一无二"，也不必然能推出"可观的销量"。

3. "销售额"和"销量"是两个截然不同的概念。年销售额第一，是指该社当年所有图书销售额的总和位居业内第一，但不表示该社的书的销量都是第一，也许这个销售额是靠庞大的图书规模支撑才得以名列第一，而并不意味着这个社的图书的销量都是可观的。因此，"年销售额第一"不必然能得出该书会有"可观的预期销量"，这是明显的混淆概念。

4. 出版社的年销售额第一并不能表明出版社在经管图书领域也是位居第一，投稿者想当然地把"年销售额第一"当做了多个领域内第一，并由此得出结论：如果他的书在该社出版，预期销量将是其他出版社难以达到的。此结论显然难以成立。

5. 由管理类书籍需求量的增长不必然能推断出，该书如果出版就肯定会有更好的预期销量。也许总体需求量增长了，但是市场上的图书品种增长得更快，在激烈竞争的市场环境里，每本书的销量不必然都是增长的。

6. 就算管理类图书需求量目前还在不断扩大，也不能表明在未来的几年时间里，整体的管理类图书市场就一定会扩大；就算还在扩大，但完全可能有更多管理类图书品种投入市场竞争，这些都难以担保该书的预期销量。

7. 每本书都有自己的生命周期，但投稿者却忽略了这一基本要素，因此，该书即便出版了，能否在未来的几年时间里存活于市场都要打个问号，更不必然能推出将来有更可观的预期销量了。

以上要点剖析中能指出3～4点就可以，其他存在但未指出的逻辑错误，只要是题干推理论证过程中客观存在且言之有理的，同样给分。

【参考范文】

"美好的"推荐信

上文投稿者通过系列论证来说明他的书的前景，但其推荐信存在多处逻辑上的漏洞和缺陷。

首先，从事《管理学》教学工作并多年研读世界名人管理书籍，不一定就能真正精通和掌握各种管理知识。理论不代表实践，倘若该投稿者基本不从事社会管理实践工作，那么他的管理理论和管理知识很有可能就是纸上谈兵。

其次，管理类的专业图书有其相对固定的专业读者。无论投稿者的书怎么写，就算老少皆能读懂，又真的是"皆宜"吗？恐怕真正的读者群体要少之又少。如此"独一无二"的图书，又怎能确保它有着可观的预期销量？

再次，销售额和销售量是两个截然不同的概念。该出版社年销售额位居业内第一，也许靠的是庞大的出版规模才得以保持这个地位，并不意味着它所有的图书单品种销量就肯定是第一，同理不能推出该社的管理图书在市场上的销售也是第一。如果该社的管理图书市场表现平平，那么，投稿者对该书的"预期销量将是其他出版社无法达到的"这一判断则纯属主观臆断。

最后，动态发展中的市场正在改变着图书的需求并影响着图书的生命周期。即便目前市场上管理类图书的需求量还在继续上扬，也无法断定未来的几年里会继续保持增长，没准随着网络技术和信息化的发展，不久的将来电子版图书将极有可能替代掉大量的纸质版图书，到那时，该书恐怕要面临的不是更加美好的将来，而是能否存活下去的问题。

总之，这是一封看似无比美好的推荐信，但实际上却处处充满了不专业和不成熟的一面，很难令人信服和接受。

57. 论说文

评分标准（满分35分）：

评分项目	评分标准
综合评比：内容、结构、语言（30分）	一类卷：26~30分。紧扣题意，立意深刻，中心突出，论证充分，结构完整，行文流畅。 二类卷：21~25分。切合题意，立意比较深刻，中心明确，论证比较充分，结构比较完整，层次比较清楚，语句比较通顺。 三类卷：16~20分。基本切题，中心基本明确，论证基本合理，结构基本完整，语句比较通顺，有少量语病。 四类卷：11~15分。不太切题，中心不太明确，论证有缺陷，结构不够完整，语句不通顺，有较多语病。 五类卷：6~10分。偏离题意，中心不明确，论证有较多缺陷，结构比较残缺，层次比较混乱，语句不顺，语病严重。 六类卷：0~5分。观点错误，背离题意或直接与试题无关，结构严重残缺，层次混乱，语句严重不通顺。
其他评比：题目、书写、卷面（5分）	1. 题目：切题，2分；一般，1分；漏拟题目，0分。 2. 书写（包括文字和标点符号）：规范标准，2分；每三个错别字扣1分，重复不累计；标点符号有明显错误，酌情扣分；各项扣分累计2分，扣满2分为止。 3. 卷面：卷面整洁，书写清楚，1分；卷面不整洁，书写潦草，0分。
备注：最高总分不超过满分35分。	

【点拨】

（一）审题

1. 本题属于论说文常考题型中最常见也是最重要的材料类作文。这种自由拟题的材料作文，是以特定材料为出发点，引发对另外相关事物的议论，借事说理、借题发挥而写成的论说文，是全面考查考生阅读、分析、归纳、表达能力的综合型题材，因而在历届考试中，材料类题型出现频率最高。

2. 核心概念的理解："犬獒效应"是题干的核心概念。题干中通过一个故事来说明，在残酷的生存竞争中，九只犬逝去后才有一只真正藏獒的诞生。犬獒效应突出体现了竞争中，狭路相逢勇者胜。因此，无论身陷何种困境，只有勇敢挑战和奋力拼搏才能得以生存，由于困境，才更加造就强者。

（二）立意

1. 从人生与成功的角度：心态很重要。只有相信自己、怀有必胜信念的人，才能保持积极乐观的精神，在竞争中才能沉着冷静，勇敢制胜。

2. 从社会的角度：竞争导致优胜劣汰。当今是一个充满机遇和挑战的社会，竞争无处不在，那么，如何在竞争中脱颖而出，如何成为那九死一生的藏獒，是所有竞争中的企业值得思索和考虑的。

3. 从管理的角度：管理者需要有危机意识。在激烈的市场环境中，安于现状，不思进取，企业就可能如同那九只犬，只有死亡和淘汰的命运。

4. 最后，犬獒效应里，由于恶劣的环境/困境，通过残酷的竞争，既有弱小者的逝去，也有成功者更强势的存在。而本题更倾向于立意积极的一面。

综上所述，立意可以考虑为：竞争导致优胜劣汰、逆境中成才、困境造就强者、困境是强者最好的学校……

【参考范文】

竞争导致优胜劣汰

狭路相逢勇者胜。在如今激烈的市场竞争中，企业之间同样面临着这些藏犬一样的处境，为了生存和发展，企业需要积极面对竞争，让困境成为造就强者的学校。这就是"犬獒效应"。

困境造就强者，成功需要忍耐。幸存下来的犬之所以变成了獒，是因为有之前那场"厮杀"，惨烈的过程终于铸就了藏獒的诞生。追踪古史亦如此！铁木真在饱受枷锁的桎梏、残酷的逃亡和流窜后，终成为昆仑山山顶上那只盘旋的雄鹰，一统蒙古；朱元璋讨过饭、做过和尚、扛过矛、打过仗，最终在抗击元朝暴政中脱颖而出，一统中国并成为明太祖；越王勾践，在被奴役中卧薪尝胆，最终得以灭掉吴王夫差……打击、追求、忍耐、获得——这就是真正强者的生活要素。

在挑战与机遇同在的环境中，竞争是獒最显著的特征。竞争是一种刺激、一种激励，也意味着新的选择和新的机遇。对于个人而言，我们应该谨记狄更斯这句话："机会不会上门来找你，只有你去找机会。"在獒的眼睛里，永远看不到失败的气馁，因为它们知道，不管经历多少次厮杀和斗争，最后的成功一定是属于它们。成功就是不懈的努力加上一点点机会，努力是加法，机会是乘法，两者兼备才会得到最大的结果。

大自然的法则就是优胜劣汰。台湾著名漫画家蔡志忠对女儿蔡欣怡的教育理念归纳起来就是简单而彪悍的一句话：把女儿当狼来养！他告诉女儿，狼和狗看上去类似，但有着本质的不同。狼远比狗要独立、自由，能在残酷的竞争环境中骄傲地活下来。为了生存，荒野中的狼连土鼠这样恶心的东西也会去吃。人又何尝不是这样！许多时候，不是你喜欢或不喜欢，而是必须，你必须积蓄力量和资本，让自己在争取存活后有机会去做喜欢做的事情。

在这个快速发展和变革的年代，竞争无处不在。要想生存并活得出彩，你只有如藏獒般敢于拼搏、敢于竞争才可以。人要适应社会的发展，毕竟世界是社会主宰每一个人。

全国硕士研究生入学统一考试

管理类专业学位联考综合能力
全真预测试卷（三）解析

一、问题求解

1. 答案：B

解析：设甲种商品原单价为 x 元，则乙种商品原单价为 $150-x$ 元。根据题意，有：

$$0.9x+1.2(150-x)=150-150\times1\%\Rightarrow x=105,$$

所以，甲种商品原单价为 105 元，乙种商品原单价为 45 元。故选 B。

2. 答案：C

解析：设甲、乙两桶溶液分别为 x 与 y，则根据题意，有：

	甲桶	乙桶
原来溶液量	x	y
原来各桶溶液的浓度	0	100%
第一次之后溶液量	$x-y$	$2y$
第一次之后各桶溶液的浓度	0	50%
第二次之后溶液量	$2(x-y)$	$2y-(x-y)=3y-x$
第二次之后各桶溶液的浓度	$\dfrac{50\%(x-y)}{2(x-y)}=25\%$	50%
第三次之后溶液量	$2(x-y)-(3y-x)=3x-5y$	$2(3y-x)$
第三次之后各桶溶液的浓度	25%	$\dfrac{(3y-x)\cdot25\%+(3y-x)\cdot50\%}{2(3y-x)}=37.5\%$

所以此时的浓度之比为 25%：37.5%＝2：3，故选 C。

3. 答案：D

解析：设客车返回又经过 t 小时与货车相遇，则根据题意有：

$$1-\frac{12}{15}=\left(\frac{1}{12}+\frac{1}{15}\right)\cdot t \Rightarrow t=\frac{4}{3}=1\frac{1}{3}。$$

所以选 D。

4. 答案：E

解析：根据题意，

$$M_1=\frac{10+10+20+30+40+50+60+70+70}{9}=40;$$

$$M_2=\frac{10+20+30+30+40+50+50+60+70}{9}=40;$$

$$S_1=\frac{1}{9}\big[(10-40)^2+(10-40)^2+(20-40)^2+(30-40)^2+(40-40)^2$$

$$+(50-40)^2+(60-40)^2+(70-40)^2+(70-40)^2\big]$$

$$=\frac{4\ 600}{9};$$

$$S_2=\frac{1}{9}\big[(10-40)^2+(20-40)^2+(30-40)^2+(30-40)^2+(40-40)^2$$

$$+(50-40)^2+(50-40)^2+(60-40)^2+(70-40)^2\big]$$

$$=\frac{3\ 000}{9};$$

所以，有 $M_1=M_2$，$S_1>S_2$。

5. 答案：E

解析：设 A、B 工程全部完成共需 x 天，则根据题意有：$\frac{x}{20}+\frac{x}{24}+\frac{x}{30}=\frac{9}{4}\Rightarrow x=18$。

故有 $\left(1-\frac{18}{20}\right)\div\frac{1}{30}=3$，说明甲、丙合作了 3 天，那么丙队与乙队合作了 15 天。故选 E。

6. 答案：A

解析：由题意知 $a<0$，$b<0$，$c>0$，所以原式 $=-b+a+b-(c-b)-(a-c)=b$。

7. 答案：B

解析：当 $x\leqslant-2$ 时，由原方程可得 $1-x-(x+2)+(x-3)=4$，即 $x=-8$，符合题意；

当 $-2<x\leqslant1$ 时，由原方程可得 $1-x+(x+2)+(x-3)=4$，即 $x=4$，不符合题意；

当 $1<x\leqslant3$，由原方程可得 $x=\frac{8}{3}$，符合题意；

当 $x>3$ 时，由原方程可得 $x=0$，不符合题意。

所以原方程不同实数根的个数为 2 个。故选 B。

8. 答案：D

解析：由题意知，

$$\left(\frac{1}{2}\right)^2=\lg\sqrt{x}\cdot\lg y\Rightarrow\lg x\lg y=\frac{1}{2}。$$

因为 $\lg xy=\lg x+\lg y\geqslant 2\sqrt{\lg x\cdot\lg y}=\sqrt{2}$，所以 $\lg xy$ 的最小值为 $\sqrt{2}$。

9. 答案：C

解析：设水的体积为 V，桶长为 L，桶底半径为 R，桶直立时水面高为 H。由题意，知：有水部分弧 $\overset{\frown}{AB}$ 等于圆周长的 $\frac{1}{4}$，故 $\angle AOB=90°$，所以

$$V=\pi R^2 H=\left(\frac{\pi}{4}R^2-\frac{1}{2}R^2\right)L,$$

即

$$\frac{H}{L}=\frac{\frac{\pi}{4}R^2-\frac{1}{2}R^2}{\pi R^2}=\frac{1}{4}-\frac{1}{2\pi}。$$

10. 答案：A

解析：由题意知

$$3x^3+ax^2+bx+1=(x^2+1)(3x+1)=3x^3+x^2+3x+1,$$

所以 $a=1$，$b=3$，那么 $(-a)^b=(-1)^3=-1$。故选 A。

11. 答案：B

解析：设扇形所在圆的半径为 R，连结 OD，则 $OD=OA=OB=R$。由图知，$S_{BED}=S_{\triangle ACD}$，所以阴影部分的面积等于矩形 $ACDF$ 的面积。

在 $Rt\triangle DOC$ 中，$OD=\sqrt{2}CD=\sqrt{2}=OA$，所以 $CA=\sqrt{2}-1$，那么矩形 $ACDF$ 的面积为 $(\sqrt{2}-1)\cdot 1=\sqrt{2}-1$。故选 B。

12. 答案：C

解析：原不等式取等号时可化为 $\begin{cases}y=x-1\\y=-3x+1\\x\geqslant 0\end{cases}$ 及 $\begin{cases}y=x-1\\y=3x+1\\x\leqslant 0\end{cases}$，其图像如图 18-1 所示：

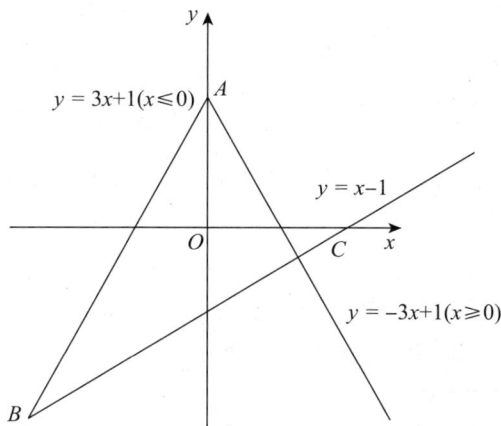

图 18-1

易知这三条直线的交点坐标为 $A(0，1)$、$B(-1，-2)$、$C\left(\frac{1}{2}，-\frac{1}{2}\right)$，那么

$$|AB|=\sqrt{10}。$$

又因为 $C\left(\dfrac{1}{2}, -\dfrac{1}{2}\right)$ 到直线 $y=3x+1$ 的距离 $d=\dfrac{\left|\frac{3}{2}+\frac{1}{2}+1\right|}{\sqrt{10}}=\dfrac{3}{\sqrt{10}}$。所以

$$S_{\triangle ABC}=\dfrac{1}{2}\cdot\sqrt{10}\cdot\dfrac{3}{\sqrt{10}}=\dfrac{3}{2}。$$

$S_{\triangle ABC}$ 即为不等式组所表示的平面区域的面积。

13. 答案：D

解析：设切线方程为 $y+x-b=0$。由题意知，圆心为 $(2, 3)$，半径 $r=1$。

所以有 $\dfrac{|2+3-b|}{\sqrt{2}}=1$，即 $b=5\pm\sqrt{2}$，故选 D。

14. 答案：A

解析：根据题意，可构成 $C_{10}^3-(C_6^3+C_5^3)=120-30=90$ 个三角形。

15. 答案：D

解析：设事件 A 表示 3 次内可取到好的灯泡，则其对立事件为 3 次取到都是坏的灯泡，记为 $\overline{A}$。所以

$$P(A)=1-P(\overline{A})=1-\dfrac{3}{10}\times\dfrac{2}{9}\times\dfrac{1}{8}=\dfrac{119}{120}。$$

二、条件充分性判断

16. 答案：C

解析：$(ac-bd)^2+(ad+bc)^2=a^2c^2-2abcd+b^2d^2+a^2d^2+2abcd+b^2c^2$
$$=(a^2+b^2)(c^2+d^2)=1。$$

所以，条件（1）单独不充分，条件（2）单独不充分，联合起来充分。故选 C。

17. 答案：B

解析：由条件（1），

$$\begin{cases}f(x+2)=x^2+(4+b)x+2b+c+4 \\ f(2-x)=x^2-(4+b)x+2b+c+4 \\ f(x+2)=f(2-x)\end{cases}\Rightarrow\begin{cases}b=-4 \\ c\in\mathbf{R}\end{cases}。$$

所以 $f(x)=x^2-4x+c$，即 $f(1)=-3+c$，$f(0)=c$，$f(3)=-3+c$。显然条件（1）不充分。

由条件（2），

$$\begin{cases}f(1-x)=x^2-(2+b)x+b+c+1 \\ f(1+x)=x^2+(2+b)x+b+c+1 \\ f(1-x)=f(1+x)\end{cases}\Rightarrow\begin{cases}b=-2 \\ c\in\mathbf{R}\end{cases}。$$

所以 $f(x)=x^2-2x+c$，即 $f(1)=-1+c$，$f(0)=c$，$f(3)=3+c$。条件（2）充分。

故选 B。

18. 答案：D

解析：由条件（1），设 $x=2t$，$y=3t$，$z=4t$，则原式 $=\dfrac{(8t-3t)^2}{9t^2-16t^2}=-\dfrac{25}{7}$。所以条件（1）充分。条件（2）显然也充分。故选 D。

19. 答案：D

解析：当 $0<x<1$ 时，有 $\log_2\dfrac{2-x}{x}\geqslant 1$，解得 $0<x\leqslant\dfrac{2}{3}$；当 $1\leqslant x<2$ 时，有

$\log_2\dfrac{x}{2-x}\geqslant 1$，解得 $\dfrac{4}{3}\leqslant x<2$。所以条件（1）充分，条件（2）也充分。

20. 答案：E

解析：$\dfrac{9x-5}{x^2-5x+6}\geqslant -2\Leftrightarrow\dfrac{9x-5}{x^2-5x+6}+2\geqslant 0\Leftrightarrow\dfrac{2x^2-x+7}{x^2-5x+6}\geqslant 0$，

因为分子 $2x^2-x+7$ 恒大于 0，所以 $x^2-5x+6>0$，即 $x>3$ 或 $x<2$。即条件（1）和（2）单独不充分，联合起来也不充分。故选 E。

21. 答案：C

解析：题干要求 $\begin{cases}\dfrac{1}{\alpha}+\dfrac{1}{\beta}=\dfrac{\alpha+\beta}{\alpha\beta}=-\dfrac{39}{40}\\\dfrac{1}{\alpha}\cdot\dfrac{1}{\beta}=\dfrac{1}{\alpha\beta}=-\dfrac{1}{40}\end{cases}$。

由条件（1），$\alpha+\beta=1+(20-1)\times 2=39$，所以条件（1）单独不充分。

由条件（2），$\alpha\beta=2-6+18-54=-40$，所以条件（2）单独也不充分。

两者联合起来，有 $\begin{cases}\dfrac{1}{\alpha}+\dfrac{1}{\beta}=\dfrac{\alpha+\beta}{\alpha\beta}=-\dfrac{39}{40}\\\dfrac{1}{\alpha}\cdot\dfrac{1}{\beta}=\dfrac{1}{\alpha\beta}=-\dfrac{1}{40}\end{cases}$。所以条件（1）和条件（2）联合起来充分。

22. 答案：B

解析：条件（1）本身存在矛盾，不成立，单独显然不充分。

由条件（2），$\dfrac{1}{a}+\dfrac{1}{b}=\dfrac{5}{16}\times 2=\dfrac{5}{8}\Rightarrow\begin{cases}a=2\\b=8\end{cases}$ 或 $\begin{cases}a=8\\b=2\end{cases}$，即 $\dfrac{a+b}{2}=5$，所以条件（2）充分。

23. 答案：C

解析：事件 A、B、C 都不发生的对立面是：事件 A、B、C 至少有一个发生。

条件（1）和条件（2）单独显然不充分。联合起来有

$$P(A\cup B\cup C)=P(A)+P(B)+P(C)-P(AB)-P(BC)-P(AC)+P(ABC)$$
$$=\dfrac{1}{4}+\dfrac{1}{4}+\dfrac{1}{4}-\dfrac{1}{6}-\dfrac{1}{6}=\dfrac{5}{12},$$

所以 $P(\overline{A\cup B\cup C})=1-P(A\cup B\cup C)=1-\dfrac{5}{12}=\dfrac{7}{12}$。

即条件（1）和条件（2）联合起来充分。故选 C。

24. 答案：A

解析：将 $\left(\dfrac{1}{3},\dfrac{2}{3}\right)$ 代入直线方程 $Ax+By+C=0$ 中，得 $\dfrac{1}{3}A+\dfrac{2}{3}B+C=0$，从而 $A+2B+3C=0$。所以，条件（1）充分，条件（2）不充分。故选 A。

25. 答案：D

解析：由条件（1），令 $y-z=a$，则 $x-z=10+a$。所以

$$原式=\frac{1}{2}\left[(x-y)^2+(y-z)^2+(x-z)^2\right]$$

$$=\frac{1}{2}(100+a^2+100+20a+a^2)$$

$$=a^2+10a+100$$

$$=(a+5)^2+75\geqslant75。$$

所以条件（1）充分。

由条件（2），令 $x-y=a$，则 $x-z=a+10$。所以

$$原式=\frac{1}{2}\left[(x-y)^2+(y-z)^2+(x-z)^2\right]$$

$$=\frac{1}{2}(a^2+100+a^2+20a+100)$$

$$=a^2+10a+100$$

$$=(a+5)^2+75\geqslant75。$$

所以条件（2）也充分。

故选 D。

三、逻辑推理

26. 答案：C

解析：对题干进行概括可知，台风预报的准确率不仅与探测设备有关，而且还与预报员有关。因此，从题干可以推出，台风预报的准确率也受预报员本身情况的影响。

27. 答案：A

解析：题干认为通过颁发许可证的方式来控制河道内的每一种化学物质的排放，就可以使河道避免化学物质产生的不良影响。但是得出这样的结论必须有一个先决条件，即排放到河道内的受许可证控制的相对无害的化学物质在水中不会相互反应而形成有害的化合物。所以，选项 A 是题干论述的假设。

28. 答案：A

解析：如果一个公司雇用猎头公司为自己找到所需的员工后，又不想让这些新员工被作为竞争对手的其他公司挖走，那么，最佳策略就是将正在寻找这类员工的猎头公司全部雇用。因为这样一来，就再也没有猎头公司来挖墙脚了，新员工被竞争对手挖走的风险也就降到了最低。

选项 C 不是最佳策略。因为给新员工更高的薪水并不能保证他们不被竞争对手挖走。

29. 答案：C

解析：题干推理可概括为：警察们仍然能够一如既往地写许多超速罚单，说明人力并没有完全被困在打击与毒品有关的犯罪中。可见选项 C 是题干的结论所基于的假设。

30. 答案：A

解析：题干的预测是，新药会增加患流感的人数。但是选项 A 指出，这种新药主要是治咳嗽的，而咳嗽是流感传染的主要渠道。这样，从理论上讲，阻断流感传染的主要渠道应该是使患流感的人数减少而不是增加。因此，选项 A 最严重地质疑了题干的这一预测。

31. 答案：C

解析：如果选项 C 正确，则说明该城市 1982 年犯罪率减少的原因有可能是因为城市内最容易犯罪年龄段的人数减少了，而不是因为该市实施的新警察计划。

32. 答案：B

解析：题干认为，如果 17 世纪的炼丹家发表了他们的试验结果，那么 18 世纪的化学将会比它实际上更为先进。这便暗示了 17 世纪的炼丹家们的试验结果不论正确与否，如果发表就会对化学发展起推动作用。因此，选项 B 作为一项假设，可以合理地推出关于 18 世纪化学的结论。

33. 答案：D

解析：如果两群孩子之间在暴力行为方面的差异可以用其他的理由得到解释，则题干得出的禁止孩子观看暴力节目的结论就难以成立了。

34. 答案：C

解析：比较必须建立在相同的基础上。如果美国孩子在代数与几何学方面所接受的教育本身就比韩国孩子差，则美国孩子在代数与几何学方面能力较差就不能完全怪罪于看电视了。

35. 答案：D

解析：题干给出的条件可以用示意图 18－2 表示如下：

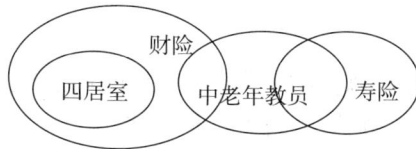

图 18－2

上面画出的只是题干的一种可能的图形。从图中可以直观地看出，Ⅰ 不一定是真的；Ⅱ 一定是真的；Ⅲ 一定是真的。所以，正确答案是 D。

36. 答案：A

解析：显然，选项 A 提出的策略是最有可能保证 X 公司在将来很多年里赢利的。这样就可以弥补为患病的老年人发放的那种保单的收入损失。选项 E 起到一定作用，但力度不如 A。

37. 答案：B

解析：相比较而言，选项 B 提出的建议是最好的限制。因为这种限制最大限度地缩小了可使用免费旅行票券的人群范围。

38. 答案：C

解析：题干的描述是：卫星事故使得发射和运营卫星更加昂贵，反过来这又要求目前仍在运行的卫星承担更多的功能。选项 C 的描述是：卫星的工作负荷越大，就越有可能出现故障。这样就出现了恶性循环，电视卫星的成本将继续增加也就成了不争的事实。

39. 答案：A

解析：科学家认为，大坝使河流下游的河水每年的温差变小，结果影响了土产鱼的繁殖。选项A指出，大坝下游支流的河水每年的温差基本没有变化，同时那儿的土产鱼仍能繁殖。这就很好地支持了科学家们关于如何使土产鱼能够更好地繁殖的假想。

40. 答案：C

解析：题干的论述"那些怀疑这个主张的人仅仅需要下一次在赛马中赌50美元，他们将看到比他们什么也不赌增大多少兴趣"直接表达的意思是：如果一个人对赛马没有兴趣，那么，让他在下一次赛马中赌上50美元，他以后肯定对赛马就有兴趣了。同时，这句话隐含的意思是：如果一个人对政治活动不感兴趣，那么，想办法动员他向PAC捐款，他以后肯定对政治活动就有兴趣了。因此，正确答案是C。

41. 答案：D

解析：虽然各个选项均对题干观点有不同的支持，但教师自己的表白和教师在工作条件及薪水方面的不满是对题干观点最强有力的支持。

42. 答案：C

解析：由于是开放市场的国家，所以当未预料到的国际油价剧烈上涨时，为减少对该国经济发展产生的长期影响，最可行的策略就是想办法减少对石油的消费。

43. 答案：B

解析：选项B具体地描述了雄性园丁鸟构筑鸟巢时的独特风格的形成不是来自于基因遗传，而是来自于后天的学习。这就与其他选项相比，更有力地强化了题干中研究者的结论。

44. 答案：B

解析：如果选项B不正确，则赛车手平均年龄的增加就有可能是由于和过去相比现在赛车比赛中的重大事故发生频率降低了，而不是由于题干所说的赛车的安全性能提高了。

45. 答案：A

解析：由于赵说的话是A命题，孙说的话是O命题，所以赵和孙说的话是矛盾关系，二者一真一假。于是根据题意（只有一句假话）可推出钱和李说的都是真话，即李和钱都不是南方人。根据李和钱不是南方人可推出孙说的话为真，进而推出赵说的话为假。由于已推出赵说的话为假并且钱不是南方人，所以，正确答案是A。

46. 答案：B

解析：支持题干中的声明也就是支持采用检验司机走直线的能力的方法，而不是采用检验司机血液中的酒精水平的方法来判断一个喝过酒的司机是否还能够开车。

选项B是正确答案。因为它说明人在喝过酒后，不同的人走直线的能力是不同的。这就支持了采用检验走直线的能力的方法。

选项A不支持采用检验走直线的能力的方法。因为它说明人们在一个人是否有走直线的能力这个基本问题上都还未达成一致意见。

选项C支持采用检验血液酒精水平的方法，所以应予排除。

选项D和E则明显是反对采用检验走直线的能力的方法的。

47. 答案：B

解析：如果选项B正确，则由于寄生虫可以寄生到脾细胞内，从而延长被清除出人体的时间。这样，题干得出的结论就不一定正确了。

48. 答案：A

解析：题干对度量生产率的方法暗含的反对意见其实就是反对只重视数量而忽视质量。鉴于选项 A 主张在计算生产率时可以忽视质量，所以，题干对度量生产率的方法暗含的反对意见是基于对选项 A 的论述的怀疑。

49. 答案：C

解析：题干提出的新办法在去除杂草方面固然有效，但如果它却使得农作物产出的种子不再能发芽，那么这种新办法纵使去除杂草的功能再好也没有意义了。选项 C 指出了阻碍此类除草剂推广的重大缺陷，故应选。

50. 答案：C

解析：直接对题干的报告进行概括就可得出选项 C 的结论。

51. 答案：A

解析：从题干中"经历了萧条之后的企业主大都丧失了经商的自信，他们尽可能地推迟雇用新的职工。"即可推出 A。

52. 答案：A

解析：题干中司机的观点是：高速公路上的最高时速不应由 120 公里改为现在的 110 公里。为此，他给出了论据，其中包括会使一些有经验的司机违反交规。交警是针对司机的观点进行反驳，他认为对最高时速的修改是应该的。选项 A 最为准确地概括了司机和交警争论的焦点。

53. 答案：B

解析：Ⅱ "员工良好的情绪和饱满的精神，能有效提高企业的运作效率"作为假设是显然的。Ⅲ "H 公司不实行周末休息制度"不是题干论证的假设。题干论证指出 H 公司应当实行灵活工作日制度，只是提出一种建议。其并未表明 H 公司是否在实行周末休息制度。Ⅰ "那些希望实行灵活工作日的员工，大都是 H 公司的业务骨干"显然也不是题干论证所需要的假设。

54. 答案：B

解析：在选项 B 的插花中，去掉其中的一枝秋菊，就可以成为一件合格的配制。

选项 A 不能成立，因为它同时违反条件（3）和（4）。

选项 C 不能成立，因为它同时违反条件（1）和（4）。

选项 D 不能成立，因为它同时违反条件（1）和（5）。

选项 E 不能不成立，因为它同时违反条件（1）和（5）。

55. 答案：C

解析：如果一件不合格的插花配制由四枝苍兰、一枝百合、一枝牡丹和两枝海棠组成，则去掉其中的牡丹就可以成为一件合格的配制。选项 C 正确。

选项 A 和 D 不能满足要求，因为它们都违反条件（3）。选项 B 不能满足要求，因为它违反条件（1）。选项 E 则明显不合理，并无秋菊可去掉。

四、写作

56. 论证有效性分析

评分标准（满分 30 分）：

评分项目	分值	评分标准
分析评论的内容	15分	1. 分析中指出论证中存在的逻辑缺陷和漏洞，只要言之有理，指出一点给4分； 2. 如果是肯定有关论点的分析，最多只给4分； 3. 考生分析评论的内容超出参考答案者，只要言之有理，也应给分； 4. 本项评分最高15分。
论证程度、文章结构、语言表达	15分	按照论证程度、文章结构和语言表达评分，分四类卷给分，最高分15分： 一类卷：12～15分。论证或反驳有力，结构严谨，条理清楚，语言精练流畅。 二类卷：8～11分。论证或反驳较为有力，结构尚完整，条理较清楚，语句较通顺，有少量语病。 三类卷：4～7分。有论证或反驳，结构不够完整，语言欠连贯，较多语病，分析评论缺乏说服力。 四类卷：0～3分。明显偏离题意，内容空洞，条理不清，语句严重不通。
合计	30分	

备注：
1. 不符合字数要求或出现错别字，酌情扣分；
2. 书写清楚，卷面整洁，酌情加1～2分；
3. 实际阅卷中，标题在整体结构中占2分；
4. 最高总分不超过满分30分。

【点拨】

以上论述看似合理，但细致分析便能发现存在很多逻辑错误。以下要点供参考：

1. "人尽其才"是指充分发挥并利用好一个人的长处，但不必然是该老总的认识：专门给他赏识的员工创办一个新公司，已达到给其"最广泛的空间"。一个公司有多个职位，也许存在有更适合于该员工的职位。

2. "疑人不用，用人不疑"是一个相对的概念，"信则用，用则信"，但不必然推出因为遵循这一原则就全面放权。管理既要求责、权、利的匹配和到位，同时也要求督导、反馈与控制，而不是"因为信了用了"就"全面放权"了，这是对管理欠缺真正的认识。

3. 因一个员工的背叛就认为"忠诚胜于能力"、不可轻易用外人则是典型的以偏概全，将个别当做了一般。

4. "忠诚胜于能力"未必能够成立，这里过分夸大了"忠诚"的作用。"忠诚"固然重要，但仅凭"忠诚"而不考虑"能力"同样是不利于一个公司的发展的。

5. 由于一个员工的背叛而坚持要用"家族式"方法来经营公司，则过于片面和武断，该论证缺乏科学和发展的眼光。"家族式"虽然有有利的一面，但同时存在着很多弊端，不一定能满足公司各个时期发展的需求，尤其是发展到一定阶段，家族式经营的通病反倒会成为公司发展的瓶颈。

6. 将该老总自己设想的家族式公司和国外发达的家族式公司进行相提并论则是不当类比。很多国外的家族式公司，包括那些进入世界前500强的公司，它们之所以有如此成就是源于它们长达几十年乃至上百年的成熟的管理模式，且称这些公司为家族式公司并不表示这些公司就不用外部员工担任要职，而是指公司总体控制在家族手中。

论证有效性分析不要求考生分析指出题干中的全部逻辑错误和漏洞，一般能指出其中的3～4点就可以。除以上6点外，其他存在但未指出的逻辑错误，只要是题干推理论证过程中客观存在且言之有理的，同样给分。

【参考范文】

切莫"因噎废食"

上文中民企老总因重用一个员工而遭遇背叛就认为"忠诚胜于能力"，并决定自此后坚持和秉承"家族式"经营，如此决策有颇多值得商榷的地方。

首先，该老总将多个管理概念进行了混淆。所谓"人尽其才"是指将一个人的长处尽可能地发挥出来，但它不必然推出该老总由于赏识员工就去为他成立一个新公司，如此"最广泛的空间"反倒招致了背叛。而"用人不疑，疑人不用"也不表示因为信任而重用了，就一定要"全面放权"。前者是用人原则，后者是管理方式，一个公司不可因为用人就放弃了督导和控制。文中老总的看法是对管理知识的不当理解。

其次，将个别当做了一般，以偏概全。仅因为一个员工的背叛而得出"忠诚胜于能力"，且此后要坚持和秉承"家族式"经营，未免是"因噎废食"。对于一个企业而言，员工"忠诚"固然重要，但没有"能力"又如何保公司发展？另外，家族式经营往往在企业发展到一定程度后，它的通病如公私不明、裙带关系严重、自身管理素质有限等就表现得比较严重，成为企业发展的瓶颈。如果不吸纳外部专业人才，则难以立足于当今竞争激烈的市场，更谈不上发展了。此时仍坚持"家族式"经营则是欠缺发展的眼光，是故步自封的一种表现。

再次，国外的确有很多成功的家族公司，其中不乏进入世界前500强的企业。但它们的成功是源于它们长达数十年乃至上百年的成熟管理模式，而非只是由于家族式经营；它们只是由家族合理地控制公司，而非不用外聘专业人员担任要职。民企老总将"此家族"与发达的"彼家族"相提并论，则是典型的类比不当。

总之，该老总的这种"因噎废食"要不得，这种观念会非常不利于公司的长久发展。

57. 论说文

评分标准（满分35分）：

评分项目	评分标准
综合评比：内容、结构、语言（30分）	一类卷：26～30分。紧扣题意，立意深刻，中心突出，论证充分，结构完整，行文流畅。
	二类卷：21～25分。切合题意，立意比较深刻，中心明确，论证比较充分，结构比较完整，层次比较清楚，语句比较通顺。
	三类卷：16～20分。基本切题，中心基本明确，论证基本合理，结构基本完整，语句比较通顺，有少量语病。
	四类卷：11～15分。不太切题，中心不太明确，论证有缺陷，结构不够完整，语句不通顺，有较多语病。
	五类卷：6～10分。偏离题意，中心不明确，论证有较多缺陷，结构比较残缺，层次比较混乱，语句不顺，语病严重。
	六类卷：0～5分。观点错误，背离题意或直接与试题无关，结构严重残缺，层次混乱，语句严重不通顺。

续前表

评分项目	评分标准
其他评比：题目、书写、卷面（5分）	1. 题目：切题，2分；一般，1分；漏拟题目，0分。 2. 书写（包括文字和标点符号）：规范标准，2分；每三个错别字扣1分，重复不累计；标点符号有明显错误，酌情扣分；各项扣分累计2分，扣满2分为止。 3. 卷面：卷面整洁，书写清楚，1分；卷面不整洁，书写潦草，0分。
备注：最高总分不超过满分35分。	

【点拨】

（一）审题

1. 本题属于材料类自由拟题作文。这种题材在历年考试中出现的频率最高，需要高度重视。

2. 审读题干可以发现，材料中，"驴"是主人翁，"陷阱""垃圾"是驴所处环境。题干的表象是：一头倒霉的驴在人们倾倒垃圾的废弃陷阱里，由悲观而转变为积极，终于踩着垃圾登上了地面。

3. 接下来要究其本质原因，是什么改变了驴的命运？是"驴生态度"！由于态度的转变，才有了后面截然不同的结果，态度决定了结果。因此，审题过程中一定要把准"态度"这个关键点。

（二）立意

1. 从题干本身出发：结合驴子的转变和结果，可以考虑立意为：心态改变结果、态度改变命运、态度决定结果等。

2. 从人生与成功的角度出发：成功需要良好的心态、心态决定成败等。

3. 从引申的更广泛的角度出发，可以考虑立意为：态度决定一切、要有良好的心态等。

【参考范文一】

态度决定一切

文中之驴，通过它"人生"（驴生）态度的积极转变，终于踩着垃圾回到了地面，将本是坟墓的陷阱变成了它再生的母体。不同态度，两种命运。由此，我想到了美国西点军校那句铮铮名言：态度决定一切！

没有什么事情是做不好的。你对事情付出了多少，你对事情采取了什么态度，就会有什么样的结果。一切都归结于态度。

态度决定高度。

有一个经典的故事：三个工人在砌一面墙，一个人走上前询问他们在干什么。第一个工人爱理不理地说："没看见吗？我在砌墙！"第二个工人抬头看了一眼这个人，说："我们在盖一栋楼房。"第三个工人真诚而又自信地说："我们在建一座城市。"

十年后，第一个工人还在一个工地上砌墙；第二个工人正在设计图纸，他已经是位工程师；第三个人呢，他是前面两个人的老板。

是什么让这三人在仅仅十年时间里便产生了如此的不同？是态度！它决定了高度。

态度亦决定成败。

在 2010 年国际泳联世界杯上，蒋文文、蒋婷婷这对"姐妹花"完美夺冠，创造了中国花游史上金牌零突破。谁又能想到，在举世瞩目的 2008 年奥运会上，这对姐妹却以第四名的成绩与奖牌失之交臂！多年的付出以失败告终，她们痛苦过，失望过，流泪过。但是，失败后的她们在这种情绪中没待多久，很快就转变了态度，更加积极坚定地付出，哪怕到处是伤，哪怕耳膜穿孔，仍矢志不移。正是由于这种态度的转变，才有了金牌的问世，才有了中国历史性的突破。成败源于态度。

不同的人，对待同一件事可能是截然不同的态度。沙漠中，偶遇一株小草，悲观的人会埋怨："怎么才只有一株小草！"乐观的人却为有生命的存在而欢呼："啊，这里有一株小草！"前者每一步都是艰难的，而后者每一步都是坚定的，只为了生命的延续而积极和执著。

人生需要乐观与豁达的态度。不要埋怨你的娘穷爹贫，不要慨叹你的貌不惊人，不要埋怨你的工作苦却没有高收入，不要痛恨你的怀才不遇……现实有太多的不如意，但就算生活给你的是垃圾，也要像那头驴一样，踩着垃圾登上世界屋脊。这个世界不在乎你是踩着巨人的肩膀还是脚底的垃圾上去的，它只在乎你是否达到了一定的高度。

看驴生豪迈，至多是从头再来。让我们用良好的心态去看待这个世界，用积极乐观的行动去演绎自己的人生吧！只因为，态度决定一切！

【参考范文二】

态度决定一切

"态度决定一切！"这是美国西点军校多年的校训，并成为一句表达积极思维力量的口头禅而传遍了全世界。没有什么事情是做不好的。你对事情付出了多少，你对事情采取了什么态度，就会有什么样的结果。一切都归结于态度。

态度决定高度。

一个人有什么样的心态，就会有什么样的追求和目标。

有一个经典的故事：三个工人在砌一面墙，一个人走上前询问他们在干什么。第一个工人爱理不理地说："没看见吗？我在砌墙！"第二个工人抬头看了一眼这个人，说："我们在盖一栋楼房。"第三个工人真诚而又自信地说："我们在建一座城市。"

十年后，第一个工人还在一个工地上砌墙；第二个工人正在设计图纸，他已经是位工程师；第三个人呢，他是前面两个人的老板。

燕雀安知鸿鹄之志！井底之蛙无法感知海阔天空。正是因为对同一事物的不同心态，让这三人在仅仅十年时间里地位与命运便如此悬殊。

态度决定命运。

态度是责任心的具体体现，是企业突破经营极限的最好工具。一个人的态度改变可能突破的是一个企业的经营极限，而一群人的态度改变则可能突破的是整个社会的发展极限。掉进陷阱中的驴，听天由命则死于垃圾堆里，像垃圾一样毫无尊严；积极奋起，审时度势，则踩着垃圾而上，获得新生且能活出精彩。

态度决定成败。

我的对手只有自己，要想爬得更高，只有自己往上走，而不是把别人往下压。

斯大林言：历史不谴责胜利者。任何一个历史人物都不是完美无缺的。文中的驴被主人抛弃，被垃圾填埋，但它在困境中审时度势，因势利导，踩着垃圾获得新生。不论它踩的是黄金还是垃圾，我们看到了它的新生和成功！

　　有时候，靠单纯的判断并不能确定成功的几率。与其在等待中浪费青春，不如在追求中燃烧生命。没有固定的规则就是永恒的规则。自然界变化无常，人世间瞬息万变，只有不拘泥于过去，才能活得更好。看驴生豪迈，我们也同样用积极乐观的态度去演绎人生吧。

全国硕士研究生入学统一考试

管理类专业学位联考综合能力全真预测试卷（四）解析

一、问题求解

1. 答案：B

解析：$S_{100}=1-3+5-7+\cdots+201=-100+201=101$，

$S_{101}=1-3+5-7+\cdots+201-203=-100+201-203=-102$，

$S_{100}+S_{101}=101-102=-1$。

故选 B。

2. 答案：C

解析：因为 $n^3-n=n(n^2-1)=n(n-1)(n+1)$，所以 n^3-n 必有约数为 6。

3. 答案：E

解析：如图 19-1 所示，知正方形 P_1 的边长为 $\frac{\sqrt{2}}{2}a$，所以

$S_{P_1}=\left(\frac{\sqrt{2}}{2}a\right)^2=\frac{1}{2}a^2$；同理，正方形 P_2 的边长为 $\frac{1}{2}a$，则 $S_{P_2}=$

$\left(\frac{1}{2}a\right)^2=\frac{1}{2^2}a^2$，$\cdots$，依此类推，得 $S_{P_6}=\frac{1}{2^6}a^2=\frac{a^2}{64}$。故选 E。

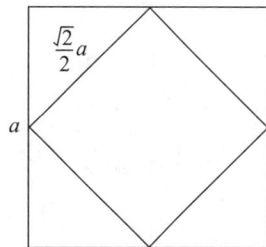

图 19-1

4. 答案：B

解析：根据题意，该公司 1 月份的产值为 $36-11=25$ 万元，2 月份的产值为 36 万元，3 月份的产值为 $36+7.2=43.2$ 万元。所以该公司第一季度的产值为 $25+36+43.2=104.2$ 万元，则该公司上半年的产值为 $104.2+104.2\times1.4=250.08$ 万元，那么上半年的月平均产值为 $\frac{250.08}{6}=41.68$ 万元。

5. 答案：B

解析：设1月份出厂价为 x，1月份销售量为 y，则1月份的利润为 $25\%xy$，于是2月份的利润为

$$(90\%x-75\%x)\cdot180\%y=27\%xy。$$

所以2月份销售利润比1月份增长了

$$\frac{27\%xy-25\%xy}{25\%xy}=8\%，$$

故选B。

6. 答案：A

解析：设甲单独做需 x 天，乙单独做需要 y 天，则根据题意有：

$$\begin{cases}30\left(\dfrac{1}{x}+\dfrac{1}{y}\right)=1\\[2mm]\dfrac{34}{x}+\dfrac{27}{y}=1\end{cases}\Rightarrow\begin{cases}x=70\\y=52.5\end{cases}，$$

所以甲、乙两队完成此项工程各需70天、52.5天。

7. 答案：D

解析：设警察从 B 点到达最佳射击位置（即罪犯与警察相距最近的位置）所需的时间是 t 分钟，则根据勾股定理，有：

$$S=\sqrt{(2-2t)^2+(t+0.5)^2}=\sqrt{5t^2-7t+4.25}=\sqrt{5\left(t-\frac{7}{10}\right)^2+1.8}，$$

所以当 $t=\dfrac{7}{10}$ 分钟时 S 最小。故选D。

8. 答案：A

解析：由题意知，正方形的边长为1m，正三角形的边长为 $a=\dfrac{4}{3}$ m，圆的半径为 $r=\dfrac{2}{\pi}$ m。所以

$$S_1=\frac{\sqrt{3}}{4}a^2=\frac{4\sqrt{3}}{9}（\text{m}^2），\quad S_2=1\times1=1（\text{m}^2），\quad S_3=\pi r^2=\frac{4}{\pi}（\text{m}^2），$$

即 $S_3>S_2>S_1$。

9. 答案：C

解析：根据韦达定理，有：$x_1+x_2=\dfrac{1}{2}$，$x_1\cdot x_2=-1$。那么

$$1+\frac{1}{x_1}+\frac{1}{x_2}=1+\frac{x_1+x_2}{x_1\cdot x_2}=1-\frac{1}{2}=\frac{1}{2}。$$

故选C。

10. 答案：C

解析：因为 $A\cdot C<0$，$B\cdot C<0$，所以 $\dfrac{A}{B}>0$。

由直线 $Ax+By+C=0$，可得 $y=-\dfrac{A}{B}x-\dfrac{C}{B}$，所以该直线一定不经过第三象限。故选C。

11. 答案：B

解析：设去掉的一项为 a_n，则根据题意有

$$a_n = 16 \times 11 - 14.8 \times 10 = 28,$$

又 $S_{11} = 11a_1 + \dfrac{11(11-1)}{2}d = 11a_1 + 55d = 16 \times 11$ 且 $a_1 = 1$，所以 $d = 3$。

那么由 $a_n = a_1 + (n-1)d = 28$，得 $n = 10$。

12. 答案：C

解析：根据题意，先从 5 位男生中选取 2 位站在两端，再将 2 位女生捆绑在一起，与剩下的 3 位男同学看成 4 个元素，所以总的排队方法为 $N = P_5^2 P_2^2 P_4^4 = 960$ 种。

13. 答案：B

解析：设事件 A 为甲投中篮球，事件 B 为乙投中篮球，$\overline{A}$ 为甲没投中篮球，$\overline{B}$ 为乙没投中篮球。恰有一个人投中分为两种情况：甲投中、乙没投中，或甲没投中、乙投中。所以

$$
\begin{aligned}
P &= P(A\overline{B} + \overline{A}B) \\
&= P(A\overline{B}) + P(\overline{A}B) \\
&= P(A) \cdot P(\overline{B}) + P(\overline{A}) \cdot P(B) \\
&= 0.6 \times 0.25 + 0.4 \times 0.75 \\
&= 0.15 + 0.3 = 0.45。
\end{aligned}
$$

故选 B。

14. 答案：A

解析：设直线的方程为 $y = kx + 2$，由图 19-2，知原点到直线 l 的距离为 $\sqrt{3}$，所以有：

$$\frac{|2|}{\sqrt{1+k^2}} = \sqrt{3} \Rightarrow k = \pm\frac{\sqrt{3}}{3}。$$

故选 A。

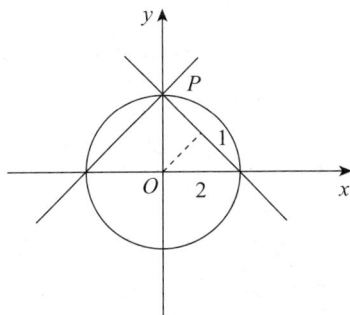

图 19-2

15. 答案：E

解析：由题意，知：

$$r = \frac{\sqrt{(4m)^2 + (-2)^2 - 4 \times 5m}}{2} > 0,$$

即 $16m^2 - 20m + 4 > 0$，解得 $m > 1$ 或 $m < \dfrac{1}{4}$。故选 E。

二、条件充分性判断

16. 答案：A

解析：设 2009 年人口数为 100，绿地面积为 100，则 2010 年人口数为 $100 - a$，绿地面积为 120，于是

$$\frac{120}{100-a} - 1 = 0.21 \Rightarrow a = 100 - \frac{120}{1.21} \approx 0.826,$$

$$\frac{100 - (100 - 0.826)}{100} = 8.26\text{‰},$$

所以条件（1）充分，条件（2）不充分。故选 A。

17. 答案：B

解析：如图 19-3，设直线 $y=x+1$ 与 x 轴的交点为 A $(-1, 0)$，直线 $y=ax+7$ 与 x 轴的交点为 $B\left(-\dfrac{7}{a}, 0\right)$。

由条件（1），知 B 点的坐标为 $\left(\dfrac{7}{3}, 0\right)$，

$$\begin{cases} y=x+1 \\ y=-3x+7 \end{cases} \Rightarrow \begin{cases} x=\dfrac{3}{2} \\ y=\dfrac{5}{2} \end{cases},$$

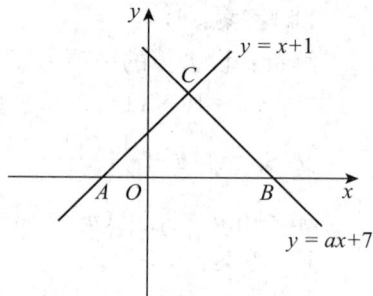

图 19-3

所以 C 点的坐标为 $\left(\dfrac{3}{2}, \dfrac{5}{2}\right)$，那么

$$S_{\triangle ABC}=\frac{1}{2}\times\frac{10}{3}\times\frac{5}{2}=\frac{25}{6}\neq\frac{27}{4},$$

所以条件（1）不充分。

由条件（2），知 B 点的坐标为 $\left(\dfrac{7}{2}, 0\right)$，由

$$\begin{cases} y=x+1 \\ y=-2x+7 \end{cases} \Rightarrow \begin{cases} x=2 \\ y=3 \end{cases},$$

所以 C 点的坐标为 $(2, 3)$，那么

$$S_{\triangle ABC}=\frac{1}{2}\times\frac{9}{2}\times3=\frac{27}{4}。$$

所以条件（2）充分。

18. 答案：C

解析：条件（1）和条件（2）单独显然不充分，联合起来有：$a=4, b=-4$，或 $a=-2$，$b=4$。那么有 $|a-b-1|=7$ 成立。所以条件（1）和条件（2）联合起来充分。故选 C。

19. 答案：E

解析：设三个连续的整数为 n，$n+1$，$n+2$。

由条件（1），

$$n(n+1)+(n+1)(n+2)+n(n+2)=587 \Rightarrow 3n^2+6n-585=0,$$

解得 $n=13$ 或 -15，则

$$n+(n+1)+(n+2)=\begin{cases} 42 \\ -42 \end{cases},$$

所以条件（1）不充分。

由条件（2），

$$n^2+(n+1)^2+(n+2)^2=590 \Rightarrow 3n^2+6n-585=0,$$

解得 $n=13$ 或 -15。与条件（1）所得结果相同，所以条件（2）也不充分。

因为条件（1）和条件（2）无法联合，故选 E。

20. 答案：A

解析：由条件（1），有

$(2^b)^2=2^a\cdot2^c=2^{a+c}\Rightarrow 2^{2b}=2^{a+c}\Rightarrow 2b=a+c$，且 $a>0$，$b>0$，$c>0$。所以数列 a、b、c

是等差数列，不是等比数列。即条件（1）充分。

由条件（2），当 $a=b=c=0$ 时，数列 a、b、c 是等差数列，不是等比数列；当 $a=b=c\neq0$ 时，数列 a、b、c 既是等差数列，也是等比数列。因此，条件（2）不充分。

故选 A。

21. 答案：C

解析：条件（1）和条件（2）单独显然不充分，设等比数列公比为 q，两条件联合起来有：

$$\begin{cases} a_1q^3(q^2-1)=24 \\ a_1^2q^6=64 \end{cases} \Rightarrow \begin{cases} a_1=1 \\ q=2 \end{cases},$$

所以

$$S_8=\frac{a_1(1-q^8)}{1-q}=2^8-1=255,$$

即条件（1）和条件（2）联合起来充分。故选 C。

22. 答案：C

解析：由条件（1），得 $P_1=C_4^3 \cdot 0.8^3 \cdot 0.2=0.409\ 6$，所以条件（1）不充分。

由条件（2），得 $P_2=0.8^4=0.409\ 6$，所以条件（2）不充分。

联合起来有 $P_1+P_2=0.409\ 6+0.409\ 6=0.819\ 2$，所以条件（1）和条件（2）联合起来充分。故选 C。

23. 答案：B

解析：由条件（1），从 5 本书中选 3 本送给 3 名同学，计顺序，则有 $N=P_5^3=60$ 种，所以条件（1）不充分。

由条件（2），买 3 本书，则可能有相同种类的书，即每一位同学都有 $C_5^1=5$ 种选择，共 $N=5^3=125$ 种选择，所以条件（2）充分。

故选 B。

24. 答案：D

解析：条件（1）中 A、B 对称，所以 AB 的中点在所给的直线上，且 AB 与直线 $4x+3y-11=0$ 垂直，所以

$$\begin{cases} 4\cdot\frac{(a+2)+(b-4)}{2}+3\cdot\frac{(b+2)+(a-6)}{2}-11=0 \\ \frac{(b+2)-(a-6)}{(a+2)-(b-4)}=\frac{3}{4} \end{cases} \Rightarrow \begin{cases} a=4 \\ b=2 \end{cases}。$$

即条件（1）充分。

条件（2）中，$y=ax+b$ 与 $x+4y-1=0$ 垂直，所以 $a=4$。又因为直线在 x 轴上的截距为 $-\frac{1}{2}$，所以 $4\times\left(-\frac{1}{2}\right)+b=0$，解得 $b=2$，即条件（2）也充分。

故选 D。

25. 答案：B

解析：题干知两圆的圆心分别为 $(3,4)$ 和 $(1,2)$，则两圆的圆心距为

$$d=\sqrt{(4-2)^2+(3-1)^2}=2\sqrt{2}。$$

若两圆相切，则 $d=5+r$（不符合上述条件关系,舍去）或 $d=|r-5|$，从而有

$$2\sqrt{2}=|r-5| \Rightarrow r-5=\pm 2\sqrt{2} \Rightarrow r=5\pm 2\sqrt{2}。$$

所以，条件（1）不充分，条件（2）充分。故选 B。

三、逻辑推理

26. 答案：C

解析：贾女士的观点：酒精对人的健康非常不利。陈先生拒绝贾女士劝告的理由：他喝白酒已有 15 年且没醉过。只要选项与断定酒精对健康的影响并不一定是喝醉这一形式直接相关即可强化贾女士的观点。选项 C 断定喝醉并不是酒精损害健康的唯一表现。如果这一断定是真的，则显然就不能因为没有喝醉而否定酒精对健康的损害。因此，选项 C 有力地否定了陈先生的观点，而加强了贾女士对陈先生的劝告。

27. 答案：B

解析：由一些新闻类期刊每一份杂志平均有 4 到 5 个读者，推出《诗刊》12 000 订户的背后约有 48 000 到 60 000 个读者，需要增加论据加强前提与结论的关联性，即要断定新闻类期刊的读者与订户之间的比例与《诗刊》的读者与订户之间的比例相同关系。

28. 答案：D

解析：较之其他选项，选项 D 直接提供了仅从四川的蜜橘价格上涨就得出橘汁的价格将有大幅度的提高这一断定的不足之处。

29. 答案：A

解析："如果甲队或乙队没有出线，那么丙队出线"，它的等价命题是：如果丙队不出线，那么甲队和乙队同时出线。故答案为 A。

30. 答案：B

解析：最少可能是 5 人。因为只做电脑生意的两个人不可能兼做服装生意，兼做服装生意的三个人不可能只做电脑生意。这五个生意人中包括两个北方人（其中一个是哈尔滨人）、一个广东人。最多可能是 8 人。因为两个北方人中一定包括哈尔滨人，而五个生意人中可以既没有北方人，也没有广东人。

31. 答案：D

解析：要得到结论，除了知道马路上和树林中受伤人数的比例，还需要知道马路上和树林中行人的数量。选项 D 断定了这一问题，其他选项都与题干论证无多少关系。

32. 答案：D

解析："要么孩子们没有说实话，要么他们爱玩的天性已经被扭曲了"，这一结论的得出必然要有与此相关的假设。选项 D 正是体现了两者的关联。

33. 答案：D

解析：由发现陪葬物，要推出人类具有死后复生信念，要建立两者之间的关联性，即需要增加陪葬物是人类死后复生的充分条件。故本题应选 D。

34. 答案：D

解析：为了削弱论断，需要构造与其矛盾的命题。对于"搞财会工作的，都免不了或多或少的经济问题"这个命题，只需找到一个搞财会工作并且没有经济问题的人即可反驳其合理性。

35. 答案：A

解析：题干假设各城市的就业条件是一样的，许多工种由外来人口去做，但本地却有大量的待业人员。五个选项中，只有选项A无法对造成这种现象的原因作出说明，其他选项在不同程度上都对这种现象的形成给出了合理解释。故应选A。

36. 答案：C

解析：由小学生早已不再读经，并且没有人手按《论语》宣誓就职，推出中国已成为一个几乎将文化经典与传统丧失殆尽的国家，这个推理缺乏中间过渡，需要增强论据与结论的关联性。从中国小学生不再读经推出中国已丧失文化经典与传统，实际上暗示了选项C。

37. 答案：D

解析：如果D项为真，则由于去大学附属医院就诊的病人的病情，通常比去私立医院或社区医院的病人的病情重，因此，显然不能根据大学的附属医院抢救病人的成功率比其他医院要小，就得出大学的附属医院的医疗护理水平比其他医院要低的结论。这就有力地驳斥了题干的论证。

B、C项如果为真，都对题干的论证有所削弱，但力度显然不如D项。

A项不能削弱题干论证。

38. 答案：D

解析：投资者的投资效益主要取决于两个方面：一是车流量的大小，二是每辆车的收费价格。选项A是投资者所重视的，因为关闭了渡口，就可以增加桥上的车流量；选项B涉及收费价格，投资者当然重视；选项C涉及车流量，必须受到投资者的重视；选项D对收费不起实质性作用，故投资者可以不予重视。

39. 答案：D

解析：要从事实2推出事实1，需要建立两者的关联性。选项D为真，可以由事实2推出事实1。

40. 答案：C

解析：选项C非但没有削弱，反而支持雷切尔·卡逊的结论。其他选项都在一定程度上削弱了雷切尔·卡逊的结论。

41. 答案：D

解析：选项A可能是真的，由于"只有村长今晚去县里，才能拿到化肥供应计划"，且不要说村长今晚不去县里，就是村长今晚去县里，也有可能拿不到化肥计划；选项B可能是真的，"如果戏剧团今晚来村里演出，则全村的人不会都外出"，由"戏剧团今晚来村里演出了"，可推出"今晚全村的人不会都外出"，即"今晚村里有人不外出"，它并不排斥今晚村里有人包括村长可能外出；选项C可能是真的，题干表明"拿到化肥供应计划"只是"村里庄稼的夏收才有保证"的必要条件，但即使拿到了化肥供应计划，村里庄稼的夏收也仍有可能得不到保证；选项D不可能是真的，因为根据必要条件关系，全村的人包括村长都没有外出，那么，村里就一定拿不到化肥供应计划，拿不到化肥供应计划，村里庄稼的夏收就不可能有保证；选项E可能为真。

42. 答案：A

解析：题干从让患者停止食用那些已经证明会不断引起过敏性偏头痛的食物，患者的偏头痛并没有停止，由此得出结论：是由别的原因而不是由食物过敏引起偏头痛。要削弱这个结论，就必须说明食物过敏与偏头痛确实存在因果关系，只不过这种因果关系不那么易于观察而已。选项A说明食用某种食物与该食物诱发的过敏反应有时间上的间隔，停止食用引起过敏性偏头痛的食物，那么该食物所引起的过敏性反应也不会马上消失，那就不能因此而否定两者之间存在因果上的联系。

43．答案：A

解析：题干认为因为坐不满而优惠，所以该航空公司并没有实际让利。选项A说明绝大多数教师可能是因为其他原因而选择的该航空公司，仅就此而言，该航空公司实际上是让利了。

44．答案：D

解析：本题考查归谬法。从题干最后一句话可看出D项是正确的。

45．答案：D

解析：题干由给经常不刷牙的人发小册子，帮助其进行每周一次的口腔自检，从而得出使其早发现口腔癌的结论。但如果经常不刷牙的人不作每周一次的口腔自检，那么发小册子就不能达到其目的。选项D正确。

46．答案：D

解析：选项D说明，一方面吸引外来人口加快了城市化进程，另一方面又使得市教育部门面临难题，即凸显了人口激增的压力。这样就同时支持了两派的观点，因而为应选项。

47．答案：D

解析：选项A有助于解释题干中的矛盾现象：由于去舞厅没有规律的人在数量上明显减少，那么虽然近年每周固定去跳交谊舞的人增加了，交谊舞厅的顾客却有可能下降了。选项B有助于解释题干矛盾现象：由于舞厅少报顾客的人数，使得调查的结果失真，造成了这种看似矛盾的现象。选项C有助于解释题干矛盾现象：由于家庭交谊舞会逐渐流行，人们会越来越多地参加家庭交谊舞会，而不去交谊舞厅了。选项E对于解释题干中的矛盾也能起到解释作用。只有选项D无助于解释这一现象，因为迪斯科舞厅不同于交谊舞厅，交谊舞的爱好者一般不会去迪斯科舞厅。

48．答案：A

解析：题干由可以在货物削价时及时购物，推出公司收取的透支部分的利息率并不太高。整个推理过于单薄，需要加强前后关联性。如果选项A不成立，即如果用信用卡在降价时购物省下的钱，不足以弥补利率差价，那么，题干为信用卡公司所作的辩解就不能成立。因此，选项A是题干必须假设的。其余各项均不是必须假设的。

49．答案：D

解析：由减少子女平日的压力，推出就能够使家庭幸福，需要加强前后关联性。选项D如果为真，则说明能够减少未成年孩子压力的法律有利于排除家庭幸福潜在的障碍，因此，这样的法律能够使家庭幸福。因此，选项D有力地加强了题干的推论。其余各项都有利于说明该项政策的必要性或可行性，但未能指出实施该项政策和促进家庭幸福之间的关系。

50．答案：C

解析：在各选项中，显然除了 C 项是对"校中校"持赞同态度之外，其余均持否定态度。

51. 答案：E

解析：人应当对自己的正常行为（包括触犯法律的行为）负责，人不应该对自己不可控制的行为负责，即不可控的行为，人不应当负责。由此可知，人应当负责的行为是可控的。Ⅲ 没有逻辑依据。

52. 答案：E

解析：逃税→总税收量的减少→立法者提高所得税率→增加了合法纳税者的税负→促使更多人逃税。为抑制这一恶性循环，只需否定恶性循环的某一环节。

53. 答案：C

解析：厂长的结论是："因此，从总体上说，采用新的工艺流程将大大增加生产成本而使本厂无利可图。"总工程师对此有不同意见。

54. 答案：B

解析：B 项恰当地概括了题干的作者所使用的方法。题干的作者假设股票市场分析家的论证成立，即由股市的跌落和政治事件的发生具有近似的周期性，而断定二者具有因果关系。从这个假设出发，作者认为可以得出结论：月球的运转是股市跌落和政局动乱等的原因，因为它们都具有周期性。没有理由认为这不是个荒谬的结论。这样就对股票市场分析家的观点提出了有力的质疑。其余各项显然不能成立。

55. 答案：B

解析：题干论证的是，不能因为股市的跌落和政治事件的发生之间具有近似的周期性，而断定二者之间具有因果关系。由此得出结论"股票市场分析家将股市跌落和政治事件的关系过于简单化"。因此，B 成立。

四、写作

56. 论证有效性分析

评分标准（满分 30 分）：

评分项目	分值	评分标准
分析评论的内容	15分	1. 分析中指出论证中存在的逻辑缺陷和漏洞，只要言之有理，指出一点给 4 分； 2. 如果是肯定有关论点的分析，最多只给 4 分； 3. 考生分析评论的内容超出参考答案者，只要言之有理，也应给分； 4. 本项评分最高 15 分。
论证程度、文章结构、语言表达	15分	按照论证程度、文章结构和语言表达评分，分四类卷给分，最高分 15 分： 一类卷：12～15 分。论证或反驳有力，结构严谨，条理清楚，语言精练流畅。 二类卷：8～11 分。论证或反驳较为有力，结构尚完整，条理较清楚，语句较通顺，有少量语病。 三类卷：4～7 分。有论证或反驳，结构不够完整，语言欠连贯，较多语病，分析评论缺乏说服力。 四类卷：0～3 分。明显偏离题意，内容空洞，条理不清，语句严重不通。
合计	30分	

续前表

评分项目	分值	评分标准
备注： 1. 不符合字数要求或出现错别字，酌情扣分； 2. 书写清楚，卷面整洁，酌情加1～2分； 3. 实际阅卷中，标题在整体结构中占2分； 4. 最高总分不超过满分30分。		

【点拨】

针对于是否应该取消高考，甲、乙二人展开了激烈辩论，但辩论中都存在有多处逻辑错误和漏洞。以下要点供参考：

1. 甲认为中国教育制度落后，不必然就可以得出"高考早该取消"的结论。正如乙所言，落后不表示就该取消，且教育制度一直在改进和完善中。

2. 乙"存在即合理，这句话是真理"难以成立。存在的未必就一定是合理的，更谈不上是真理。毒品有害人体健康，但毒品存在合理吗？毒品存在就是真理了？很显然这是一种荒谬的结论。

3. 乙认为高考对于考核和评估一个学生的文化素质和综合能力是其他任何方式都不能相比的未免过于绝对化。也许还存在有更科学合理的考核和评估方式，只是我们现在还没有完全认识和利用而已。

4. 甲将旧时科举与现行高考、范进与高考考生进行了不当类比。一个是封建制度下的应试制度和该制度下的牺牲品，一个是新中国成立后的产物和该产物下的考生，虽然高考同科举都是不同背景下的考试名目，但已然有天壤之别了。

5. 甲认为高考是"伪科学"是难以成立的。首先，高考是一种应试名目，和科学是两个不同的概念；其次，高考制度下不排除存在有书呆子现象，但不必然参加高考的考生就全部都是书呆子，甲的论断难免有以偏概全之嫌；再次，就算高考存在有弊端，也不必然就断定其是"伪科学"。

6. 乙认为正是由于通过高考才筛选并发现了一些优秀人才，所以高考的作用无可替代，此说法难免有些过于绝对化。人才的筛选和挖掘有多种方式，而不仅仅是高考这一种方式。

7. 乙将"有作用"等同于"是科学"，混淆了概念。高考就算如乙所言具备那些作用，也不能等同于高考就是真科学。

以上要点剖析中能指出3～4点就可以，其他存在但未指出的逻辑错误，只要是题干推理论证过程中客观存在的且言之有理的，同样给分。

【参考范文】

高考该不该取消？

上文中甲、乙二人就高考是否该取消展开了激烈的辩论，但彼此的论证过程却存在多处逻辑错误，难以令人信服。

首先，甲认为高考制度落后就应该取消高考，这一论断未免过于偏激。正如乙所言，落后不意味着就无存在的必要。就如同一个公司存在着不健全的制度，你能说因为它的制度不健全就取消了吗？所谓无规矩不成方圆，一旦取消了该公司的制度，没准这公司很快成一盘散沙了。

其次，乙认为"存在即合理"，并高度认可了高考存在的作用。但是，存在的是有一定原因的，却未必就是合理的，更谈不上它是真理。毒品倒是存在已久，那毒品存在就是合理的吗？

再次，甲将旧时科举与现行高考、旧时范进与当今高考考生进行了不当类比。一个是封建制度下的应试制度和该制度下的牺牲品，一个是新中国成立后的产物和该产物下的考生，倘若他们真如甲所言是"换汤不换药"，性质一致，那么，新中国成立至今的不断进行的高考改革也就没有任何意义了。

最后，存在弊端的未必就一定是不科学的，同理，有作用的也不一定就真科学。就算高考制度下的确存在有书呆子现象，也不必然推出所有的高考考生都是书呆子，更不能断定高考是"伪科学"，甲难免以偏概全。而乙认为很多优秀的人才是通过高考才得以筛选和发现的，同样过于片面。是金子就会发光，难道只有高考才能起到如此作用？而且还无可替代？此观点实在有些荒谬。

总之，高考该不该取消，单凭甲、乙二人如此欠缺充足理由的论述，恐均难以成立。

57. 论说文

评分标准（满分 35 分）：

评分项目	评分标准
综合评比：内容、结构、语言（30分）	一类卷：26～30分。紧扣题意，立意深刻，中心突出，论证充分，结构完整，行文流畅。 二类卷：21～25分。切合题意，立意比较深刻，中心明确，论证比较充分，结构比较完整，层次比较清楚，语句比较通顺。 三类卷：16～20分。基本切题，中心基本明确，论证基本合理，结构基本完整，语句比较通顺，有少量语病。 四类卷：11～15分。不太切题，中心不太明确，论证有缺陷，结构不够完整，语句不通顺，有较多语病。 五类卷：6～10分。偏离题意，中心不明确，论证有较多缺陷，结构比较残缺，层次比较混乱，语句不顺，语病严重。 六类卷：0～5分。观点错误，背离题意或直接与试题无关，结构严重残缺，层次混乱，语句严重不通顺。
其他评比：题目、书写、卷面（5分）	1. 题目：切题，2分；一般，1分；漏拟题目，0分。 2. 书写（包括文字和标点符号）：规范标准，2分；每三个错别字扣1分，重复不累计；标点符号有明显错误，酌情扣分；各项扣分累计2分，扣满2分为止。 3. 卷面：卷面整洁，书写清楚，1分；卷面不整洁，书写潦草，0分。
备注：最高总分不超过满分35分。	

【点拨】

（一）审题

1. 本题属于论说文中很常见的观点分析类作文。这种题型的作文一般就是以判断句的方式提出一种观点，要求作者就所提出的观点进行分析判断，表明倾向，阐述理由。因此，作者只需要对文中观点做出回应即可，一般可以采取支持、反对、综合三种模式对给出的观点予以回应。

2. 理解重点核心词语：末位淘汰制是绩效考核的一种制度，目前被部分企业所推崇和应用。它是指工作单位根据本单位的总体目标和具体目标，结合各个岗位的实际情况而设定的考核指标体系，以此指标体系为标准对员工进行考核，并根据考核结果对得分靠后的员工按照一定的比例进行淘汰。

3. 理性剖析：末位淘汰制同时存在着利弊。利：能推动员工的积极性、主动性和创造性，避免了人浮于事、效率低下的不良状态，能够创造公司短期效益。弊：容易造成员工心理负担过重、同事关系紧张、企业内部欠缺宽松和谐、制度本身的残酷性以及实施它时对人格尊严的伤害等。

4. 本题属于观点分析型作文，因此需要分析和了解末位淘汰制的含义及其利弊，同时联系理论和实际，客观审题，理性剖析，为后面的准确立意奠定基础。

（二）立意

1. 认可的观点：肯定末位淘汰制，并从它自身的考核机制、优点和作用等方面出发，来谈末位淘汰制存在的必要。立意可以为：淘汰的是末位，创造的是效益，为"末位淘汰制"叫好等。

2. 否定的观点：不认同末位淘汰制，可以从多个方面来立论反驳，如科学的角度、管理的角度、人格的角度、法律的角度等多个方面来阐述末位淘汰制的不利。立意可以为：末位淘汰制未必可行，不为"末位淘汰制"叫好等。

3. 综合的观点：结合末位淘汰制的利与弊，全面、客观、科学地看待末位淘汰制度。这种观点一般采用的不是很多。立意可以为：客观看待末位淘汰制。

【参考范文】

不为"末位淘汰制"随便叫好

末位淘汰制作为一种绩效考核制度，尽管它有着促进员工积极主动、提高管理效益和精简机构等有利的一面，但对此我却有自己不同的看法。

首先，从科学的角度讲，末位淘汰制未必科学。末位淘汰制需要非常精准、科学的考核体系，但不同单位不同部门在其所在行业的发展水平不一。如果用同样的标准去考核，必将出现"末位不末"和"首位不首"的现象，即发展属于中上等的单位，末位未必就是末位，淘汰后即便新招聘员工，也不一定效率能及从前的员工；而对于发展水平欠缺的单位，首位未必就首，反倒极有可能需要彻底更新换代，但末位淘汰制可能更利于去保护他们。如此制度，结果可能适得其反。

其次，从管理的角度讲，末位淘汰制与现代倡导的人本管理相悖。人本管理是经历史的发展被公认为更科学、更理想的管理模式。它强调的是"以人为本"，重在尊重人性、挖掘员工潜力，通过宽松的管理达到企业的长期效应；而末位淘汰则是典型的强势管理，通过内部员工的竞争来推动企业短期内的效应，而并不注重人的长久发展和潜力发挥，这与现代管理崇尚的人本管理是截然相反的。

再次，从人格的角度讲，末位淘汰制有损人格尊严。人，生之即有聪明愚笨之分，更不用说后天成长的差异。末位淘汰制必定要淘汰掉一部分人，这种残酷的制度必定伤及人格尊严，由此会产生一系列不良后果：被淘汰掉的人，可能会因此对人生更加悲观失望；没有被淘汰掉的，也会产生"不退而退"的想法，与其等将来被炒，不如主动先炒。当一个企业内部惶惶不可终日时，这个企业也就人心涣散了。

不是所有的制度就一定是放之四海而皆准的，我们需要的是寻求更加适合的制度。末位淘汰也好，公布最好的也罢，如果能让管理者真正调动起员工的积极能动性，为企业创造最大和最长久的效益，就是好制度。

因此，在这里，我不为末位淘汰制随便叫好。

全国硕士研究生入学统一考试

管理类专业学位联考综合能力
全真预测试卷（五）解析

一、问题求解

1. 答案：C

解析：设奖金每份为 t 元，则根据题意，有

$$\frac{3}{4}t = 900 \Rightarrow t = 1\,200,$$

所以奖金总额为 $\left(\frac{3}{4} + \frac{14}{15} + \frac{5}{8}\right) \times 1\,200 = 2\,770$ 元。故选 C。

2. 答案：B

解析：设甲继续追 t 小时才追上乙，甲的速度为 $V_{甲}$，乙的速度为 $V_{乙}$，则根据题意有

$$\begin{cases} 12V_{乙} = 4V_{乙} + 6V_{甲} \\ 4V_{乙} + V_{乙}\,t = 2V_{甲}\,t \end{cases} \Rightarrow t = 2.4,$$

所以甲一共走了 $6 + 2.4 = 8.4$ 小时。

3. 答案：A

解析：设此人最初购买甲、乙、丙三种商品分别为 x、y、z（x、y、z 均为正整数）件，则 $2x + 3y + 5z = 20$。

显然此人多买的商品不是丙，否则找回一张 10 元，即可退掉 2 件商品。假设此人多买的商品是甲，则 2 件应为 4 元，无法调整乙、丙两种商品进行替换。所以此人多的商品只能是乙，两件应为 6 元，可用 3 件甲商品替换。

又因为 $y \geqslant 3$，所以 $x = 3$，$y = 3$，$z = 1$，那么此人现在只购买乙商品 1 件。故选 A。

4. 答案：E

解析：设加工 A 型零件的人数为 x 人，则加工 B 型零件的人数为 $224 - x$ 人，

$$\frac{6\,000}{5x} = \frac{2\,000}{3(224 - x)},$$

316

解得 $x=144$。

所以加工 B 型零件的人数为 $224-144=80$ 人。故选 E。

5. 答案：A

解析：根据题意知，男同学的人数与女同学的人数相等。设男同学的人数为 x，则女同学的人数也为 x，那么该班的总人数为 $2x$，所以该班的总人数是 2 的倍数。

6. 答案：A

解析：根据韦达定理有，$\alpha+\beta=\sqrt{10}$，$\alpha\beta=2$。所以

$$\frac{\alpha^2+\alpha\beta+\beta^2}{\alpha-\beta}=\frac{(\alpha+\beta)^2-\alpha\beta}{\sqrt{(\alpha-\beta)^2}}=\frac{(\alpha+\beta)^2-\alpha\beta}{\sqrt{(\alpha+\beta)^2-4\alpha\beta}}=\frac{10-2}{\sqrt{10-8}}=4\sqrt{2},$$

则 $\log_4\dfrac{\alpha^2+\alpha\beta+\beta^2}{\alpha-\beta}=\log_4 4\sqrt{2}=\dfrac{\log_2 2^{\frac{5}{2}}}{\log_2 2^2}=\dfrac{5}{4}$。

7. 答案：D

解析：因为 $ax^2+bx+c<0$ 的解为 $-2<x<3$，所以 $a>0$。根据韦达定理，有：

$$\begin{cases}-\dfrac{b}{a}=-2+3\\[2mm]\dfrac{c}{a}=-2\cdot 3\end{cases}\Rightarrow\begin{cases}b=-a\\c=-6a\end{cases}。$$

由 $cx^2+bx+a<0\Rightarrow x^2+\dfrac{b}{c}x+\dfrac{a}{c}>0$，即 $x^2+\dfrac{1}{6}x-\dfrac{1}{6}>0$，解得 $x<-\dfrac{1}{2}$ 或 $x>\dfrac{1}{3}$。

8. 答案：D

解析：由题意知 $9\,121-13=kx$，其中 x 为质数。将各选项代入验证，只有 D 选项符合。

9. 答案：B

解析：$|a-b|\leqslant|a|+|b|$，当且仅当 a 与 b 异号或 a 与 b 至少其中一个为 0 时等号成立，即 $ab\leqslant 0$ 时，有 $|a-b|=|a|+|b|$。

10. 答案：C

解析：设等差数列 $\{a_n\}$ 的公差为 d，等比数列 $\{b_n\}$ 的公比为 q。

由 $a_3=2$，$a_{11}=6\Rightarrow d=\dfrac{1}{2}$，所以 $a_2=\dfrac{3}{2}$，$a_{26}=\dfrac{27}{2}$。

因为 $b_2=a_3$，$b_3=\dfrac{1}{a_2}$，所以 $b_2=2$，$b_3=\dfrac{2}{3}$，那么 $q=\dfrac{b_3}{b_2}=\dfrac{1}{3}$。

由 $b_n>\dfrac{1}{a_{26}}\Rightarrow 2\cdot\left(\dfrac{1}{3}\right)^{n-2}>\dfrac{2}{27}$，所以有 $n<5$，即 n 的最大值为 4。

11. 答案：B

解析：由图知：$S_{阴影}=S_{CAC'}+S_{\triangle AD'C'}-S_{\triangle ADC}-S_{DAD'}$，所以有

$$S_{阴影}=\frac{\pi}{4}(a^2+b^2)+\frac{ab}{2}-\frac{ab}{2}-\frac{\pi}{4}b^2=\frac{\pi}{4}a^2。$$

故选 B。

12. 答案：D

解析：由题意知圆的圆心坐标为 $(0,-5)$，$r=\sqrt{3}$。

（1）若直线的横纵截距均为 0，可设直线方程为 $y=kx$，则有

$$d=\frac{|5|}{\sqrt{1+k^2}}=\sqrt{3},$$

解得　　　$k=\pm\frac{\sqrt{66}}{3}$。

（2）若直线的横纵截距均不为 0，可设直线的方程为 $\frac{x}{a}+\frac{y}{a}=1$，则有

$$d=\frac{|-5-a|}{\sqrt{2}}=\sqrt{3},$$

解得　　　$a=-5\pm\sqrt{6}$。

如图 20-1 所示，所以满足要求的直线为 4 条，故选 D。

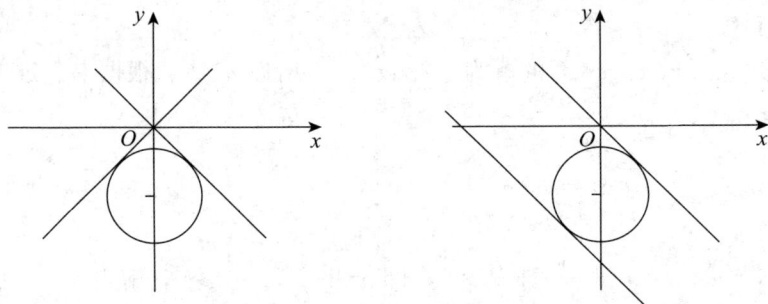

图 20-1

13. 答案：A

解析：设方程的两根为 t_1，t_2，则根据题意有：$|t_1|\leqslant 1$，$|t_2|\leqslant 1$。

令 $f(t)=t^2+tx+y$，则有

$$\begin{cases}\left|-\dfrac{x}{2}\right|\leqslant 2\\ f(-1)\geqslant 0\\ f(1)\geqslant 0\\ \Delta\geqslant 0\end{cases}\Rightarrow\begin{cases}-4\leqslant x\leqslant 4\\ 1-x+y\geqslant 0\\ 1+x+y\geqslant 0\\ x^2-4y\geqslant 0\end{cases}$$

所以正确选项为 A。

14. 答案：B

解析：根据题意，不同的出场安排共有 $N=P_3^3 P_7^2=252$ 种。

15. 答案：D

解析：从 10 只灯泡中抽取 3 只，取后不放回，总的抽取方法为 $N=10\times 9\times 8=720$ 种，直到第三次抽到卡口灯泡的抽取方法为 $3\times 2\times C_7^1=42$ 种，所以其概率为

$$P=\frac{42}{720}=\frac{7}{120}。$$

二、条件充分性判断

16. 答案：A

解析：由条件（1），相邻两个整数之积为偶数，所以条件（1）充分。

由条件（2），因为 1 990 个自然数中有 995 个奇数，995 个偶数，所以奇数个奇数加减运算的结果仍为奇数，奇数个偶数加减运算的结果仍为偶数。又因为奇数±偶数＝奇数，所以条件（2）不充分。

17. 答案：D

解析：由条件（1），得

$$x=\sqrt{19-8\sqrt{3}}\Rightarrow x^2-19=8\sqrt{3}\Rightarrow x^4=38x^2-169,$$

所以 $\dfrac{x^4-33x^2-40x+244}{x^2-8x+15}=\dfrac{5x^2-40x+75}{x^2-8x+15}=5$ 成立，即条件（1）充分。

由以上计算过程可知，条件（2）显然也充分。故选 D。

18. 答案：C

解析：由题干条件有 $18\leqslant\dfrac{16+2n-4+n}{3}=n+4\leqslant21\Rightarrow14\leqslant n\leqslant17$。

所以条件（1）和条件（2）单独不充分，联合起来充分。故选 C。

19. 答案：C

解析：条件（1）和条件（2）单独不充分，联合起来有：

设购买的甲股票为 x 股，乙股票为 y 股，则有

$$8\cdot10\%\cdot x-10\cdot8\%\cdot y>0\Rightarrow x>y。$$

所以条件（1）和条件（2）联合起来充分。

20. 答案：A

解析：令 $f(x)=|1-x|+|1+x|$，则 $f(x)=\begin{cases}-2x,x<-1\\2,\quad-1\leqslant x\leqslant1\\2x,\quad x>1\end{cases}$，其图像如图 20-2

所示：

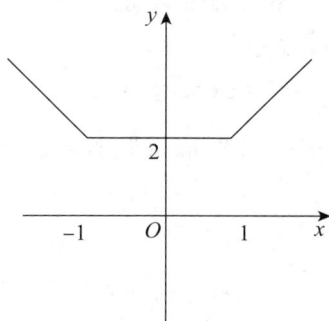

图 20-2

所以从图像知，当 $a<2$ 时，不等式 $|1-x|+|1+x|>a$ 的解集是 **R**，即条件（1）充分、条件（2）不充分。故选 A。

21. 答案：D

解析：由条件（1），设等差数列的公差为 d，则有

$$\begin{cases}\left(\frac{1}{5}S_5\right)^2=\left(\frac{1}{3}S_3\right)\times\left(\frac{1}{4}S_4\right)\\2=\frac{1}{3}S_3+\frac{1}{4}S_4\end{cases}\Rightarrow\begin{cases}\left[\frac{1}{5}(5a_1+10d)\right]^2=\left[\frac{1}{3}(3a_1+3d)\right]\\\qquad\qquad\qquad\times\left[\frac{1}{4}(4a_1+6d)\right]\\2=\frac{1}{3}(3a_1+3d)+\frac{1}{4}(4a_1+6d)\end{cases}$$

$$\Rightarrow\begin{cases}3a_1d+5d^2=0\\4a_1+5d=4\end{cases}\Rightarrow\begin{cases}a_1=1\\d=0\end{cases}\text{或}\begin{cases}a_1=4\\d=-\frac{12}{5}\end{cases}。$$

所以条件（1）充分。

由条件（2），

$$a_n=\frac{n+1\pm\sqrt{n^2-2n+1}}{2}=\frac{n+1\pm(n-1)}{2}\Rightarrow a_n=n\text{ 或 }a_n=1,$$

所以条件（2）充分。

22. 答案：E

解析：设甲公司月产值的平均增长率为 x，1 月份产值为 1，则 6 月份的产值为 $(1+x)^5=a$，从而 $x=\sqrt[5]{a}-1$。所以条件（1）和条件（2）单独不充分，且无法联合。故选 E。

23. 答案：C

解析：条件（1）显然不充分。

由条件（2），根据韦达定理，有：

$$\begin{cases}x+y=2a\\xy=a+2\end{cases},$$

所以

$$x^2+y^2=(x+y)^2-2xy=4a^2-2a-4,$$

显然 a 可以为任何实数，即 x^2+y^2 的最小值不是 2。所以条件（2）不充分。

两者联合起来有：方程有两个实数根，所以

$$\Delta=4a^2-4(a+2)\geqslant0\Rightarrow a\geqslant2\text{ 或 }a\leqslant-1,$$

即 $x^2+y^2=4\left(a-\frac{1}{4}\right)^2-\frac{17}{4}$，当 $a=-1$ 时取得最小值 2。所以条件（1）和条件（2）联合起来充分。故选 C。

24. 答案：D

解析：$x^2+y^2+4mx-2y+5m=0\Rightarrow(x+2m)^2+(y-1)^2=4m^2-5m+1$，

当且仅当 $4m^2-5m+1>0$ 时，此表达式表示圆，即 $m>1$ 或 $m<\frac{1}{4}$。

所以，条件（1）充分，条件（2）也充分。

25. 答案：E

解析：设 A 表示密码能被译出，$\bar{A}$ 表示密码不能被译出。

由条件（1），$P(A)=1-P(\bar{A})=1-\frac{2}{3}\cdot\frac{3}{4}=\frac{1}{2}$，所以条件（1）不充分。

由条件（2），$P(A)=1-P(\overline{A})=1-\dfrac{1}{2}\cdot\dfrac{2}{3}=\dfrac{2}{3}$，所以条件（2）也不充分。

又因为条件（1）和条件（2）无法联合，所以正确选项为E。

三、逻辑推理

26. 答案：C

解析：题干推理为：工作满1 200个小时（带薪休假日的量较前有了增加）→享受5个带薪休假日→该项规定给该公司的雇员普遍带来了较多的收益。该推理存在不足，应增加论据确保论据为真。

如果选项C不成立，则事实上宏大公司至多只有少数雇员在该公司工作的时间不会少于1 200个小时，这样新规定带来的利益就和大多数雇员无缘，从而使题干的论证不能成立。因此，C是题干的论证所必须假设的。其余各项都不是题干的论证所必须假设的。

27. 答案：B

解析：题干推理是以人的生命为对象、市民和海军为条件、死亡率高低为结果的求异类比。其目的是证明类比对象相异。

题干广告中隐含的结论是，到海军服役不比在后方城市中生活危险。这个结论是建立在将两个具有不同内容的数字进行不恰当比较的基础上的。海军士兵正处于生存能力最佳状态的年龄段，造成他们死亡的几乎唯一的原因是直接死于战争。如果处于后方的纽约市民具有和海军士兵相同的生存能力状态，其死亡率无疑要低得多。B项断定，在纽约市民中包括生存能力较差的婴儿和老人，这就抓住了题干进行不恰当比较的实质，并为统计数据所显示的纽约市民死亡率高于海军士兵的现象提供了一个合理的解释。

28. 答案：A

解析：题干分析家推理：包括美国在内的北约组织的军事实力，要明显地超过包括苏联在内的华约组织→美国一直有着在军事上超过苏联的优越感。由题干分析家的观点，可以推出Ⅰ、Ⅱ为真。Ⅰ为确保论据为真，Ⅱ为加强推理前后关联性。

注意转折句，Ⅰ肯定是"包括美国在内的北约组织的军事实力，要明显地超过包括苏联在内的华约组织"，Ⅲ肯定不是"这使得在整个冷战时代，美国一直有着在军事上超过苏联的优越感"，所以本题应选A。

29. 答案：A

解析：用代入排除法。

先假设邻居甲的前半句话"刘易斯被加利福尼亚大学录取"为真，由甲的前半句话真，可知乙的后半句话"汤丹逊被加利福尼亚大学录取"为假，则乙的前半句话"刘易斯被麻省理工学院录取"为真；从乙的前半句话为真，可知邻居丙的前半句话"刘易斯被哈佛大学录取"为假。又由甲的前半句话为真，可知丙的后半句话"萨利被加利福尼亚大学录取"为假，这样丙的猜测都为假，与题意不合，所以，甲的前半句话不能为真，为真的是他的后半句话"萨利被麻省理工学院录取"。从甲的后半句话为真，可知乙的前半句话"刘易斯被麻省理工学院录取"为假，那么，乙的后半句话"汤丹逊被加利福尼亚大学录取"为真；从乙的后半句话为真，可知丙的后半句话"萨利被加利福尼亚大学录取"为假，那么，他的前半句话"刘易斯被哈佛大学录取"为真。这里采用的是反证法。

30. 答案：B

解析：题干的比较对象不具有可比性。选项 B 非常清楚地指出了题干论证中的这个漏洞。

31. 答案：A

解析：虽然由选项 E "甲班所有学生都对中国象棋感兴趣"即可推出题干的结论"张华对中国象棋感兴趣"。但这样的话，题干提供的其他条件就没有意义了，因此选项 E 不是题干论证的假设。题干推理实际上欠缺一个沟通中国象棋与国际象棋相关性的条件，选项 A 则正好提供了这一条件，为题干论证所需要的假设。

32. 答案：C

解析：题干涉及两方面的情况：神经化学物质失衡与如何对待行为怪癖者。选项 C 说明了这两方面的关系，而这正是题干论证所要表达的。

33. 答案：B

解析：题干中李军认为，是除霜孔使车辆玻璃上的冰霜融化。选项 B 认为，没有除霜孔，车辆玻璃上的冰霜也能同样融化。这就表明，除霜孔对车辆玻璃冰霜融化并没有什么特殊的作用。

34. 答案：D

解析：题干中孔先生认为，学习微雕是需要耐心的，如果没有耐心将事倍而功半。选项 D 表明了这个观点。

35. 答案：C

解析：选项 C 说明莫大伟认为吉安公司职工自由散漫，但可能事实上完全不是这回事，因为他对外面社会的事情根本不了解。

36. 答案：A

解析：题干推理：美国在延长癌症病人生命方面的医疗水平要高于亚洲→癌症病人的平均生存年限高于亚洲。要削弱论证可以否定论据。

A 项断定由于美国人有较高的自我保健意识，因此，美国癌症患者的早期确诊率要高于亚洲。如果这一断定为真，则题干中所提到的美国癌症患者的生存年限要长于亚洲患者的现象，很可能是由于美国癌症患者的早期确诊率要高于亚洲患者所造成的，并非是由于美国在延长癌症病人生命方面的医疗水平要高于亚洲。这就严重地削弱了题干的论证。其他选项均不能削弱题干论证。

37. 答案：D

解析：题干作了三个断定：

(1) 既有合格的质量，又有必要的包装←一项产品要成功占领市场；

(2) 具备足够的技术投入←合格的质量和必要的包装；

(3) 足够的资金投入←保证足够的技术投入。

Ⅰ项可从断定 (1) 和 (2) 直接推出。Ⅱ项可从断定 (2) 和 (3) 推出。Ⅲ项不能由题干推出。

38. 答案：C

解析：题干推理：海关检查员认为可疑的人身上（也就是觉得在骗他）→有意携带违禁物品。他认为不可疑的人身上（也就是没觉得在骗他）→无意地携带违禁物品或者根本没有携带毒品。二者构成了充要条件，只有前后不一致时方为假。

选项Ⅰ不能削弱海关检查员的论证。因为判定一个无意地携带了违禁物品的入关人员为不可疑，不能说明检查员受了欺骗，同样不能说明检查员在判定一个人是否在欺骗他时不够准确。

选项Ⅱ能削弱海关检查员的论证。因为判定一个有意地携带了违禁物品的入关人员为不可疑，说明检查员受了欺骗，因而能说明检查员在判定一个人是否在欺骗他时不够准确。

选项Ⅲ能削弱海关检查员的论证。因为判定一个无意地携带了违禁物品的入关人员为可疑，虽然不能说明检查员受了欺骗，但是能说明检查员在判定一个人是否在欺骗他时不够准确。

39. 答案：B

解析：题干推理：海豚用异常高频的滴答声→猎物的感官超负荷→击晕近距离的猎物。

如果 B 项的断定为真，则由于海豚发出的滴答声不能使它的猎物感知，更谈不上使其感官超负荷从而被击晕，因此，海洋生物学家的推测显然不能成立。

其余各项均不能构成质疑。

40. 答案：C

解析：商人为谋利→纷纷融币取铜。Ⅰ加强了此推理的前后关联性。

市民以银子向官吏购兑铸币→官吏因此大发了一笔。Ⅱ加强了此推理的前后关联性。

Ⅰ可以从题干的陈述中推出。因为如果事实上上述铸币中所含铜的价值不高于该铸币的面值的话，那么融币取铜就会无利可图，就不会出现题干中所说的商人纷纷融币取铜，从而造成市面铸币严重匮乏的现象。

Ⅱ可以从题干的陈述中推出。因为如果上述银子购兑铸币的交易，都能严格按朝廷规定的比价成交，就不会有官吏通过上述交易大发一笔，题干中陈述的相关现象就不会出现。

Ⅲ不能从题干的陈述中推出。铸币铜含量在六成以上，有可能导致商人融币取铜，但不一定导致商人纷纷融币取铜，例如，如果有严明的法律，则可能不会出现此种情况。因此，不能由雍正以前明清诸朝未见有题干陈述的现象，就得出其铸币铜含量均在六成以下的结论。

41. 答案：C

解析：如果男性参加者和女性参加者一样多，并且男性参加者平均减肥 13 公斤，女性参加者平均减肥 7 公斤，那么，参加者平均减肥就不可能是 9 公斤。所以从题干中一定能推出男性参加者和女性参加者不一样多。

如果男性参加者比女性参加者多，则参加者平均减肥必定大于 10 公斤。由题干，参加者平均减肥是 9 公斤，因此，可得出结论：女性参加者比男性参加者多。

42. 答案：B

解析：贾女士的断定为单称命题。陈先生的话中，包含着对马的间接断定，但贾女士的话中，对狗没有作出任何直接或间接的断定，因此，B 项不成立。其余各项都能成立。

43. 答案：C

解析：要使题干的论证有说服力，C项必须为真。否则，有理由认为，在法庭的被告中，被指控偷盗、抢劫的定罪率高于被指控贪污、受贿的定罪率的原因，是由于被指控偷盗、抢劫的被告中事实上犯罪的人的比例高于被指控贪污、受贿的被告中的相应比例，而不是其他原因，例如律师方面的原因。这样，题干的论证就难以成立。

44. 答案：A

解析：题干断定：白熊牌除臭剂←→提供一次性全天除臭效果∧提供雨林檀香味。

题干指出，在除臭剂中，只有白熊牌能提供一次性全天除臭效果，不可能红旗牌除臭剂也能提供一次性全天除臭效果，因此Ⅰ不可能真。

Ⅱ可能是真的，因为题干没有断定能提供一次性全天除臭效果和雨林檀香味是除臭剂在市场上受欢迎的决定性因素。

Ⅲ可能是真的，因为题干只是断定在除臭剂中，只有白熊牌能提供雨林檀香味，洪波浴液不是除臭剂，完全可能提供雨林檀香味，这并不有悖于题干的断定。

45. 答案：D

解析：题干推理：对每个用户，包括民用户和工业用户，分别规定月消费限额；不超过限额的，按平价收费；超过限额的，按累进高价收费→全区天然气的月消耗量至少可以合理节省10％。

Ⅰ是必须假设的，其能增强推理的前后关联性。如果天然气价格偏低不是造成该区天然气使用中存在浪费的重要原因，那么题干就不会说明区政府出台的这项调价措施是为了减少天然气使用中的浪费。

Ⅱ是必须假设的，其能增强推理的前后关联性。否则该项调价措施的论证报告就不会作出这样的估计：实施调价后，全区天然气的月消耗量每月至少可以节约开支10％。

Ⅳ也是必须假设的，其能增强推理的前后关联性。如果天然价格上调的幅度不足以对浪费使用天然气的用户产生经济压力，那么区政府的这项调价措施就不可能收到预想的节约天然气的效果。

Ⅲ是不必假设的，因为各个天然气用户的用量是不同的，完全有可能不到10％的用户浪费全区天然气的10％以上。

46. 答案：A

解析：题干的论证方式为：或者p或者q或者r，非p，非q，所以r。只有选项A具有这种形式。

47. 答案：E

解析：既然没有人能同时具备李女士的所有优点，那么，任一其他竞选者当然都有不及李女士之处。选项E正确。题干并没有说明李女士是否胜任总经理职位，选项A不应选。

48. 答案：C

解析：由题干可知，既然问题出在门票价格上，当然要从门票价格入手解决问题。

49. 答案：E

解析：从p或者q或者r，推不出p，推不出q，也推不出r。因此，所有选项均不能被合理推出。选项E成立。

50. 答案：D

解析：题干的前提：衡量一项社会改革措施是否成功，要看社会成员的幸福感总量是否增加。由选项 D，从这一前提出发，可以推出这项改革措施是不成功的。

51. 答案：E

解析：对帕累托最优来说，如果不使其他某个（或某些）人情况变坏，他的情况就不可能变好。其中，"使其他某个（或某些）人情况变坏"是"他的情况可能变好"的必要条件。选项 E 却把这一必要条件表示为充分条件。

52. 答案：A

解析：捷运号是停靠在大通港一号码头的，所以其长度一定小于 100 米；又因为它是一艘货轮，所以它不可能是蓝星航线上的。既然它是金星航线上的，所以它一定是 1990 年以后下水的。

53. 答案：B

解析：构造求异类比推理，要求对象相同。

B 项是题干中的分析必须假设的。否则，如果正版盘的质量明显优于盗版盘，那么，即使盗版盘在价格上占有优势，也难以在销售上占有相应的优势。其余各项无助于说明题干的分析。

54. 答案：D

解析：根据题干，结合（1）可推出崇拜鱼的男子符合条件，结合（4）可推出崇拜鸟的男子符合条件。因此，选项 D 成立。

55. 答案：A

解析：根据题干，由崇拜鱼的妇女∧(1)∧(5)可推出儿子可能崇拜鱼；由崇拜鱼的妇女∧(4)∧(5)可推出儿子可能崇拜鸟。

四、写作

56. 论证有效性分析

评分标准（满分 30 分）：

评分项目	分值	评分标准
分析评论的内容	15 分	1. 分析中指出论证中存在的逻辑缺陷和漏洞，只要言之有理，指出一点给 4 分； 2. 如果是肯定有关论点的分析，最多只给 4 分； 3. 考生分析评论的内容超出参考答案者，只要言之有理，也应给分； 4. 本项评分最高 15 分。
论证程度、文章结构、语言表达	15 分	按照论证程度、文章结构和语言表达评分，分四类卷给分，最高分 15 分： 一类卷：12～15 分。论证或反驳有力，结构严谨，条理清楚，语言精练流畅。 二类卷：8～11 分。论证或反驳较为有力，结构尚完整，条理较清楚，语句较通顺，有少量语病。 三类卷：4～7 分。有论证或反驳，结构不够完整，语言欠连贯，较多语病，分析评论缺乏说服力。 四类卷：0～3 分。明显偏离题意，内容空洞，条理不清，语句严重不通。

续前表

评分项目	分值	评分标准
合计	30分	

备注：

1. 不符合字数要求或出现错别字，酌情扣分；

2. 书写清楚，卷面整洁，酌情加1～2分；

3. 实际阅卷中，标题在整体结构中占2分；

4. 最高总分不超过满分30分。

【点拨】

文中论证过程中存在多处逻辑错误和漏洞。以下要点供参考：

1. 仅因为X市一家的精神病医院的护工每天护理患者超过30名，远多于本市另一家综合性医院护工护理患者的人数，就断定所有精神病医院护工的工作量是超负荷的，犯了典型的以偏概全的错误。

2. 就算X市的这家精神病医院的护工的工作量是很大的，由此断定这种工作量是超负荷的也是欠缺充足理由的。首先，需要有工作性质和工作量评判的标准，而不是简单地以护理患者的人数作为评判工作量的唯一标准；其次，需要增大样本量的比较，即对同类医院和其他不同类医院的大量的样本做比较后，所得出的结论才有说服力。

3. "流动性"不等同于"流动人数"，文中混淆了二者的概念。衡量一个医院的流动性，需要综合考虑流动人数与医院总的工作人数；流动人数大不表示该医院的流动性就是最大的，也许其他医院的流动人数很少，但医院总的人数相对更少，则其流动性没准比这家精神病医院还要大呢。

4. 由一精神病患者杀死一位主治医生而断定如今精神病医院"被精神病"升级到更加恐怖的程度则是恐难立足。这个论证缺乏充足理由，譬如：今年的"被精神病"现象同以前相比，总体发生的次数和程度的对比如何；这种精神病患者伤人甚至杀人的事件是否是经常现象等。

5. 由上述原因就得出精神病医院的流动性将更加势不可当，则不一定全面。医院的流动性也许还有其他多种影响因素，譬如医院的整体工作环境、作息制度、薪酬待遇等也都是重要因素，文中如此论断则是归因不全。

6. 文中结论是"很多精神病医院唯一的结局就是关门大吉"是建立在一个相对静态的条件下，亦即医院和政府对此不闻不问、不采取任何措施的情况下，任由文中所示的"恶性循环"继续下去才招致的结果，此种结论过于绝对化。

以上要点剖析中能指出3～4点就可以，其他存在但未指出的逻辑错误，只要是题干推理论证过程中客观存在且言之有理的，同样给分。

【参考范文】

过于悲观的论断

文中通过层层论证来推出结论"很多精神病医院唯一的结局就是关门大吉"，但论证过程中却存在诸多逻辑错误。

首先，仅因为一家精神病医院护工日护理患者的人数超过本市另一家非精神病医院护工护理的患者人数，就由此得出所有精神病医院护工的工作量是超负荷的，未免以偏概全了。这里存在着缺少衡量工作量和工作性质的标准以及样本量欠缺的不足。虽然本市另一家的护工和患者比例为1∶1，但没准该院是某类重症医院，护工的工作量和紧张度也许是其他医院包括文中的这家精神病医院都无法相比的。

其次，文中混淆了"流动性"和"流动人数"二者的概念。流动性实质是由流动率决定的，需要综合考虑流动人数与总人数，二者缺一不可。如果这家精神病医院的工作的总人数为400人，当年流动人数为20人，那么年流动率为20/400＝5%；如果该市有另外一家医院，当年流动人数为10人，但总人数为100人，则流动率为10/100＝10%。很显然后者的流动性要大于前者。仅根据流动人数最多就断定流动性最强显然是错误的。

再次，仅凭一个精神病患者杀了一位主治医生，就由此得出精神病医院"被精神病"升级到更加恐怖的程度，则欠缺更加充足的理由。譬如：当年的"被精神病"现象同往年相比，总体发生的次数和程度的对比如何？这种精神病患者伤人甚至杀人的事件是屡见不鲜，还是极其少有的？有了大量分析对比的论证，才能有令人信服的结论。

总之，文中论证漏洞百出，由此得出的论断则明显过于悲观，值得商榷。

57. 论说文

评分标准（满分35分）：

评分项目	评分标准
综合评比：内容、结构、语言（30分）	一类卷：26～30分。紧扣题意，立意深刻，中心突出，论证充分，结构完整，行文流畅。 二类卷：21～25分。切合题意，立意比较深刻，中心明确，论证比较充分，结构比较完整，层次比较清楚，语句比较通顺。 三类卷：16～20分。基本切题，中心基本明确，论证基本合理，结构基本完整，语句比较通顺，有少量语病。 四类卷：11～15分。不太切题，中心不太明确，论证有缺陷，结构不够完整，语句不通顺，有较多语病。 五类卷：6～10分。偏离题意，中心不明确，论证有较多缺陷，结构比较残缺，层次比较混乱，语句不顺，语病严重。 六类卷：0～5分。观点错误，背离题意或直接与试题无关，结构严重残缺，层次混乱，语句严重不通顺。
其他评比：题目、书写、卷面（5分）	1. 题目：切题，2分；一般，1分；漏拟题目，0分。 2. 书写（包括文字和标点符号）：规范标准，2分；每三个错别字扣1分，重复不累计；标点符号有明显错误，酌情扣分；各项扣分累计2分，扣满2分为止。 3. 卷面：卷面整洁，书写清楚，1分；卷面不整洁，书写潦草，0分。
备注：最高总分不超过满分35分。	

【点拨】

（一）审题

1. 本题属于论说文考试中的话题作文。此类作文的最大特点是：出题者只给出了一个话题作为写作的范围，允许作者以此话题向外辐射和创新，便于激发作者观点，自由度比较大。

2. 重点核心语句理解："得道者多助，失道者寡助。寡助之至，亲戚畔之；多助之至，天下顺之。以天下之所顺，攻亲戚之所畔，故君子有不战，战必胜矣。"本句话的意思是：对得道的人，帮助他的人就多；对失道的人，帮助他的人就少。帮助的人少到极点时，就连亲戚都会反对他；帮助的人多到极点时，全天下的人都会顺从他。拿全天下都顺从的力量，来攻打连亲戚都反对的人，要么不战，一战必胜。在这里，得道和失道的人指的是君主，而这里的"道"，就是孟子一再主张的"仁政"。

3. 得道与失道：二者是两个相反面，由此产生不同的结果。孟子主张是"得道"并终"得天下"，希望君主是得道者，并能实施"仁政"。而题干材料本身也同时折射出了"人心向背"是多么重要。得民心者方得天下，民心不可违。这是在以指定话题"得道与失道"写作时需要思考的一个关键点。

（二）立意

1. 从材料本身话题出发来立意：得道与失道、得道多助失道寡助、小议得道与失道。

2. 从材料折射的含义，即民心向背去出发来立意：得民心者得天下、民心向背决定事业成败。

【参考范文】

小议得道与失道

自古以来，人们常以"得道与失道"来表达人心向背，孟子就有"得道者多助，失道者寡助"的著名论断。"得道"之人就能得到多方面的帮助和支持，"失道"之人即使原来占尽"人和"，先机也会逐渐流失。

然则何为"得道"？何为"失道"？在笔者看来，可从两方面解释：一方面是孟子的本意，指一个国君或一个政权能否坚持公平正义，所施政策是否是仁政，能否为人民所接受；另一方面是部分学者对其所作的引申，指一个人或一个团体能否行事光明磊落，与人为善，所做的事情是否是与人有益，能否为他人所欢迎。

历史一直在诠释一个道理：一个政权或一个政治组织，无论先期多么强大，一旦"失道"，失去公平、正义，失去人民的支持，其灭亡也是很快的。古有周武王姬讨伐商纣，秦朝帝国灭亡，楚汉相争；外有第二次世界大战期间，德、意、日三国失道寡助，最终败北。

实际上，"得道者多助，失道者寡助"不仅适用于政治，在我们工作和生活上也能处处体现。在汶川大地震期间，王老吉生产企业的义举引燃了全国人民的热情，王老吉产品一度被全国网友购空，即使后来有人爆料该公司产品质量有些小问题，也很快得到大众的谅解。慈善家陈光标因高调行善，刺激到了一些富人的神经，被这些人采用多种手段攻击，但却受到全国亿万网民的保护和支持，使他安然渡过信誉危机。

在当今社会如何使自己"得道"而不"失道"呢？作为一个政权和政府，应该真正做到全心全意为人民服务，立党为公，执政为民，规范自己的行为，同时行仁政，得民心，也只有这样的政府和政治团体才会得到人民越来越多的支持，各项工作做起来也就会很顺心。不论是作为一个人或一个团体，都应该修正自身的行为，做事光明磊落。

愿我们都做"得道"之人，行"得道"之事，远离"失道"，则我们将"多助之至，天下顺之"。